高等学校经济管理类主干课程教材

Personal Financial Management

个人理财

（第3版）

▸▸ 宋蔚蔚　编著

中国人民大学出版社
· 北京 ·

前言

人生旅途中总会遇到意想不到的事情，新冠肺炎疫情全球肆虐，让大家一路跌跌撞撞地迈过2020年，也让我们思考该如何面对人生中那么多的“没想到”。过去两年里，理财环境有了或大或小的变化：比特币一再突破人们的心理预期屡创新高，黄金价格起起伏伏，《民法典》出台，深圳和苏州两个试点城市率先开展数字人民币红包测试，移动支付用户规模突破8亿，民间借贷利率上限重新调整，P2P彻底退出历史舞台，深圳证券交易所主板和创业板合并……这些改变多多少少会对我们的理财生活及方式产生影响。

第3版的主要变化有：

(1) 2020年5月28日第十三届全国人民代表大会第三次会议表决通过了《中华人民共和国民法典》，2021年1月1日起施行，这是新中国第一部以法典命名的法律，可以称为“社会生活的百科全书”，本书第8章“婚姻家庭的理财规划”根据《中华人民共和国民法典》进行了更新，适用性更强。

(2) 2020年8月18日最高人民法院审判委员会第1809次会议通过《最高人民法院关于修改〈关于审理民间借贷案件适用法律若干问题的规定〉的决定》，对民间借贷利率的上限规定进行了调整，据此对民间借贷章节相关内容进行了修订。

(3) P2P网贷机构于2020年11月中旬完全归零，P2P时代正式落幕，因此对P2P相关内容进行了删减。

(4) 对部分章节的专栏以及章末阅读与思考的内容进行了更新，更具时效性和趣味性。

(5) 更新了部分数据。

某位投资大佬说过，人生有几件大事：生活上找对人，事业上跟对人，投资上看对人。对一个，保底，错一个，遗憾。全对，阳光灿烂。全错，生不如死。虽然不能保证本书能解决你所有的财务问题，但希望大家在遇到问题时多一点小笃信，少一点小迷茫。希望大家生活上找对人，事业上跟对人，投资上看对人，阳光灿烂地学习、工作、生活。

目　录

第1章

个人理财概述

学习要点

- 了解个人理财的必要性
- 理解个人理财与财务自由、通货膨胀的关系
- 了解理财的情绪陷阱
- 掌握理财的相关概念：机会成本、沉没成本、心理账户和比例偏见
- 熟悉个人理财规划的整体思路
- 理解财务目标的设立要点
- 熟练编制家庭资产负债表、家庭损益表
- 熟练运用财务体检的相关指标

课程导入

《大学》不仅仅是一本论述个人怎么通过“修身、齐家、治国、平天下”等途径来实现远大理想的书，其中也不乏精彩的理财论述，包括用财与生财之道。比如，“生财有大道：生之者众，食之者寡，为之者疾，用之者舒，则财恒足矣”。意思是：生产财富离不开开源节流，生产的人多，消耗的人少；管理财富的人勤奋，动用财富的人节省，才能使国家的财富经常充足。“理财”一词最早见于《周易·系辞》：“理财、正辞、禁民为非，曰义。”即管理财物，匡正言辞，禁止民众为非作歹。用今天的话说，就是对财物的管理和使用要正当，禁止民众不合理的开支和浪费，是理财最适宜的方法。管子提出“仓廪实而知礼节”的观念，王安石提出“聚天下之人，不可以无财；理天下之财，不可以无义”的重要思想，都体现了古人对理财的重视。“洪范五福先言富”，四书之一《尚书》中就论述了五福，先谈“寿”，然后重点谈“富”。纵观中国的历史长河，从原始社会晚期社会财富开始有剩余时起，就有了理财的问题。古人留下了不同风险导向的理财方法，值得我们思考和借鉴。

1. 风险偏好型理财——战国大富豪吕不韦“高风险、高回报”的理财原则

吕不韦喜欢发掘一些有潜力的物品，然后低买高卖，赚取差额利润，比如，吕不

韦在邯郸见过在赵国做人质的秦国公子异人后，归而谓父曰：“耕田之利几倍?”曰：“十倍。”“珠玉之赢几倍?”曰：“百倍。”“立国家之主赢几倍?”曰：“无数。”(《战国策》)。“奇货可居”说的就是吕不韦的这个理财故事。

2. 风险中立型理财——战国人白圭的“收益覆盖成本与风险、选择最佳的投资机会”理财原则

白圭是战国时期的人，《汉书》中说他是经营贸易发展的始祖，即“天下言治生者祖”。在投资过程中，白圭认为最重要的四点是：“智”——权衡利害；“勇”——当机立断；“仁”——拿捏取舍分寸；“强”——知进退取舍。战国时期的商人大多经营珠宝生意，因为珠玉之赢百倍。白圭却是一个不走寻常路的人，他偏偏看上了十倍的耕田之利。他曾说过：“夫岁熟取谷，予之丝漆；茧出取帛絮，予之食。”在收获的季节适时买进谷物，再把丝绸、漆具等生活用品卖给比较宽裕的农民；而在青黄不接或者收成不好的时候，出售粮食，同时购进滞销的手工业品。这样一来，某些商品积压的时候，白圭用比市价高的价格收购，粮食匮乏的时候，他又用比别家低廉的价格及时出售，既保证了自己的利益，又获得了良好的声誉。

3. 风险厌恶型理财——宋代大文豪苏轼的低风险量入而出理财原则

苏轼被贬黄州团练副使后，俸禄大减，于是他“痛自节俭，日用不得过百五十。每月朔便取四千五百钱，断为三十块，挂屋梁上，平日用画叉挑取一块，即藏去叉，仍以大竹筒别贮用不尽者，以待宾客”。即控制每天的开销，每个月发工资之后，取出4 500文钱，分成30串挂在房梁上，每天要用的时候用叉子挑下来一串，取完就把叉子藏起来，然后在屋里放一个大竹筒，存放每天剩下来的钱，用来招待客人。这属于节流，同时，苏轼还向当地衙门申请数十亩废弃的土地，开源种地。苏轼的这种低风险量入而出理财方式也是古代最流行的一种理财方式。

资料来源：中国古代理财思想与八大经典理财案例. https://www.docin.com/p-2122348719.html&isPay=1.

1.1 个人理财的必要性

随着社会的进步和经济的发展，人们的财富越来越多，日益增长的个人物质需求以及复杂多变的经济环境导致人们缺乏安全感，需要对手中的财富进行管理和规划，而不仅仅是将其压箱底、存银行。因而，个人理财这门学科在现代社会越来越受重视，包括对财富的认识和运用，这种运用不仅包括财富的积累，还包括财富的保障和安排，最终的目的是抵御风险，使财富保值增值。

个人理财是指根据个人或家庭的财务状况，充分分析个人的风险承受能力，合理安排各种收入与支出，选择多样化的理财工具，实现收益和风险的平衡，实现可支配财富的最大化。

1.1.1 个人理财的对象

个人理财的对象是“财”，字典里对“财”的解释如下：金钱和物资，财产或财

富。个人理财主要打理的是金钱和金钱的各种价值表现形式——房产、股票、债券、基金、保险等。

首先认识一下我们在日常生活中需要用到的金钱。货币大多由金属制成，故称“金钱”，在词典里，对金钱的解释是：金属铸成的钱，后泛指货币。《管子·轻重戊》中提到：“彼金钱，人之所重也。”那么这个“人之所重”的金钱到底经历了哪些演变？地球有 45.6 亿年的历史，人类有 250 万年的历史，而货币有 5 000 多年的历史。如果把人类历史缩短为 24 小时，货币出现于最后的 3 分钟。在短短的 5 000 多年历史中，货币的形式发生了非常大的变化。在中国古代，货币从最早的贝壳、刀币逐渐定型为外圆内方的铜钱，而北宋时期交子的出现则是货币形式最彻底的一次改变。交子是发行于北宋仁宗天圣元年（1023 年）的货币，作为官方法定的货币流通，称作“官交子”，在四川境内流通近 80 年。交子是中国古代劳动人民的重要发明，是中国最早由政府正式发行的纸币，也被认为是世界上最早使用的纸币，比美国（1692 年）、法国（1716 年）等西方国家发行纸币的时间要早六七百年。交子也被视为信用货币的开端。

货币起源于商品，作为商品交换过程发展的必然产物，货币在商品经济的矛盾运动中不断发展演变。纵观整个货币发展史，货币的形式由最初的牛、羊、猪以及石头、贝壳等可以用来交换的实物货币，金和银铸造而成的金属货币，转变为现今大多数国家都采纳的纸币（即信用货币）。从总的趋势来看，货币形式随着商品流通和经济的发展，不断从低级向高级演变，未来随着信息技术的发展，电子货币有可能是货币的再一次变革。我国于 2020 年末在深圳和苏州两个试点城市率先开展数字人民币红包测试，取得了阶段性成果。

关于货币的职能，马克思在《政治经济学》中解释得很清楚：价值尺度、流通手段、贮藏手段、支付手段、世界货币。我们在使用金钱时，无须了解它的理论意义，就能真真切切地感受到它有用处，可以交换到需要的商品和服务：小到在路边小店买一瓶矿泉水、在商场里买一件礼服，大到登月探险、跨国公司收购，都离不开金钱。唐朝贤臣张说在《钱本草》中把钱说成一味药：“钱，味甘，大热，有毒。偏能驻颜采泽流润，善疗饥寒，解困厄之患，立验。能利邦国、污贤达、畏清廉。贪婪者服之，以均平为良；如不均平，则冷热相激，令人霍乱。其药，采无时，采之非礼则伤神。此既流行，能役神灵，通鬼气。如积而不散，则有水火盗贼之灾生；如散而不积，则有饥寒困厄之患至。一积一散谓之道，不以为珍谓之德，取与合宜谓之义，使无非分谓之礼，博施济众谓之仁，出不失期谓之信，入不妨己谓之智。以此七术精炼，方可久而服之，令人长寿。若服之非理，则弱志伤神，切须忌之。”

虽然有钱不是万能的，但在现实生活中没有钱将寸步难行。任何时代，任何人都有追求物质生活的权利，这无可厚非。100 多年前，英国剑桥大学经济学教授阿尔弗雷德·马歇尔曾说过：“语言表达我们的思想，货币表达我们的欲望和财产。”柏拉图也说过：“大凡不亲手挣钱的人，往往不贪财；亲手赚钱的人，才有一文想两文。”普通人正是因为了解劳动致富的辛苦，所以格外珍惜。如果有足够多的钱，那么不仅可以满足自己的物质需求，还可以帮助需要帮助的人。当社交网络脸书（Facebook）首席执行官马克·扎克伯格正式升格为父亲时，为了庆祝女儿出生，他与妻子普莉希拉承诺将他们持有的脸书 99%的股份（约 450 亿美元）捐赠给慈善机构，用以开发人类潜能和促进平等。

然而，如果对金钱欲望的追求没有了“度”，没有按照合理的方式获取和使用金钱，其“有毒”“弱志伤神”的特性就会立刻显现。每个人对待金钱的态度是不一样的，有的人会像葛朗台一样有事没事把存折上的数字检查一遍，以获得满足感，有的人却把自己的财产捐给慈善事业以促进人类的发展，体现出一种责任感。无论是前者还是后者，都是基于自身财务状况、个性偏好、环境做出的选择。

“锄禾日当午，汗滴禾下土，谁知盘中餐，粒粒皆辛苦。”这首诗算得上我们幼年时期理财教育的启蒙诗了，可以看出，中国式的财富教育大多着眼于物，也可称为节俭教育。在现今社会，人们对美好物质生活的追求被视作正当的诉求。财富不再代表贪婪和自私，而是被看作勤劳和智慧的果实，节俭教育仅是理财教育中的一小部分，理财教育还包括投融资、保障、税收、退休等多方面的规划和安排，这需要我们学习个人理财，吸取各种与理财相关的知识，从容地生活。

参考阅读

比特币

化名为中本聪（Satoshi Nakamoto）的网络黑客曾发表论文《比特币：一种点对点的电子现金系统》，旨在设计一种网络货币——比特币。其设计比特币的初衷是对抗现有的货币体系。比特币完全去中心化，也没有中央银行干涉，每一个体都可以参与发行。2009年1月3日，中本聪在位于芬兰赫尔辛基的一个小型服务器上挖出了第一批比特币50个。它的产生过程是，接入网络的电脑只要下载Bitcoin程序，就会不停地运算特定的数学题。每道题的解都是一组64位数字，最先解出这道题就能获得系统提供的一定数目的比特币作为奖励。这就像网络游戏里通过打“老怪”来获取分数或金币一样。由于算法本身的设计，系统每四年产生的比特币数值会减半，2013—2016年平均每10分钟产生25个比特币，2017年开始降到12.5个。到2030年2 000万个比特币被开采出来后，剩下的100万个比特币很可能需要几十年才能开采出来。

相对于传统货币，比特币具有以下四个显著特点：

(1) 去中心化。比特币使用对等网络技术（P2P），发行机制不依赖于特定的中央权威机构或银行，任何人都可以下载运行比特币客户端参与比特币的发行和买卖。

(2) 通缩倾向。比特币以一种递减的、可预测的速率产生，直到2140年达到2 100万的发行上限。由于上限固定，增速递减，以比特币定价的商品价格将会不断下跌。

(3) 匿名性。与传统的信用卡或借记卡需要依靠账户才能完成支付不同，用户只需要输入比特币钱包的地址和比特币金额即可完成资金的转移，没有任何有助于辨识个人身份的信息。

(4) 流通无界。互联网的无界特征和比特币的开源性决定了比特币交易活动的无界性，任何人在任意一台接入互联网的电脑上都可以挖掘、购买、出售或收取比特币。

2009年10月，首个比特币汇率公布：1美元兑换1 309.03个比特币。2010年，佛罗里达州程序员拉兹洛·汉耶克完成首个比特币真实交易，他花费10 000个比特币买了两张比萨饼。2010年8月，比特币协议的一个缺陷暴露，比特币在纳入Block Chain之前，交易不需要认证，因此用户可以绕过比特币的经济限制，创造无限量的比特币。8月15日，缺陷扩大化，一次交易竟然产生了1 840亿个比特币，这一问题在几小时内被发现并从比特币日志中删除。2010 年 11 月，比特币经济总值超过 100 万美元。

2013 年 10 月 29 日，世界首台比特币自动提款机在加拿大温哥华启用，用来办理加拿大元与比特币的兑换。2013 年 11 月美联储表示它无权监督虚拟货币并认为：如果这项创新能够给人类带来一个更安全、快速和高效的支付系统，那么它将拥有一个良好的发展前景。2013 年 11 月，英国维珍银河公司宣布接受比特币订机票。

2011 年 1 月，比特币交易价格为 0.30 美元，2012 年 1 月为 5.27 美元，2013 年 1 月为 13.3 美元。2013 年 3 月 28 日，比特币总市值超过 10 亿美元，均价为 92 美元。2013 年 4 月 1 日，比特币价格在所有交易市场超过 100 美元。2013 年 4 月 10 日创下历史最高价——266 美元。2013 年 5 月 3 日，中央电视台《经济半小时》栏目向中国观众介绍了比特币这个新生事物，此时比特币价格为 92 美元。半年后，比特币在热门交易所 Mt. Gox 的交易价格创下 1 242 美元的历史新高，而同期黄金价格为一盎司 1 241.98 美元，比特币价格首次超过黄金。

不同的国家对待比特币的态度截然不同。2013 年 8 月，德国正式承认比特币的合法“货币”地位，人们可以用比特币缴纳税金或者用作其他用途，德国成为全球首个认可比特币的国家。2013 年 7 月，泰国成为首个封杀比特币的国家，但是谁也没有想到，2018 年泰国对比特币的态度从封杀转变为欢迎，泰国数字资产交易所（又称“大公牛交易所”）正式揭牌，成为首家获颁政府牌照的数字资产交易所，数字货币至此在泰国获得了合法身份。

2013 年 12 月，中国人民银行等五部委发布了《关于防范比特币风险的通知》，认为比特币不是由货币当局发行的，不具有法偿性与强制性等货币属性，并不是真正意义上的货币。但比特币交易是一种互联网上的商品买卖行为，普通民众在自担风险的前提下有权参与。

2017 年 9 月，中国人民银行、工商行政管理总局、银监会、证监会等部门联合发布了《关于防范代币发行融资风险的公告》，正式定性 ICO 是未经批准的非法融资行为，任何组织和个人不得从事代币发行融资活动，禁止交易平台提供法币与代币、“虚拟货币”之间的兑换服务。

自 2013 年价格首超黄金以来，比特币的价格跌宕起伏，2013 年 1—12 月，比特币从 13 美元涨到了 1 147 美元，涨幅近 88 倍。与诞生价相比，涨幅超 150 万倍。2013 年 12 月到 2015 年 1 月，比特币又从 1 166 美元跌回到 170 美元，跌幅 85%。2015—2017 年，比特币又开始上涨行情，特别是 2017 年，一年之内就从 789 美元涨到了 19 878 美元，涨幅 24 倍。与诞生价相比，涨幅超 2 600 万倍。2017 年创新高后，比特币价格一直在振荡中前行，2018 年年中最高价 17 712.4 美元，最低价 3 191.3 美元。2019 年年中最高价 13 796.49 美元，最低价 3 391.02 美元。2020—2021 年，比特币价格不断刷出新高，挑战人们的预期，2020 年 12 月 16 日，比特币价格突破 20 000 美元，2021 年 1 月 2 日，突破 30 000 美元，7 日，突破 40 000 美元，11 日大跌约 8 000 美元，价格一度跳水至 31 091 美元，日跌幅达 20%。2021 年 2 月 9 日，比特币价格再度暴涨，突破 48 000 美元大关，日内连破 45 000、46 000、47 000、48 000 美元四道关口，创历史新高。

比特币从一个实验品变成市值几十亿美元的金融商品，价格起起伏伏。虽然它的未来扑朔迷离，但可以肯定的是，它将继续挑战人们和政府思考金钱与货币的方式。

资料来源：根据网络资源汇总整理。

1.1.2 个人理财的必要性

1. 获取满足感和安全感

在经济学里，稀缺被用来描述资源的有限可获得性。人的欲望是无限的，但资源是有限的，相对于无限的欲望，有限的资源总是稀缺的。相对于人们无限多样、不断增加的需求来说，用以满足这些需求的有用资源总是相对不足。个人理财就是解决用有限的金钱尽可能满足各种物质需求的问题。当拥有的比需要的少时，人们就会感到不幸福。人从出生、成人、结婚、生子直至生命的终点，要购买不同的商品和服务，大到昂贵的学区房，小到给食物调味的盐和糖，而在财富有限的情况下，总是需要在各种商品中进行权衡和取舍。哲学家叔本华曾说过：生命是一团欲望，欲望不能满足便痛苦，满足便无聊，人生就是在痛苦和无聊之间摇摆。

个人理财，是通过理财的方式使存量财富增加，以减少资源约束给人们造成的不快，增加人们的满足感和安全感。

满足感是一种愉悦、幸福的感受。它来源于欲望得到满足，即个体精神或物质层面的需求得到满足后所获得的终极美好感受。人的欲望实现后会产生一种满足感。这就如小时候你用卖废品积攒了许久的钢镚儿买来变形金刚的小高兴，或成年后通过炒股赚来豪车的大快乐。人的需求随着成长不断升级，所产生的满足感也会随之不同。人们都在本能地追求更高等级的满足感，而个人理财可以提升物质层面的满足感。

安全感就是渴望稳定、安全的心理需求。三孩时代导致教育经费储备、养老金储备、重大疾病经费储备激增，这都需要在财务上早做打算，以免在特定的人生阶段因无法满足基本物质需求而倍感窘迫无力。

假想你要出国旅行，当你刚收拾好行李但又想往里面放件东西时，如果是一只大行李箱，你完全可以直接打开箱子放进去，而不需要拿东西出来或重新整理行李箱，因为有足够的空间。但如果是只小行李箱，要想往里面放件东西就需要拿东西出来。如果有足够的空间，我们就无须艰难权衡。空间的不足就是一种稀缺，这实质上是一种资源的约束。当稀缺俘获了我们的注意力时，就会改变我们的思维方式，影响我们所关注的事物，影响我们的选择，最终影响我们的决策和行为。个人理财实质上就是给箱子创造更多的空间，减少稀缺，提升人的满足感和安全感。

2. 抵御通货膨胀

“货币”一词最早出现在《后汉书》中，由“货”和“币”两个字组成，“货”代表货物，“币”代表钱，货和币犹如天平的两边，两边价值相等才会保持平衡，任何一方多与少都会导致整个天平的失衡。失衡的一种表现形式就是通货膨胀，用过多的钱追求过少的货物就会造成物价上涨，货币贬值。尽管学术上对通货膨胀有很多解释，比如需求推动、成本拉动，或 MV＝PT，但无论何种原因，其表现形式就如同字面上的意思一样——通货代表钱，膨胀代表多，通货膨胀就是市面上的钱多了。钱多的表现就是虽然货币的面值越来越大，其购买力却在不断下降。匈牙利的旧货币帕戈(1927年1月21日至1946年7月31日流通)最高面值为1垓(10的20次方)帕戈，也是迄今为止面值最大的已发行货币。10的20次方即1万亿亿。那么1万亿亿的购买力有多大呢？1945年8月，在匈牙利，面包的价格为6帕戈/千克；而1946年6月，面包的价格则为58.5亿帕戈/千克。事实上，匈牙利当时还计划推出面值10垓(也就是10的21次方)帕戈的货币，最终印出却并未发行，它成为历史上最大面值的未发行货币。1946年8月，匈牙利开始启用新货币福林。津巴布韦曾发行面值100万亿津巴布韦元的货币；南斯拉夫发行过面值5 000亿第纳尔的货币；新疆银行于1949年5月发行了面值60亿元的银行券，这张60亿元的纸币在当时只能买到大约77粒大米，这是中国历史上面值最大的纸币。对那时的人们来说，拿到工资的第一件事恐怕就是去买东西，否则钱会很快贬值。经济学鼻祖亚当·斯密说过：货币本身并非财富，一个国家的富裕不在于用以实现货物流通的货币数量，而在于生活必需品的丰富。

控制通胀，保持价格稳定是一个国家的经济发展目标之一。通货膨胀带来投资和消费的不确定性，对于普通百姓而言，最明显的表现就是手中的钱不值钱了，而通货膨胀的指标会通过消费者物价指数表现出来。通货膨胀会使财富在不知不觉中缩水，犹如乘坐一部下行的扶梯，只有以比扶梯下行的速度更快的速度向上走，你才能上行。也就是说，只有当财富的增值速度超过通货膨胀率，财富才可以得到保障。20世纪80年代的万元户受人羡慕，若把当时1万元用红布裹得严严实实压在箱底保存到现在，你又能买到多少东西呢？1万元在不同通货膨胀率下缩水的幅度见表1-1。从表中可以看出，如果通货膨胀率为6%，1万元10年后会变为5 584元，20年后变为3 118元，30年后变为1 741元。财富在时间的长河中会不断缩水，如果不采取措施，不知不觉中它的价值会越变越小。

表1-1 1万元在不同通货膨胀率下缩水的幅度 单位：元

通货膨胀率	10年后的购买力	20年后的购买力	30年后的购买力
4%	6 775	5 536	4 119
5%	6 139	3 768	2 313
6%	5 584	3 118	1 741
10%	3 855	1 486	573

随着我国经济的不断发展，百姓手中的资金不断增多，同时，各个经济因素导致货币呈现贬值的趋势。百姓只有以投资理财的方式进行资金的有效运作，才能抵御通货膨胀等问题导致的资金缩水风险。

参考阅读

80年代的1万元相当于现在的多少钱

20世纪80年代的“万元户”如同当今的“土豪”一般让人羡慕不已。很多人对那个一根冰棍2分钱、一斤猪肉2角钱的年代甚是怀念。也有人问，那个时代的1万元究竟相当于现在多少钱？我们从不同的角度来思考这个问题。

1. CPI——物价上涨的幅度

消费者物价指数（CPI）是反映居民家庭一般购买的消费商品和服务项目价格水平变动情况的宏观经济指标。简单点说，也就是“一篮子”商品和服务的价格，假如这个篮子里只有猪肉这一种东西，那么20世纪80年代一斤猪肉2角钱，现在12元，CPI就涨了12/0.2=60倍。但是只看一种商品显然太绝对了，于是需要往这个篮子里放更多的商品和服务，以体现价格变化的公允性。国家统计局的资料显示，若1978年CPI为100，那么1980年为109.5，2019年为669.8。

$$(669.8/109.5)\times 10\,000=6.12(\text{万元})$$

也就是说，按CPI方式来计算，20世纪80年代的1万元相当于2019年的6.12万元。

2. 货币发行量M2——货币比例

根据货币流动性的差距分层次统计，我国的货币供应量按流动性由强到弱，分为M0，M1，M2三个层次：M0是流通中的现金，即央行历年货币发行总额；M1=M0+活期存款，称为“狭义货币供应量”；M2=M1+准货币（定期存款+其他存款），称为“广义货币供应量”。

M2方法的思路如下：计算1980年你手头的1万元钱在中国整个货币发行量中的占比，考虑今天得有多少钱才能占到同样的比例。1980年M2为1 661.2亿元，2019年为1 986 488.82亿元。

$$(1\,986\,488.82/1\,661.2)\times 10\,000=1\,195.82(\text{万元})$$

因此，从货币发行量M2来看，20世纪80年代的1万元相当于2019年的1 195.82万元。

3. 可支配收入占比——相对幸福度

前两个层次更多是从宏观的角度来考虑1万元价值的变化，还可以从相对幸福度也就是从人均可支配收入或储蓄存款的角度来思考。

2019年城镇居民家庭人均可支配收入为42 539元，1980年为477.6元。

$$(42\,539/477.6)\times 10\,000=89.07(\text{万元})$$

因此，从人均可支配收入角度看，20世纪80年代的1万元相当于2019年的89.07万元。

当然，同一问题思考的角度不一样，得出的结果也不一样，以上方法仅供参考，并没有谁对谁错，谁精确谁模糊之分。40多年来，1万元早已今非昔比，在前进的时代浪潮中，货币的价值也在发生变化，只有不断学习理财方法，才能使当初的1万元保值增值。

---

3. 通往财务自由

“自由”在中国古文里的意思是“由于自己”，就是不由于外力，自己做主。在欧洲语言里，“自由”含有“解放”之意，即从外力制裁下解放出来，自己做主。抛开政治理解，自由实质上就是“自己做主，不受限制和约束”。财务自由则是指在财务上不受限制和约束，也就是无须为支付生活开销而努力工作赚钱的状态。简单地说，就是你的资产产生的被动收入要超过或等于你的日常开支。

$$\text{财务自由}=(\text{被动收入}>\text{花销})$$

收入来源分为两种——主动收入和被动收入。主动收入必须花时间和精力才能获得。比如工作的收入，工作才有，不工作就没有，一旦因生病、受伤、退休或者被解雇而停止工作，收入也就没有了。被动收入不需要花多少时间和精力可以自动获得。就如早年的游戏《红色警戒》中的油车，一旦生产出来，就可以分分秒秒为我们捡金子采矿。过去的地主就是依靠被动收入致富的典型例子，他们最初省吃俭用，买下很多土地，这些土地并不需要自己去耕种，可以租给没有地的农民，以后每年收租，这便是被动收入的一种。除了当地主，被动收入的另一来源就是有价证券（股票、基金、债券、保险、外汇、期货等）和银行存款，前者的收入来源于价差或分红，而后者的收入则主要来源于利息。

主动收入主要指薪金所得，而被动收入主要是指财产性收入。在获得被动收入之前，往往需要长时间的劳动和积累。被动收入是获得财务自由、实现退休的必要前提。努力工作的目的是提高主动收入基数，而个人理财的目的是尽量增加被动收入的来源和数量。

拥有财产性收入最大的好处在于这类收入的获取成本远比主动收入低，而且还有可能获得复合增长。因此，应开辟不同的收入来源渠道。你最开始的启动资金往往来源于你的主要工作。除此之外，多多开发被动收入，当长期稳定的被动收入大于家庭预期总支出时，你的财务就达到自由状态了。

参考阅读

人生的理财目标

既然我们知道有钱首先是一种感觉，是一种需要满足的心理状态，而非简单的数字，那么，理财的目的绝不是简单地获取钱财（以数量来表现），而是遵循人类自我实现过程中的需要层次，逐一地实现家庭财务健康—家庭财务安全—家庭财务自主—家庭财务自由，从而满足家人和自己的物质和精神需要，保持身心健康，为社会做出贡献，使人生更加圆满。

满足人生需要的理财层次如下：

满足人生第一层需要——生理的需要，对应的财务状态即财务健康：

收支有盈余；

资金储备能应付紧急需要；

投资保本增值，有抗风险的能力；

资产负债结构合理，没有隐忧；

达成心愿；

能满足可预见之未来开支，包括疾病、子女教育、退休等的开支。

满足人生第二层需要——安全的需要，对应的财务状态即财务安全：

保障人生所有，无惧突然变故带来的风险；

家庭风险的防范；

职业生涯的规划；

合理的投资规划；

儿童教育金的准备；

养老金的准备。

满足人生第三层、第四层需要——社交的需要、自尊的需要，对应的财务状态即财务自主：

财务自主是一种能承担责任和获得成就的状态，是一种对生活充满信心的状态；

可以投资家庭建设，尽情享受喜欢的房子、车子；

选择自己喜欢的生活方式；

合理安排投资组合，学会使用股票、基金等各种金融投资工具，进行长期、中期、短期的投资布局；

获利的机会更多，即使出现投资风险，对家庭生活的影响也不大。

满足人生第五层需要——自我实现的需要，对应的财务状态即财务自由：

财务自由就是创造充裕的现金流，摆脱财务约束及限制；

建立商业系统及投资系统，获利超过生活所需，不为钱工作；

更有时间，更能享受；

不愁衣食，不惧风险；

更有能力，更高收入；

生活富足，自由自在。

满足了以上几个层次需要后，人们就会以回馈社会为己任，注重对社会和他人的贡献，从而获得自我满足。

这样的理财方法不能让你一夜致富，却可以让你一生平安。

资料来源：陈昱. 暖财安生：四步迈向家庭财务自由. 北京：北京大学出版社，2008.

1.2 理财的情绪陷阱和概念误区

1.2.1 避开理财的情绪陷阱

理财并不等于投资，它是一种根据自身财务状况对资产进行配置以达到财务目标的过程。因此，不要一说理财就想到股票。理财的真正目的是通过对现有和将来拥有的各种资源的整合管理，使个人一生的满足感最大化。理财可以使你的财富安全、稳健地增长，从而实现生活日标。要尽量避开理财过程中的情绪陷阱。

1. 从众心理

从众是指个体在社会群体的无形压力下，不知不觉或不由自主地与多数人保持一致的社会心理现象，通俗地说，就是“随大流”。羊群效应是从众心理的一个具体体现，如果一只羊发现了一片肥沃的草地，在那里吃到了新鲜的青草，后来的羊群就会一哄而上，争抢那里的青草，全然不顾旁边虎视眈眈的狼，或者看不到其他更好的青草地。商务印书馆《英汉证券投资词典》对羊群心理的解释是：herd instinct，herd behaviour，即群居本能，从众心态。这里是指投资者随波逐流、追涨杀跌的心理特征。羊群心理或群居本能是缺乏个性导致的思维或行为方式。在个人理财中，从众行为非常普遍，别人买股票赚钱了跟着买股票，别人买基金赚钱了又马上买基金，缺乏独立思考能力，一味地盲从，不去考虑此一时彼一时的实际情况。然而时机转瞬即逝，当人们一窝蜂去买股票、买基金的时候，常常挣不到钱。

因此，一定要克服从众心理，每一个体和家庭的收入来源、偏好、所处的环境、风险承受能力是不同的，不加思考地照搬别人的成功经验，未必能够复制理财上的成功。适合自己的才是最好的，一定要定制个性化的理财方案。

参考阅读

从众心理

2005 年，神经科学家格雷戈里·伯恩斯（Gregory Berns）进行了一项研究，他使用核磁共振扫描仪研究大脑的活动情况，以确定人们是否明知答案不正确也要屈从于群体意见，或者人们的感知是否真的发生了变化。研究的思路是：如果在群体面前放弃己见是由社会压力造成的，那么控制冲突的前脑区域会发生变化；但是，如果在群体面前放弃己见是因为感知发生了变化，那么控制图像和空间感知的后脑区域会发生变化。该项研究发现，人们给出错误答案以与群体保持一致时，管理空间认知的大脑区域的活动增加了。换句话说，他人的意见看上去真的改变了实验对象对自己所见事物的想法。由此看来，他人的意见真的会影响一个人对外部世界的感知。

在另一项研究中，社会心理学家安排一个人站在街角，叫他抬头朝天空张望 60 秒钟。心理学家观察到，街上只有很少人停下脚步看看这个人在看什么，大部分行人径直从他身旁走过。接下来，心理学家安排 5 个人站在街角朝天空张望，这次，有 4 倍于上一次的行人驻足凝望天空。当心理学家安排 15 个人站在街角看着天空时，几乎有一半的过路人停下了脚步。

资料来源：伯顿·G. 马尔基尔. 漫步华尔街. 北京：机械工业出版社，2012.

2. 过度自信

自信是人们行为的内在动力，包括自觉性、果断性、坚韧性和自制力。自信的人能够以积极的姿态面对困难，能独立地做决定，果断处事，并且能进行积极的自我暗示、自我鼓励。萧伯纳曾说过：有信心的人可以化渺小为伟大，化平庸为神奇。然而这个自信超过一定的度就不好了，会让你生活在错觉中，认为自己比别人能干、聪明，认为自己对股市高低点的判断更精准。这种错觉会让你理财失误，蒙受损失。

格瓦里斯、希顿和奥迪恩（Gervaris，Heaton and Odean，2002）将过度自信定义为，认为自己知识的准确性比实际程度更高。人们系统性地低估某类信息并高估其他信息，即赋予自己的信息的权重大于事实上的权重。在一项研究中，研究人员分别问丈夫和妻子各自在日常生活中承担多少家务，调查结果显示，丈夫和妻子认为自己做的家务之和竟是 130%。也就是说，至少一方，更可能是双方都高估了自己承担家务的比例。

财务学家布拉德·巴伯（Brad Barber）和特伦斯·奥迪恩（Terrance Odean）曾做过一项研究，分别对单身男性、单身女性、已婚男性和已婚女性四类账户拥有者的交易状况进行调查，用周转率来表示投资组合中股票的百分比在一年时间内所发生的变化。其中单身男性交易的比率最高，为 85%，已婚男性为 73%。但周转率越高就意味着交易结果越好吗？巴伯和奥丁研究了周转率与投资组合收益率之间的关系，结果表明，周转率最低的小组年平均收益率为18.5%，周转率最高的小组平均收益率为11.4%。更高的周转率并不意味着更高的收益。股票技术分析之父查尔斯·道曾经说过："过度自信在华尔街所造成的失败，多于其他错误观点所造成的失败的总和。"过于自信不仅不会使投资收益增加，反而会使其朝相反的方向发展。

3. 懊悔规避

诺贝尔经济学奖获得者丹尼尔·卡尼曼曾说过：懊悔是一种情绪，也是一种自我惩罚。人们做出的许多决策都是出于懊悔规避这个动机。懊悔是一种消极的情感体验，同时会引发强烈的使后悔体验不再出现的愿望，这就是懊悔规避。懊悔规避是一种心理倾向，即对消极情绪体验的自我保护倾向，可使个体免受后悔的困扰，使后悔程度最小化。

赫什·舍夫林（Hersh Shefrin）和迈尔·斯塔特曼（Meir Statman）针对这种心理行为对投资者进行了分析。他们的分析表明正是这种规避懊悔以及寻求自豪的心理使投资者在过短的时间内出售盈利股，过长时间持有亏损股票。行为学研究学者奚恺元曾设计了一个"持有者悖论"的实验：假设你是个业余股民，一个月前你的朋友推荐了一只股票，你毫不犹豫地买了10 000股，买入价10元/股，但是现在这只股票价格为5元，你已账面亏损5万元，这时，你是选择卖掉这只股票还是继续持有？

根据懊悔规避理论，尽管你心里很不舒服，估计还是会选择继续持有，并且希望未来股价能够上涨，以减少账面损失。然而，正当你犹豫不决的时候，有只小黑猫爬上你的电脑桌，一不小心按下卖出键，把你的股票全卖掉了，你原先的账面损失现在变成了实际损失，原来的10万元变成5万元转到了你的活期账户，现在你会立即把这只股票买回来继续持有，还是用这5万元投资于其他的股票呢？你的回答肯定和大多数人一样，就是不买原来的那只股票。

其实这两个问题是等价的，继续持有还是立即卖出这只股票的决定都是在价格5元的情况下做出的。如果你不想卖掉你的股票是因为觉得它行情看涨，那么猫咪的出现并不影响它的行情，你应该在猫咪闯祸后再把它买回来；如果猫咪闯祸后你不愿意把它买回来，说明你不看好这只股票，那么你应该在猫咪闯祸之前就把股票卖掉。总之，你不能仅凭懊悔规避来决定是持有还是抛售。

参考阅读

行动的懊悔 vs. 忽视的懊悔

假设你是一位彩民，只能每天花2元钱买一张彩票。半年来，你每天只买同一组号码，可是你一直没有中奖（这太正常了）。这时，好友建议你买另一组号码，你会照做吗？

不用解释，你也知道原来那组号码与新的号码的中奖概率完全一样。

但你知道你可能会面临两种懊悔。

第一种懊悔：不听劝，继续买原来的号码，但是新号码中奖了，你的没中奖。

第二种懊悔：听人劝，改买新一组号码，但是原来那组号码偏偏中奖了。

这两种懊悔，哪一种带来的痛苦更强烈？

多数人会觉得第二种懊悔带来的痛苦更为强烈，因为你对原来那组号码倾注了太多感情。

第一种懊悔，因为没有行动，我们叫它“忽视的懊悔”。

第二种懊悔，因为采取了行动，我们叫它“行动的懊悔”。

资料来源：孙惟微．赌客信条：你不可不知的行为经济学．北京：电子工业出版社，2010.

4. 欲望无止

合理的欲望是人类前进的动力，对理财产品收益的渴求无可厚非，但是不能太贪心。很多时候，理财失败是过分贪心造成的。德国著名思想家歌德曾说过：如果追求过多，并且斤斤计较细枝末节，就易陷于糊涂。在个人理财过程中，需控制一夜暴富的想法，理财讲求的是平衡与控制。投资理财是一件长久稳健获利的事，最主要的是保证本金一直在，然后尽可能去赚取超额利润。

1.2.2　走出理财的概念误区

在理财过程中，常常会有许多人们以为正确其实却是错误的方法，而人们却毫不知情。看到别人的盲点很容易，察觉自己的错误却很难。因而，我们需要避开理财中的概念误区，尽早走上财务自由的康庄大道。

1. 机会成本

机会成本是由选择产生的——一种经济资源往往有多样用途，选择了一种用途，必然要丧失另一种用途，后者可能带来的最大收益就成了前者的机会成本。就如同你想去看电影，就放弃了学习；你选择在北京工作，就放弃了去上海工作。机会成本就是你做出一项选择而放弃另一项选择的成本，它不是显性成本，也不是实际产生的成本。

对于理财者来说，1 万元钱你拿来炒股票，就不能用于买基金；用来买外汇，就不能用于炒黄金。你在配置理财产品时，可能会由于资金问题不得不放弃原本想选择的理财产品，这个被放弃的理财产品的收益就是你理财的机会成本。机会成本的存在，让我们在不同理财工具和方式中权衡收益和风险，力图做出最优选择。

投资中实际的亏损是显性的，不容易忘记，另一种损失则往往被忽略，这就是隐性的机会成本或损失。现在银行的活期利率极低，仅有 0.30%，定期存款的利率也很低，一年期仅有 1.75%。如果把钱放在储蓄账户，这些微不足道的利息扣除通货膨胀的影响，已不能起到保值增值的作用。如果不去做其他投资，就相当于闲置损失。因此，在个人理财的资产配置中，储蓄如果占太大比例，虽然从数字上看不会减少，但是因为有机会成本的存在，储蓄会使你的财富失去更大的增值空间。

2. 沉没成本

沉没成本，是指已经发生的成本，沉到水底的成本。人们在决定是否做一件事情的时候，不仅要看这件事情对自己有没有好处，还要看在这件事情上过去是否有投入。我们把这些已经发生、不可收回的支出，如时间、金钱、精力等称为沉没成本。一个拥有完整、健全的逻辑的机器人在做选择时绝不会把沉没成本考虑在内，但作为一个有情感的人，你对损失的态度会让你掉进沉没成本的陷阱。

俄亥俄州立大学心理系教授哈尔·亚科斯（Hal Arkes）和利物浦大学的卡特

琳·布卢默（Caterine Blumer）早在1985年就做过一个实验，证明人们在沉没成本面前会做多么愚蠢的事。他们让实验对象假设自己花100美元买了密歇根滑雪之旅的票，但之后又发现更好的威斯康星滑雪之旅——只要50美元，于是也买了票。然后，研究者告诉实验对象，这两个旅行的时间相互冲突，两张票都不能退或者转让。你认为他们会如何选择呢？是选100美元那个“不错”的旅行，还是选50美元那个“绝佳”的旅行？在实验中，有一半的人选择前者——那个更贵的旅行。虽然它可能不如后者有趣，但是不去参加它的话，损失更大。然而花出去的钱都是收不回来的。这个因考虑沉没成本而做的决定让我们无法意识到，其实最好的选择是获得未来的更好体验，而不是弥补过去的损失。

假如你买了两只股票，A股票买入价格10元，现价5元；B股票买入价格5元，现价10元，假设你急需用钱，要把这两只股票卖掉一只，你选择哪一只股票？你做出这种选择的标准是什么？大多数人选择卖B股票，因为A股票现在是账面损失，一旦卖出就成为实际损失，他们更愿意等待，以期未来价格上涨，而B股票本身就有盈利，卖出心里没有多少负担。这种判断是以过去的沉没成本，即股票的买入价为参考标准，实质上，决定持有还是售出一只股票时，应看其未来的成长性而不是投入的成本。

一个完全理性的决策者在做成本收益分析时不应该把沉没成本考虑在内，过去的不能挽回，既然不能挽回，就不会对现在产生影响，在决策时应忽略它。

3. 心理账户

心理账户是芝加哥大学行为科学教授理查德·萨勒（Richard Thaler）提出的概念。1985年，萨勒教授发表《心理账户与消费者行为选择》一文，正式提出“心理账户”理论，系统地分析了心理账户现象，以及心理账户如何导致个体违背最简单的经济规律。萨勒认为：小到个体、家庭，大到企业集团，都有或明确或潜在的心理账户系统。在做经济决策时，这种心理账户系统常常遵循一种与经济运算规律相矛盾的心理运算规则，其心理记账方式与经济学和数学的记账方式都不同，因此经常以非预期的方式影响决策，使个体的决策违背最简单的理性经济法则。

心理账户的基本道理是人们无法对口袋里的钱一视同仁。人们会下意识给钱贴上不同的标签：辛苦钱、零花钱、救命钱、意外之财等。对于不同的钱，人们赋予不同的价值，持有不同的态度。

假设你到拉斯维加斯度假，晚上闲极无聊，准备外出转转并拿出100美元准备小赌一把，没想到你运气非常好，每次押的数字刚好正确，赢了100万美元，于是你换个地方准备再接再厉，怎料运气变了，一直输，最后连开始带来的100美元也输掉了。回到酒店，你认为是输了100美元还是100万美元？你是否觉得赌博赢来的钱来也匆匆去也匆匆，而辛苦赚来的钱则舍不得花？

要做一个理性的人，就要避免人为地设置心理账户，不要把不同用途或不同来源的钱割裂开来，而应当让财富在各个心理账户之间相互流通。钱是等价的，不应该给同样的钱打上不同的记号，对不同来源和不同数额的收入应一视同仁。不应该在获得意外之财时花钱大手大脚，也不必因花的是自己的辛苦钱而缩手缩脚。

4. 比例偏见

我们在购买商品或服务时，首先会衡量该商品或服务带来的效用和它的价格，也就是性价比，然后再决定是否购买。你愿意支付的价格和实际价格的差额是交易效用的源泉，经济学上称为"消费者剩余"。实际支付价低于参考价越多，你觉得占的便宜越大。在绝对差额一样的情况下，不同的相对差额会影响你的决策，这就是一种比例偏见。

参考阅读

人性本傻：心理账户

在做各种有关自己和家庭的财务决定时，很多人都习惯借助于"罐头式"思维。比如我们会把自己的钱分为几份，放在不同的罐头里：一份用来储蓄购房，一份用于日常开销，一份用来度假旅游，等等。借助这种方式来做出投资和理财决策的好处是：每一份钱都有明确的功能和用途。对一个自制力较差的人来说，这种标签有助于为自己的消费需求确立一个"硬性边界"。假设我们给自己规定，每个月在淘宝上买衣服最多只能花 1 000 元。那么在这个月的额度用完以后，"剁手党"可以以这个规定强行命令自己不能再买了，要买也得等到下个月。

但是，"罐头式"思维也可能使我们做出一些不理性的决策。在行为心理学上，这种不理性偏见叫作心理账户（mental accounting）。什么是心理账户呢？让我举一个简单有趣的例子来解释这个概念。

假设你是王菲的歌迷，在苦等多年之后终于迎来了她的演唱会。你早早排队，花 5 000 元买了一张内场门票。

现在假设 A 情形发生：在演唱会开演前一天，你发现买好的门票找不到了。你是否会再花 5 000 元钱买一张同样的门票？

现在我们来考虑 B 情形：你路过体育场的时候，偶然发现过两天这里要开王菲演唱会，目前正在出售门票。门票价格有高有低，你比较中意的门票大约 5 000 元。当你想掏钱买票时，发现钱包不见了，里边大约有 5 000 元现金。在这种情况下，你是否会使用其他支付方式（比如手机、银联卡或者向朋友借钱）去购买一张演唱会门票？

很多经济学和心理学学者都在他们的实验中问过受访对象上面这个问题，得到的回答大同小异。绝大部分人在 A 情形下不会再花钱去买门票，而在 B 情形下还是会选择花钱买门票。原因在于：大部分人不愿意花两倍的钱去购买同一张门票。在他们看来，自己已经花钱买了门票，如果这张门票丢了，那么只能自认倒霉。如果再花钱去买一张同样的门票，显得太铺张浪费了。但是在 B 情形下，门票需要花 5 000 元钱和钱包被盗是完全不相干的两件事情。事实上，如果钱包被盗，可能更需要去看一场演唱会来慰藉受伤的心灵。

这就是一个典型的心理账户的例子。虽然都是 5 000 元钱，但人们会把不同的消费行为分门别类放到不同的账户中：演唱会支出属于享乐消费，钱包被盗属于紧急事故，两者有各自的功能和边界，互不干涉。

资料来源：伍治坚．人性本傻：心理账户．搜狐网，2017-05-05.

假设你要买个闹钟，A 商场的价格是 50 元，B 商场的价格是 100 元，两个商场距离 500 米，如果你在 B 商场，你愿意为了买更便宜的闹钟走 500 米到 A 商场吗？

假设你要买套西装，A 商场的价格是 23 000 元，B 商场的价格是 23 050 元，两个商场的距离也是500米，如果你在B商场，你愿意为了买更便宜的西装走500米到A商场吗？

上面两个例子同样都是为了节省50元钱，估计大多数人在第一种情况下更愿意走500米节省50元钱，而在第二种情况下则不愿意。为什么呢？

因为第一种情况下节省了50%（50/100），而第二种情况下只是节省了约0.2%（50/23 050）。很多人在消费时，关注的是优惠的比例而不是绝对值。但这种做法忽视了这样一个前提，无论是买闹钟还是买西装都是节省50元钱，这50元钱在效用上是相同的。因此，消费时不要过分地关注比例而忽视绝对收益。

2008年，我国学者李爱梅、凌文辁等通过情景实验研究进一步发现：人们对相对值优惠与绝对值优惠的心理感知不同。在绝对值优惠低时，相对值优惠效应明显；在绝对值优惠高时，相对值优惠效应不明显；而且相对值优惠效应与绝对值优惠效应受原始价格影响。当某种商品的购买价格较低时，相对值优惠效应更突出；随着购买价格的提高，绝对值优惠效应与相对值优惠效应之间的差距逐渐缩小直至相等；当购买价格超过某一点后，优惠体验就会出现相反的结果，此时，绝对值优惠效应更明显。

因此，消费时应考虑所能得到的优惠数额以及为获得优惠所付出的成本，不要过多地注重小处节约而对大处小比例的节约视而不见，要走出比例偏见的误区。

1.3 个人理财规划的整体思路

传统教育中，更多将智商和情商定为成功概率的主要参考指标，似乎更聪明、更懂得人情世故的人成功的概率更高。的确，智商反映人作为自然人的生存能力，情商反映人作为社会人的社会生存能力。高智商的人能够更快地了解和学习新生事物，高情商的人能够更好地适应纷繁复杂的社会。理财能力（或称为财商）则是人作为经济人在经济社会中的生存能力，它不是孤立的，而是与人的其他智慧和能力密切相关的，它与智商、情商并列成为现代社会能力中三大不可或缺的素质。

财商指一个人认识和驾驭金钱活动的能力，包括观念、知识、行为三个层次。理财能力培养体系见图1-1，观念是对金钱、财富的认识、感知和理解，是理财能力体系的基础，只有树立正确的理财哲学，才有可能正确运用工具创造财富；知识是工具，是对具体理财方式和手段的掌握，包括对财务、会计、法律、金融等多方面知识的综合理解；行为是观念的表现和载体，是对知识的具体应用。整个理财能力培养体系的逻辑是：形成观念，掌握知识，指导行为，同时行为又进一步强化观念，如此不断地循环往复，最终形成正确认识和应用金钱及金钱规律的能力，以尽快实现财务自由的人生目标。

如图1-2所示，本书力图通过对理念、工具、方法的阐述，来提高学习者的个人理财能力。从内容上看，可以分为三个层次：第一层次，基本的理念——对风险价值和时间价值的基本认识——这是个人理财的基础，这些理念贯穿个人理财规划全过程，让学习者做好理财的知识和心理准备；第二层次，关注的是点——流动性规划、投资规划、融资规划、保险规划，即着眼于某个时间点或某个时间段具体理财工具的选择

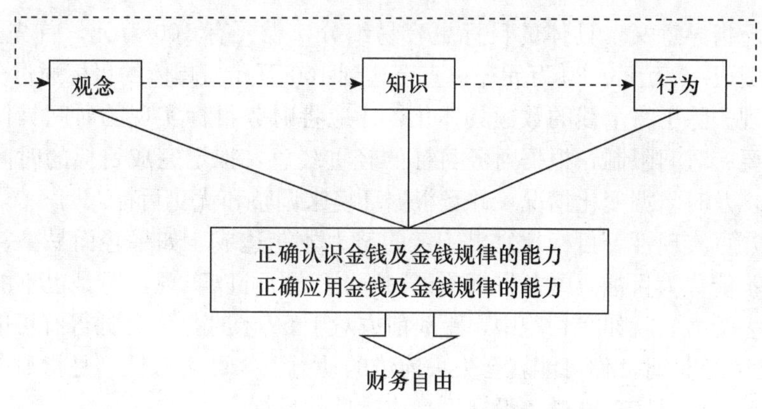

图 1－1　理财能力培养体系

和应用，个人税收理财规划、婚姻家庭理财规划则关注具体法律法规和制度，有助于实现个人收入、资产和财富的优化安排；第三层次，关注的是面——教育规划和养老规划是个人理财过程中的长期规划，是对第二层次所学知识的综合运用。

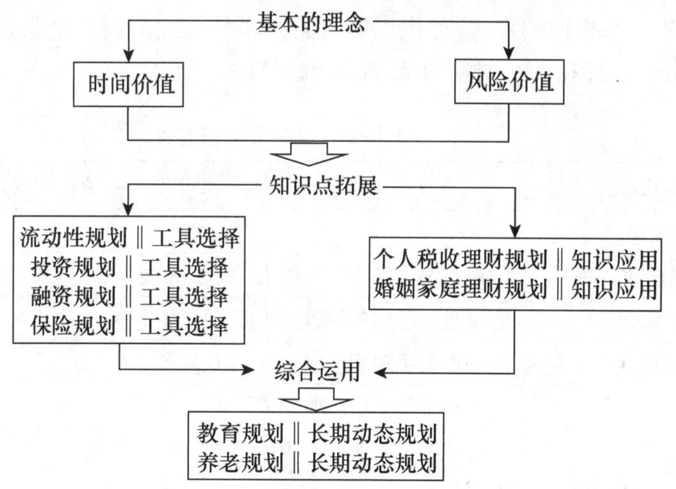

图 1－2　个人理财规划学习知识体系

1.4　个人理财规划的流程设计

1.4.1　设立财务目标，选择财富路径

个人理财首先要设立目标，然后实施、修正该目标，再设定新阶段的目标，这个过程是循环往复的。你今天的生活是你以前的选择决定的，而你今天的选择将决定你未来的生活。因此，个人理财需要树立积极的生活目标，积极的生活目标将带来良好的生活状况。

个人财务目标的设立需要注意几个问题（理财目标示例见表 1－2）：

(1) 具体化。财务目标是具体且定量的，不能笼统模糊。比如，我想有很多钱，我想买一幢大房子，“很多”和“大”两个词语都是抽象的，不同的人有不同的理解，因此缺乏指导意义。具体的目标更容易细分，想要有100万元，首先是存够1万元，然后投资成10万元、20万元……直至达到100万元。具体的目标通过分解细化可以分步骤实现。除了将金钱的数额具体化，还应将财务目标实现的时间具体化。财务目标的设置要有时间限制，根据财务目标的轻重缓急，拟定完成目标的时间要求，定期检查进度，及时掌握变化情况，并且根据环境来调整和优化目标。

（2）可实现性。目标须付出一定的努力才能达成，如果轻而易举、毫不费力地达成，则不能称为目标。财务目标应通过一定努力可以实现，但是也不能太高，否则会让人失去动力。就如在长跑中，距离前方对手50米时，你会觉得有可能超越他，当差距达到10公里时，你可能就会失去前进的动力了。可实现性，是指财务目标在付出努力的情况下可以实现，避免设立过高或过低的目标。

（3）顺序化。人的资源和精力都是有限的，但需求却很多。如何将诸多的美好愿望转化为具体的理财目标？首先你需要静心想一想，把诸多愿望全部列举出来；其次你需要做一些具体分析，在有限的资源条件下，哪些需要划掉，哪些可以保留；然后将目标按重要性排序，或者标出目标的优先级别，比如“最重要”“渴望”“吸引人”“不太重要”（见表1-2）。这种优先等级的排序是个人决策的结果，每个人的排序都有自己的理由，不存在一个对所有人都适用的排序。

表1-2 理财目标一览表

财务目标	优先等级	预计完成时间	预计所需资金
短期目标（1年以内）			
准备5个月的应急资金	□最重要□渴望□吸引人□不太重要		
付清信用卡账单	□最重要□渴望□吸引人□不太重要		
购买电子设备	□最重要□渴望□吸引人□不太重要		
假期旅游	□最重要□渴望□吸引人□不太重要		
其他短期目标	□最重要□渴望□吸引人□不太重要		
中期目标（1～10年）			
购买第一套住房	□最重要□渴望□吸引人□不太重要		
结婚筹资	□最重要□渴望□吸引人□不太重要		
积累房子装修基金	□最重要□渴望□吸引人□不太重要		
积累孩子教育基金	□最重要□渴望□吸引人□不太重要		
其他中期目标	□最重要□渴望□吸引人□不太重要		
长期目标（10年以上）			
积累退休养老基金	□最重要□渴望□吸引人□不太重要		
积累预防疾病基金	□最重要□渴望□吸引人□不太重要		
照顾年老的父母	□最重要□渴望□吸引人□不太重要		
其他长期目标	□最重要□渴望□吸引人□不太重要		

（4）阶段性。财务目标的阶段性体现在两个方面：一是制定目标的阶段性。应按照短中长期设定自己的财务目标：短期着眼于1年内需要完成的事项，比如还清信用卡欠款，准备短期应急资金；中期着眼于1～10年内需要完成的目标，比如积累孩子教育基

金、为结婚筹资等；长期则着重于 10 年以上的目标，比如退休筹划等。二是实施目标的阶段性。人们在生命周期各个阶段财务状况存在巨大差异，18 岁之前几乎没有什么收入，由父母抚养长大；18～50 岁，人生渐入高峰，收入节节攀升；50～60 岁，收入下降；60 岁左右告别工作岗位，退休回家养老……在不同阶段，人们的视野、经历、经验、理想都会发生变化，因而目标并不是一成不变的，应随时间做出调整。

设定好理财目标，就知道了前行的方向、自己所处的位置、还需要做哪些努力，应根据个人风险偏好选择不同的工具和方法（具体工具和方法将在后面几章讲述）来实现目标。针对不同的阶段、不同的目标，可以选择不同的理财工具，以平衡风险和收益。在配置资产时，应考虑所处生命周期不同阶段的特性进行动态配置。随着年龄的增大，高收益的资产在配置组合中的比例应该逐渐降低。对于年轻人来说，可以采取进取型策略，将大部分资产配置在风险相对较高的理财工具上；步入中年后，则应该采取稳健型策略，降低高风险理财工具的比例，把年轻时投资积累的财富保存下来；即将退休时，应该更加偏重流动性和安全性，高风险理财工具的比例要大幅下调，取而代之的是保守的固定收益的理财工具，以享受之前的财富积累。《克劳谈投资策略》一书中提到一种更为简单易懂的投资策略——KISS 法则，即“Keep It Simple，Stupid”。实际上，与其说这是一种方法，不如说这是一种思路。书中提到年龄和可接受风险的关系时，克劳用一个非常简单的公式来说明将资金投在高风险工具（如股票、衍生工具等）上的百分比：

投放百分比＝(人的平均寿命－投资者的年龄)×100％

现在人的寿命大概是 80 岁，如果你现在是 30 岁，你最多可将 50％（(80－30)×100％）的资金放在股票、期货等高风险投资工具上，剩余的资金应该放在存款或其他固定收益工具上。

1.4.2 摸清财务状况，建立家庭资产负债表

资产负债表是反映企业在某一特定日期（如月末、季末、年末）全部资产、负债和所有者权益情况的财务报表，是企业经营活动的静态体现。它是根据“资产＝负债＋所有者权益”这一公式，依照一定的分类标准和一定的次序，将某一特定日期的资产、负债、所有者权益的具体项目予以适当的排列编制而成的。对于个人而言，家庭资产负债表是反映个人（家庭）在某一时期财务状况的财务报表。通过家庭资产负债表，可以清楚地了解个人资金来源的构成以及个人的财务状况、短期偿还债务的能力、资产结构的变化情况和财务状况的发展趋势，在此基础上进行分析，得出收支比率、消费与投资比率、资产负债率等，为理财决策提供依据。

家庭资产负债表（见表 1－3）有三个组成部分：资产、负债和净资产。资产是指你拥有的财产，负债是你亏欠和所借的钱。净资产是对财富水平的衡量，是资产减去负债后的余额。

净资产(或资产净值)＝总资产－总负债

家庭资产负债表构成如下：

(1) 资产。家庭资产分为三大类：现金及现金等价物、金融资产、实物资产。现金及现金等价物是家庭中流动性最强的资产，主要包括现金、活期和定期储蓄、货币

基金等。这部分资产变现能力最强，能够随时用来满足家庭各种需要，是家庭应急储备资金来源，一般需要能维持家庭3～6个月开销的资金量。金融资产是除现金及现金等价物以外，能够带来增值收益的金融资产，当然也有可能带来损失，主要包括股票、债券、基金等。实物资产是家庭使用或收藏的各种有实物形态的资产，如房产、汽车、收藏品等。

表1-3　家庭资产负债表

资产				负债			
项目		现值	占比	项目		现值	占比
现金及现金等价物	现金			流动负债	信用卡欠款		
	活期储蓄				水电气费		
	定期储蓄				应付税金		
	货币基金				1年期以内经营贷款		
	应收借款				1年期以内消费贷款		
	其他				1年期以内民间贷款		
	合计				其他		
金融资产	股票				合计		
	债券			长期负债	住房按揭贷款		
	基金				汽车按揭贷款		
	期货				1年期以上经营贷款		
	外汇				1年期以上装修贷款		
	其他				1年期以上民间贷款		
	合计				其他		
实物资产	自住房产				合计		
	投资性房产			负债合计			100%
	汽车			净资产＝总资产－总负债			
	收藏品						
	其他						
	合计						
资产合计			100%				

现金及现金等价物的价值是最容易确定的，可按原值计价。但在计算这部分资产时需要特别考虑应收借款，也就是你借给别人的钱。这部分资产的价值应为借款本金加上对方承诺的利息，但借款收回是有风险的，有的钱可能收不回来。因此，在计算这部分资产的价值时还应计提坏账准备，坏账准备究竟占应收借款多大比例，可根据还款的可能性估算。

金融资产和实物资产的变现能力没有现金强，在计算其价值时应以市场价值而非账面价值为标准。假设你以每股10元的价格购入某股票1 000股，价值10 000元，但现在该股票价格已跌为5元，应以5 000元计价。市场价值更能反映资产的变现价值，有可能高于历史成本，也有可能低于历史成本。

（2）负债。负债包括全体家庭成员的所有债务，除了金融机构的贷款，也包括民间借贷。从时间来看，1 年期以内的负债为流动负债，主要包括信用卡欠款、水电气费等。1 年期以上的为长期负债，最典型的是住房按揭贷款、汽车按揭贷款、1 年期以上经营贷款等。负债的比率应控制在合理的范围内，否则将给家庭带来很大的风险。

还要注意一种潜在负债——或有负债，其之所以没有出现在资产负债表中，是因为最终结果如何尚难确定，须视某个事项是否发生而定。比如，你为他人担保，如果他人及时还款，那对你没有任何影响；一旦对方没有还款，这种或有负债会立即变成实际负债。

（3）净资产。净资产代表家庭的财富总体水平。净资产，就是从总资产中减去总负债。如果负债大于资产，那么净资产就是负的，这意味着，把所有资产变现也无法还清所有的债务，即出现家庭财政赤字。这是一种极其危险的状况，面临赤字的家庭经不起意外的打击，需要偿还的债务如同达摩克利斯之剑时刻悬在空中。任何个人或家庭都应避免这种现象。

总之，家庭资产负债表反映了一个家庭在某一时点的财务状况，是家庭理财规划的重要财务工具。每一时期（每年、每季、每月）通过建立资产负债表可以让你衡量你为实现财务目标所做出的努力，及时准确地掌控财务状况，同时还可以发现问题并及时纠正，从而对未来家庭资产进行规划。

1.4.3　明确收支走向，建立家庭损益表

资产负债表是静态的，反映了家庭在某个时间点的财务状况。而损益表是动态的，可以反映一段时间内家庭资金流入与流出的情况，并且展示资金的来龙去脉（见表 1 - 4）。

表 1 - 4　家庭损益表

收入项目		金额	占比
劳动与经营所得	本人工资收入		
	本人奖金		
	配偶工资收入		
	配偶奖金		
	补助所得		
	经营所得		
	其他劳动与经营所得		
	劳动与经营所得合计		
投资性收入	债券利息收入		
	股票收入		
	基金收入		
	租金收入		
	投资分红收入		
	其他投资性收入		
	投资性收入合计		
收入合计			

支出项目		金额	占比
固定支出	贷款还款		
	基本生活费		
	子女抚养费		
	父母赡养费		
	交通费		
	其他固定支出		
	固定支出合计		
可变支出	人情费用		
	娱乐费用		
	医疗费用		
	旅游费用		
	其他可变支出		
	可变支出合计		
支出合计			
自由现金流＝收入合计－支出合计			

关于家庭损益表的几个问题：

（1）收入可以分为劳动与经营所得和投资性收入。劳动与经营所得主要指工作报酬（工资、奖金、分红、公积金、保险等），劳务报酬（稿费、兼职费等），还有开办企业经营所得。投资性收入包括金融投资（股票、基金、债券、期货等）和实物或实体投资（投资房产、企业等）。收入应按家庭人头来计量，这样可以清楚地知道每个人在家庭中的收入贡献，当需要某人放弃工作时，可以根据收入贡献来进行抉择，这有利于保持家庭收入的稳定并使损失最小化。另外，收入为负数时不得回避，比如金融投资和实体投资都有可能为负数。即使是负收入也应计入损益表，这样才能真实反映家庭这段时间的财务状况。

（2）区分可变支出和固定支出。开支方面的项目包括但不限于：物业费、水电燃气费、伙食费、服装费、交通费、通信费、教育费、保险费、医疗费等。按照支出是否可控，将生活支出分为可变支出和固定支出。

可变支出：你可以控制的支出。你不一定要支出这笔费用，并且每个月的这类支出额都不一样。

固定支出：你不能控制的支出。你必须支出这部分费用，而且这类支出的总体水平是恒定的。

固定支出是生活的保障，是无法再减少的。比如，你的房租是900元/月，每月打车费用是300元。那么房租就是固定支出，而打车费用可以通过乘坐公交车来压缩。对损益表进行分析时，要注意观察固定支出和可变支出的比例，如果开支太大，可以通过压缩可变支出来增加收入的节余。

（3）家庭损益表的计价原则是收付实现制。权责发生制是按照收入、支出是否归属本期来确定本期收入、支出的一种方法；而收付实现制是按照收入、支出是不是本期实际收到或付出来确定本期收入、支出的一种方法。比如，你出售一批商品，收入3

万元，但是买方三个月后才会付款。如果按照权责发生制，这 3 万元应计入本月收入；而按收付实现制，应该到三个月后实际收到 3 万元时才计入损益表。三个月后，如果对方破产或出现其他意外，你可能拿不到这笔钱，所以“现金为王”，只有切切实实的收入才能计入损益表。

（4）盈亏平衡点计算。一个企业财务上的盈亏平衡点通常是指全部销售收入等于全部成本时（销售收入线与总成本线的交点）的产量。以盈亏平衡点为界限，当销售收入高于盈亏平衡点时企业盈利，反之，企业就亏损。而家庭的盈亏平衡取决于每期的收入至少能够满足固定支出，否则没有新的现金流入，就会坐吃山空。

家庭损益表反映一段时间内家庭收入、支出及余额的状况，通过它可了解一段时间内的理财成果，同时它也是做家庭收支预算的基础。应将损益表和资产负债表结合起来分析，资产负债表中的净资产可以显示你的财务状况，而损益表能显示你的消费、储蓄、投资习惯是如何影响净资产的。当资产负债表所显示的净资产并不令你满意，或者因超支而不得不减少净资产时，你就需要重新审视自己的消费、储蓄和投资模式，通过修正、调整提高净资产水平。

1.4.4 力行财务体检，调整财务行为

通过定期编制资产负债表和损益表，可以了解家庭的财务状况。通过财务体检——计算相关指标，可以发现家庭财务中存在的问题，进而对症下药，修正自己的消费和投资行为。

1. 财富原始积累能力

大多数人需要通过储蓄才能获得投资理财的机会，储蓄提供了初始的理财本金，储蓄程度可用储蓄率指标来衡量：

$$储蓄率=\frac{可用于储蓄和投资的收入}{总收入}\times 100\%$$

这里的储蓄并不单纯指银行存款，而是指收入扣除支出后剩余的部分，这部分可以存入银行，也可以进行投资。该比率反映了个体提高其净资产水平的潜力。

例如，张三的家庭月收入为 10 000 元，总支出为 9 000 元；李四的家庭月收入为 6 000 元，总支出为 3 000 元。

$$张三的家庭储蓄率=\frac{10\,000-9\,000}{10\,000}\times 100\%=10\%$$

$$李四的家庭储蓄率=\frac{6\,000-3\,000}{6\,000}\times 100\%=50\%$$

很明显，虽然张三的家庭收入高于李四，但储蓄率明显低于李四，从长久来看，如果李四把储蓄的资金积极投资，未来的财富有可能远远多于张三。

通常储蓄的做法是“先花后存”——收入拿到手，满足所有消费之后，将剩余的钱存到银行。这种方法的弊端是你会经受不住各种物质的诱惑而买买买，缺乏自律的人往往收不抵支。转换思路，从“先花后存”到“先存后花”，预留出你的存款，这笔钱最好单独放在你平时不用的存折里，或者与银行签约，工资一到账，立即划出一定比例的资金进行基金定投或零存整取，剩余的钱再用来消费。也就是通过强制性的储

蓄或投资来限制消费并积累你的第一桶金。

参考阅读

剁手党，是什么让你买买买不停?

你是否有过这样的经历：买了一件新T恤后又开始嫌弃你难看的旧裤子。注意，你已经成为一名狄德罗效应的受害者——一部分出于心理因素，一部分与商家的促销手法有关。下面就来看看你究竟为何会不断更新自己的装备吧。

德尼·狄德罗（Denis Diderot）是启蒙时期的哲学家，他对消费者主义了如指掌。另外，他也是个艺术评论家，所以爱美。这也许就是导致他写出那篇名为“与旧睡袍别离的忏悔”的论文的原因。

原本在他的小公寓里，狄德罗穿着那件破旧的睡袍，直到有一天他的朋友送了他一件漂亮的深红色睡袍。狄德罗很喜欢这件睡袍，但发现新睡袍和他廉价的旧家具格格不入。于是，他把藤椅换成了皮椅，又换掉了书桌和墙上的贴图。之后，又换掉他的日常服装——结果，狄德罗负债累累，闷闷不乐，只好靠打工来继续供养他漂亮的房子。而他原本是物质的主人。美国哈佛大学经济学家朱丽叶·施罗尔在《过度消费的美国人》一书中提出了一个新概念——狄德罗效应，指人们在拥有一件新的物品后，会不断配置与其相适应的物品，以达到心理平衡的现象。

资料来源：果壳网，2014-05-23.

2. 家庭应急能力

任何一个家庭都不可能为了高收益而把所有的现金锁定，而应为可能出现的紧急状况准备必要的资金。一般来说，应保留3～6个月的生活费作为应急资金。比如，王先生现有存款5万元，每个月的支出为5 000元，王先生的家庭处于成长期，这一时期的特点是家庭支出固定、教育负担增加、保险需求较高。考虑到王先生的财务安全和投资稳定性，建议保留6个月左右的开支，以备不时之需。因此，3万元（5 000×6）应投入活期储蓄或货币市场基金等收益低但流动性非常好的理财工具，剩下的2万元可以用来做长期投资。

有一个比例可以衡量家庭是否有足够的变现能力来应对紧急状况：

$$月生活支出偿还比率=\frac{现金或现金等价物}{年生活支出/12}$$

这个比率可以告诉你目前的货币可以负担几个月的生活支出。假设张先生家里有2 500元现金，家庭年总支出60 000元，那么月平均生活支出为5 000元（60 000/12），月生活支出偿还比率为：

$$\frac{2\,500}{5\,000}=0.5$$

张先生家里的现金资产仅够负担半个月的支出，这显然是不够的。这意味着假如有意外情况发生，张先生不能立即拿出钱来应付，整个家庭的财务风险极高。为应对紧急情况，张先生可能得处理长期资产，这必将减少其收益甚至导致亏损。

3. 债务偿还能力

债务偿还能力的衡量可从两个方面入手：一是短期偿债能力；二是长期偿债能力。

（1）短期偿债能力。

$$流动比率=\frac{现金及现金等价物}{流动负债}$$

流动负债指短期内需要偿还的债务，比如信用卡借款等。流动比率应至少大于 1。如果小于 1，意味着你的现金不足以偿付即将到期的债务，你就得动用其他非现金资产，比如出售股票、基金甚至住房。流动比率最好在 2 以上，同时要密切关注其走向，如果下降严重，那你必须找出导致比率下降的原因。

$$即付比率=\frac{流动资产}{负债总额}$$

即付比率反映了人们利用可随时变现的资产偿还债务的能力，应保持在 0.7 左右。即付比率偏低，意味着经济形势出现较大的不利变化时，无法迅速减少负债以规避风险；即付比率过高，意味着人们注重流动资产，资产综合收益率低，财务结构不合理。

（2）长期偿债能力。

$$负债率=\frac{总负债}{总资产}$$

负债率最好小于 0.3，小于 0.3 为良性负债，也就是说，负债在可控范围之内，而且偿还负债不会成为家庭负担。合适的负债率跟收入预期和年龄有关，预期未来收入会不断增加的年轻人负债率可以适当高些，而退休的老年人负债率应低些，35 岁以下的年轻人可以承担较高的负债率，但不应超过 100%，否则一旦资产缩水，有可能导致破产。35～55 岁的中年人，负债率不应超过 50%；55 岁以上的人，负债率不应超过 20%。

4. 财务自由度

财务自由是理财的目标。财务自由度是理财的重要指标，如果一个人的投资收益完全可以应付日常的消费支出，工资性收入基本可以不动，那么这个人的财务自由度比较高。

$$财务自由度=\frac{被动收入}{总支出}$$

财务自由度越高越好，大于 1 表明不需要劳动与经营所得，被动收入能够满足这个人的生活需要；如果财务自由度为 0，说明这个人主要靠工资性收入，没有其他收入来源，自由度相当低或者财务不自由，只要一天不工作就没有收入。

1.4.5　监控实施过程，动态循环往复

个人理财规划不是一蹴而就的。理财能力的培养是一个需要不断反馈的过程，可以按照 PDCA 模式来进行个人理财规划的监控和管理（见图 1－3）。PDCA 循环最早由休哈特于 1930 年提出，1950 年被美国质量管理专家戴明博士再度挖掘出来，用于持续改

善产品质量。PDCA由英语单词Plan（计划）、Do（执行）、Check（检查）和Adjust（修正）的首字母组成。

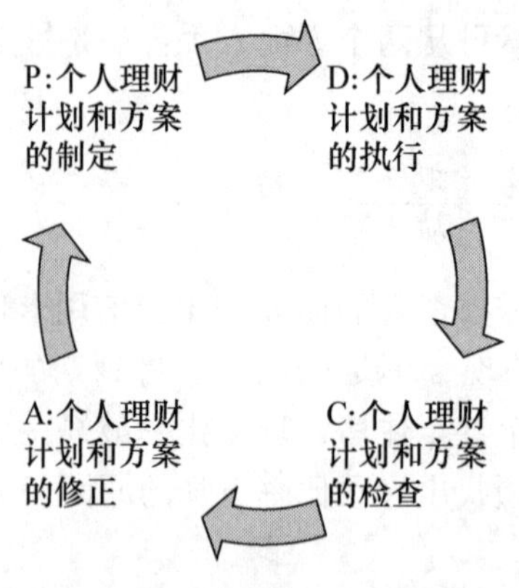

图1-3 个人理财规划的PDCA循环

（1）计划。包括目标设定，以及通过建立家庭资产负债表和家庭损益表来了解家庭财务状况。应根据家庭经济条件和自身风险偏好进行选择，某些家庭可能会选比较激进的理财策略，有些家庭则会选比较保守的策略。

（2）执行。根据已知的环境条件，制定具体的理财方案和计划；再根据方案和计划进行运作，实现方案和计划的内容。

（3）检查。一方面通过前文所述的财务体检指标进行检查；另一方面，看方案在执行过程中与目标的偏离程度，总结执行计划的结果，比较收益。收益的高低并不能作为计划完成程度的唯一评判标准，要分清哪些理财决策对了，哪些理财决策错了，明确效果，找出问题。

（4）修正。对理财方案和计划的执行结果进行修正，前期的理财方案不是一成不变的，应随环境的变化和年龄的增长进行调整。

以上四个过程不是只运行一次，而是周而复始地进行，一个循环完了，解决一些问题，未解决的问题进入下一个循环，阶梯式上升。这种PDCA循环可以不断地巩固和完善理财方案，提高个人的理财能力。

问题与讨论

1. 探讨个人理财的必要性。

2. 请用生活中的例子说明从众心理、懊悔规避、过度自信，并阐述如何避免情绪陷阱对个人理财的影响。

3. 请用生活中的例子说明机会成本、沉没成本、心理账户、比例偏见，并阐述如何避免这些概念对个人理财造成的困扰。

4. 根据自己、朋友和亲戚家庭的财务状况，编制家庭资产负债表、家庭损益表，诊断家庭财务存在的问题，并给出改进建议。

5. 有两种投资情况：

A公司要做一个互联网项目，已经投入了500万元，但这时候腾讯公司也开始做这个项目，这家公司自然无法与腾讯抗衡，前景渺茫。评估结果是上线后大约有 90%的概率要亏掉 500 万元，运气好的话有 10%的概率能盈利 1 000 万元。现在如果追加投资 20 万元，项目就可以上线了。

B 公司准备做一个互联网项目，这时候腾讯公司也开始做这个项目，这家公司自然无法与腾讯抗衡，前景渺茫。评估结果是上线后大约有 90%的概率要亏掉 500 万元，运气好的话有 10%的概率能盈利 1 000 万元。现在如果投资 20 万元，这个项目就可以上线了。

以上两种情况下，你作为决策人是否应该投资？请说明理由。出现决策分歧的原因是什么？

6. 2002 年 10 月 9 日，瑞典皇家科学院将诺贝尔经济学奖授予普林斯顿大学心理学教授丹尼尔·卡尼曼和乔治·梅森大学经济学教授弗农·史密斯。根据瑞典皇家科学院的新闻公报，卡尼曼“将心理学的深入分析融入经济学，从而为一个崭新的经济学研究领域奠定了基础”。1981 年，丹尼尔·卡尼曼及其合作者阿莫斯·特沃斯基在《科学》杂志发表论文，研究人们在决策判断过程中的认知心理规律，文章介绍了“演出实验”。

实验情境 A：你打算去剧院看一场演出，票价是 10 美元，当你到达剧院时，发现丢了一张 10 美元的钞票。你是否会买票看演出？实验结果表明：88%的调查对象选择会，12%的调查对象选择不会（调查对象为 183 人）。

实验情境 B：你打算去看一场演出并且花 10 美元买了一张票。当你到达剧院时，发现门票丢了。如果你想看演出，必须再花 10 美元，你是否会买票？实验结果表明：46%的调查对象选择会，54%的调查对象选择不会（调查对象为 200 人）。

为什么会出现上面的现象？内在原因是什么？这种现象对理财有什么影响？

7. 你的理财目标是什么？怎么做才能实现个人理财目标？

8. 什么是财务自由？如何实现财务自由？财务自由是如何衡量的？请想象一下你的财务自由的路径选择。

9. 衡量债务偿还能力的指标有哪些？请分别说明，并对自身家庭的债务偿还能力进行分析。

10. 审视你的储蓄经验，说明储蓄与财务自由的关系，并讨论未来你的储蓄态度以及方式。

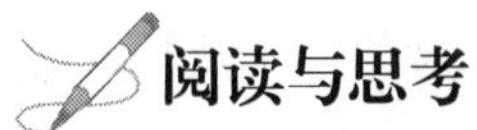

阅读与思考

控制欲望——人的最高境界

美国船王哈利曾对儿子小哈利说：“等你到了 23 岁，我就将公司的财政大权交给你。”谁想，在儿子 23 岁生日这天，老哈利却将儿子带进了赌场。老哈利给了小哈利 2 000 美元，让小哈利熟悉牌桌上的伎俩，并告诉他无论如何都不能把钱输光。小哈利连连点头，老哈利还是不放心，反复叮嘱儿子一定要剩下 500 美元。小哈利拍着胸脯答应下来。然而，年轻的小哈利很快赌红了眼，把父亲的话忘得一干二净，最终输得分文不剩。走出赌场后，小哈利十分沮丧，说他本以为最后那两把能赢回来，没想到输得更惨。

老哈利说："你还要再进赌场，不过本钱我不能再给，你需要自己去挣。"小哈利用一个月的时间去打工，挣了700美元。当他再次走进赌场时，他给自己定下了规矩：只能输掉一半的钱，到只剩一半时他一定离开牌桌。然而，小哈利又一次失败了。当他输掉一半的钱时，脚就像被钉了钉子般无法动弹。他没能坚守住自己的原则，再次把钱全都押了上去，还是输了个精光。老哈利在一旁看着一言不发。走出赌场，小哈利对父亲说，他再也不想进赌场了，因为他的性格只会让他把最后一分钱都输光，他注定是个输家。老哈利却不以为然，他坚持要小哈利再进赌场。老哈利说："赌场是世界上博弈最激烈、最无情、最残酷的地方，人生亦如赌场，你怎么能不继续呢？"小哈利只好再去打工。

他第三次走进赌场已是半年以后的事了。这一次，他的运气还是不佳。但他吸取了以往的教训，冷静了许多，沉稳了许多，当钱输到一半时，他毅然走出了赌场。虽然还是输掉了一半的钱，他却有一种赢的感觉，因为这一次他战胜了自己！老哈利看出儿子的喜悦，对儿子说："你以为你走进赌场是为了赢谁？其实是要先赢自己。控制住自己，你才能做天下真正的赢家。"从此以后，小哈利每次走进赌场，都给自己设定一个界线，输掉10%时他一定会退出牌桌。再往后，熟悉赌场的小哈利竟然开始赢了，他不但保住了本钱，还赢了几百美元！这时，站在一旁的父亲警告他，现在应该马上离开赌桌。

头一次这么顺风顺水，小哈利哪里舍得走？几把下来他果然又赢了一些钱，眼看手上的钱就要翻倍，这可是他从没有遇到过的场面，小哈利无比兴奋！谁知，就在此时形势急转直下，几个对手大大增加了赌注，只两把，小哈利又输得精光……从天堂瞬间跌落地狱的小哈利惊出了一身冷汗，他这才想起父亲的忠告，如果当时能听从父亲的话离开，他会是一个赢家。可惜，他错失了机会，又一次做了输家。

一年以后，老哈利再去赌场查看，此时的小哈利俨然已经成了一个像模像样的老手，输赢都控制在10%以内。不管输到10%还是赢到10%，他都会坚决离场，即使在最顺的时候他也不会纠缠。老哈利激动不已——因为他知道，在这个世界上，能在赢时退场的人才是真正的赢家。

老哈利毅然决定将价值上百亿美元的公司的财政大权交给小哈利。突然的任命让小哈利倍感吃惊："我还不懂公司业务呢！"老哈利却一脸轻松地说："业务不过是小事。世上多少人失败，不是因为不懂业务，而是因为控制不了自己的情绪和欲望！"

老哈利很清楚，能够控制情绪和欲望，往往意味着掌控了成功的主动权。船王哈利的训子秘诀是：能在赢时退场的人才是真正的赢家。

思考题：

1. 你从小哈利的故事中受到什么启发？如何处理金钱与欲望的关系？控制对金钱的欲望与财富自由矛盾吗？

2. 探讨个人理财与快乐的关系。

3. 个人理财规划过程中存在哪些情绪陷阱？想要真正实现财富自由，应如何克服情绪陷阱？

4. 盖伊有句名言："贪吃蜂蜜的苍蝇准会溺死在蜜浆里。"结合这个故事谈谈你对这句名言的理解。在追求财富的过程中，如何处理欲望与财富之间的关系？

金钱让我们爱恨交加

金钱是一个奇怪的东西。人们对它爱恨交加，失去它就无法生存。我们喜欢自己管理金钱，却常常事与愿违。我们会发现自己无法控制它，甚至可能被它操控。

处理财务就如同打仗，你必须了解你的敌人。金钱是什么？人们对金钱会采取哪些行为？为了更好地了解金钱，最好将下述原则牢记在心。

● 金钱会快速蒸发。你可以在口袋里装100美元，不知不觉几天内你会变得一文不剩。你无法阻止这种现象发生，充其量只能减缓花钱的速度。

● 赚钱的成本高昂。你可能听说过一句老话，“钱能生钱”。根据“天下没有免费的午餐”这句谚语也可以得出这个结论。假如你想通过利息和红利来赚钱，那么这一点尤为明显：如果不把钱存入银行或进行投资，你就不可能赚到利息或红利。当然也有其他赚钱的方法，例如，出售产品或服务，但你必须购买工具或原材料。即使擦车仔也是如此，他们只有借助清洁刷和水桶才能提供服务。

● 通常来说，要想赚大钱，首先必须有一大笔钱。如果有数百万美元在手，你就有可能赚到数百万美元。你不可能在身无分文的情况下赚到数百万美元。（当然也存在违背这条法则的例外情况，比如说你也许捡到一张彩票并赢得大奖，或者某位从事公益服务的律师帮你在产品诉讼中赢得了巨额赔偿。但这些例外情况少之又少，如果你在自己的财务规划中将希望全寄托于此，就会显得非常愚蠢和荒谬。）所以我们应该始终小心那些快速致富的计划。如果这些计划合法，那么很可能不会成功；如果它们成功了，很可能就不合法。

● 保管钱的成本非常高昂。如果你有储蓄或投资账户，你可能需要向维护这些账户的人支付一定的费用，如账户管理费。过去，把钱存在银行可以得到一定的利息，足够冲抵你要支付的账户管理费。但现在情况已经改变了。收到利息之后，你还需要向银行支付每个月8～10美元的资金管理费（虽然银行利用我们的资金赚了更多的钱）。

● 不管如何处理自己的金钱，成本都是不可避免的。我们通常会忽视两种成本：机会成本、交易成本。

机会成本是一个经济学专业术语，指金钱的其他最佳用途。当你决定用自己的金钱来干一件事情时，你就放弃了该笔金钱的其他最佳用途，你就需要支付这个成本。例如，你购买一辆新车的机会成本也许是一次奢侈的度假；你将钱塞到床底下的机会成本也许就是投资带来的高利息。

交易成本指你在花钱时所支付的成本。有些成本是透明的，如税收、费用、佣金等，但有些并不那么显而易见。比如开车去商店买东西时，你也许不会将汽油的成本或者车辆磨损费用计入购物成本，但这些费用真实存在。如果你想去购物，而且你想自己开车去，你就不得不支付这些费用。

● 金钱是使人们产生焦虑的一个重要原因。人们会为了金钱而烦恼。花钱时担心不理智，陷入债务陷阱时不知道如何才能脱离困境。甚至当一切都进展顺利时，也会自寻烦恼，担心未来会变得糟糕。

如果你从未因金钱而焦虑过，那真是太幸运了。对于我们来说，重要的是找到一个处理金钱的方法，得到心理上的安慰，即使这意味着从长远来看我们的决定可能无法使自己的财富最大化，即你的风险承受程度会影响对策略的选择。如果风险会让你承受痛苦，避免风险的策略虽然从金钱的角度来看无法使你的期望价值最大化，但不失为一个理性的选择。

资料来源：大卫·韦尔奇．为什么选错的总是我．北京：中国人民大学出版社，2009.

思考题：

1. 生活中你为金钱焦虑过吗？是什么原因让你焦虑？你觉得应如何处理这种焦虑？
2. 应该如何正确对待和处理金钱？
3. 如何理解机会成本和沉没成本？

第2章

个人理财规划的基础理念

学 习 要 点

- 了解时间价值的概念
- 掌握复利和单利的差别
- 熟练计算复利终值、复利现值、年金终值、年金现值
- 理解时间价值与投资时机、理财工具的选择
- 掌握名义利率与实际利率的差别
- 了解风险的概念和类别
- 熟练计算预期收益和方差
- 理清风险和收益的关系
- 了解前景理论中对风险的感知
- 理解风险偏好与风险容忍度的概念

课程导入

1626年秋天，阿姆斯特丹港务局给荷兰立法机构写了这样一封信："上议院的诸位议员大人，9月23日从新荷兰返回的船队于昨天抵达港口。他们汇报说荷兰移民在新大陆生活得很快乐，有的家庭迎来了下一代。另外，船队在新大陆用60荷兰盾的货物从土著那里买下了一个叫曼哈顿的岛……"

买下曼哈顿岛后，为了纪念故土，荷兰人给它取名"新阿姆斯特丹"。很多年以后，此地变成了英国的殖民地。同样为了纪念故乡约克郡，大不列颠移民将它改名为"新约克"(New York)，也就是今天的纽约。

文章开头那封写给荷兰上议院的信，是历史上最早关于纽约的文字记录。当时荷兰在北美殖民地的总督兼大法官是彼得·马纽特，他既是法律的制定者，也是法律的执行者，拥有绝对权威。1626年5月6日，他代表荷兰西印度公司，用价值约60荷兰盾（相当于24美元）的玻璃珠子和小东西，从一个叫坎纳西的印第安部落手里买下了纽约。彼得当时换到的土地总面积约为22平方英里（1英里=1.61千米），如果折合成美元，每平方英里只花了1美元多一点儿。

作为全球最繁华的大都市之一，寸土寸金的纽约现在的地价是多少呢？每平方英尺均价822美元。1平方英里等于2 787多万平方英尺。在近4个世纪后的今天看来，彼得通过这笔交易获得的利润有12位数，增值率高达几百亿个百分点，这恐怕是世界上最划算的地产交易了。

资料来源：王悦．24美元买纽约．意林，2008（1）．

2.1 时间价值及其运用

2.1.1 时间价值的概念

资金的时间价值是指货币随着时间的推移而发生的增值，即当前持有的一定量货币比未来获得的等量货币具有更高的价值。这是因为，货币用于投资可获得收益，存入银行可获得利息，货币的购买力会随着时间的推移而改变。

资金的时间价值可以从以下两个方面来理解：一方面，资金属于商品经济的范畴。在商品经济中，资金因参与社会的再生产过程而不断地运动，资金的运动贯穿再生产流通的整个过程。劳动者在再生产过程中创造了剩余价值，资金增值给投资者带来了利润。因此，从投资者的角度来看，资金的时间价值表现为资金在运动过程中的增值。另一方面，资金一旦用于投资，就不能用于消费，牺牲现期消费是为了在将来更多地消费。因此，从消费者的角度来看，资金的时间价值表现为牺牲现期消费的损失所应得到的必要补偿。

通俗来讲，资金的时间价值就是今天的一元钱比明天的一元钱更值钱，如果要比较不同时点的资金价值，应把它们放在同一时点进行比较。比如今天的1万元与10年后的1万元，从数字上看是相等的，实质上并不等值，你要换算今天的1万元10年后值多少钱，或者10年后的1万元相当于现在的多少钱。

资金时间价值的计算是通过复利来进行的。我们首先来了解一下利息的两种计算方式：单利和复利。

单利是利息不产生利息，仅本金产生利息。复利是利息也产生利息，利滚利。

单利的计算公式：

$$\text{本利和}=\text{本金}+\text{本金}\times\text{利率}\times\text{年数}$$

复利的计算公式：

$$\text{本利和}=\text{本金}\times(1+\text{利率})^{\text{年数}}$$

假设你现在有100元，分别用单利和复利两种方式来计息（利率为5%），1年后、10年后、100年后，两者的差异是多少？结果如表2-1所示。

从表2-1可以看出，在第1年单利和复利的计算结果无差异，均为105元。随着时间的推移，差距逐渐拉开，第2年仅差0.25元，第3年差0.76元，第10年就差12.89元，也许看起来差异不大，但是时间越久，这种本利和的差异就越大。单利以每年利息增加5元的速度匀速增长，而复利则加速增长，第50年差796.74元（1 146.74−350），第100年则差12 550.13元（13 150.13−600）。

表 2-1　单利与复利的比较　　单位：元

年份	单利	复利
第 1 年	100×(1+5%)=105	100×(1+5%)=105
第 2 年	100×(1+5%×2)=110	$100\times(1+5\%)^{2}=110.25$
第 3 年	100×(1+5%×3)=115	$100\times(1+5\%)^{3}=115.76$
第 4 年	100×(1+5%×4)=120	$100\times(1+5\%)^{4}=121.55$
⋮		
第 10 年	100×(1+5%×10)=150	$100\times(1+5\%)^{10}=162.89$
第 11 年	100×(1+5%×11)=155	$100\times(1+5\%)^{11}=171.03$
第 12 年	100×(1+5%×12)=160	$100\times(1+5\%)^{12}=179.59$
⋮		
第 50 年	100×(1+5%×50)=350	$100\times(1+5\%)^{50}=1\,146.74$
第 51 年	100×(1+5%×51)=355	$100\times(1+5\%)^{51}=1\,204.08$
⋮		
第 98 年	100×(1+5%×98)=590	$100\times(1+5\%)^{98}=11\,927.55$
第 99 年	100×(1+5%×99)=595	$100\times(1+5\%)^{99}=12\,523.93$
第 100 年	100×(1+5%×100)=600	$100\times(1+5\%)^{100}=13\,150.13$

复利的作用大得超乎你的想象，物理学家爱因斯坦曾经说过："宇宙间最大的能量是复利，世界的第八大奇迹是复利。"复利完美地扩展了时间的价值空间，使财富倍增的效果无与伦比。发现复利的奥妙，对个人理财有非常重要的意义。

参考阅读

拿破仑带给法兰西的尴尬

1797 年 3 月，拿破仑在卢森堡第一国立小学演讲时说了这样一番话："为了答谢贵校对我，尤其是对我夫人约瑟芬的盛情款待，我今天呈上一束玫瑰花，并且在未来的日子里，只要法兰西存在一天，每年的今天我都将亲自派人送给贵校一束价值相等的玫瑰花，作为法兰西与卢森堡友谊的象征。"时过境迁，拿破仑疲于应付连绵的战争和此起彼伏的政治事件，最终惨败并被流放到圣赫勒拿岛，他把在卢森堡许下的诺言忘得一干二净。可卢森堡却对这位"欧洲巨人与卢森堡孩子和谐相处的一刻"念念不忘，并将其载入史册。1984 年年底，卢森堡旧事重提，向法国提出违背"赠送玫瑰花"诺言的索赔：要么从 1797 年起，用 3 路易作为一束玫瑰花的本金，以 5 厘复利（即利滚利）计息全部清偿以了结玫瑰案；要么法国政府在法国各大报刊上公开承认拿破仑是个言而无信的人。起初，法国政府准备不惜重金挽回拿破仑的声誉，但他们被电脑算出的数字惊呆了：原本 3 路易的许诺，本息和竟高达 1 375 596 法郎。苦思冥想之后，法国政府字斟句酌做出的答复是："以后，无论在精神上还是物质上，法国将始终不渝地对卢森堡的中小学教育事业予以支持与赞助，来兑现拿破仑将军那一诺千金的玫瑰花诺言。"这一答复最终得到卢森堡人民的谅解。

资料来源：《读者》杂志社. 1 000个故事——《读者》30年最美丽风景. 兰州：甘肃人民出版社，2011.

2.1.2 时间价值的计算

1. 终值与现值的计算

在计算资金时间价值的时候，需要了解几个术语。

终值（future value）又称将来值或者本利和，是现在一定量的资金折算到未来某一时点所对应的金额，通常记作 F。

现值（present value）是未来某一时点的一定量资金折算到现在所对应的金额，俗称本金，通常记作 P。

现值和终值是一定量资金在前后两个不同时点对应的价值，其差额即资金的时间价值。现实生活中计算利息时所说的本金、本利和相当于资金时间价值理论中的现值和终值，利率（用 i 表示）可看作资金时间价值的一种具体表现，现值和终值对应的时点之间可以划分为 n 期，相当于计息期。资金的时间价值一般都是按照复利计算的。

假设2021年1月1日你存入1 000万元，利率为8%，一年后（2022年1月1日）你得到的本利和是多少？

$$1\,000\times(1+8\%)=1\,080(\text{万元})$$

一年后得到的本利和1 080万元相当于终值。为便于分清现值和终值，在计算时画一条数轴，对于特定时间段而言，现值 P 是该时间段起点的金额，终值 F 是该时间段终点的金额（见图2-1）。

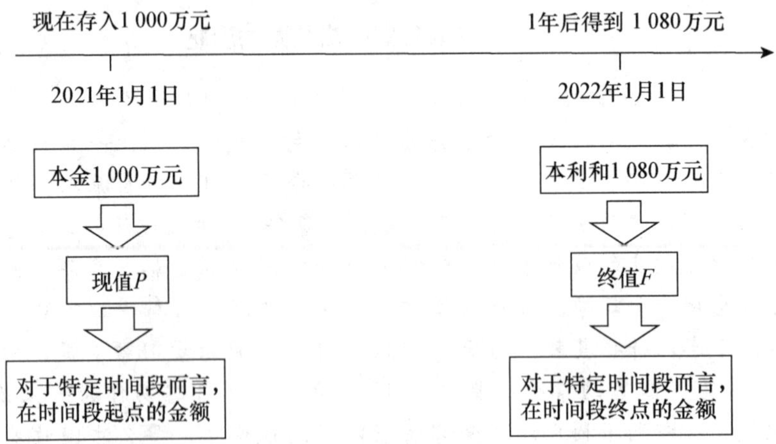

图2-1 现值和终值

复利终值的计算公式为：

$$F=P\times(1+i)^n$$

式中，$(1+i)^n$ 称为复利终值系数，用符号（F/P，i，n）表示。

这样，上式就可以写为：

$$F=P\times(F/P,i,n)$$

例：张兰将10 000元存入银行，年利率为5%，3年后能从银行取出多少钱?

$$10\,000\times(1+5\%)^3=10\,000\times(F/P,5\%,3)=11\,576.25(\text{元})$$

3年后张兰能从银行取出11 576.25元。

也可以利用复利终值系数表，查得（F/P，5%，3）=1.157 6，同样得到终值11 576元。复利终值系数表中的系数是四舍五入后的值，因此与实际算出来的数值有一点差异，这是数学约值的差异，不会对结果产生实质性影响。

复利现值的计算公式为：

$$P=F\times(1+i)^{-n}$$

式中，$(1+i)^{-n}$称为复利现值系数(可以查复利现值系数表)，用符号（P/F，i，n）表示。

这样，上式就可以写为：

$$P=F\times(P/F,i,n)$$

从上面的公式可以看出，复利终值系数与复利现值系数互为倒数。

例：李双刚入大学，想大学毕业后出国留学，留学需要50万元。如果银行利率为10%，现在李双的父母需要存入银行多少钱才能在4年后得到50万元?

这是根据终值50万元来计算4年前的现值，经查复利现值系数表，（P/F，10%，4）=0.683 0。

$$P=50\times(1+10\%)^{-4}=50\times(P/F,10\%,4)=50\times0.683\,0=34.15(\text{万元})$$

因此，李双的父母只需在李双入学前存入34.15万元，4年后就可以筹齐留学费用50万元。

2. 年金的概念

年金（annuity）是指一定时期内每次等额收付的系列款项，通常记作A。年金具有两个特点：一是金额相等；二是时间间隔相等。也可以理解为年金是等额、定期的系列收支。年金在经济生活中很常见，房屋租金、商品分期付款、房屋分期还款、养老金、提取折旧以及投资款项的利息支付等，都属于年金收付形式。年金一词最初是指每年一次的付款。实际上，很多付款与年金具有相同的性质，只是时间单位并不仅仅局限于1年，所以现在将年金一词的含义扩展为每一固定时间间隔收付一次的款项。

按每次收付款项发生的时点的不同，年金可以分为普通年金（后付年金）、即付年金（先付年金、预付年金）、递延年金（延期年金）、永续年金等类型（见图2-2）。

（1）普通年金。普通年金是指从第1期起，在一定时期内每期期末等额收付的系列款项，又称后付年金。后付年金终值犹如零存整取的本利和，它是一定时期内每期期末等额收付款项的复利终值之和。

（2）即付年金。即付年金是指从第1期起，在一定时期内每期期初等额收付的系列款项，又称先付年金。即付年金与普通年金的区别仅在于付款时间不同。

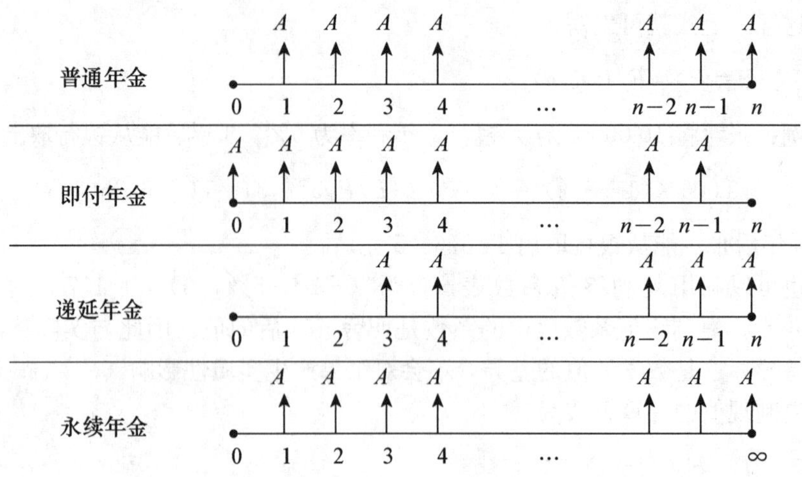

图2-2 年金的分类

（3）递延年金。递延年金是指第一次收付款发生时间与第一期无关，而是隔若干期（m）后才开始发生的系列等额收付款项。它是普通年金的特殊形式。

（4）永续年金。永续年金是指无限期等额收付的特种年金。它是普通年金的特殊形式，即期限趋于无穷的普通年金。

3. 年金的计算

（1）普通年金终值的计算。普通年金终值是一定时期内，每期期末等额收入或支出的本利和，也就是将每一期的金额按复利换算到最后一期期末的终值，然后加总，就是年金终值。简单来说，如果你每隔相等的时间段存下相等数量的钱，若干年后你能够从银行拿到的金额就是年金终值。

例如，每年年末存款1元，年利率为10%，经过5年，逐年的终值和年金终值可计算如下：

1元1年的终值=1.000元(因为年末存入)
1元2年的终值=1×(1+10%)=1.100(元)
1元3年的终值=1×(1+10%)×(1+10%)=1.210(元)
1元4年的终值=1×(1+10%)×(1+10%)×(1+10%)=1.331(元)
1元5年的终值=1×(1+10%)×(1+10%)×(1+10%)×(1+10%)=1.464(元)

然后加总，1元年金5年的终值为6.105元。

如果年金的期数很多，用上述方法计算终值相当烦琐。由于每年支付额相等，折算终值的系数又是有规律的，所以可找出简便的计算方法。

设每年的支付金额为A，利率为i，期数为n，普通年金终值的计算公式为（见图2-3）：

$$F=A+A\times(1+i)+A\times(1+i)^2+A\times(1+i)^3+\cdots+A\times(1+i)^{n-2}+A\times(1+i)^{n-1}$$

上式可以用等比数列求和公式计算得到：

$$F=A\times\frac{(1+i)^n-1}{i}$$

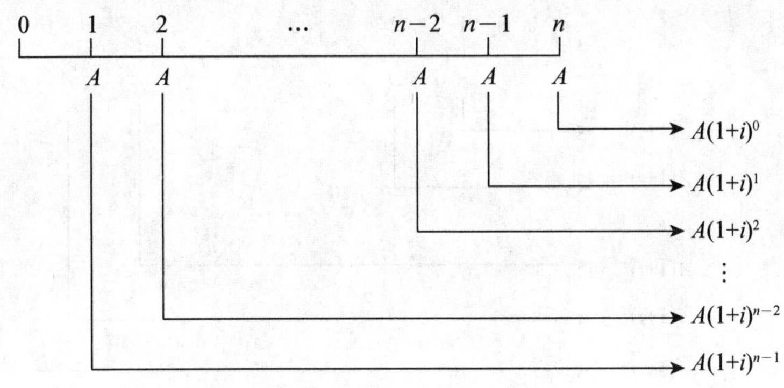

图 2-3 普通年金终值计算图

式中，$[(1+i)^n-1]/i$ 为年金终值系数，记作（F/A，i，n），可通过查年金终值系数表得到，因此上式可以写作：

$$F=A\times(F/A,i,n)$$

例：张星希望大学毕业 5 年后结婚，他专门开了一个单独账户用来存结婚基金，预计每年年末存入 30 000 元，假设利率不发生变化，为 10%，5 年后张星的结婚基金有多少钱？

$$F=A\times(F/A,10\%,5)=30\,000\times6.105\,1=183\,153(\text{元})$$

式中，6.105 1 是通过查年金终值系数表得到的。

（2）普通年金现值的计算。普通年金现值是一定时期内，每期期末等额的系列收付款项的现值之和。如果是一项投资，普通年金现值也可以这样理解，即为了在今后每年取得相等金额的款项，现在需要投入的金额。普通年金的计算实际上就是已知年金 A，求普通年金现值 P。

例如，你希望未来 5 年每年年末得到 1 000 元，年利率 10%，现在需要存入多少钱？逐年的现值和年金现值可计算如下：

1 000 元 1 年的现值 $=1\,000\times(1+10\%)^{-1}=909.09$（元）

1 000 元 2 年的现值 $=1\,000\times(1+10\%)^{-2}=826.45$（元）

1 000 元 3 年的现值 $=1\,000\times(1+10\%)^{-3}=751.31$（元）

1 000 元 4 年的现值 $=1\,000\times(1+10\%)^{-4}=683.01$（元）

1 000 元 5 年的现值 $=1\,000\times(1+10\%)^{-5}=620.92$（元）

然后加总，1 000 元 5 年的年金现值为 3 790.78 元。

如果年金的期数很多，用上述方法计算现值相当烦琐。由于每年支付额相等，折算现值的系数又是有规律的，所以可找出简便的计算方法。

设每年的支付金额为 A，利率为 i，期数为 n，普通年金现值的计算公式为（见图 2-4）：

$$P=A\times\frac{1}{(1+i)^1}+A\times\frac{1}{(1+i)^2}+A\times\frac{1}{(1+i)^3}+\cdots+A\times\frac{1}{(1+i)^{n-1}}+A\times\frac{1}{(1+i)^n}$$

上式可以用等比数列求和公式计算得到：

$$P=A\times\frac{1-(1+i)^{-n}}{i}$$

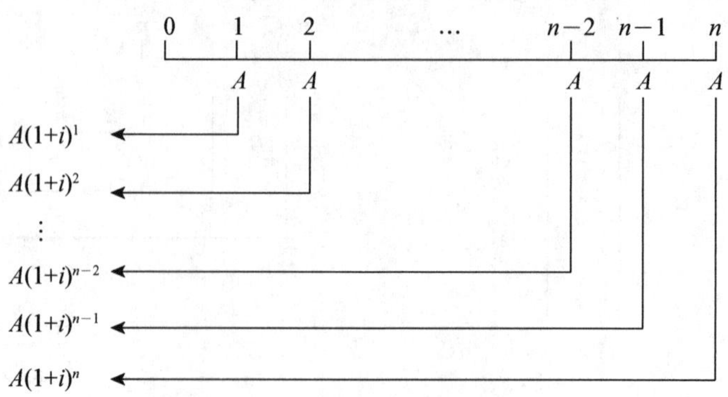

图 2-4 普通年金现值计算图

式中，$[1-(1+i)^{-n}]/i$ 为年金现值系数，记作（P/A，i，n），可通过查年金现值系数表得到，因此上式可以写作：

$$P=A\times(P/A,i,n)$$

例：某企业按12%的年利率取得贷款20万元，要求在5年内每年年末等额偿还，那么每年的偿付额应为多少？

$$200\,000=A\times(P/A,12\%,5)=A\times3.604\,8$$

$$A=55\,481.58(\text{元})$$

查年金现值系数表，（P/A，12%，5）为3.604 8，经计算可知该企业每年的偿付额为55 481.58元。

在计算年金时，还需要注意一个问题，即年金的发生是年初还是年末，也就是需区分是普通年金还是预付年金，二者计算出来的结果是不一样的。

参考阅读

72法则

72法则经常用来做复利的近似计算，计算在给定年收益率的情况下，大约需要多少年你的投资才会翻倍。

举例：

年收益率为1%，那么经过72年，本金会翻倍；

年收益率为5%，72/5=14.4，也就是约14.4年投资可以翻一番（用公式计算结果为14.2年）；

年收益率为7%，72/7=10.3，也就是约10.3年投资可以翻一番（用公式计算结果为10.24年）；

年收益率为10%，72/10=7.2，也就是约7.2年投资可以翻一番（用公式计算结果为7.27年）；

…………

也就是说，如果年收益率为X%，翻番需要的年份就是72/X。这就是所谓的72法则。这样就很容易算出，如果年收益率为12%，翻番要的年份就是6年；如果年收益率是 15%，翻番要的时间就是 5 年。如果年收益率是 12%，那 18 年就可以翻三番，也就是 8 倍；如果年收益率是 15%，那 20 年可以翻四番，也就是 16 倍。

2.1.3　时间价值在理财中的运用

1. 投资时机与时间价值

货币在不同时间的价值是不一样的。所谓价值就是它们的购买力，即能买入多少东西。现在的 1 元钱和一年后的 1 元钱其经济价值是不相等的，或者说其经济效用不同。现在的 1 万元、1 年后的 1 万元，以及 10 年后的 1 万元，你愿意选择哪一样？所有的人都会选择现在的 1 万元。因为今天的 1 万元肯定比 1 年后或 10 年后的 1 万元值钱得多。

那投资理财从什么时候开始最好？从时间价值的角度看，越早开始越好。百米赛跑中，晚起跑可能只意味着最后成绩几秒的差异，但在投资的道路上，起步晚了，要付出的代价是巨大的。

假设你在 20 岁、30 岁、40 岁、50 岁开始投资，每年投资的金额为 1 万元，假设利率为 10%，那么在 60 岁退休时，投资回报是多少？

从 20 岁开始投资，60 岁退休，投资年限 40 年，总投入 40 万元。

$$F=10\,000\times(F/A,10\%,40)=10\,000\times442.593=442.593(\text{万元})$$

那么退休时，终值为 442.593 万元，扣除投入的 40 万元，投资回报为 402.593 万元。

从 30 岁开始投资，60 岁退休，投资年限 30 年，总投入 30 万元。

$$F=10\,000\times(F/A,10\%,30)=10\,000\times164.494=164.494(\text{万元})$$

那么退休时，终值为 164.494 万元，扣除投入的 30 万元，投资回报为 134.494 万元。

从 40 岁开始投资，60 岁退休，投资年限 20 年，总投入 20 万元。

$$F=10\,000\times(F/A,10\%,20)=10\,000\times57.275=57.275(\text{万元})$$

那么退休时，终值为 57.275 万元，扣除投入的 20 万元，投资回报为 37.275 万元。

从 50 岁开始投资，60 岁退休，投资年限 10 年，总投入 10 万元。

$$F=10\,000\times(F/A,10\%,10)=10\,000\times15.9374=15.937\,4(\text{万元})$$

那么退休时，终值为 15.937 4 万元，扣除投入的 10 万元，投资回报为 5.937 4 万元。

从上面的计算可以看出，投资开始得越早，时间价值的效用就越大，越容易达成财务目标。想要实现财富自由，一定要提前做准备，及早规划。

2. 理财金额与时间价值

关于理财金额到底多少合适，很多人有一个误解，总认为需要有 1 万元、10 万元或更高的金额才会考虑投资。不可否认，金额越高选择也会越多（因为一些理财工具会有门槛限制），但是也不要忽视小金额长时间的复利作用。

假设我们每天节省1元钱，把1元钱用来投资，那么从我们出生到60岁退休，这1元钱到底变成了多少钱（见表2-2）？

表2-2 不同利率下一天投资1元钱复利60年的结果

利率（%）	累积存款（元）
0	21 900
1	29 809
3	59 515
5	129 058
10	1 107 707
20	102 832 389
50	2.68×10^{13}
100	4.21×10^{20}

从表2-2中看出，如果从出生之日起每日把1元钱放入小猪存钱罐，那么退休时只有21 900元；但如果用于投资，即便仅有5%的回报率，也可以达到129 058元，而且随着投资回报率的增长，累积存款额会不断增加。我们可以把每天投入1元增加为2元或者更多，来看看不同投入、不同利率下复利累积到100万元所需的时间（见表2-3）。

表2-3 不同投入、不同利率下复利累积到100万元所需的时间 单位：年

每天存款额（元）	3%	5%	10%	15%	20%
1	147	99	56	40	32
2	124	85	49	36	28
3	112	77	45	33	26
4	102	71	42	31	25
5	95	67	40	30	24
6	90	63	38	28	22
7	85	61	37	27	22
8	81	58	36	26	21
9	77	56	35	26	21
10	74	54	34	25	20

每天投入10元，如果投资回报率为10%，仅需34年就可累积到100万元，这个数字相对容易实现。因此，投资理财贵在坚持，小处着手，集腋成裘，小额持续的投资也能汇聚成财富的洪流。

3. 理财工具与时间价值

不同的理财工具，其回报率是不同的，回报率越高，达成最终目标的时间就越短。1万元多久能变成100万元，在不同回报率下，所需的时间是不同的（见表2-4）。

从表2-4可以看出，在回报率为1%的情况下，1万元变成100万元需要463年，这一时间长得离谱，无法达到；而如果回报率达到100%，1万元变成100万元只需

要 7 年。

表 2-4　1 万元在不同回报率下变成 100 万元所需的时间

回报率（%）	时间（年）
0	永远不会
1	463
3	156
5	95
10	49
20	26
50	12
100	7

不同理财工具的回报率是不同的。具体投资工具的选择将在本书的后面几章中讲解。但是没有一种投资工具的回报率可保持持续、高速的增长。为减少回报率波动和经济周期对投资的影响，应当尽量延长投资期限，这样可以规避掉很多风险，而且期限越长，复利的效果越惊人。有文章分析了美国股票市场近 20 年的数据，如果以 1 年为投资期限投资于标准普尔 500 指数，亏损的概率将超过 80%；如果投资期限延长到 5 年，亏损的概率将降到 20%以下；如果投资期限延长到 10 年，则完全不会出现亏损的情况。中国市场的情况亦是如此。若坚持长期投资的理念，那所有市场行情较短暂的下跌等不利因素均可被时间所吸收，从而避开系统性风险。另外，投资回报率与风险相伴相随，高回报率也意味着高风险，应根据风险的承受力选择投资工具。

4. 名义利率与实际利率

复利的计算中有个重要因素——利率，在其他条件不变的情况下，利率的高低决定实现财务目标时间的长短。最常见的计息期为年，即每年计算一次，但在实际经济活动中，有时会出现以半年、季度、月或更短的时间为计息期，即每年 2 次、4 次、12 次或更多次计算复利等情况。如果每年计息的次数超过一次，那么给定的利率仅是名义利率，按一年的实际年利息与本金之比计算的实际年利率会与给定的名义利率不一致。

同样存入 1 万元，

第一种方案：年利率 12%，按月复利；

第二种方案：年利率 12%，按季复利；

第三种方案：年利率 12%，按年复利。

这三种投资方案虽然利率一样，但是由于计算方式不一致，最后获得的本利和也不一样。

按月复利：

$$月利率=\frac{12\%}{12}=1\%$$

$$按月复利的本利和=10\,000\times(1+1\%)^{12}=11\,268(元)$$

$$利息=11\,268-10\,000=1\,268(元)$$

按季复利：

$$季利率=\frac{12\%}{4}=3\%$$

$$按季复利的本利和=10\,000\times(1+3\%)^4=11\,255(元)$$

$$利息=11\,255-10\,000=1\,255(元)$$

按年复利：

$$年利率=12\%$$

$$按年复利的本利和=10\,000\times(1+12\%)^1=11\,200(元)$$

$$利息=11\,200-10\,000=1\,200(元)$$

从上面的计算可以看出，在同样的利率情况下，计息期越短，复利的次数越多，所获利息越多。

当一年内复利几次时，实际得到的利息要比按名义利率计算的利息高。

实际年利率和名义年利率之间的关系是：

$$实际年利率=\left(1+\frac{名义年利率}{年复利次数}\right)^{年复利次数}-1$$

即

$$1+i=\left(1+\frac{r}{m}\right)^m$$

式中，r 为名义利率；m 为每年复利次数；i 为实际利率。

参考阅读

另一种名义利率与实际利率

经济学中，名义利率与实际利率的差别在于是否考虑到通货膨胀因素。名义利率是没有考虑通货膨胀的利率，一般银行的利率都是名义利率，而实际利率则考虑了名义利率和通货膨胀率，考察的是货币的实际购买力。

名义利率与实际利率的关系如下：

$$1+名义利率=(1+实际利率)\times(1+通货膨胀率)$$

一般简化为：

$$名义利率=实际利率+通货膨胀率$$

即

$$实际利率=名义利率-通货膨胀率$$

如果银行1年期存款利率为2%，而同期通胀率为3%，那么储户存入的资金的实际购买力在下降。因此，扣除通胀成分后的实际利率更有实际意义。

5. 利用Excel来计算时间价值

无论是复利的现值与终值，还是年金的现值与终值，涉及的参数多，单凭手工计算不太现实。因此需要利用不同的工具来简化计算工作，一方面可以利用相关的复利现值系数表、复利终值系数表、年金现值系数表、年金终值系数表查到相应系数值。另一方面可以利用金融计算器。金融计算器是一款可以处理复杂金融计算问题的强大工具，它能够轻松计算贷款偿还数、标准偏差、净现值、内含报酬率、现金流等。它是房地产、金融、会计、经济学和商业工作的理想工具，允许用于国际注册金融理财师（Certified Financial Planner，CFP）和特许金融分析师（Chartered Financial Analyst，CFA）认证考试，以及 GARP FRM 考试。FRM（Financial Risk Manager）是全球金融风险管理领域顶级的权威国际资格认证，由美国全球风险管理专业人士协会（Global Association of Risk Professionals，GARP）设立。对于普通理财者来说，不需要购买金融计算器，普通的 Excel 基本能满足我们的功能需求。

在计算复利的过程中，涉及的参数有现值、终值、年金、年限、利率。Excel 中涉及复利计算的函数的通用字母的含义如下：

Rate：各期利率；

Nper：总投资期，即该项投资付款期总数，也就是 n；

Pmt：各期所应支付的金额，即年金；

PV：现值；

FV：终值；

Type：数字 0 或 1，用以指定各期的付款时间是期初 1 还是期末 0，如果省略 Type，则假设其值为 0。

（1）现值和终值函数。Excel 中，FV 和 PV 是放在一个函数里的。

PV 函数：计算现值的函数，返回某项投资的一系列将来偿还额的当前总值（或一次性偿还额的现值）（见图 2－5）。

PV(rate,nper,pmt,[fv],[type])

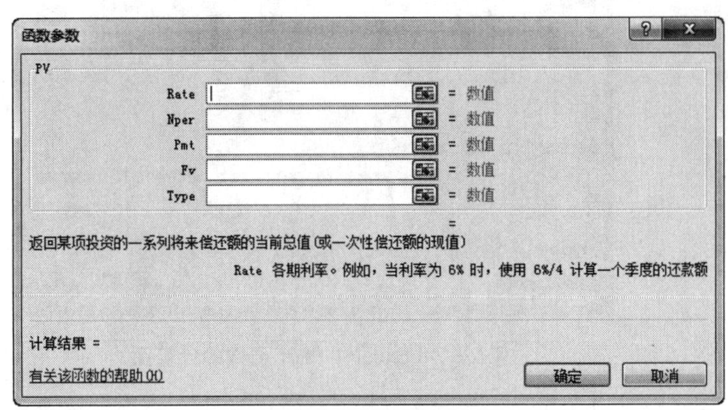

图 2－5　Excel 中 PV 函数的计算图

PV 函数中，fv 和 type 是可选的，其余的必须输入。

FV 函数：计算终值的函数，基于固定利率及等额分期付款方式，返回某项投资的未来值（见图 2－6）。

FV(rate,nper,pmt,[pv],[type])

FV 函数中，pv 和 type 是可选的，其余的必须输入。

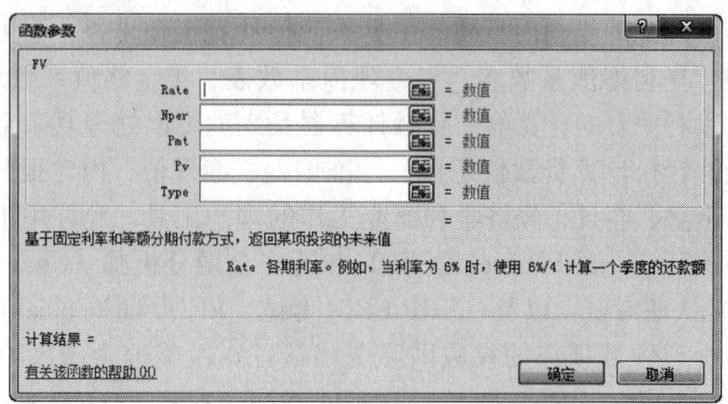

图2-6 Excel中FV函数的计算图

这两个函数的计算需注意以下问题：

● Pmt和PV的互斥性。如果忽略Pmt，则必须包括PV；如果省略PV，则假设其值为0时，必须包括Pmt。

● 确认Rate和Nper单位的一致性。例如，同样是4年期年利率为12%的贷款，如果按月支付，Rate应为12%/12，Nper应为4×12；如果按年支付，Rate应为12%，Nper为4。

● 所有的参数中，支出的款项用负数表示；收入的款项用正数表示。

（2）年金函数。PMT是年金函数，根据现值或终值来计算年金函数（见图2-7）。

PMT(rate,nper,pv,[fv],[type])

PMT函数中，fv和type是可选的，其余的必须输入。

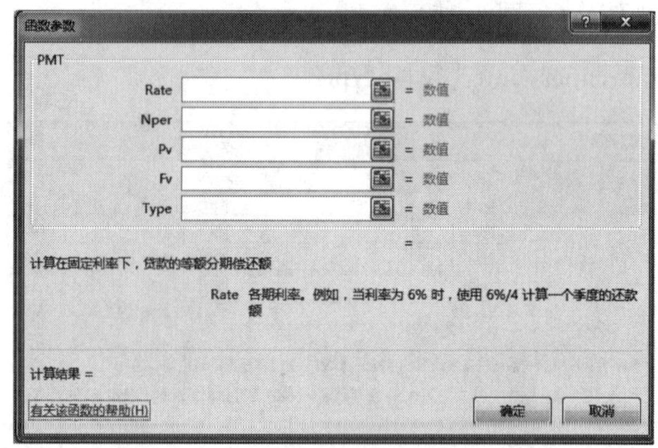

图2-7 Excel中PMT函数的计算图

2.2 风险及其运用

2.2.1 风险的概念

巴菲特有句名言：风险来自你不知道你在做什么。在投资理财领域，几乎所有的投资建议之后总会有这么一句话：投资有风险，请谨慎选择。风险到底是什么？风险是指在某一特定环境下、在某一特定时间段内，某种损失发生的可能性。也可以理解为在某一特定时间段里，人们所期望达到的目标与实际出现的结果之间的差距。

风险是一种结果的不确定性，不利结果有可能发生，也有可能不发生。如果一个小孩在街道上玩耍，如果一个工人正在使用机器而不知道机器有漏电危险，如果过往的行人不知道人行道旁的围墙处于危险状态并要倒塌，将会发生什么情况？每种情况都有不确定因素存在，小孩有可能会避开伤害，机器有可能不发生意外，围墙可能没有伤到过往的行人。但每种情况都有发生严重伤亡事故的可能性。

就财务而言，风险是投资理财结果的一种不确定性，当不利结果发生，就表现为本金或收益受损。风险并不一定和损失画等号，承担巨大风险的同时意味着可能存在巨大的潜在收益。正因为存在这种不确定性，所以投资时应首先评估自己对这种不确定性的承受能力。性格决定理财方式，每个人都有自己独特的思维模式和个性。个人的风险偏好和风险承受能力是影响投资行为的重要因素，也是理财规划的重要依据。不要承担超过你承受能力的风险，否则投资就会让你变得不快乐，有时候要舍得放弃高风险高收益的投资。

风险具有客观性、损害性和不确定性。

（1）客观性。指风险客观存在，即它存在与否是人类无法决定的，不以人的意志为转移，就像我们所熟知的自然灾害、意外事故等风险。理财中的风险也是客观存在的，虽然利用先进的风险管控手段和工具可以在一定程度上控制或分散风险，但必须承认风险是无法完全控制和排除的，就算你把钱放在银行里也不是最安全的，也会有因通货膨胀致使购买力下降的风险。

（2）损害性。一般风险的发生会给人们的生活带来损害。物质上的损失往往可以用货币来衡量；人身损害就比较难用货币来衡量了。财务上的风险损害性主要体现为收益减少甚至本金被吞噬。

（3）不确定性。风险的不确定性表现为空间、时间和损失程度的不确定性。空间的不确定性是指虽然根据统计学的大数法则，风险是必定要发生的，但风险发生的具体情况是不确定的。以交通事故为例，交通事故每天都会发生，但具体是哪一辆车、在什么地点发生是无法预先确定的。对于理财而言，确定了一个投资工具后，风险的不确定性主要体现为时间和损失程度的不确定性。当股价疯狂上涨时，谁也无法准确预测究竟何时是转折点。而损失程度取决于投资者的止损原则和对未来的预期，这也带来很大的不确定性。

在投资过程中，总会遇到各种不确定性事件，这些事件何时发生、发生的概率以及产生的影响是无法预测的，这些事件一旦发生，将直接影响财务目标的实现程度。因此，在投资过程中，总有人想把风险纳入可控范围。风险按照是否可以分散划分为系统性风险和非系统性风险。

系统性风险是由共同因素引起的，如经济周期、能源危机、通货膨胀、汇率变动、体制改革等，这些因素单个或共同发生，断裂层大，涉及面广，对市场上所有的公司都有影响，人们无法事先采取有针对性的措施予以规避或利用，因而无法通过分散投资来降低风险，故也称为不可分散风险。

非系统性风险是由公司自身原因产生的，它只存在于相对独立的范围或者个别行业中，是由企业内部的微观因素引起的，如企业的管理失误、新产品开发失败、诉讼失败等。这类风险只影响部分行业或公司，因而可以通过多元化投资来分散，也称为可分散风险。

参考阅读

风险与收益

在一次商务旅行结束之际，我在芝加哥的奥黑尔机场与萨姆进行了一次约 10 分钟的谈话，看起来他并没有得到满意的结果。

我能帮你什么吗，萨姆？

哦，我只是觉得我的交易结果没有上路。

“没有上路”指什么？

我对结果不满意。

你今年在市场中的交易目标是什么？

哦，我没什么目标。

你今年想在市场中实现什么？

（停顿了好一会儿）我想用赚到的钱为我妻子买一辆汽车。

好，那么是什么样的汽车？劳斯莱斯、奔驰、雷克萨斯，还是小型载货卡车？你想给你妻子买辆什么样的车？

就是一辆美国车，一辆大概 15 000 美元的车。

很好，你想什么时候买？

9 月份，就是大概三个月后。

好的。你的账户中有多少钱？

大约 10 000 美元。

这么说来，你想用大概三个月的时间让你的账户获利 50%？

是的，我想是的。

你有没有意识到三个月盈利 50%相当于一年差不多 200%的回报率？

没有想过。

为了赚到那么多钱，你愿意亏多少？

不知道，我真的没有想过这些。

你愿意亏 5 000 美元吗？

不行，那可不行，亏得太多了。

那你愿意亏 2 500 美元吗？也就是 25%。

不行，还是太多。也许 10%还行。

也就是说，你想三个月从市场中获得 50%的回报，但只愿意承受 10%的风险？

是的。

你听说过有哪种交易方法可以让你连续获得 5∶1 的回报-风险率？

没有。

我也没听说过，3∶1 通常就算很好了。

资料来源：范・K. 撒普. 通向财务自由之路. 北京：机械工业出版社，2016.

2.2.2　风险的衡量

1. 预期收益与标准差

风险与收益永远如影随形，想获得高收益，就得承受高风险，所以投资时一定要把握好风险与收益的关系。风险与收益成正比，承担的风险越大，预期收益就有可能越高，这部分高出的收益是对所承担的风险的额外补偿。资产风险是资产收益率的不确定性。衡量风险的指标主要有收益率的方差、标准差和标准离差率等。

假设现有两个项目可供选择——A 项目为超市，B 项目为面馆，经过前期市场调研发现，无论是开超市还是开面馆，经营状况良好、正常和差的概率分别为 40%、20%、40%，在每种概率发生的情况下，预期收益率是不同的（见表 2-5）。

表 2-5　A 项目、B 项目的经营状况和预期收益率

经营状况	发生概率	A 项目预期收益率	B 项目预期收益率
良好	0.4	80%	30%
正常	0.2	20%	20%
差	0.4	−40%	10%
合计	1		

预期收益率又称收益期望值，它是以概率为权数计算出来的加权平均数，是加权平均的中心值，其计算公式如下：

$$E(R)=\sum_{i=1}^{n}(P_i\times R_i)$$

式中，$E(R)$ 为预期收益率；P_i 为第 i 种结果出现的概率；R_i 为第 i 种结果出现后的预期收益率；n 为所有可能结果的数目。

因此，A 项目和 B 项目的预期收益率分别为：

A 项目的预期收益率＝0.4×80%＋0.2×20%＋0.4×(−40%)＝20%

B 项目的预期收益率＝0.4×30%＋0.2×20%＋0.4×10%＝20%

通过计算可以得知，A 项目与 B 项目的预期收益率均为 20%。在预期收益率相同的情况下，应考虑项目的风险大小。

预期收益率是指该投资项目可能得到的平均收益率，就 A 方案来讲，其平均收益率是 20%。但是，经营状况良好或差时，偏离均值的幅度较大，因此需要用一个参数来衡量偏离程度。收益率的方差用来表示资产收益率的各种可能值与其期望值的偏离程度。计算公式如下：

$$\sigma^2=\sum_{i=1}^{n}(R_i-E(R))^2\times P_i$$

式中，σ^2 为方差，方差的平方根为标准差（或称为均方差、标准离差）；其他参数的含义与预期收益率的公式相同。

经计算：

A项目的方差：

$$\sigma_A^2=(80\%-20\%)^2\times 40\%+(20\%-20\%)^2\times 20\%+(-40\%-20\%)^2\times 40\%$$
$$=0.288$$

A项目的标准差：

$$\sigma_A=\sqrt{\sigma_A^2}=\sqrt{0.288}=0.537$$

B项目的方差：

$$\sigma_B^2=(30\%-20\%)^2\times 40\%+(20\%-20\%)^2\times 20\%+(10\%-20\%)^2\times 40\%$$
$$=0.008$$

B项目的标准差：

$$\sigma_B=\sqrt{\sigma_B^2}=\sqrt{0.008}=0.089$$

需要说明的是，σ值只能用于比较预期收益率相同的多项投资的风险大小。σ值越大，离散程度越大，风险也就越大；反之，离散程度越小，风险也就越小。由上面的计算可以得出结论，A项目（标准差0.537）的风险远远大于B项目（标准差0.089）。

标准差是反映随机变量离散程度的一个指标，但它是绝对值，不是相对值，因而只能用来比较预期收益率相同的各项投资的风险程度，而不能用来比较预期收益率不同的各项投资的风险程度。对比预期收益率不同的各项投资的风险程度时，应该用标准离差同预期收益率的比值，即标准离差率（也可称为变异系数）。标准离差率是一个相对指标，表示某资产每单位预期收益中所包含的风险的大小，公式如下：

$$V=\frac{\sigma}{E(R)}$$

因此A和B项目的标准离差率计算如下：

$$V_A=\frac{53.7\%}{20\%}=2.685$$

$$V_B=\frac{8.9\%}{20\%}=0.445$$

一般情况下，标准离差率V越大，资产的风险越大；相反，V越小，资产的风险越小。标准离差率可以用来比较预期收益率不同的资产的风险大小。由上面的计算可以看出，从标准离差率的角度看，A项目的风险依然大于B项目。

如果有多个投资方案可以选择，那么进行投资决策总的原则应该是：投资收益率越高越好，风险越低越好。具体说来有以下几种情况：

如果两个投资方案的预期收益率基本相同，应当选择标准离差率较小的方案。

如果两个投资方案的标准离差率基本相同，应当选择预期收益率较高的投资方案。

如果A方案预期收益率高于B方案，而其标准离差率又低于B方案，应当选择A方案。

如果A方案预期收益率高于B方案，而其标准离差率也高于B方案，应将A方案收益率高于 B 方案的程度与 A 方案标准离差率高于 B 方案的程度进行比较，若 A 方案收益率高于 B 方案的程度大于 A 方案标准离差率高于 B 方案的程度，一般情况下应采纳 A 方案。当然，有时取决于投资者对风险的态度，即投资者对风险厌恶的程度。

2. VaR

上文所说的利用预期收益率与标准差来衡量风险的方法，主要用于项目投资的比较，近年来金融机构采用了另一种模型，即风险价值模型（value at risk，VaR），也称受险价值方法，指在市场正常波动的情况下，在一定概率水平（置信度）下，某一金融资产或证券组合在未来特定时期内面临的最大可能损失。

VaR 可以简单明了地表示市场风险的大小，即使没有任何专业背景的投资者和管理者也可以通过 VaR 值对金融风险进行评判。VaR 可以应用于不同风险项目而且能保持测量的稳定性和一致性，令不同项目的风险可以直接比较。

从统计的意义上讲，VaR 是指面临正常的市场波动时“处于风险状态的价值”，具体的数字依赖于两个重要的参数：测量的时段和选取的信心水平，即在给定的置信水平和一定的持有期限内，预期的最大损失（可以是绝对值，也可以是相对值）。

例：深蓝投资公司持有的 ABC 投资组合在未来 24 小时内置信度为 95%，VaR 值为 1 500 万元，也就是说，该公司的 ABC 投资组合在一天（24 小时）内，由于市场价格变化而面临的最大损失超过 1 500 万元的概率为 5%，或者说有 95%的把握判断深蓝投资公司的 ABC 投资组合在下一个交易日内的损失在 1 500 万元以内。

例：红日投资公司持有的 EFG 投资组合在未来 24 小时内置信度为 99%，VaR 值为 380 万元，也就是说，该公司的 EFG 投资组合在一天内遭受的最大损失超过 380 万元的概率为 1%，或者说有 99%的把握判断红日投资公司的 EFG 投资组合在下一个交易日内的损失在 380 万元之内。

95%的置信度意味着预期 100 天里只有 5 天所发生的损失会超过相应的 VaR 值；而 99%的置信度意味着预期 100 天里只有 1 天所发生的损失会超过相应的 VaR 值。置信度反映了金融资产管理者的风险厌恶程度，可根据投资者对风险的偏好程度和承受能力来确定。

参考阅读

VaR 的是是非非

2008 年金融危机爆发之前，各大公司对 VaR 模型信任有加，在量化整体风险时都会采用这一统计模型，正如《纽约时报》前财经作家乔·诺切拉所解释的那样，“VaR 最吸引人的地方，也是其最大的卖点就在于将风险描述为单一的数字——一个美元数据，仅此而已，而那些恰好不擅长数量分析的人就会趋之若鹜”。

大约在 2005 年，每个工作日的 4 点 15 分被放在投资经理办公桌上的 VaR 报告，见证着华尔街正在变成一条通往财富的“金光大道”。遗憾的是，VaR 模型的风险档案里隐藏着两个巨大的问题。

第一，模型构建的概率基础参照的是过去的市场行为，然而金融市场和啤酒盲品会不一样，前者的未来不一定是历史的重复，没有任何的理论证据可以保证 1980—2005 年间的市场动态是 2005 年之后市场表现的最佳预测参照物。从 20 世纪 90 年代开始一直到21世纪初，商业银行的房屋按揭业务所使用的贷款模型都认为房价大幅度下跌的概率为零。以前，美国的房价从来没有像2007年跌得那么惨，那么快，但这就是活生生的事实。美联储前主席格林斯潘在接受美国国会委员会质询时解释："在2007年夏天，金融领域的理论大厦完全坍塌，这是因为之前的风险管理模型所收集的数据只涵盖了过去20年——经济快速增长的狂欢的20年。我认为，如果我们的模型能够充分考虑历史上出现的几次危机，让模型更加完善的话，银行在放贷时的资本要求会更高，金融世界就会在更加健康和稳定的状态下运行。"

第二，即使通过基本数据，我们能够借助VaR准确地预测未来风险，这99%的保证依然存在失效的危险，因为把事情搞砸的正是剩下的1%。假设一家公司的VaR为5亿美元，也就是说这家公司在未来给定的一段时间内损失不超过5亿美元的概率为99%，也可以这样理解，这家公司有1%的概率遭受超过5亿美元的损失。事实上，这一模型根本没有办法告诉你假如那1%的情况发生，事态会有多严重。很少有人会关注"尾部风险"（位于分布曲线末尾的小概率事件），以及这些小概率风险所带来的灾难性后果。正如纳西姆·塔勒布所认为的那样，"最大的风险从来就不是那些你能看得见、算得出的，而是那些你看不见从而无从估量的，那些看上去似乎远不在正常概率范围内、远远超出你的想象、你认为一辈子都不可能发生的风险，事实上，它们的确会发生，而且比你所能想到的要频繁得多"。

资料来源：［美］查尔斯·惠伦. 赤裸裸的统计学. 北京：中信出版社，2013.

3. 压力测试

在软件测试中，压力测试（stress test）也称为强度测试、负载测试。压力测试是模拟实际应用的软硬件环境及用户使用过程中的系统负荷，长时间或超大负荷地运行测试软件，来测试被测系统的性能、可靠性、稳定性等。

理财中的压力测试指将整个金融资产或资产组合置于某一特定的极端市场情况下，测试金融资产或资产组合在关键市场变量突变的压力下的表现，看其是否能经受住这种市场突变的考验。极端情景是指在非正常情况下发生的概率很小且一旦发生后果就很严重的事项，如利率骤升100个基点、某货币突然贬值30%、股价暴跌20%等。

个人在投资过程中也应进行压力测试，考虑极端情况下的资产配置是否合理，有无改善之处。比如，某三口之家的成员为：爸爸、妈妈和五岁的儿子，该家庭主要收入来源于爸爸，妈妈为全职主妇，考虑极端情况——爸爸丧失了劳动力，无法工作，这时该家庭的生活是否会陷入困境。针对此种压力测试，在资产配置中可以考虑增加爸爸的人身保险，同时多开辟被动收入来源。

2.2.3 风险在理财中的运用

1. 理清风险与收益的关系

天下没有免费的午餐，理财的世界里，风险和收益如影随形。进行投资的目的是获得收益，但是在有些情况下最后实际获得的收益可能低于预期收益，有些投资根本没有收益甚至血本无归。根据前面章节的讲述，标准离差率可以代表投资者所冒风险的大小，但它还不是投资的收益率，必须把它转化为相应的收益率，才能把投资项目的风险与收益联系起来。标准离差率转化为收益率的基本要求是：所冒的风险越大，得到的收益率也应该越高。从理论上讲，投资收益应该与反映风险大小的标准离差率成正比例关系。

预期收益率＝无风险报酬率＋风险报酬率

风险报酬率＝风险报酬系数×标准离差率

用字母表示即

$$K=R_F+R_R$$

$$R_R=b\times v$$

式中，K 为预期收益率；R_F 为无风险报酬率；R_R 为风险报酬率；b 为风险报酬系数；v 为标准离差率。

风险报酬系数取决于全体投资者的风险回避态度，可以通过统计方法来测定。如果大家都愿意冒险，风险报酬系数就小，风险溢价不大；如果大家都不愿冒险，风险报酬系数就大，风险附加值就比较大（见图2-8）。

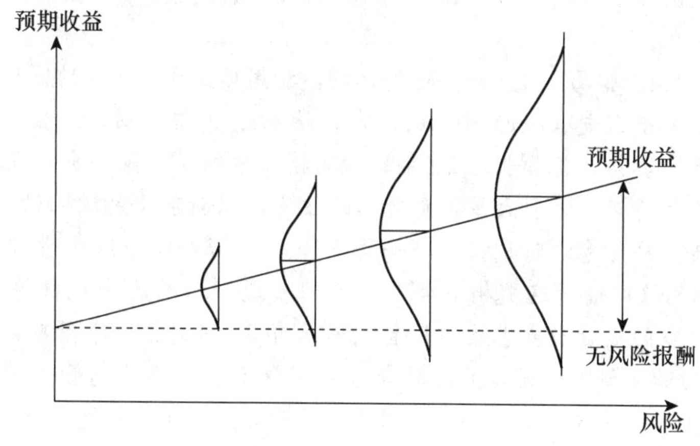

图2-8　风险与预期收益的关系

从图2-8中可以看出，承担的风险越大，预期收益也就越高，风险与预期收益之间呈正相关。从纵向角度来看，随着风险的增大，收益的变化幅度也越来越大。风险更大的投资必须看上去能够获得更高的收益，否则人们不会去投资，虽然实际的结果有可能是亏损很多。承担风险并不能确保会有高回报。因此，在投资的过程中，一定要清楚收益和风险的关系，根据自身的风险偏好和承受能力选择适合自己的投资项目。

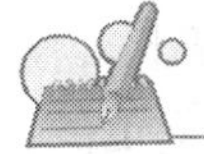

参考阅读

庞氏骗局和麦道夫骗局

“庞氏骗局”是一个名叫查尔斯·庞兹（Charles Ponzi）的投机商人“发明”的。庞氏骗局在中国又称“拆东墙补西墙”“空手套白狼”。简言之就是用新投资人的钱向老投资者支付利息和短期回报，以制造赚钱的假象，进而骗取更多的投资。

庞兹是意大利人，1903年移民到美国。早年庞兹就已经案底累累了，他起先是在餐厅当侍应生，因为盗窃餐厅财物被解雇；后来移居加拿大蒙特利尔，在一家意资银行当柜员，因为商业诈骗被加拿大法院判监三年；1911 年回到美国，又因贩卖人口在亚特兰大坐了牢。经过美国式发财梦十几年的熏陶，庞兹发现最快速的赚钱渠道就是金融。

庞兹声称购买欧洲的某种邮政票据再转卖回美国，获利率可达 400%。他于 1919 年设计了一个投资计划，并向美国大众兜售。庞兹承诺在 45 天内付给投资者 50%的利息，90 天内付给投资者 100%的利息。庞兹承诺的投资回报率远高于正常水平。投资者往往有极不现实的追求高回报率的愿望，庞兹承诺的超过正常水平的回报正好抓住了投资者贪婪的心理。有些人开始尝试投资，在 45 天之后如数取得了回报，这些人又把自己的投资经历告诉亲朋好友，他们也如数取得了回报。质疑渐渐消失了，亲朋好友口口相传，在一年左右的时间里，大约 4 万名波士顿人成为庞兹的投资者。截至 1920 年，庞兹共收到约 1 500 万美元。他所收到的钱，按照他的许诺，可以购买几亿张欧洲邮政票据，而事实上，他只买过两张。当时已有金融专家质疑庞兹的投资计划根本不可能获得巨大利润。1920 年 8 月 9 日，多名波士顿市民向市政府报案，声称自己在庞兹的投资计划中受骗。8 月 11 日，庞兹宣告破产。由于骗局宣告失败，庞兹向当局投案。庞兹因诈骗罪于 1920 年年末在波士顿法庭受审，被控多达 86 项诈骗罪行，被判入狱 9 年。

此后，“庞氏骗局”成为一个专有名词，指用后来的投资者的钱回报前面的投资者。

伯纳德·麦道夫（Bernard Madoff），纳斯达克前主席，美国华尔街的传奇人物，深得“庞氏”真传，花费长达 20 年的时间精心炮制了美国有史以来最大的诈骗案。他以高额回报为诱饵，吸引大量投资者不断注资，以新获得的收入偿付之前的投资利息，形成资金流。次贷危机时期，标普平均下降 37.7%，而麦道夫管理的基金依然保持每月高达 5.6%的增幅，这是相当令人惊讶的表现。然而次贷危机导致全球经济形势恶化，越来越多的投资者要求赎回基金，2008 年 12 月的第一个星期，麦道夫受理了高达 70 亿美元的赎回请求，无以为继的麦道夫不得不告诉公司高管——他的两个儿子安德鲁（Andrew）和马克（Mark）：公司其实并无真实业务，只是一个巨大的庞氏骗局。麦道夫操纵简单的骗局长达 20 年，涉及资金多达 500 亿美元，愚弄了华尔街的诸多投资家，欺骗了一大批专业经验丰富的金融机构（有法国巴黎银行、汇丰银行、日本野村证券等）。2009 年 6 月 29 日，麦道夫被纽约联邦法院判处 150 年有期徒刑。麦道夫案再次警示人们，要控制自己的贪婪和欲望，时刻保持理性的头脑，方能避免上当受骗。

资料来源：根据网络资料整理汇总。

2. 前景理论中的风险感知

传统的投资组合理论假设投资者是厌恶风险的，即在其他条件相同的情况下，投资者将选择标准差较小的组合。风险厌恶的假设意味着风险带给投资者的效用是负的，如果没有收益作为补偿，投资者不会冒无谓的风险。前景理论（prospect theory）强调人们对损失和收益的敏感程度是不同的，不是在所有情况下都表现为厌恶风险。前景理论由学者卡尼曼和特沃斯基提出，通过修正最大主观期望效用理论发展而来。卡尼曼因前景理论获得了 2002 年诺贝尔经济学奖。

前景理论实际上是用心理学的方法研究经济学，其最重要的发现之一是：我们在做有关收益和损失的决策时表现出的不对称性——白捡 100 元所带来的快乐难以抵消丢失100元所带来的痛苦。在风险和收益面前，涉及收益时，我们是风险厌恶者；涉及损失时，我们却是风险偏好者。

有这样一个实验：

A. 你一定能赚4万元；

B. 你有70%的可能性赚6万元，30%的可能性什么也得不到。

实验结果显示，大部分人选择A。传统的"理性人"会跳出来批判，认为选A是错的，因为从预期收益的角度看，60 000×70%+0×30%=42 000元，大于A方案的40 000元。

另一个实验只是把前面的"赚"改成了"赔"：

A. 你一定会赔4万元；

B. 你有70%的可能性赔6万元，30%的可能性不赔不赚。

实验结果显示，大部分人选择B决定搏一搏，而不愿意接受固有损失4万元。传统的"理性人"也会跳出来说选B是错的，因为60 000×70%+0×30%=42 000元，大于A方案的40 000元。

这也印证了前景理论的观点：人们在面临收益时，往往小心翼翼，厌恶风险，喜欢见好就收，害怕失去已有利润；而在面对损失时，会极不甘心，宁愿冒更大的风险去赌一把。人们在面临损失和收益时，对待风险的态度并不一致。

出于对损失的厌恶，在必须售出股票以缓解资金紧张状况时，大多数投资者卖出获利股票的意愿要远远大于卖出亏损股票的意愿。也有统计数据证实，投资者持有亏损股票的时间远长于持有获利股票的时间。投资者长期持有的股票多数是因不愿意"割肉"而留下的套牢股票。

前景理论强调遭受损失的痛苦要远远大于获得收益的快乐。不过，损失和收益并不是绝对的。人们在面临收益的时候规避风险，在面临损失的时候偏好风险，但损失和收益又是相对于参照点而言的，所以改变参照点就能改变人对得失的判断，从而改变对风险的态度。

假设一家公司的首席执行官（CEO）在新的一年需要为下属的投资经理设定一个利润目标，一种是低水平的2 000万元，另一种是高水平的4 000万元。假设现在有两种投资方案：A方案确定能获得利润3 000万元；B方案有50%的概率能获得4 000万元的利润，有50%的概率能获得2 000万元的利润。从表2-6中可以看出，当CEO为下属设置低水平的目标2 000万元时，下属更倾向于选择A项目，因为A项目可以保证超过目标利润1 000万元，而B项目只有50%的可能性刚好达到2 000万元的目标，有50%的可能性超过目标；如果CEO设置的目标为4 000万元，下属可能就不再倾向于A项目了，因为如果选择A项目肯定达不到预设目标，而选择B项目有50%的概率能达到目标。

表2-6　A，B项目在不同目标水平下的预期收益

	低水平2 000万元	高水平4 000万元
A项目确定能获得3 000万元利润	超过目标1 000万元	距目标差1 000万元
B项目有50%的概率能获得2 000万元，50%的概率能获得4 000万元	50%的可能性刚好达到目标，50%的可能性超出目标	50%的可能性达到目标

从上述分析中可以知道，在目标利润设置得较低的情况下，员工趋于风险规避，比较保守；而在目标利润设置得较高时，员工敢于冒险。一个企业如果要影响其员工的风险偏好，可以通过改变企业对业绩的期望水平来达到目的。这个规律很普遍，低标准目标往往使人谨慎行事，高标准目标往往使人敢于冒险。

3. 风险偏好与风险容忍度

风险偏好（risk appetite）与风险容忍度（risk tolerance）是风险的两个概念，识别自身的风险偏好和风险容忍度，有利于选择更适合自己的投资工具。风险偏好是指为了实现目标，投资者在承担风险的种类、大小等方面的基本态度。风险就是一种不确定性，投资者面对这种不确定性所表现出的态度、倾向便是其风险偏好的具体体现。风险偏好说明的是人们在承担风险时获得效用的状况，获得正效用的是风险偏好者，正效用越大对风险越偏好；获得负效用的是风险厌恶者，负效用越大对风险越厌恶。不同的行为者对风险的态度存在差异，有人可能喜欢大得大失的刺激，有人更愿意求稳。根据投资者对风险的偏好将其分为风险偏好者、风险回避者和风险中立者。风险偏好者喜欢刺激，主动追求风险，收益率虽然时高时低，但认为自己得到的效用是最大的；风险回避者在发现投资项目产生损失的可能性较大时，会主动放弃，不愿意承担较大风险以换取高收益；风险中立者既不回避风险，也不主动追求风险。

风险容忍度是个人对理财目标实现过程中出现的差异的可接受程度，即在风险偏好的基础上设定的对相关目标实现过程中所出现的差异的容忍度，也可以称为风险承受能力。风险容忍度是定量的表述，是对风险偏好的具体化，即风险偏好的边界，是最大的风险承受能力与刚好不能承受风险的临界点。比如某人是风险偏好投资者，在追求回报的过程中能接受较大的损失，他的预期收益率为18%，但能容忍的最大损失是本金的50%，本金的50%就是其风险容忍度。风险容忍度高说明承受风险的能力较强。投资之前，首先要预估自己的风险承受能力。风险容忍度不同，适合的投资工具也不同。比如低风险的货币型基金、国债等产品比较适合保守型投资者；中风险的平衡型基金、信托、房产比较适合稳健型投资者；而股票型基金、股票、贵金属及期货就比较适合激进型投资者。

如今网上银行或证券公司在进行交易前，都要做一项风险测试，根据风险测试结果给出投资产品类型的建议。这实质上就是对风险偏好和风险容忍度的测试，让你对自己的风险意识和风险承受能力有一个比较清晰的了解。风险偏好和风险容忍度并不是一成不变的，它们受财富、受教育程度、性别、年龄、婚姻状况等因素的影响，随着生活环境和时间的变化而改变。年轻时，我们没有负担，喜欢激进，喜欢冒险，相应地，我们的风险承受能力就强。中年时我们上有老下有小，家庭的责任加重，理财需要稳健，要攻守兼备，风险偏好趋于中立。年迈时，任何剧烈的波动都会影响晚年生活质量，因为我们没有更多的能力去创造财富，所以更注重保值，风险偏好趋于保守。

投资者愿意承受更多的风险只能说明他偏好风险，但这绝不等同于他具有较高的风险承受能力。如果一个投资者在高收益的诱惑之下，根本不考虑自己的风险承受能力，投资了一些完全不符合自身收益和风险特征的理财产品，一旦出现风险，将会带来不良后果。偏好风险者的风险容忍度未必很高（见图2-9）。三角形底边的宽度决定了风险偏好程度，但在具体风险出现时，可容忍区的大小才是风险容忍度。图2-9显示，投资者B喜好风险，但是风险容忍度比较低；投资者A回避风险，但风险容忍度比较高。如果说风险偏好描述的是承担风险的相对水平，那么风险容忍度则说明的是承担风险的绝对水平。换句话说，投资者在制定投资决策时，风险偏好决定了投资者所选组合中各种资产的相对比重，即投资组合的结构；风险容忍度决定的是在各种组合资产上投资的数量，即投资组合的规模。

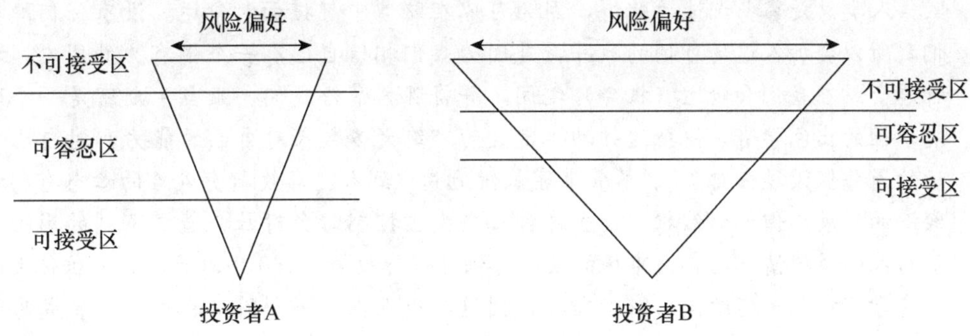

图2-9　风险偏好与风险容忍度

理财的成败首先取决于我们对风险的认知程度。只有了解自己的风险偏好且清楚自身的风险容忍度，并据此选择相匹配的理财产品，才能在控制风险的前提下实现财务目标。

4. 彩票的风险和收益分析

彩票恐怕是世界上最简单的一种投资活动。花2元钱买一张记满了不同数字的纸，经过几天的等待，要么把这张纸扔进废纸篓，要么揣着这张纸到福彩中心领取数额不小的钞票。不是每个人都有后者这种运气，估计绝大多数买过彩票的人都是将希望放在下一次。那么彩票的风险和收益到底是多少？

我们可以运用前面讲到的预期收益和风险来分析，假设买彩票只有两种可能性，一是中奖，一是未中奖。

中奖的概率是 X，收益是500万元；未中奖的概率是 $1-X$，收益是 -2 元，也就是你买彩票所花的钱。你的总体预期收益是多少？

$$X\times 5\,000\,000+(1-X)\times(-2)=?$$

即使没学过概率，大家也知道 X 的值是很小的。$X\times 50\,000\,000$ 趋近于0，而 $(1-X)\times(-2)$ 趋近于 -2，也就是说，最后的结果是亏损2元。当然上面是一个极端的例子，你可能会问，这么多种类的彩票，奖励不同，概率也应该不同啊。的确，从表2-7中可以看出，福彩3D和排列三的中奖概率最高。

为了过一下中头奖的瘾，你也可以一次花2 000元把1～1 000这1 000个数字全买了，保你能中头奖1 000元，但是与你的投入2 000元相比损失了1 000元。表2-7中是我国现行各种数字型彩票中头奖的概率，以双色球为例，你投入35 442 176元才能保证中500万元，这显然是得不偿失的，也没有人会这样做。

中奖概率越高，意味着中奖越容易，但奖金额不高；中奖概率越低，意味着中奖越困难，奖金额越高。当然奖金数额也不是没有限制，我国最高奖为500万元。有时存在加奖的情况，单注奖金有可能超过500万元。

参考阅读

赌博与风险

人类总是容易沉迷于赌博，因为可以在赌博中直接面对命运，没有任何障碍。我们之所以会加入这场可怕的战斗，是因为我们相信自己有一个强有力的盟友：幸运女神总会站在我们和命运（机会）之间，并将胜利带给我们。亚当·斯密是一个研究人类本性的出色学者，他把这种动机定义为“绝大多数人对自己的能力和对自己会交好运的愚蠢假设过分自负”。尽管斯密敏锐地意识到人类喜欢承受风险的心态有利于促进经济的发展，但他仍然担心，当这种心态失去控制时会对社会造成不利的影响。所以他对人的道德情感与自由市场的益处仔细地进行权衡。160 年以后，另一位伟大的英国经济学家约翰·梅纳德·凯恩斯也认同这种观点：当一个国家的资本发展成为赌博活动的副产品时，它不会产生好的结果。但是如果人们连对自己的好运气都缺乏信心，那整个世界将变得毫无生气。凯恩斯不得不承认，“如果人们对碰运气毫无兴趣的话，仅仅依靠冷静的计算，就不会开展过多的投资活动”。如果预期的结果是失败，那没有人愿意去承受风险。

资料来源：彼得·L. 伯恩斯坦. 与天为敌：风险探索传奇. 北京：机械工业出版社，2010.

表 2-7　各种彩票中头奖的概率

彩种	可能性总数	投入金额（元）	中头奖的概率（*X* 的值）
双色球	17 721 088	35 442 176	1/17 721 088
七星彩	10 000 000	20 000 000	1/10 000 000
七乐彩	2 035 800	4 071 600	1/2 035 800
福彩 3D	1 000	2 000	1/1 000
排列三	1 000	2 000	1/1 000
排列五	100 000	200 000	1/100 000
超级大乐透	21 425 712	42 851 424	1/21 425 712
37 选 7	10 295 472	20 590 944	1/10 295 472
36 选 7	8 347 680	16 695 360	1/8 347 680
35 选 7	6 724 520	13 449 040	1/6 724 520
34 选 7	5 379 616	10 759 232	1/5 379 616
33 选 7	4 272 048	8 544 096	1/4 272 048
32 选 7	3 365 856	6 731 712	1/3 365 856
31 选 7	2 629 575	5 259 150	1/2 629 575
30 选 7	2 035 800	4 071 600	1/2 035 800
29 选 7	1 560 780	3 121 560	1/1 5607 80
28 选 7	1 184 040	2 368 080	1/1 184 040
22 选 5	26 334	52 668	1/26 334

我们以双色球为例来说明其具体的风险收益。双色球的游戏规则是：双色球投注区分为红球号码区和蓝球号码区，红球号码范围为 01～33，蓝球号码范围为 01～16。

双色球每期从33个红球中开出6个号码，从16个蓝球中开出1个号码作为中奖号码，双色球的玩法就是竞猜开奖号码的6个红球号码和1个蓝球号码，顺序不限。

从表2-8中可以看出总中奖注数是1 188 988注，全部可能组合数为17 721 088，所以整体中奖概率为：

$$中奖概率=\frac{1\,188\,988}{17\,721\,088}\times 100\%=6.709\%$$

表2-8　双色球各奖中奖可能性与奖金

奖金等级	中奖情况	奖金	中奖注数
一等奖	中6+1	500万元或更多	1
二等奖	中6+0	当期高奖级奖金的30%	15
三等奖	中5+1	3 000元	162
四等奖	中5+0，4+1	200元	7 695
五等奖	中4+0，3+1	10元	137 475
六等奖	中2+1，1+1，0+1	5元	1 043 640

说明：根据双色球的中奖规则，当奖池资金低于1亿元时，奖金总额为当期高奖级奖金的75%与奖池中累积的奖金之和，单注奖金按注均分，单注最高限额封顶500万元。当奖池资金高于1亿元（含）时，一等奖奖金总额包括两部分：一部分为当期高奖级奖金的55%与奖池中累积的奖金之和，单注奖金按注均分，单注最高限额封顶500万元；另一部分为当期高奖级奖金的20%，单注奖金按注均分，单注最高限额封顶500万元。双色球奖级分为高级奖和低级奖，一等奖和二等奖为高奖级，三至六等奖为低奖级。

2020年，双色球开出一等奖1 378注，总派奖金额9 040 264 804元；二等奖20 578注，总派奖金额2 953 303 074元，按平均值算，2020年一等奖奖金平均值为6 560 424.39元，二等奖奖金平均值为143 517.498元。因此，计算获利的期望值、方差和标准差如下：

$$\begin{aligned}获利期望值=&6\,560\,424.39\times\frac{1}{17\,721\,088}+143\,517.498\times\frac{15}{17\,721\,088}+3\,000\\&\times\frac{162}{17\,721\,088}+200\times\frac{7\,695}{17\,721\,088}+10\times\frac{137\,475}{17\,721\,088}+5\times\frac{1\,043\,640}{17\,721\,088}\\&+(-2)\times\left[1-\frac{(1+15+162+7\,695+137\,475+1\,043\,640)}{17\,721\,088}\right]\\=&-0.887\,82\end{aligned}$$

$$\begin{aligned}获利的方差=&[6\,560\,424.39-(-0.887\,82)]^2\times\frac{1}{17\,721\,088}+[143\,517.498\\&-(-0.887\,82)]^2\times\frac{15}{17\,721\,088}+[3\,000-(-0.887\,82)]^2\times\frac{162}{17\,721\,088}\\&+[200-(-0.887\,82)]^2\times\frac{7\,695}{17\,721\,088}+[10-(-0.887\,82)]^2\times\frac{137\,475}{17\,721\,088}\\&+[5-(-0.887\,82)]^2\times\frac{1\,043\,640}{17\,721\,088}+[-2-(-0.887\,82)]^2\\&\times\left[1-\frac{(1+15+162+7\,695+137\,475+1\,043\,640)}{17\,721\,088}\right]\\=&2\,446\,237.218\end{aligned}$$

$$获利的风险衡量(标准差)=\sqrt{2\,446\,237.218}=1\,564.045$$

上面算得一注彩票的获利期望值为-0.887 82元，说明我们每买一注双色球彩票就损失 0.887 82 元，买彩票的标准差为 1 564.045，风险是相当高的，买得越多越亏，这也符合生活实际，大多数人都是花了两元钱而一无所获。因此想要通过中彩票来改变命运，机会非常渺茫，买彩票只是调剂生活的一种游戏而已。

明知预期收益为负还是会买彩票的这种看似不理性的行为，不能仅仅从经济学角度来考虑，人们购买彩票的目的是购买一个机会、一个希望。虽然中奖的机会很小，但毕竟有机会。人们只是想看看自己有没有运气，这本身就是一种刺激。人们也知道中奖机会很小，但即使失败，也只是损失两元钱而已，这对购买者并没有太大的负面影响。所以可以理解为什么在这场失败概率大于成功的游戏中，还有那么多人蜂拥而至。

问题与讨论

1. 请讨论时间价值的概念及其在生活中的运用。

2. 加利福尼亚政府通过广告宣称它有一种彩票，奖金为 100 万美元，但是给付的方式为 20 年内每年付款 5 万美元，如果贴现率为 10%，请计算该笔奖金的实际价值是多少。

3. 本杰明·富兰克林是一个喜欢在暴风雨中放风筝的人，是与众不同的发明家，是睿智的民间文学作家。这位著名的美国科学家留下一份有趣的遗嘱：

> ……1 000 英镑赠给波士顿的居民，如果他们接受了这 1 000 英镑，那么这笔钱应托付给一些被挑选出来的公民，他们得把这些钱按每年 5%的利率借给年轻的手工业者去生息。这些钱 100 年后将增值为 131 000 英镑。我希望那时候用 100 000 英镑来建一幢公共建筑物，剩下的 31 000 英镑拿去继续生息 100 年。在第二个 100 年末，这笔款项增加到4 061 000 英镑，其中 1 061 000 英镑还是由波士顿的居民来支配，而其余的 3 000 000 英镑让马萨诸塞州的公众来管理。此后，我就不多作主张了！

请运用时间价值来验证这份遗嘱的可行性。

4. 假设你有 100 万元准备存入银行，有六种存法：(1) 三个月到期的存 12 次，每次到期转存；(2) 半年到期的存 6 次；(3) 一年到期的存 3 次；(4) 一年到期的存一次，接下来存两年到期的；(5) 两年到期的存一次，接下来存一年到期的；(6) 存三年定期。请查阅最新的存款利率表，计算六种方式各自的利息，哪种最赚钱？计算利息是采用单利还是复利？各种存款方式的优劣如何？你会采用哪种存款方式？

5. 请根据自己的实际情况，运用时间价值思考何时能存够 100 万元以及何种方式能加速这个目标的实现。

6. 说明名义利率与实际利率的区别以及计息期长短与利息的关系，任意选取一个投资项目，根据其名义利率计算实际利率。

7. 一个房间里装满了黄金，同时还有一颗定时炸弹。突然，同时冲进来 3 个人，进屋各装了一袋黄金后又同时跑出去。第一个人说："什么？里面还有炸弹？"第二个人说："我装黄金时非常害怕，浑身颤抖。"第三个人说："我知道炸弹什么时候爆炸。"结合上面的小故事，说明你对风险以及风险和收益的关系的理解。

8. 卡尼曼与特沃斯基有一个著名的实验：假定美国正在为预防一种罕见疾病的爆发而做准备，预计这种疾病会使 600 人死亡。现在有两种方案，采用 X 方案，可以救 200 人；采用 Y 方案，有 1/3 的可能救 600 人，2/3 的可能一个人也救不了。显然，救人是一种收益，人们不愿冒风险，所以更愿意选择 X 方案。

现在来看另一种描述，有两种方案：X 方案会使 400 人死亡，而 Y 方案有 1/3 的可能无人死亡，有 2/3 的可能 600 人全部死亡。死亡是一种损失，因此人们更倾向于冒风险，选择 Y 方案。

事实上，两种情况的结果是完全一样的。救 200 人等于 400 人死亡；有 1/3 的可能救 600 人等于有 1/3 的可能无人死亡。可见，表述方式取决于参照点——是以死亡还是救活作为参照点，其结果完全不一样。

在这个实验中，是否说法不一样，采取的方案就不一样？原因是什么？请说明这种现象在生活中的运用。

9. 在互联网上找一份试题测试自己的风险偏好和风险容忍度，根据测试结果选择适合自己的投资理财工具，并对照其他人的测试结果，说明风险偏好和风险容忍度对投资理财选择的影响。

10. 对自己家庭的财务状况进行全面梳理，设想若干极端状况，进行理财的压力测试，尝试找出理财中存在的问题并提出改进建议。

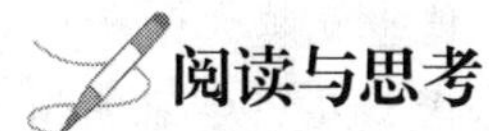

阅读与思考

麦粒故事、换钱游戏和理财方案选择

有一个古老的故事，它显示了复利的威力。传说西塔发明了国际象棋，国王十分高兴，决定重赏西塔，西塔说："我不要您的重赏，陛下，只要您在我的棋盘上赏一些麦子就行了。在棋盘的第 1 个格子里放 1 粒，在第 2 个格子里放 2 粒，在第 3 个格子里放 4 粒，在第 4 个格子里放 8 粒，依此类推，后一个格子里放的麦粒数都是前一个格子的 2 倍，直到放满 64 个格子。"国王觉得他的要求很容易满足，于是就同意了。但很快国王就发现，即使将国库里所有的粮食都给他也不够。因为即使一粒麦子只有一克重，也需要数十万亿吨的麦子。尽管从表面上看西塔的起点很低，但是从一粒麦子开始，经过多次翻倍，就是庞大的数字。

假设有一个换钱的游戏：

X 游戏：我每天给你 1 万元，给 1 个月；你每天给我 1 分钱、2 分钱、4 分钱，依此类推，给 1 个月，你换吗？

Y 游戏：我每天给你 10 万元，给 1 个月；你每天给我 1 分钱、2 分钱、4 分钱，依此类推，给 1 个月，你换吗？

以上两个方案你选哪个？

另有两个理财方案：

A 方案：从 20 岁开始，每年存款 10 000 元，一直存到 30 岁，年收益率 7%，在 60 岁时取出作为养老金。

B 方案：从 30 岁开始，每年存款 10 000 元，一直存到 60 岁，年收益率 7%，在 60 岁时取出作为养老金。

思考题：

1. 国际象棋的故事说明了什么？64 个棋盘格到底放了多少麦粒？这个故事对我们

理财有什么启示？

2. X和Y的换钱游戏，你会选择哪一个？请说明理由。

3. 60岁退休时A方案和B方案的养老金分别是多少？你认为哪种方案更好？请说明理由。

4. 探讨时间价值在理财中的应用及应注意哪些问题。

与天为敌：风险故事

风险这个词来自古意大利语“risicare”，意为害怕。从这个意义上讲，与其说风险是一种命运，不如说是一种选择。是否采取行动取决于我们做选择时有多大的自由度和所掌握信息的多少。风险管理的本质就是把我们对结果有所控制的领域最大化，而把我们完全不能控制结果和弄不清因果关系的领域最小化。事实上，随着文明的进步，大自然的反复无常已经不那么重要了，反而是人类的决定更重要。

哈姆雷特抱怨说，面对不确定的结果时太多的犹豫不决是不利的，因为决策的本质会被不断的思考削弱。哈姆雷特错了，犹豫不决的人是在采取妥协方案。一旦我们采取行动，就丧失了等待新信息出现的机会。所以不采取行动本身就有价值。结果的不确定性越大，延迟行动的价值也就越大。

文艺复兴时期的赌徒卡达诺、几何学家帕斯卡和律师费马、数学家丹尼尔·伯努利和他的叔叔雅各布、少言寡语的高斯、幽默的冯诺依曼和沉闷的摩根斯坦、虔诚的教徒棣莫弗和不可知论者奈特、言简意赅的布莱克和喋喋不休的斯科尔斯、经济学家阿罗和马科维茨，他们帮助人们改变了对风险的认识，从损失的可能转变为盈利的机会，从命运和上天的安排转变为对未来以概率为根据的预测，从无助转变为选择。要认识风险、衡量风险并权衡其后果，让未来服务于当下。

如果人们得不到随机事件的怜悯，面对未知的未来，他们就不能再保持被动，只能在更大的范围内，花更长的时间来做决策。随着选择和决策的不断开放，人们逐渐意识到未来有危险，也有机遇，人们开始意识到它是开放的，充满了机会。时间是赌博中的决定性因素。风险和时间是同一事物的两个方面，因为如果没有明天，就不会有风险。时间会改变风险，风险是由时间来塑造的。

资料来源：陈光磊，李勇. 与天为敌：风险故事. 申万宏源研究报告.

思考题：

1. “风险管理的本质就是把我们对结果有所控制的领域最大化，而把我们完全不能控制结果和弄不清因果关系的领域最小化。”请阐述你对这句话的理解。

2. 人在生命的不同阶段存在哪些财务风险？应该通过何种工具或方式来化解这些风险？

第3章

流动性规划

学习要点

- 了解流动性管理的概念
- 了解资金三性的关系
- 熟悉存款的种类
- 掌握存款技巧
- 掌握借记卡和信用卡的使用
- 了解在使用银行卡过程中产生的费用
- 安全使用银行卡
- 了解移动支付工具
- 熟悉其他类型的流动性管理工具

课程导入

在发现澳大利亚黑天鹅之前，所有的欧洲人都确信天鹅全是白色的。这是一个牢不可破的信念，因为它似乎被人们的经验证实。对一些鸟类学家来说，看见第一只黑天鹅大概是一种有趣的惊奇体验，但这还不是澳大利亚发现黑天鹅的重要性之所在，它说明我们通过观察或经验获得的知识具有极大的局限性和脆弱性。仅仅一次观察就颠覆了上千年来对白天鹅数百万次观察所得出的结论。你所需要的只是看见一次黑天鹅。在这里“黑天鹅”是指满足以下三个特点的事件：首先，它具有意外性，即它通常在预期之外，也就是在过去没有任何能够确定它发生的可能性证据。其次，它会产生极端影响。最后，虽然它具有意外性，但人的本性促使我们会在事后为它的发生编造理由，使它变得可解释和可预测。简而言之，这三点就是：稀有性、极大的冲击性和事后可预测性。少数的黑天鹅事件几乎能解释这个世界上发生的所有事情，从思想与宗教的胜利到历史事件的变迁，一直到我们的个人生活。

通常而言，有两种认识现象的方式。第一种是排除不正常的现象，只关注正常现象。研究者不理会意外事件，只研究正常案例。第二种是，为了认识一种现象，人们需要首先考虑极端现象，尤其是当它们有非同寻常的累积效应时，比如黑天鹅现象。

我对正常现象不太关注。如果你想知道一位朋友的脾气、道德水平和优雅程度，你需要在严峻的环境下而不是在日常生活中观察他。你能仅仅凭一名罪犯在日常生活中的所作所为判断他的危险性吗？不考虑疾病，我们能够理解健康的定义吗？实际上，正常的东西经常是不重要的。社会生活中的一切几乎都是由极少发生但是影响重大的剧变和飞跃产生的。同时几乎一切关于社会生活的研究都聚焦于“正常”，尤其是采用钟形曲线的推论方法，你会什么真相也看不到。为什么？因为钟形曲线忽略了大的离差，无法解释它们，却要让我们相信不确定性是可以控制的。

基于黑天鹅带给我们的启示，为防止个人投资中意外事件的发生，必须保持一定的资金流动性，因此我们将资金流动性作为个人理财的首要内容。

资料来源：纳西姆·尼古拉斯·塔勒布．黑天鹅：如何应对不可预知的未来．北京：中信出版社，2011.

3.1 流动性管理基础知识

理财规划中，资金总是以不同形式存在：股票、债券、基金、黄金、外汇、房产等，无论何种形式，在制定个人理财计划和做出投资决策时，应把握“三性”原则，即安全性、收益性、流动性，以确保个人资产的保值和增值。

安全性指投资本金和收益的保障程度。财富只有在安全的循环周转中才能不断积累和扩大。巴菲特有三大投资原则：第一，保住本金；第二，保住本金；第三，谨记第一条和第二条。本金是种子，没有种子便无法播种，更没有收获。很多投资者容易走两个极端：要么过分强调安全，要么孤注一掷。投资的安全性是相对的，没有绝对无风险的投资，也没有完全是风险的投资。作为普通投资者，在考虑投资的安全性时，首先要树立风险意识，风险无处不在，同时也切莫因为投资有风险就畏缩不前，拒绝投资。

收益性指投资的回报程度。收益是投资的根本，但在前面一章我们介绍过收益和风险是相伴的。作为普通投资者，必须合理期望收益，把握好理财项目的风险程度与合理收益的关系。财富是均衡的结果，而不是不切实际的一夜暴富。

流动性是资产转换为现金的能力，现金和银行存款是流动性最强的资产。资产配置中保持一定的流动性是非常有必要的，否则有可能陷入偿付危机。如果长期把钱放在一个投资项目上，虽然表面上看有比较高的收益率，但算上时间成本的话非常不划算。

鱼和熊掌不能兼得，高流动性的资产一般收益不高，收益高的资产的安全性可能较低。安全性、收益性和流动性应均衡考虑。

根据家庭资产的性质，不同的资产流动性是不一样的，资产变现，收益受损的程度也是不一样的（见表3-1)。一般而言，现金和活期存款的流动性最强，想用则用，本来收益就小，因此不存在受损。而银行理财产品大多数不能提前变现，除非合同中写明可以提前赎回，因此它的流动性较弱。股票、基金和债券这类金融资产价格波动大，需要变现时，收益是否受损取决于当时的市场行情。

表 3-1　家庭资产流动性强度一览表

资产	流动性强度	变现收益受损度
现金	强	变现收益无损
活期存款	强	变现收益无损
定期存款	强	变现收益有损
银行理财产品（定期）	弱	一般不能变现
货币市场基金	强	变现收益无损
股票	中等	变现收益可能受损
基金（除货币市场基金外）	中等	变现收益可能受损
债券	中等	变现收益可能受损
金银首饰珠宝	弱	变现收益可能受损
汽车	弱	变现收益一定受损
房产	弱	变现收益可能受损

由于家庭资金来源与资金使用时间不同步，家庭需要保持一定比例变现性较强的资产，来应付即期资金需求，比如水电费、交通费等，而不是把资金全部放在收益高、变现性弱，或变现时可能发生较大损失的资产上。

流动性需求的满足有不同级别（见图 3-1），第一层次是满足日常需要，也就是满足日常生活开支的需求，家庭应根据家庭收入和支出的时间、结余率来决定这部分流动资金的比例。第二层次是应付意外准备，比如家人忽然重病、失业等，也就是防止意外发生时动用流动性弱的资产。一般来说，保留 3～6 个月生活支出的资金以防止意外情况，这样可以有缓冲期来调整家庭的资产形式。第三层次，流动性需求的最高层次，就是把握投资机会。现在每个人都面临着各种投资机会，保持资产的流动性可以让投资者更灵活地配置资金，有利于投资者把握理财机会。

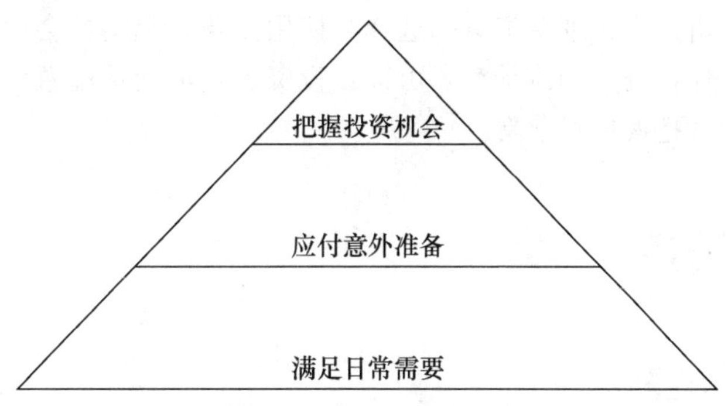

图 3-1　流动性需求的层次

家庭资产流动性管理的实质是填补即时资金需求与现金存量之间的缺口。如图 3-2 所示，如果即时资金需求＞现金存量，就会出现流动性缺口，需要家庭运用流动性管理工具来弥补缺口；如果即时资金需求＝现金存量，则流动性匹配，不需要动用流动性管理工具；如果即时资金需求＜现金存量，则出现流动性盈余，可以考虑减少现金配置，增加收益高的资产投入。

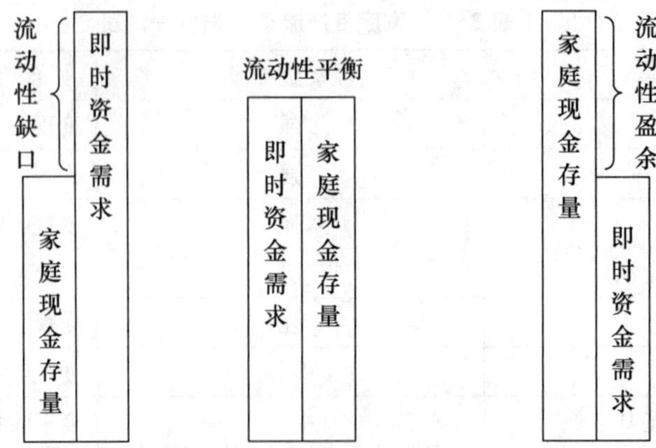

图3-2　家庭流动性缺口

家庭流动性管理中最关注的是第一种情况，也就是当即时资金需求大于现金存量，出现流动性缺口时如何弥补缺口达到平衡。

弥补流动性缺口以达到平衡可以从两个方面进行：

一方面是压缩即时资金需求。能否压缩即时资金需求取决于需求的性质——日常生活必需以及突发意外的开支是刚性支出，不能压缩，可以压缩的是日常生活中的非必需开支，比如奢侈品等。当然，压缩开支是有一定限度的。

另一方面是增加现金存量。可以通过投资变现或者融资来实现，应对所放弃的收益和所产生的成本进行权衡。

即时资金需求不是恒定的，是不断变化的，因此要想完全消灭流动性缺口不太可能，而且保留大部分现金是以放弃相应的收益为代价，从经济角度看也是不合适的。家庭流动性的静态平衡是保留一定的可容忍的流动性缺口，只要做好资产配置，适当选择流动性管理工具，就能轻松面对流动性缺口。流动性工具的配置和比例则根据家庭状况、市场环境等因素来调整，没有一套适合所有人的标准。

本章将重点讲述个人理财工具的选择和使用技巧。现实社会中的每个人都有很多投资机会可选，保持资产的流动性，可以让投资者更灵活地配置资金，有利于随时抓住各种理财机会和把握理财节奏。

3.2 存款的选择

3.2.1 存款的种类

银行存款是一种常见的流动性工具。按存款期限的不同，有定期和活期之分。

活期存款流动性最强，但利率最低。其他定期类存款若未到期取出，将损失利息。活期存款每季度结息一次，每季末月的20日为结息日，按当日挂牌的活期利率计息，商业银行在这一日将利息转入储户账户。如果储户在结息日前清户，商业银行将按当日挂牌活期利率计算利息并连同本金支付给储户。

定期存款有三类：

第一类是整存整取，分三个月、半年、一年、二年、三年期，按约定存期整笔存入，到期一次支取。利息按存入时的约定利率计算，利随本清，如果未到约定存期提前取出，则须凭身份证支取，但利息只能按活期计算。整存整取存款按存单开户日挂牌公告的相应定期储蓄存款利率计算利息。如在存期内遇利率调整，不论调高或调低，均按存单开户日所定利率计付利息，不分段计息。如储户提前支取，全部提前支取或部分提前支取的部分，按支取日挂牌公告的活期储蓄利率计息，未提前支取的部分，仍按原存单所定利率计付利息（最新银行存款利率见表 3-2）。

表 3-2　存款利率表（2015 年 10 月 24 日）

项目	年利率（%）
一、城乡居民存款	
（一）活期	0.35
（二）定期	
1. 整存整取	
三个月	1.10
半年	1.30
一年	1.50
二年	2.10
三年	2.75
2. 零存整取、整存零取、存本取息	
一年	1.10
三年	1.30
3. 定活两便	按一年以内定期整存整取同档次利率打六折执行
二、通知存款	
一天	0.80
七天	1.35

第二类是零存整取、整存零取、存本取息。零存整取指每月固定存款，到期一次支取。整存零取则是零存整取的反向，也就是本金一次存入，然后分批等额支出。存本取息是指整笔存入，分次取息，到期一次支取本金。这三种约定的存期只有一年、三年期，利率比同档次的整存整取要低一些。目前，除活期储蓄存款和整存整取定期存款计结息规则由中国人民银行确定外，其他储种的计结息规则由商业银行法人以不超过中国人民银行同期限档次存款利率上限为原则，自行确定并提前告知客户。客户可向商业银行查询该行的计结息规则。

第三类是定活两便，即存款时不约定存期，可随时支取的一种储蓄，存期利息按一年以内定期整存整取同档次利率打六折计算。

在存款还是主要理财方式的时代，选择第二类和第三类储蓄的大有人在，它们是流动性和收益性搭配的权衡之计。但随着更多流动性强的工具（如货币市场基金、余额宝、理财通等）出现，后两类储蓄方式越来越没落。

通知存款不属于活期也不属于定期，是单独一个类别的储蓄品种。通知存款是一种不约定存期，一次性存入，可多次支取，支取时需提前通知银行，约定支取日期和金额方能支取的存款。按存款人提前通知的期限长短划分为一天通知存款和七天通知存款两种，即分别需提前一天或提前七天通知约定支取。通知存款一般是 5 万元以上，比较适合大额短期资金，可以获得比活期储蓄更高的利息。通知存款很适合手头有大笔资金准备用于近期（3个月以内）开支的情况。假如你手中有20万元现金，拟于近期买车，但是又不想把20万元存活期而损失利息，这时就可以考虑七天通知存款，既满足了用款需要，又可享受活期利率近4倍的利息。如果活期利率为0.35%，而七天通知存款的利率为1.35%，那么20万元存三个月后取出来，按活期计息：20万元×0.35×3/12=175元，而按通知存款计息：20万元×1.35%×3/12=675元，收益多了500元。

表3-2为中国人民银行颁布的最新的金融机构人民币存款基准利率表，2015年10月，央行放开利率管制上限；也就是说，国内各家银行可以在基准利率的基础上自行浮动，但由于受行业自律机制的约束，银行之间形成“利率同盟”，普遍存款利率上限是基准利率上浮40%～50%，如果未来进一步放开利率上限，上浮的幅度将会增加。对于普通老百姓而言，最明显的变化就是同一笔存款放在不同的银行可能利息有很大差别，存款也要“货比三家”了。

3.2.2 存款的利率变化

银行存款利率的高低决定着储户的利息多少，但它并不是一直保持不变的，实际上波动很大。1949年活期存款的利率为60%，1年期利率为252%；1950年4月活期利率为43.2%，1年期利率为156%；2015年10月活期利率为0.35%，1年期利率为1.5%。不但不同年份之间利率波动大，而且一年之内利率也会多次调整，比如2007年央行基准利率调整了6次，平均每两个月就调整一次，2015年央行基准利率调整了5次，2008年央行基准利率调整了4次，1989年2月1日的1年期定期基准利率达到近30年的最高点11.34%，利率的变动往往跟宏观经济和央行的货币政策有关。另外，自2014年11月22日起，中国人民银行基准利率取消了5年期的品种，由金融机构自主确定。根据各家上市银行2013年年报披露的数据统计，5年期以上定期存款实际占比极低，大部分不到0.3%。图3-3是1980—2015年1年期定期存款基准利率变化图。

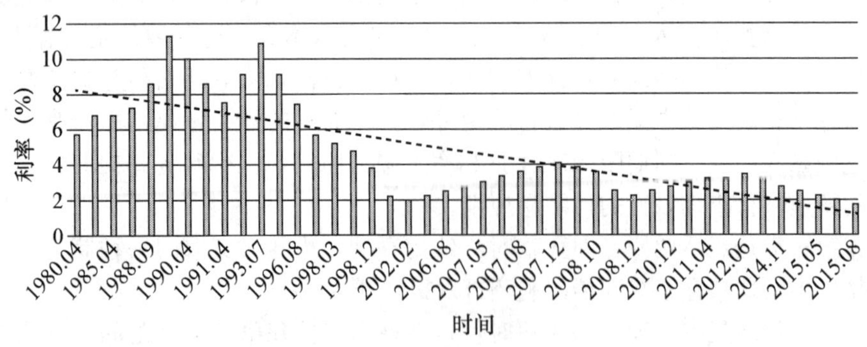

图3-3　1980—2015年1年期定期存款基准利率变化图

普通储户需要考虑的问题是如何存款可以使利息最大化，特别是在利率发生波动的情况下。举例来说，2007年3月18日加息，2007年2月18日存入10 000元的1年定期存款，当时利率为2.52%，2008年2月18日储蓄期满税后利息收入为201.6元（当时的利息所得税税率为20%，2008年10月9日起暂免征收利息所得税）。如果在3月18日转存，新利率为2.79%，前一个月只能获得活期利息收入4.8元，3月18日转存1年定期，到2008年3月18日税后利息收入为223.2元，平均算下来2008年2月18日的收益应该是204.6元。那么从2007年2月18日到2008年2月18日的收入实际为209.4元，通过转存多收入7.8元。如果这笔存款是在加息前两个月，也就是2007年1月18日存入，在3月18日转存，那么到2008年1月18日的实际收入为195.6元，反倒比期满支取还少6元。

当存款利率提高时，储户总会产生这样的疑惑：是否应把原来的定期取出来重新存入银行，以享受高利息？其实要不要提前支取须视情况而定。根据规定，定期存款均按存入日利率计息，如果想让定期存款享受新的利率，就需要办理提前支取业务，而支取未到期的定期存款，存期无论长短银行只能按活期利率付息，这意味着办理转存需要付出一定的代价，那就是从存入日到支取日这段时间把定期转为活期的利息差损。而此代价的高低取决于存入时间的长短。存入时间越短，提前支取的损失越少，被转存升息因素抵消并反超的可能性也就越大。

设转存利息平衡分界点为 X 天（注意，计算定期存款截止的时间应相同），则

$$\text{提前支取损失的利息收入}=\frac{X}{360}\times(\text{现存单的定期年利率}-\text{原活期年利率})$$

$$\begin{matrix}\text{转存增加的}\\\text{利息收入}\end{matrix}=\left(\text{现存单的年期数}-\frac{X}{360}\right)\times(\text{新定期年利率}-\text{现存单的定期年利率})$$

转存利息平衡分界点：

$$\text{转存后增加的利息收入}=\text{提前支取损失的利息收入}$$

$$\left(\text{现存单的年期数}-\frac{X}{360}\right)\times(\text{新定期年利率}-\text{现存单的定期年利率})$$

$$=\frac{X}{360}\times(\text{现存单的定期年利率}-\text{原活期年利率})$$

移项整理得转存利息平衡分界点：

$$X=360\times\text{现存单的年期数}\times\frac{\text{新定期年利率}-\text{现存单的定期年利率}}{\text{新定期年利率}-\text{原活期年利率}}$$

转存利息平衡分界点的意义在于：如果存款天数超过这个分界点，提前支取后转存就会损失利息收入；如果没有超过此点，提前支取后转存可以增加利息收入。

比如，2011年7月7日起，1年期人民币存款利率上升0.25个百分点，从3.25%升到3.5%。假设一笔存款存期1年，现存单年息3.25%，欲转存为存期1年、年息3.5%的定期存款。原活期年息是0.5%，一年的天数按照银行规定为360天，则转存利息平衡分界点为：

$$360\times1\times\frac{3.5\%-3.25\%}{3.5\%-0.5\%}=30(\text{天})$$

从上式得知，如果该笔存款存入银行超过30天，那么取出再转存利息会有损失，如果该笔存款不足30天，那么转存可以增加利息收入。

再举一个例子，一笔存款存期3年，现存单年息4.75%，欲转存为存期3年、年息5%的定期存款，则转存利息平衡分界点为：

$$360\times3\times\frac{5\%-4.75\%}{5\%-0.5\%}=60(\text{天})$$

从上式得知，如果该笔存款存入银行超过 60 天，取出再转存利息会有损失，如果该笔存款不足 60 天，转存可以增加利息收入。

3.2.3 存款技巧

1. 组合存款法

储蓄存款中活期的利息最低，定期的利息随着存期的延长（最多 3 年）而增长，日常生活需要基本的消费，如何存款才能使利息最大化？可以通过不同类型的组合存款使利息最大化。组合存款法是对存单的期限和金额进行适当的安排，既可以使利息最大化，同时也保证了支取的流动性。

（1）十二存单法。即每月将一笔钱以定期 1 年的方式存入银行，坚持整整 12 个月，从次年第一个月开始每个月都会获得不菲的定期收入。每月可提取工资收入的 10%～15%做一个定期存单，每月定期存单期限可以设为 1 年，每月坚持这么做，一年下来就会有 12 张 1 年期的定期存单。从第二年起，每个月都会有一张存单到期，如果有急用，就可以使用，也不会损失存款利息；如果没有急用的话，这些存单可以自动续存，而且从第二年起可以把每月要存的钱添到当月到期的这张存单中，继续存款，每到一个月就把当月要存的钱添到当月到期的存单中，重新做一张存单。这种方法兼备灵活存取和高额回报两大突出优势。年年月月循环往复，一旦急需用钱，便可将当月到期的存单兑现，既减少了利息损失，又能解燃眉之急。而且，在利率变动较为频繁的时段，一个月一次的定期存款也较为灵活，可以根据利率高低适时进行调整。当然如果你有更多的耐心，还可以尝试二十四存单法、三十六存单法，原理与十二存单法完全相同。

（2）阶梯存款法。即将储蓄分成若干份，存在不同的账户里或者同一账户设定不同存期，而且存款的期限最好逐年递增。假设有 4 万元现金打算做储蓄，可以把其中 1 万元存活期，作为家庭生活的备用金随时支取，另外 3 万元分为 3 份，1 万元开一张 1 年期定期存单，1 万元开一张 2 年期定期存单，1 万元开一张 3 年期定期存单。一年后，到期的 1 万元再存为 3 年期定期存单，两年后到期的钱款也转存为 3 年期定期存单。这样两年后你手中的存单全部为 3 年期的，每张存单到期年限相差一年。这样做既可以保持储蓄的流动性，又可以获得 3 年期储蓄的高利息。这种阶梯式操作，不仅保证了每年都有一个账户到期，而且使自由提取的数目不断增长。

2. 约定定期存款

组合存款法适合人工设置，现在很多商业银行都开辟了新的业务，会“自动”让你的利息最大化。每一个营业日结束后，银行会自动根据你的账面余额，高于 1 000 元的，以每 500 元为单位，按事先选择的存期作定期存款处理，按照整存整取定期存款利率计息（1 000 元为你的签约金额，签约金额由你的实际生活、交易情况决定）。支取资金或刷卡消费时，如遇活期账户资金不足，约定定期账户资金也可随时支用，尽享活期的便利。约定定期账户的资金将按后进先出的原则，以 500 元为单位自动转出。存满约定存期支取的资金，取得相应的定期存款收益；未存满约定存期支取的资金，则取得活期存款收益。这种业务最大的优点是，在不影响客户使用资金的前提下，使效益最大化，如果账户里的备用金额减少了，会根据后进先出的原则自动填补，既不会影响人们的正常生活，又能在不知不觉中为人们带来收益。

3. 提前支取

生活中，总有些紧急或意外事情需要提前支取定期存款，按照规定，提前支取只能按活期利率计算。下面提供两个技巧可以尽量避免这种损失。

(1) 定期存款部分支取。提前支取定期存单上的部分金额，提取部分按支取日挂牌公告的活期储蓄存款利率计付利息，剩余金额仍然可以按照原来的定存协议以及利率约定获得利息收入。

例：张先生在银行存了 100 万元 1 年期定存，半年后急需 20 万元用于资金周转，那么提前支取的 20 万元将会按活期计算利息，未提前支取的 80 万元仍按当时的约定利率计算。假设 1 年期定存年利率为 3%，活期存款年利率为 0.35%，计算可得：

$$\text{部分支取的利息}=800\ 000\times 3\%+200\ 000\times 0.35\%\times\frac{180}{360}=24\ 350(\text{元})$$

$$\text{全部提前支取的利息}=1\ 000\ 000\times 0.35\%\times\frac{180}{360}=1\ 750(\text{元})$$

$$\text{利息差额}=24\ 350-1\ 750=22\ 600(\text{元})$$

因此，部分支取比全额支取利息要多出 22 600 元。

(2) 定期存款质押。除了支取存单上的部分金额可以减少利息损失外，还可以用存单作抵押办理小额贷款手续，等定期存款到期时再还贷，这样也可减少利息损失。存单质押贷款的期限最长不超过 1 年或存单的到期日；存单质押贷款额度起点一般为 5 000 元，每笔贷款不超过存单质押价值的 90%，最高可达质押价值的 95%；贷款利率按照中国人民银行规定的同期同档次贷款利率执行，可视借款人情况最多下浮 10%。

例：张先生于 2018 年 6 月 8 日将 100 万元存入银行做 3 年期的定期存款，当时 3 年期利率为 2.75%，存款本应于 2021 年 6 月 8 日到期，但是 2021 年 6 月 2 日张先生的生意周转困难，决定动用这笔 100 万元的存款，当时活期利率为 0.35%，一年内短期贷款利率为 4.6%，你有什么办法能尽量减少张先生的利息损失？一种方法是直接提前支取；另一种方法是办理定期存款质押，贷款时间为 6 天，即贷款计息 6 天，6 月 8 日定期存款到期归还贷款。

第一种方案：

$$\text{提前支取存款的利息}=1\ 000\ 000\times 0.35\%\times 3=10\ 500(\text{元})$$

第二种方案：

$$\text{存款到期的利息}=1\ 000\ 000\times 2.75\%\times 3=82\ 500(\text{元})$$

$$\text{定期存款质押贷款利息(6 天)}=1\ 000\ 000\times 4.6\%\times\frac{6}{360}=766.67(\text{元})$$

$$\begin{array}{l}\text{定期存款质押扣除贷款}\\ \text{利息后实际获得的利息}\end{array}=82\ 500-766.67=81\ 733.33(\text{元})$$

从上面可以看出，如果办理定期存款质押，所获得的利息为直接提前支取利息的近 8 倍。选择定期存款质押时，扣除质押贷款利息后的净定期存款利息要大于提前支

取的利息，即

定期存款利息－质押贷款利息>提前支取的利息

总之，要善于利用银行提供的各种存款方式和工具，尽可能使流动性和收益性保持动态平衡，既不能一味追求利息，也不能为了保证流动性而完全放弃定期的高收益。

3.3 银行卡的使用

3.3.1 银行卡的种类

随着银行卡的普遍使用，大额交易和异地交易不必再携带大量的现金，这给我们的生活带来了极大的便利。

银行卡分为信用卡和借记卡两种。信用卡是先消费后还款，借记卡是先存钱后消费。我国信用卡又分为贷记卡和准贷记卡。贷记卡是指发卡银行给予持卡人一定的信用额度，持卡人可在信用额度内先消费后还款的信用卡。准贷记卡是一种具有中国特色的信用卡，是在我国信用机制还不健全的情况下产生的，它的出现和发展为贷记卡的普及打下了基础。准贷记卡兼具贷记卡和借记卡的部分功能，一般需要缴纳保证金或提供担保人，使用时先存款后消费，存款计付利息，在购物消费时可以在发卡银行核定的额度内小额透支，但透支金额自透支之日起计息，欠款必须一次还清，没有免息还款期和最低还款额。准贷记卡的发行数量较少，现在绝大多数银行发行的信用卡都是贷记卡（以下所称的信用卡均指贷记卡）。借记卡是指先存款后消费（或取现），没有透支功能的银行卡，俗称“储蓄卡”。

信用卡与借记卡完全不一样，区别如下：

（1）信用卡是消费信贷产品，先消费后还款，借记卡是先存款后消费。

（2）信用卡可以透支，借记卡不可以透支。

（3）信用卡有循环信用额度。循环信用就是银行给持卡人核定可使用的额度，持卡人在信用额度内使用的欠款无须全额还款，只按规定的最低还款额还款就可以保持良好的信用记录，可以再次重复使用持卡人的信用额度。借记卡没有循环信用额度。

（4）信用卡持卡人在最后还款日前全额还款的，购物消费享有免息还款期，借记卡没有免息期。

（5）信用卡存款不计息，借记卡存款按储蓄利率计息。

（6）信用卡属于资产业务，借记卡属于负债业务。

（7）办理信用卡发卡需符合相关条件，如工作单位的情况、还款能力的考核、个人信用记录的审评等。借记卡只要有身份证就可以办理。

信用卡是银行给予持卡人一定的信用额度、先消费后还款的信用支付工具。信用卡和借记卡的使用方式完全不一样，因此在刷卡消费时，一定要注意合理消费，以减少不必要的支出。要通过银行的正规渠道申请信用卡，切勿通过中介机构或他人转交申请；提供个人身份证件及相关证明复印件申办信用卡时，建议在证件复印件显著位置注明用途，如“仅供申办××银行信用卡使用，复印无效”，以防资料被挪作他用。

信用卡正面有卡号、姓名和有效日期，还有验证码，即CVV码（card verification

value)，万事达卡称作 CVC 码（card validation code）。维萨卡 CVV 码和万事达卡 CVC 码都是由卡号、有效期和服务约束代码生成的 3 位或 4 位数字，一般写在卡片磁条的 2 磁道用户自定义数据区里面。CVV 码和 CVC 码的生成方法是一样的，只是叫法不一样而已。CVV2/CVC2 是打印在维萨卡/万事达卡签名区的一串数字，通常，信用卡背后签名区里有一串数字，一般有 7 位（比如 6288670），前四位（6288）是卡号的后四位，后三位（670）为验证码，这个数字（670）即 CVV2 码，是信用卡在进行网络或电话交易时的一个安全代码，通常用于证实付款人在交易时拥有该信用卡，从而防止信用卡欺诈。CVV/CVC 在联机交易（刷卡）的时候核对，CVV2/CVC2 在非现场交易/手工交易（刷不到卡）时核对。

在互联网上使用信用卡（即非现场刷卡）的验证方式基本有三种情况：

（1）卡号＋有效期。

（2）卡号＋有效期＋CVV2 码（或 CVC2 码）。加一项卡片背面的 CVV2 码，是为了确认卡片确实是在持卡人自己手里。所以平时在外面刷卡的时候，三位数字不要轻易让人看到并记录，以免他人连同卡号、有效期一起窃取后到网上盗刷。

（3）卡号＋有效期＋CVV2 码（或 CVC2 码）＋手机验证码。

无论在哪种情形下，都不要轻易将卡片借给他人，刷卡时也不要让卡离开本人视线，以防他人盗刷。同时还可以设置信用卡消费短信提醒，在第一时间知道信用卡的交易情况，如果发现异常可以马上致电银行或报警。保护好自己的信用卡，不光要保证信用卡密码的安全，还要保证包括信用卡号、CVV2/CVC2 码等信用卡信息和办卡时所预留的个人信息的安全，这样才能避免不必要的损失。

3.3.2　银行卡的费用

1. 借记卡的费用

原来借记卡的收费项目很多，年费、小额账户管理费、转账费、挂失费、异地存取款费等，而且各个银行之间的收费标准也不统一，收费管理混乱。

2014 年 2 月，中国银监会、国家发展和改革委员会公布了《商业银行服务价格管理办法》。该办法包括总则，政府指导价、政府定价的制定和调整，市场调节价的制定和调整，服务价格信息披露，内部管理，服务价格监督管理等内容，自 2014 年 8 月 1 日起施行。该办法生效后，此前有关商业银行服务价格或收费的规定与本办法规定不一致的，按照该办法执行。

同时还颁布了《关于印发商业银行服务政府指导价政府定价目录的通知》。该通知规定："对于银行客户账户中（不含信用卡）没有享受免收账户管理费（含小额账户管理费）和年费的，商业银行应根据客户申请，为其提供一个免收账户管理费（含小额账户管理费）和年费的账户（不含信用卡、贵宾账户）。"这意味着，每名持卡人在各家商业银行有且仅有一张银行卡能够享受"双免"，而且必须主动申请方能减免。

该通知同时规定，商业银行免收社会保险经办机构和本行签约开立的个人基本养老金（含退休金）账户，每月前两笔且每笔不超过 2 500 元（含 2 500 元）的本行异地（含本行柜台和 ATM）取现手续费。商业银行为银行客户提供账户变动短信提醒服务并收费的，应事先通过网点或电子渠道等与银行客户签约；未与银行客户签约的，不得收费。

对商业银行的一些费用，比如个人跨行柜台转账、对公跨行柜台转账、个人现金汇款手续费等也提供了政府指导价（见表3-3）。

表3-3　商业银行服务政府指导价定价标准

收费项目	服务内容	收费标准
个人跨行柜台转账汇款手续费	通过柜台将个人客户的资金从本行账户（不含信用卡）转移到其他银行（含同城和异地）的账户	每笔0.2万元以下（含0.2万元），收费不超过2元； 0.2万～0.5万元（含0.5万元），不超过5元； 0.5万～1万元（含1万元），不超过10元； 1万～5万元（含5万元），不超过15元； 5万元以上，不超过0.03%，最高收费50元
对公跨行柜台转账汇款手续费	通过柜台将对公客户的资金从本行账户转移到其他银行（含同城和异地）的账户	每笔1万元以下（含1万元），收费不超过5元； 1万～10万元（含10万元），不超过10元； 10万～50万元（含50万元），不超过15元； 50万～100万元（含100万元），不超过20元； 100万元以上，不超过0.002%，最高收费200元
个人现金汇款手续费	将个人客户现金汇入异地本行账户或汇入其他银行（含同城和异地）的账户	每笔不超过汇款金额的0.5%，最高收费50元
个人异地本行柜台取现手续费	通过异地本行柜台为本行个人客户办理取现业务（不含信用卡）	每笔不超过取现金额的0.5%，最高收费50元

商业银行办理个人跨行柜台转账汇款、对公跨行柜台转账汇款和个人现金汇款业务，汇款金额应不迟于2个工作日内到账（商业银行因不可控制的外部原因或存在技术条件制约导致资金不能到账或延迟到账、客户与商业银行有特别约定等情况除外）。若银行客户要求实时到账，收费标准在此基础上上浮不超过20%，但每笔最高收费标准不变。虽然发改委制定了指导价，但具体的某项收费最好打电话给银行客服或者查询银行网站了解清楚。

2. 信用卡的费用

信用卡使用起来比借记卡复杂得多，各家银行信用卡的收费标准也不一样，在申请信用卡时应仔细阅读相关权利和责任的条款。

（1）年费。信用卡在持卡人激活之前，银行不得收取年费。信用卡并不是免费给大家使用的，通常发卡行会收取一定金额的年费，当然也可以免年费，当刷卡次数或刷卡金额达到一定要求时可以减免，具体政策应以发卡行规定为准。

（2）利息。在进行刷卡消费时，需要了解与信用卡有关的四个日期：交易日、交易入账日、账单日和还款日。

信用卡交易日是指持卡人实际刷卡消费的日期。实际刷卡时间和计入信用卡账单的日期并不一致，信用卡消费结算需要一定的时间，从一笔交易实际刷卡消费到真正记入账上会有一定的延迟，通常当日消费，次日记账。信用卡交易入账日是一笔交易经过结算最终记入持卡人账户的日期，通常为消费日的次日。信用卡账单日是指发卡机构每月对持卡人账户内当期发生的各项交易和费用等进行结算、计息的日期。信用卡到期还款日是指发卡行要求持卡人归还应付款项的最后日期。不同银行的信用卡账单日不一样，免息期也不尽相同。有的银行免息期是 25～56 天，有的是 20～50 天。

比如，某银行信用卡的账单日为每月 5 日，还款日为 23 日。这意味着本月 5 日之前的消费必须在本月 23 日还清，否则会产生罚息。5 日消费 23 日还款实际免息期为 18 天，而账单日之后第二天的消费则记入下个月的账单，即下个月 23 日才须还款，整个免息期长达 48 天。

如果在还款日没有把欠银行的款项全部还清，将产生利息，相当于在免息期后银行借款给你，你需要按信用卡章程规定的利息支付。

目前我国信用卡计息方式分两种，一种是全额罚息，一种是未清偿部分计息。全额罚息是指在还款日后，无论当月信用卡是否产生了部分还款，只要未足额还款，发卡行都会对持卡人按照总消费金额计息。未清偿部分计息是指持卡人如果产生部分还款，还款部分可以得到免息待遇，银行只对未偿还部分计算利息。

例：李明在 6 月 6 日消费 10 000 元，账单日为 7 月 5 日，还款日为 7 月 25 日，罚息为日利率 0.05%。假设在 7 月 25 日还了 9 999 元。6 月 6 日至 7 月 25 日共 50 天，那么两种方式的利息计算如下：

$$全额罚息=10\,000\times50\times0.05\%=250(元)$$

$$未清偿部分计息=1\times50\times0.05\%=0.025(元)$$

从上面的计算可以看出，仅少还款 1 元，两种计息方式计算出来的利息相差甚大。2013 年中国银行业协会下发了《中国银行卡行业自律公约》，要求银行为持卡人提供容时容差服务，容时服务指为持卡人提供一定期限的还款宽限期服务，还款宽限期自到期还款日起至少 3 天；持卡人在还款宽限期内还款时，应当视同持卡人按时还款。容差服务指持卡人当期发生不足额还款，且在到期还款日后账户中未清偿部分小于或等于一定金额（至少为等值人民币 10 元）时，应当视同持卡人全额还款。

另外在收到银行发来的对账单时，银行总会标明当月的最低还款额，不少人误以为只要还上最低还款额就行了，却不知道余下的部分银行要收取高额利息。只有按照全额还款方式在免息期内还款，才不会透支利息。

2016 年 4 月 15 日，中国人民银行发布了《中国人民银行关于信用卡业务有关事项的通知》，自 2017 年 1 月 1 日起实施。对信用卡透支利率实行上限和下限管理，透支利率上限为日利率万分之五，透支利率下限为日利率万分之五的 0.7 倍。信用卡透支的计结息方式，对信用卡溢缴款是否计付利息及其利率标准，由发卡机构自主确定。取消信用卡滞纳金，对于持卡人违约逾期未还款的行为，发卡机构应与持卡人通过协议约定是否收取违约金，以及收取方式和标准。

(3) 取现费。信用卡取现银行会收取手续费，而且不享受免息，即使是自己多存进去的钱，取出来也要支付手续费。信用卡透支取现的成本比较高。

首先，需扣除取现手续费。使用信用卡透支取现，一般银行都有一个每笔最低收费价格，收取的手续费为取现金额的 0.5%～3%，还有最低额度标准。信用卡境内取现手续费见表 3 - 4，可以看出同样一笔款，不同银行信用卡的成本是不一样的，最低手续费率 0.5%，最高手续费率 3%。最低额也有不同，有些银行最低手续费 1 元，有的最低 30 元，这就意味着，有的信用卡取 100 元，只需要 1 元手续费，有的信用卡取现 100 元，则需要 30 元手续费。

表 3-4 信用卡境内取现手续费一览表

银行	取现手续费	最低额
工商银行	1%（异地）	1～50元
建设银行	0.5%	2～50元
中国银行	1%	8元
农业银行	1%	1元
招商银行	1%	10元
中信银行	2%	20元
浦发银行	3%	30元
广发银行	2.5%	10元
光大银行	1%	3～200元
民生银行	0.5%（同行），1%（他行）	1元
华夏银行	1%	5元
交通银行	1%	10元

说明：部分银行，如农行、中行等在他行 ATM 机上取现，还需要额外支付 2 元手续费。

其次，信用卡透支取现会有利息，在有些银行可以享受免息待遇。但若需要支付利息的话，利息一般都很高——日息万分之五，折算成年利率是多少？

0.05%×360=18%

也就是 18%的年利率，因此不要以为万分之五是个小数目。而且利息是从取现之日计并以日来结算的，按月计算复利。

《中国人民银行关于信用卡业务有关事项的通知》规定，持卡人通过 ATM 等自助机具办理现金提取业务，每卡每日累计不得超过人民币 1 万元；持卡人通过柜面办理现金提取业务、通过各类渠道办理现金转账业务的每卡每日限额，由发卡机构与持卡人通过协议约定。

（4）分期付款手续费。信用卡分期付款是指持卡人使用信用卡进行大额消费时，由银行向商户一次性支付持卡人所购商品（或服务）的消费资金，持卡人分期向银行还款的过程。银行会根据持卡人申请，将消费资金分期通过持卡人信用卡账户扣收，持卡人按照每月入账金额进行偿还。各银行有两种收取分期手续费的方式：一种以月手续费的方式每期平均收取，如工行、农行；另一种则是在缴付首期款时一次性收取，如中行、建行。还有一种方式是根据金额确定手续费，分期金额达 10 001 元及以上，分期收取手续费；10 000 元及以下，一次性收取手续费。不管采用哪种方式，手续费一经收取不再退还。即使提前还款，大多数银行依旧会收取分期手续费。

银行在推荐分期付款时，往往打着“免利息的分期付款”的噱头，利息虽然不收，但是手续费率不比存款利率低，各家银行手续费率标准也不同（见表 3-5），以 3 期分期手续费为例，最高的是交通银行 2.79%，最低的是工商银行 1.65%。12 期分期手续费最高的是光大银行 8.85%，工商银行、建设银行、农业银行、中国银行都是 7.2%。有的银行给出的费率是总费率，有的是单月费率，最好在同一个时间跨度内比较手续费的高低。比如农业银行信用卡账单分期的月费率均为 0.6%（表中的手续费是进行换算后的总费率），实际费率为每个月的费率乘以分期期数，因而农业银行实际的费率为

3 期 1.8%，6 期 3.6%，9 期 5.4%，12 期 7.2%，18 期 10.8%，24 期 14.4%，建设银行则直接给出了每一种分期的总费率，3 期为 2.6%，6 期 4.2%，12 期 7.2%，18 期 11%，24 期 15%，不同银行间信用卡账单分期手续费率只有放在同一时间跨度内比较才有意义。

表 3-5 各银行账单分期的手续费率

银行	3 期	6 期	9 期	12 期	18 期	24 期
工商银行	1.65%	3.6%	5.4%	7.2%	11.7%	15.6%
建设银行	2.6%	4.2%	无	7.2%	11%	15%
中国银行	1.95%	3.6%	5.4%	7.2%	11.7%	15%
农业银行	1.8%	3.6%	5.4%	7.2%	10.8%	14.4%
招商银行	2.7%	4.5%	7%（10 期）	7.92%	12.24%	16.32%
中信银行	2.4%	4.8%	6.84%	8.76%	13.5%	18%
浦发银行	2.7%	4.68%	6.66%	9%	13.68%	18.24%
广发银行	无	4.2%	无	8.4%	12.96%	17.28%
光大银行	2.65%	4.65%	6.45%	8.85%	无	无
民生银行	2.46%	4.2%	6.03%	8.04%	12.06%	16.8%
华夏银行	2.55%	4.5%	6.3%	8.4%	12.6%	16.8%
交通银行	2.79%	4.8%	6.48%	8.64%	12.96%	17.28%

（5）超限费。指持卡人在一个账单周期内，累计使用的信用额度在账单日当天超过该卡实际核准的信用额度时，持卡人须按一定比例对超限部分缴纳超限费。根据央行的有关规定，各银行可以将信用卡刷卡消费的最高额度控制在原额度的 110%。比如，如果信用卡的额度为 1 万元，那么最多可以直接刷卡消费 1.1 万元，对于超出信用额度的 1 000 元，银行可以收取一定比例的超限费。

例：某银行的超限费按账单总额超额部分 5%收取，赵丽在该银行申请了一张信用卡，额度为 10 000 元，但实际能消费 11 000 元，赵丽某月已消费 9 800 元，后续有三笔消费，400 元、300 元、200 元，那么超限费的计算为：

(400－200)×5%＝10(元)；300×5%＝15(元)；200×5%＝10(元)

超限费合计 35 元（10＋15＋10）。在实际操作中，发卡机构能够通过技术手段实现对超过授信额度交易的自动控制，通过对超限部分收取利息达到覆盖成本和防范风险的目的。《中国人民银行关于信用卡业务有关事项的通知》规定，自 2017 年 1 月 1 日起禁止发卡银行向持卡人收取超限费，以规范发卡机构服务收费。

3.3.3 银行卡的安全使用

银行卡在生活中的使用越来越普遍，我们从新闻里听到的银行卡骗局也越来越多。银行卡有两个关键的参数——卡号和密码，若保管不善，很有可能被不法分子盗用，从而遭受损失。根据银行卡使用的不同环境，将可能的骗局分为以下几种类型。

1. ATM 机骗局

ATM 机即自动柜员机，是指银行在不同地点设置一种小型机器，通过机器为客户提供取款、存款、转账等银行柜台服务。ATM机骗局分为两种：一种为诱导型，一种为盗取型。

诱导型骗局：骗子将一张黑色的塑料薄板强行塞入ATM机的吐钞口，再用一张“温馨告示”覆盖银行原先张贴的客服电话告示。由于吐钞口被堵，持卡前来取钱时ATM机肯定会因为故障而不吐钞，大多数人的目光自然就会落在那张“温馨告示”上，继而拨打告示上面的电话，而电话那头指示的复杂操作一般是在教你用ATM机将卡上的钱转账到另一张卡上。

盗取型骗局：又分为机械式和智能式。机械式盗卡是指有很多人围在你身边，当你准备取款时，有人提醒你钱掉在地上，在你弯腰捡钱或注意力不集中时，把你的卡换掉。智能式盗卡是通过改造开门刷卡器盗取银行卡磁条信息，根据盗取信息克隆出一张新卡。

因此，在ATM机旁应认真识别银行公告，千万不要相信要求客户将钱转到指定账户的公告。离开ATM机前，记住取走银行卡与钞票。选择打印ATM机交易单据后，不要随手丢弃，应妥善保管或及时处理、销毁单据。ATM机出现吞卡故障、扣款不吐钞等情况时不要轻易离开，可在原地拨打ATM机屏幕上显示的银行服务电话或直接拨打银行的客户服务热线求助。为避免被不法分子转移注意力，调包银行卡，进入自助银行办理业务时，需留意自助银行门禁以及ATM机上是否有多余的装置或摄像头，ATM机密码键盘、插卡口是否有改装痕迹。如有以上情况，一定不要使用该ATM机，应立即与银行联系。输入密码时，应用另一只手或身体挡住操作手势，防止他人或针孔摄像机偷窥。如果发觉密码被偷窥，请立即修改密码或联系银行办理挂失。

2. POS机骗局

POS机盗取信息行为有两种：一种是在刷信用卡时，卡离开了你的视线，相关人员记住你的卡号、姓名和CVV2码，即使刷卡后物归原主，对方也可以凭借留存的信息在网上进行消费；另一种是POS机本身就是假的，可以套取你的信息，以此克隆一张新卡。

因此用POS机刷卡消费时，不要让银行卡离开你的视线，留意收银员的刷卡次数。输入密码时，应尽可能用身体遮挡操作手势，以防不法分子偷窥。拿到收银员交回的签购单及卡片时，应认真核对签购单上的金额是否正确，卡片是否确实为本人的卡片。

3. 电话骗局

电话骗局是指通过电话发送“特价机票”“电信欠费”“社保退税”“购车退税”“网络中奖”“手机中奖”“非常6+1中奖”“银行卡消费”等诈骗信息，让你透露你的卡号和密码信息，而且这些电话号码多以400开头。其实400电话的申请手续非常简单，诈骗分子能很方便地申请开通400电话，与其所使用的电话绑定，从而达到诈骗目的。

还有一种高级的电话骗局，通过电话告知你中奖50万元，并且将中奖金额全部打到你的账户上，当你告诉对方银行卡号后，你的账户会到账50万元……一个小时后，你会接到对方打来的电话说由于工作失误，把奖金全打到你的账户上，没有扣所得税和手续费，请你把钱打过去，不然他就得自己承担这部分费用。等你把所得税和手续费打过去，再去查账时，发现50万元已经消失了。

其实账户上出现的50万元是来自其他银行的转账支票，根据银行的规定，这类支票要隔一天才到账，如果在此期间对方取消转账，这笔钱就不会到你账上。

电话骗局是以各种理由让你直接汇款，或者让你透露卡号和密码信息，预防此类骗局的唯一方法是保持足够的警惕性。

4. 互联网骗局

如今网络支付越来越方便，也给骗子提供了很多机会。最常见的是伪造网站，骗子将真正的银行网站进行克隆，然后以短信、邮件、微信等方式发送“钓鱼链接”给你，理由则千奇百怪，比如银行系统升级、中奖等。当你点击钓鱼链接进入相关网站后，会被要求输入卡号和密码。一旦输入，对方即可获知你银行卡的所有信息，就可以实施后续的盗取行为。

除了银行的网站被伪造，新型诈骗形式还有很多，比如扫二维码得红包/加好友（二维码中隐藏木马病毒，可监控手机）、山寨淘宝或支付宝应用诈骗（安装后可窃取用户信息）、群发淘宝中奖短信进行诈骗（钓鱼网址）、手机号码被挂失（利用手机号码更改绑定账户以透支）。

还有一种骗局是，你买过东西的网站本身安全措施不足，导致黑客侵入，你的信息被盗用。2014年3月乌云漏洞平台发布消息称，携程系统存在技术漏洞，可导致用户个人信息包括用户的姓名、身份证号码、银行卡类别、银行卡卡号、银行卡CVV码以及银行卡6位Bin码（用于支付的6位数字）被黑客读取。携程随即开展技术排查，发现共有93名携程用户存在潜在风险，并通知这些用户更换信用卡。

银行卡的骗局随着技术的发展不断翻新，无论骗子采用何种手段，其目的只有一个——盗取你的卡片信息。因此最好开通交易提醒业务，并定期检查对账单，如果发现可疑交易，应立即联系发卡银行。不要随意丢弃银行卡账单及其他票据，应彻底撕毁，避免不法分子在垃圾桶里找到，从而获取你的账户信息。对在电话、微信、邮件等各种联络方式中出现的可疑诉求，都应保持足够的警惕，并且使用安全的应用进行支付，在支付页面进行支付时，留意网页地址前缀变为“https：//”，并且IE浏览器右下角状态栏上显示一把锁的图案，这些标记表明你的交易受到加密措施的保护；如果标记出现在网页上，那一定是骗子制作的假标记。

3.4 移动支付工具

2021年2月3日，中国互联网络信息中心（CNNIC）发布第47次《中国互联网络发展状况统计报告》，截至2020年12月，我国网民规模达9.89亿，互联网普及率达70.4%。自2013年起，我国已连续八年成为全球最大的网络零售市场。2020年，我国网上零售额达11.76万亿元，较2019年增长10.9%。其中，实物商品网上零售额9.76万亿元，占社会消费品零售总额的24.9%。截至2020年12月，我国网络购物用户规模达7.82亿，占网民整体的79.1%。我国网络支付用户规模达8.54亿，占网民整体的86.4%。手机网络支付用户规模达8.53亿，占手机网民的86.5%。同时，移动支付普惠发展缩小地域分布差距。一是移动支付使用率东西部差距缩小，截至2020年12月，我国东部地区移动支付在手机网民中的使用率为86.5%，较2020年3月提升1.1个百分点；西部地区移动支付在手机网民中的使用率为85.9%，较2020年3月提升2.2个百分点。东西部地区移动支付使用率差距进一步缩小1.1个百分点。二是移动支付使用率城乡差距缩小。截至2020年12月，我国城镇地区移动支付在手机网民中的使用率为89.9%，较2020年3月提升0.5个百分点；农村地区移动支付在手机网民中的使用率为79%，较2020年3月提升4.2个百分点。城乡地区移动支付使用率差距缩小3.7个百分点。

3.4.1 支付宝钱包

支付宝是全球领先的第三方支付平台，成立于2004年12月，致力于为用户提供简单、安全、快速的支付解决方案。2003年10月18日，淘宝网首次推出支付宝服务。支付宝最初是淘宝网为了解决网络交易安全问题而开发的一个功能，采用“第三方担保交易模式”——买家将货款打到支付宝账户，支付宝通知卖家发货，买家收到商品确认收货后向支付宝发出指令将货款转给卖家，至此完成一笔网络交易。支付宝实质上就是一个网络支付平台，一个可以将存款转入支付宝内，网上购物时用来支付货款的工具。2004年，支付宝从淘宝网拆分独立，逐渐为更多的合作方提供支付服务，发展成为中国最大的第三方支付平台。

2013年1月，作为支付宝在移动端的扩展平台的手机支付宝推出了5.0升级版本，内置新功能——支付宝钱包，至此手机支付宝拥有了“付钱”“转账”“扫码”“手机充值”四大服务，还支持信用卡还款，交水费、电费、燃气费、宽带费，条码支付，买彩票等服务。用户可以通过个人账单服务随时查看消费明细，随时了解自己的收支情况；优惠券管理服务则能统一管理所有的电子优惠券。与最初诞生于PC端的支付宝不同，手机支付宝不再只是通过在统一监督下的“付款→收货→确认”流程保证网上交易的安全性，而是发展成为覆盖生活方方面面的便捷支付工具。支付宝钱包原本只是阿里巴巴公司开发的一个功能，隶属于支付宝，是一个移动支付平台。2013年11月，支付宝手机支付用户超过1亿人，支付宝钱包用户数达1亿人，支付宝钱包正式宣布成为独立品牌。

支付宝最常见的支付方式为扫码付，即扫对方订单的二维码，扫码后，页面会出现需要支付的金额，点击确认，如果开通小额免密功能则不需要密码，大额需要密码，如果不放心可以在设置里把小额免密功能关掉。此外，支付宝还开通了生物支付功能，包括面容支付和指纹支付，也就是说，通过设置，不必输入密码，通过刷脸或者按指纹即可进行支付。

支付宝已覆盖近40个国家和地区。截至2020年6月30日，支付宝APP服务10多亿用户和8 000多万商家。

3.4.2 微信支付

微信是腾讯公司于2011年1月推出的一个提供即时通信服务的免费聊天软件，用户可以通过手机、平板电脑、网页快速发送语音、视频、图片和文字。微信提供公众号、朋友圈、消息推送等功能，用户可以通过搜索、附近、扫二维码等方式添加好友和关注公众号，同时可以利用微信将内容分享给好友以及将用户看到的精彩内容分享到朋友圈。

2013年8月，微信在5.0版本中正式推出支付功能。2014年1月初，微信支付嵌入“红包”功能，这是微信支付火爆的一个关键节点。2014年春节的“抢红包”游戏在几天之内绑定了百万用户的银行卡，成为微信支付“逆袭”支付宝的标杆事件。2014年除夕夜红包收发总量为0.16亿个，2015年除夕当日微信红包收发总量达10.1亿次，2016年跨年夜24小时内微信红包收发总量达到23.1亿次。微信支付从起步晚到现在与支付宝不相上下，主要是因为有微信这个平台支撑。据2015腾讯全球合作伙伴大会公布的数据，截至2015年9月，微信平均日登录用户达到5.7亿人。其实微信支付的前身是财付通，但财付通的主要使用方向是拍拍和易迅，这两者在这几年的发展没有太大起色，身处电商行业但缺乏明确的定位，一直被京东、淘宝压制。微信火爆之后，微信支付逐渐在移动支付市场站稳了脚跟。

微信支付以绑定银行卡的快捷支付为基础，用户只需在微信中关联一张银行卡，并完成身份认证，即可将装有微信APP的智能手机变成一个全能钱包，购买合作商户的商品及服务。用户在支付时只需在自己的智能手机上输入密码，无须任何刷卡步骤即可完成支付，整个过程简便流畅。微信支付里有一个“零钱”功能，通过微信接收到的对方的转账和红包都放在“零钱”里，“零钱”里的钱可直接用来支付或转账，也可以通过绑定的银行卡提现。微信支付也是通过扫码、输入密码完成支付，有免密支付功能。

根据腾讯2020年第三季度财报，腾讯微信及WeChat月活跃用户达12.1亿。

参考阅读

2020年移动支付用户问卷调查报告

2021年1月13日，中国支付清算协会发布《2020年移动支付用户问卷调查报告》，就用户基本属性、用户使用偏好、用户满意度等方面进行了问卷调查及分析工作。

2020年，用户最常使用的移动支付产品是微信支付、支付宝和银联云闪付。其中，用户使用微信支付的比例从2019年的87.3%增至92.7%，支付宝比例从2019年的90.7%增至91%，云闪付比例小幅降低，从2019年的78.9%降至74.9%。2020年，移动支付年轻用户占比提升，中老年用户占比有所下降，移动支付快速创新应用可能产生的数字鸿沟问题需进一步关注。其中，月收入3 000～10 000元的用户是使用移动支付最多的群体；城市的移动支付用户比例进一步升高，乡镇用户比例略有下降。

用户每天使用移动支付频率逐步提高，较2019年增加4.4%；用户单笔金额100元以下的移动支付较2019年提高23.3%，移动支付小额特征日渐显著。

借记卡账户和第三方支付账户仍是用户移动支付首选的账户类型，信用卡账户支付占比较2019年提高14.5%，使用信用支付（蚂蚁花呗等）和货币市场基金（余额宝等）支付的占比较2019年有所减少，移动支付资金来源回归银行账户的趋势明显。

二维码支付是移动支付用户最常使用的支付方式，占比95.2%，移动支付在文化娱乐场景下发展迅速，投资理财类、票务类和商旅类场景移动支付使用比例有所下降。

移动支付用户对客户权益保障措施的期望较2019年有所提高，对移动支付安全的重视程度持续增加，安全隐患依旧是移动支付用户担心的首要问题。

用户在使用移动支付过程中遇到的安全问题主要是个人信息泄露、手机扫描到伪假条码和账户资金被盗用，其中手机扫描到伪假条码占比69.7%，较2019年提高3.3个百分点；付款码发送给他人占比44.6%，较2019年提高3.8个百分点。利用条码实施欺诈等违法犯罪行为不容忽视。用户使用生物识别技术进行移动支付身份识别和交易验证时，最担心个人隐私泄露，占比79.6%，较2019年提高2.7个百分点。

资料来源：中国支付清算协会. 2020年移动支付用户问卷调查报告，2021-01-13.

3.5 其他流动性管理工具

理财规划中，之所以对个人或家庭资产进行流动性管理，其一是为了应付意外的花费，其二是为了等待投资时机。因而流动性管理分为两种：一种是主动型管理，即选择流动性较强的资产，流动性最强的资产是活期储蓄，定期储蓄变现也很容易，只要放弃可获得的利息收益。除了储蓄之外，货币市场基金也是一个非常好的流动性管理工具。另一种是被动型管理。为了应付突如其来的资金需求，如果没有充足的流动性准备，就不得不采取被动型管理，比如信用卡取现，但取现的利息成本非常高。另外还可以通过典当或出售非流动性资产获得流动性。

货币市场基金（money market fund，MMF）是指投资于货币市场上短期（1年以内，平均期限120天）有价证券的一种投资基金。该基金主要投资于短期货币工具如国库券、商业票据、银行定期存单、银行承兑汇票、政府短期债券、企业债券等短期有价证券。货币基金只有一种分红方式——红利转投资。货币市场基金每份单位始终保持在1元，超过1元的收益会按时自动转为基金份额，拥有多少基金份额即拥有多少资产。其他开放式基金份额固定不变，单位净值累加，投资者依靠基金每年的分红实现收益。

货币市场基金的特点：

- 本金安全——投资于短期债券、商业票据、银行定期存单等货币市场工具，基金面值始终保持1元，投资风险低；
- 流动性强——申购赎回方便，资金到账快，赎回后第二天就可用款；
- 收益稳定——年收益率和同期1年定期的存款利率差不多，成本低，购买不收取任何费用；
- 分红免税——日日计息，月月分红，享受复利，每月分红结转份额，分红免收所得税。

货币市场基金一般有两个收益指标：七日年化收益率和万份收益。

货币基金的净值永远是1元，每万份基金单位收益就是每1万份基金（也就是1万元）在当天的实际收益，七日年化收益率是将货币基金最近七日的平均收益水平进行年化以后得出的数据。

比如南方天天利B货币市场基金2021年2月6日万份收益为0.790 3元，七日年化收益率为2.949%，这表示南方天天利B在2月6日这一天投资1万元可以获得收益0.790 3元，最近七天的收益平均年化后的收益率为2.949%。无论是万份收益还是七日年化收益率，都不是一成不变的，会随着基金经理的操作和货币市场利率的波动而不断变化，因此，这两个指标只能当作短期指标来看，通过它们可以推测近期的盈利水平，但它们不能完全代表这只基金的实际年收益。

大家可能对货币市场基金比较陌生，而对余额宝比较熟悉。余额宝是支付宝打造的余额增值服务，把钱转入余额宝即购买了由天弘基金提供的余额宝货币基金，可获得收益。余额宝内的资金还能随时用于网购支付，灵活提取。2018 年 6 月底余额宝对接的 6 只货币基金合计规模达到了 18 602 亿元。值得注意的是，余额宝总规模在历史上首次超过了“四大行”的个人活期存款，中国银行 2017 年年报的个人活期存款余额为 17 986 亿元。截至 2021 年 6 月 30 日，天弘余额宝持有人户数冲破 7 亿户，达到 7.12 亿户。

微信的理财通也有类似的货币市场基金可供选择，比如南方基金现金通 E、易方达基金理财、汇添富基金全额宝、华夏基金财富宝等。

问题与讨论

1. 请探讨个人理财规划中流动性管理的重要性。

2. 邻居王大爷于 5 月 3 日存入银行 1 年期的定期存款 10 万元，但是当年 7 月 2 日起，1 年期人民币存款利率由 4%上涨到了 5.5%，活期利率为 0.5%。王大爷问你，这笔 10 万元的存款是否该取出来再存为新的定期？你给王大爷的建议是什么？

3. 你的家庭收入的储蓄比率为多少？你觉得达到理想状态了吗？如果没有，你认为应该采用什么样的存款方式？

4. 请讨论如何尽可能减少提前支取定期存款造成的利息损失。

5. 请讨论借记卡和信用卡的区别。

6. 使用贷记卡可能会产生哪些费用？贷记卡使用过程中应注意哪些问题？

7. 分小组讨论你和你的朋友、家人、亲戚在实际生活中遇到的银行卡骗局，这些骗局的特点是什么？如何避免陷入骗局？

8. 选择余额宝和微信理财通中的货币基金进行投资并说明选择某种产品的原因。持有你所投资的货币基金一周，计算持有收益。

9. 根据自己的经验，分小组讨论支付宝钱包、微信支付、两者之间的差异和优缺点。你平常最爱使用哪一种？请说明原因。

10. 请除支付宝钱包、微信支付，还有哪些移动支付工具？它们在市场中的使用如何？请讨论未来可能出现的新技术对移动支付的影响。

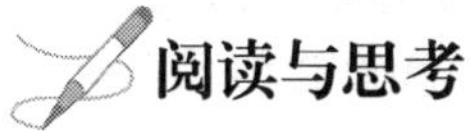

阅读与思考

中国银联发布《2020 移动支付安全大调查报告》

2021 年 2 月 1 日，中国银联发布《2020 移动支付安全大调查报告》，这是中国银联携手商业银行及支付机构连续第十四年跟踪调查中国消费者移动支付安全行为。调查报告显示，2020 年移动支付呈现三大新特点：一是各大城市、中小城市步入数字支付时代，移动支付加快与公众数字生活对接，受益人数占比较 2019 年提升了 5 个百分点，六成受访的金融消费者使用移动支付的频次及金额较上年均有提升。二是疫情防控加速线上便民支付场景建设，生鲜电商、网络直播、医疗支付等更多消费场景方便百姓日常生活。三是移动支付付款账户首选网贷资金的群体值得关注，人数占比上升明显，主要表现为“三低”群体，即低龄、低收入、低线城市。

我国移动支付用户规模已达8.05亿，线上支付场景加速渗透

据统计，我国移动支付用户规模达到8.05亿。2020年三季度，银行共处理移动支付业务344.95亿笔，金额116.74万亿元，同比增长27%和36%。移动支付成为餐饮、便利店、网购、交通、医疗、外卖等日常消费中最常用的支付手段之一。

受2020年新冠肺炎疫情的影响，移动支付凭借无接触、更卫生的优势成为民众选择支付方式的一大驱动力，激发出新业态、新模式，更多线下支付场景向网络直播、医疗支付等更多消费场景迁移、延伸。数据显示，30%的受访者会经常使用网络直播购物，女性比男性高出7个百分点，年纪越轻越喜爱这种模式，接近四成的学生受访者表示会经常使用网络直播购物。新兴的线上支付平台与线下小摊贩、菜场、水果店等小型商店等有机融合，在疫情期间受到居民青睐，成为居民日常生活中不可或缺的一部分。

日均使用逾3次，二维码用户占比提升

调查显示，98%的受访者认为移动支付是安全的，将其视为最常用的支付方式。其中，二维码支付占据移动支付主流地位，用户占比达85%。受疫情影响，生物识别支付与近场支付（NFC）比例有所下滑，占比均不到10%。不过，高收入、高学历群体对生物识别支付方式认可度高，多数人认为生物识别支付既安全又方便，其中因安全因素而选择使用生物识别支付的用户达到41%。

此外，2020年移动支付用户使用频次继续上升，日均使用逾3次。其中，95后男性使用频率显著高于他人，日均支付频次达到4次，在点外卖、充值游戏点卡、网络直播购物时的使用频率均超出其他年龄段人群。

移动支付信用卡占比最高，网贷资金加快向低线低龄渗透

报告显示，超过半数人群在使用移动支付时会选择绑定信用卡，18%选择绑定储蓄卡，第三方信贷产品与支付账户零钱各占14%。在绑定信用卡的人群中，学历越高、收入越高、支付频率越高的群体选择绑定信用卡的比重越大，越发达的城市居民信用卡使用频率越高。因申请信用卡门槛较高等原因，在低线城市，用户绑定第三方信贷产品的情况越来越多。年龄偏低的学生群体倾向使用第三方信贷产品，占了不小的份额（约17%）。在使用第三方信贷产品的用户中，收入较低的人群（5 000元以下）占比较高（约17%）。

“网诈”损失率下降，新型诈骗仍需警惕

移动支付使用方便，但它所面临的风险比传统支付方式更大。数据显示，2020年消费者在移动支付中遭遇诈骗损失率有所下降，相较上年减少了4%。但网络赌博（杀猪盘）、跑分等新型犯罪导致的受损金额依然较大。参与过网络赌博的群体中，近六成遭受诈骗且损失金额超过2 500元。未婚男性、大专及以下、服务业人员、企业主、私营业主/个体户等更容易遭受网络赌博诈骗。参与跑分的群体中，近五成有损失发生，人均损失金额超过1 000元。

从诈骗渠道来看，78%的诈骗信息来自短信，其次是微信、电话、APP推送。同时，不法分子对不同人群实施精准诈骗行为值得公众重点防范。未婚女性，尤其是90后、00后群体遭遇较多购物类诈骗，主要表现为虚构优惠、客服退款、虚假网店等方式。新一线城市人群、80后和90后未婚男性、企业主及网店微商店主则遭遇较多钓鱼、木马病毒类诈骗与二维码代收款、刷单、处理交通违章、高额透支、虚构险情类诈骗。公司职员、企业主以及老年人更多遭遇仿冒公检法等身份类诈骗。二三线城市人群则遭遇较多社交软件中活动类诈骗与缴费等日常生活类诈骗。

几种易忽略的风险要多加防范

为有效打击电信网络诈骗、跨境赌博等黑灰产业，“断卡”行动等监管措施应声而出。中国银联联合产业各方，积极贯彻落实监管要求，坚决防范与打击各类违法违规行为。面对不断翻新的诈骗套路，消费者唯有提升自我防护意识，才能有效避免经济损失。中国银联风控专家建议消费者保护好个人信息，抵制博彩活动，做好以下工作：一是管理好个人账户及二维码，及时注销睡眠银行卡及账户，切勿出借、出租银行卡及收款码，若出借账户用于非法资金转移，提供者将被立案追诉且5年不能使用移动支付；二是保护好个人敏感信息，注意识别套路，防范不法分子以高利理财、虚拟货币、网络借贷为噱头进行利益诱惑实施诈骗；三是坚决抵制网络赌博、跑分等非法平台活动，一旦发现此类非法平台，要提醒身边亲友注意并积极通过“支付结算违法违规行为举报中心”（http://jubao.pcac.org.cn/）、公安部“打击治理跨境赌博综合举报平台”（http://dbjb.mps.gov.cn/）等官方网站举报。

资料来源：腾讯新闻，2021-02-02.

思考题：

1. 你最常使用哪种移动支付方式？你觉得支付过程中是否存在风险？如何避免这些风险？

2. 你是否遭遇过移动支付中的骗局？如何识别和防范此类骗局？

数字人民币来了

凭借天然具备的颠覆基因和广阔的应用场景，数字货币将在诸多产业掀起新一轮革命浪潮，这将有利于高效满足公众在数字经济条件下对法定货币的需求，提高零售支付的便捷性、安全性和防伪水平。

继深圳、苏州试点后，由央行主导的数字人民币首落京城，北京市首个央行数字货币应用场景落地丰台丽泽西金唐大厦一家名为漫猫咖啡的咖啡店，获得授权的消费者可以使用数字人民币钱包购买各类商品。此外，全国首单电商平台数字人民币消费也在近日诞生，苏州的一位消费者在京东商城成功下单。我国央行加速推进数字货币的试点不禁让外界感慨，数字货币真的来了。

在漫猫咖啡店，通过工作人员演示，获得授权的消费者下载数字人民币钱包后即可使用数字货币进行支付，也可以离线支付。在手机设置界面打开NFC，切换为飞行模式，打开数字人民币钱包，选择“碰一碰”的支付方式，与商户的数字人民币钱包靠近，支付就完成了。

有使用者表示，从支付体验看，使用央行数字货币支付和使用微信、支付宝支付差异不大，同样可以通过APP内的付款码和收款码完成支付和收款，只是数字人民币可以在没有网络信号时，通过两个手机碰一碰完成转账、支付等一系列操作。

在第二届外滩金融峰会上，央行数字货币研究所所长穆长春给出了数字人民币的权威定义：数字人民币是由人民银行发行的数字形式的法定货币，由指定运营机构参与运营并向公众兑换，以广义账户体系为基础，支持银行账户松耦合功能，与纸钞和硬币等价，具有价值特征和法偿性，支持可控匿名。

2020年8月，商务部印发方案提及“在京津冀、长三角、粤港澳大湾区及中西部具备条件的试点地区开展数字人民币试点”。12月，2 000万元面向所有符合条件的苏州市民的数字人民币红包推出，电商也加入其中——京东商城支持市民在购买自营产品时使用数字人民币支付，成为试点中首个接入数字人民币的线上场景。

记者了解到，工、农、中、建、交、邮储六大行均成功完成数字人民币苏州试点的首笔交易。其中，京东数科作为首批配合人民银行及数研所开展数字人民币试点工作的科技公司之一，形成了一套包含风险控制、安全策略、支付技术等在内的支付服务体系，短时间内高效对接了运营机构与消费场景。

京东数科数字人民币项目负责人彭飞对记者表示：“在数字人民币试点中，京东数科提供了技术+服务+场景。在技术层面，京东数科历经多年京东618与双十一的检验，从而能在短时间内提供安全、稳定的支付技术支持。在服务层面，京东数科帮助商家进行收银机具的改造升级，提供了与现有支付方式一致的数字人民币支付体验。”

具体来看，本次数字人民币红包活动中，除对接京东线上场景外，京东数科还对接银行接入京东旗下线下支付场景，如京东五星电器、京东之家、京东便利店等实体门店。同时，京东数科开发了特色的货到付款场景，改造了京东物流货到付款配送场景中收银所需要的专用手机，快递员送货上门即可使用该手机扫码收款，这成为物流领域首次接入数字人民币支付服务的场景。

“我们在门店显眼位置放置了宣传材料，介绍数字人民币支付及操作流程，也接受了使用培训。这种数字人民币支付流程与已有的线上支付体验一致，简便流畅，希望能为顾客带来新型便捷的支付体验。”苏州市吾悦广场京东五星电器店店长陈如鑫表示。对于数字货币的演变，数字资产研究院学术与技术委员会主席朱嘉明表示，2008—2015年是私人或者非中心数字货币的涌现阶段，之后历经机构数字货币介入和发力阶段、稳定币全面崛起的阶段、央行数字货币进场阶段，未来会有更大的突破和发展。京东数科首席经济学家沈建光则认为国内移动支付的迅猛发展促使国内较早地推出数字货币试点，在全球数字货币的发展中走在前列。当下，我国数字经济已进入快速发展时期，而数字人民币是符合发展需要的货币形态，数字人民币应用将带动产业发展、促进产业创新升级。

资料来源：车辉．数字货币来了．工人日报，2021-01-05.

思考题：

1. 现在有哪些数字货币？
2. 人民币数字货币与其他数字货币（比如比特币）有什么实质性区别？

第4章

个人融资规划

学习要点

- 了解个人融资渠道选择的考虑因素
- 掌握民间借贷的风险、特点和适用条件
- 掌握P2P网贷的风险、特点和适用条件
- 掌握众筹的风险、特点和适用条件
- 掌握典当融资的风险、特点和适用条件
- 了解银行贷款的种类
- 掌握银行贷款不同还款方式的差异
- 了解银行提前还款的方式

课程导入

我们生活在一个以结果为导向的社会中。如果某人富有、出名或美丽，我们会倾向于认为这些东西都是他应得的。而这些事物其实都是自我强化的结果：越富有的人越容易做到钱生钱，越出名的人获得的关注越多。

根据我们的经验，成功取决于辛勤的汗水、自然禀赋、个人机遇和环境等；换句话说，就是噪声和信号的结合。美国人倾向于强调信号的作用，但在说到自己的弱点时就会归因于运气不好。我们会以邻居房子的面积来衡量其成功程度，却没有看到别人经历了多少挫折才走到今天。说到预测问题，我们真的是以结果为导向的。能够预测股市见底的投资者，即使只是借助一些古怪的统计模型碰巧做出了准确预测，也会被冠以“天才”的名号。我们总是找借口说预测不准是运气不好，这是因为我们太依赖运气了。信用评级机构在无力预测金融危机时也会拿运气当借口。但我们似乎也默认一点，即我们在做预测时，信号总是比想象的还多，在评估预测时，我们会把准确的预测归因于拥有更多技能，但实际上并不是。

其中一个解决方案就是评价预测时更加严格。一项预测的技术含量有多高通常可

以采用经验法检验出来。在有些领域，这个目标很快就能实现，在有些领域则不行。另一个解决方案——也是数据中充满噪声时的唯一解决方案——把重点放在过程而不是结果上。如果预测样本过于嘈杂，无法确定它是否准确，就应该查看预测者的长期预测记录，通过了解其预测态度和能力来判断。

扑克牌玩家比别人更能理解这种说法，因为他们亲身体验过大起大落的感受。如果你与顶级玩家接触过，就会发现他们从不把成功看作理所当然的事情，他们一直非常重视自我提高。德万告诉我："那些对自己满意、认为自己对扑克牌比赛得心应手的人，就等着走下坡路吧。"

在打牌时，我们能够控制的是打牌的过程，却无法控制自己能拿到什么牌。如果你成功识破了对手在虚张声势，但他仍因拿到幸运牌而赢了钱，此时你应该高兴而不是生气，因为你已经尽力了。这么说是有些讽刺，但事实上当你不那么关注结果时，反而会做得更好。在这个不确定的世界上，我们仍是不完美的生物。即使做了糟糕的预测，我们也永远不会知道这是自己的错误还是预测模型的缺陷，或者只是因为我们不够走运。最接近的解就是达到一种噪声与信号和谐的状态，两者是缺一不可的，我们要学会欣赏它们。

资料来源：纳特·西尔弗．信号与噪声．北京：中信出版社，2013.

4.1 概　述

融资，从字面意思来理解，就是融通资金，是指个体在资金短缺时融入资金的一种行为。个人融资与企业融资有很大的不同，个人作为单个实体存在，信用比企业低，因而可供个人选择的资金来源比企业少很多。如果收入在前，支出在后，而且收入或积累总是大于支出，那就没有融资的必要。然而实际生活中，收入与支出往往不能时时匹配，每个人在不同的阶段或多或少都会出现资金短缺的情况，因此需要谋划从其他渠道融通资金以解燃眉之急。

个人融资的目的主要是满足三方面的需要：一是生活消费的需要。当住房、汽车或装修等商品或服务价格较高，而自身的积累不足以一次性付清时，需要融资购买。通过其他融资渠道提供的资金，实现对生活的追求，进而改善生活品质。然而任何一种融资都是需要成本的，这种提前消费的方式需要三思而后行。二是投资的需要。这种融资以获得更高收益为目的，因而应权衡获取资金的成本与投资的收益。三是应急需要。生活中不如意事十之八九，前面章节也说过，每个家庭应维持相当于3～6个月生活支出的现金，以备不时之需。当发生意外情况时，需尽快筹集所需资金，因而满足应急需要的融资首要关注的是资金获取的便捷性。

不同的融资目的决定了不同融资渠道的选择。个人融资渠道有很多：民间借贷、银行贷款、信用卡透支取现、典当、互联网融资平台等，但任何一种选择都以融资的实际目的为导向，同时考虑时间、数量、成本、便捷性等因素。

时间是指资金使用时间的长短，获得资金的时间与使用资金的时间应尽量匹配。短期资金长期使用，到期后会面临再次融资的困难，也有可能面临利率调整的风险；

长期资金短期使用则会增加使用成本，比如，若月底生活费不够，找同事或朋友借钱即可缓解，但若为了购买住房或汽车，最好向银行进行长期贷款。

数量指所需资金的金额。不同的融资渠道可以融得的资金数量是不同的，信用卡透支取现的金额以信用卡额度为限，典当所获得的资金以实物价值的一定比例为限，银行贷款则以抵押物价值的高低决定放款额度。根据所需要的金额选择适合自己的融资方式。

成本是指融资资金的使用成本。不同的融资渠道，成本是不同的，银行贷款的成本是贷款利息，信用卡取现的成本是利息加手续费，熟人间的借贷看起来成本很低，但欠下了人情。对融资者来说，当然融资成本越低越好，然而融资不是由个人主观意愿决定的，而是多种因素综合作用的结果。

便捷性是指获取所需资金的速度，住房按揭贷款办手续所花的时间很长，而信用卡几乎可以随时透支，便捷性的高低取决于需要资金的迫切程度，往往应急的需求对便捷性的要求更高。

个人融资渠道的选择不能一概而论，也没有统一的公式可套用，应根据资金的用途综合权衡各项因素以做出最佳选择。

4.2 个人融资渠道

4.2.1 民间借贷

民间借贷是自然人之间通过书面或口头协议形成的借贷关系，具有非正规金融的特点。从我国法律规定及司法实践来看，合法的民间借贷关系是受法律保护的。只要借贷双方意思表示真实，不违反我国法律、行政法规的规定，相应的民间借贷行为就是合法的，应当受到法律保护。

民间借贷不像银行贷款需要提供营业执照、代码证书、财务报表、购销合同、负责人身份证件、验资报告等一大堆材料，也不用经过签订合同、办理公证等程序，而且资金获取便捷性较高，一般3～5天甚至更短的时间即可获得所需资金，所以深受普通人青睐。民间借贷的金额和时间不定，少则百来元的临时救急，多则万元甚至百万元的资产购置，短则一两天临时借用，长则十年以上资金占用，借贷金额的多少和使用时间的长短取决于双方的信任程度、抵押物的价值或担保情况。

1. 借款凭证

在现实生活中，民间借贷大多发生在亲戚朋友之间，由于平时关系比较近，出于信任或者碍于情面，民间借贷往往采用口头协议，无任何书面证据。在这种情况下，一旦一方予以否认，对方就会因为拿不出证据而陷入空口无凭的境地，即使诉至法院，出借人也会因无法举证而败诉。因此民间借贷最好订立合同，以明确双方的责任和义务。

从实际情况来看，民间借贷合同可以是书面的，也可以是口头的。按照《民法典》第469条的规定："书面形式是合同书、信件、电报、电传、传真等可以有形地表现所载内容的形式。"《民法典》第668条规定："借款合同应当采用书面形式，但是自然人之间借款另有约定的除外。”由此可见，金融机构作为出借人时须采用书面形式，而自然人之间的民间借贷可采用书面形式，也可以采用口头形式。为避免因约定不清产生争议，民间借贷交易双方应尽量签订完备的书面借款协议。

依据《民法典》的规定，借款合同的内容包括借款种类、币种、用途、数额、利率、期限和还款方式等条款。

（1）借款种类，主要是以借款方的行业属性、借款用途以及资金来源和运用方式进行划分的。

（2）借款币种，即借款合同标的种类，根据不同情况可以是人民币也可以是外币，不同的货币种类借款利率有所不同，借款合同应对货币种类予以明确规定。

（3）借款用途，是指借款人使用借款的特定范围，是贷款方决定是否贷款、贷款数量、期限长短、利率高低的重要依据，借款人必须如实填写，并且借款人只能按照借款合同约定的借款用途使用借款，不能移作他用。

（4）借款金额，是指借贷货币数量的多少。任何合同都必须有数量条款，只有标的而没有数量的合同是无法履行的。没有数量，就无法确定当事人权利义务的大小，借款合同没有借款金额，就无法确定借贷货币的数额，也失去了借贷利息的计算依据，因此，没有借款金额条款，借款合同便不能成立。

（5）借款利率，是指一定时期借款利息与借款本金的比率。利率的高低对确定借贷双方当事人的权利义务至关重要，借款合同不能没有利率条款。这里需要注意的是，合同约定的利率不得违反我国法律的相关规定。

（6）借款期限，是指借贷人同意让借款人使用借款的期限。当事人双方一般根据借款的种类和用途、借款人的还款能力和贷款人的资金借给能力等因素商议确定借款期限。

（7）还款的资金来源及还款方式。贷款实行“有借有还，谁借谁还”的原则。在借款合同中，应明确在合同期限届满时是一起偿还借款，还是分期偿还借款；是本息一起偿还，还是本息分别偿还。

（8）保证条款，是借款合同保障贷款人实现债权的重要约定。对借款合同进行担保的方式有保证、抵押、质押，因此，担保贷款的种类有保证贷款、抵押贷款和质押贷款。借款合同的担保，当事人既可以采用由借、贷、担保三方当事人共同协商签订担保借款合同的形式，也可采用由担保人在借款合同中签字，同时向贷款方出具书面还款保证书的形式。

（9）违约责任，是指当事人不履行合同义务时所应承担的法律责任。如果借款合同中缺少违约责任条款，当事人的违约行为就失去了法律约束的依据，当事人的权利就无法得到保障，合同履行将受到严重的影响。借款合同中约定违约责任条款对于督促当事人及时、正确、全面地履行合同，保护当事人权益具有重要意义。因此，违约责任是合同中的主要条款。

（10）其他条款。除上述主要合同条款外，借款合同当事人还可以约定合同的变更与解除条款、争议的解决方式、通知和送达条款以及当事人双方商订的其他条款等。

民间借贷不会像上述条款那么要求详细，因为是熟人之间的贷款，所以常常只是口头协议，或者简单地写个借条和欠条。

需注意的是，借条和欠条均是一种债权债务的凭证，但两者之间有很大的区别。

借条是借款人向出借人出具的借款书面凭证，它证明双方建立了一种借款合同关系；而欠条是双方对以前的经济往来进行结算的一种依据，它仅代表一种纯粹的债权债务关系，并不一定是借款合同关系。因此借款时宜写借条，而不宜写欠条，以省去诉讼中解释"欠"款原因、用途的责任。借款时借条宜写出借人、借款人的全名。生活中，出借人与借款人往往关系较密切，也不乏亲戚关系，借款时可能会将日常习惯称谓写入借条，如将出借人写成"王叔""王兄"，将借款人写成"老大""四姐"等。万一借款人逾期不还，出借人想到法院起诉借款人，往往会因债权人、债务人不明确而被法院拒之门外。

如果借款双方没有书面协议，债权人仅能提供银行出具的转账凭证，而债务人则抗辩转账系偿还双方之前借款或其他债务，那么债务人有义务提供相应证据对其主张予以证明。债务人提供相应证据证明其主张后，债权人仍应就借贷关系的成立承担举证责任。也就是说，转账凭证并不能替代借款的书面协议，它仅是转账的说明，具体的资金用途还需找其他的证据来佐证。

参考阅读

借条的十大陷阱

1. 公款打到私人账户上，起诉公司法院不支持

案例：甲公司到乙公司提货，乙公司要求甲公司提货人员将货款交给乙公司员工吴某。甲公司人员向吴某交付了货款后，乙公司拒绝发货。甲公司起诉至法院，乙公司称公司并未收到甲公司货款，不能发货。甲公司败诉。

甲公司应在打款前要求乙公司出具确认函，以乙公司名义确认其员工的个人银行账户为公司业务往来账户，甲公司在收到确认函后，交款时还须由乙公司出具收据并加盖乙公司公章。

2. 借款时不写借条写收条

案例：孙某借给小郝 3 万元钱，小郝出具收条："收条：今收到孙某 3 万元。"后小郝迟迟不还，孙某向法院起诉，小郝辩称："写收条是因为孙某原来欠我 3 万元，由于我丢了孙某写的借据，所以在孙某还款时给他写了收条。"孙某败诉。

3. 借条不明确，债务人否认收到了借款

案例：小汪借钱给老刘，老刘写了借条："刘某某向汪某某借款人民币若干元。"后老刘逾期不还，小汪起诉，老刘辩称借条是其所写，但并未收到该笔款项。如果当初小汪要求老刘收到借款时写张收条，或者在借条上加一句"刘某某已收到上述借款"，则可避免纠纷。

4. 借条偷梁换柱，债务人让别人代其签名

案例：赵某向李某借款若干，赵某在书写借条时借故离开，后将借条交给李某，李某将所借款项交给赵某。后赵某拖欠不还，李某到法院起诉他，通过笔迹鉴定，法院确认借条内容及签名均非赵某亲笔所写。

5. 利用文字歧义赖账

案例：李某向周某借了 10 万元钱，并出具了借条。后李某归还周某 1 万元，要求周某把原借条撕毁并重新出具借条："李某向周某借现金 10 万元，现还欠款 9 万元。"

这里的“还”字既可以理解为“归还”，又可以解释为“尚欠”。周某不能举出其他证据证实李某仍欠其9万元，因而败诉。

6. 出借人在借条上更改金额

案例：钱某向陈某借款5万元，后陈某持借条起诉钱某，要求其归还借款15万元。经鉴定，确认陈某起诉前在50 000元前面加了个“1”，借款变成了“150 000元”。因此，为防止被篡改，借条金额应在阿拉伯数字后附上大写数字。

7. 借条未写明债权人名字又未销毁，导致第三人再次催款

案例：袁某向小张借款若干，出具借据：“今借到现金若干元整。借款人：袁某”，未写明出借人姓名。后袁某归还该款，但小张以借条找不到为由，未归还袁某原借条，后第三人许某持借条起诉袁某，要求其偿还借款若干。

8. 借条不写利息，起诉利息不被法院支持

案例：小夏向小朱借款若干，口头约定月息2%，借条上并未写明利息。后小夏逾期未还款，小朱持借条起诉要求其还本付息，小夏承认本金但不承认约定的利息。法院审理后，以《民法典》第680条的规定，驳回了小朱关于利息的诉讼请求。

9. 打借条时故意把名字写错，以达到否认借款的目的

案例：王某向小沈借款若干，在写借条时，王某故意将自己的名字写成同音的另一个字。到还款期后，小沈多次催还未果，遂将其起诉到法院，经查询，债务人名字不是“王某”。小沈如果在出借时查验一下王某的身份证，这类疏漏就可以避免。

10. 借条变白纸，警惕自动褪色笔写借条

案例：马某累计欠小宁31万元，给小宁写了借条。谁知2小时后，借条上的字迹全部消失。经专业鉴定和处理，小宁的借条上才显现出笔迹。这种自动褪色笔外观和普通签字笔一样，但写下的字迹，快则30分钟，慢则两天就会消失。在书写借条时，出借人应自带签字笔让借款人书写，最好再加盖印章或摁上手印。

资料来源：综合华律网冯永锋律师，中国法院网，@浙江公安.

2. 民间借贷的利息

（1）利率的高限。民间借贷的利率可以自由约定，但不得违反我国法律规定的上限。这个上限的规定经历了几次变化。《关于人民法院审理借贷案件的若干意见》〔1991〕规定，民间借贷的利率可以适当高于银行的利率，但最高不得超过银行同类贷款利率的四倍。但《最高人民法院关于审理民间借贷案件适用法律若干问题的规定》（自2015年9月1日起施行）对此进行了修改：借贷双方约定的利率未超过年利率24%，出借人请求借款人按照约定的利率支付利息的，人民法院应予以支持。借贷双方约定的利率超过年利率36%，超过部分的利息约定无效。借款人请求出借人返还已支付的超过年利率36%部分的利息的，人民法院应予以支持。2020年8月18日最高人民法院审判委员会第1809次会议通过《关于修改〈关于审理民间借贷案件适用法律若干问题的规定〉的决定》（自2020年8月20日起施行），利率的上限又回到1991年版本的“贷款利率的四倍”——出借人请求借款人按照合同约定利率支付利息的，人民法院应予支持，但是双方约定的利率超过合同成立时一年期贷款市场报价利率四倍的除外。“一年期贷款市场报价利率”是指中国人民银行授权全国银行间同业拆借中心自2019年8月20日起每月发布的一年期贷款市场报价利率。

(2) 没有约定利息或利息约定不明。自然人之间借贷对利息约定不明，出借人主张支付利息的，人民法院不予支持。除自然人之间借贷的外，借贷双方对借贷利息约定不明，出借人主张利息的，人民法院应当结合民间借贷合同的内容，并根据当地或者当事人的交易方式、交易习惯、市场报价利率等因素确定利息。

(3) 逾期利息。借贷双方对逾期利率有约定的，从其约定，但是以不超过合同成立时一年期贷款市场报价利率四倍为限。未约定逾期利率或者约定不明的，人民法院可以区分不同情况处理：(1) 既未约定借期内利率，也未约定逾期利率，出借人主张借款人自逾期还款之日起承担逾期还款违约责任的，人民法院应予支持；(2) 约定了借期内利率但是未约定逾期利率，出借人主张借款人自逾期还款之日起按照借期内利率支付资金占用期间利息的，人民法院应予支持。出借人与借款人既约定了逾期利率，又约定了违约金或者其他费用，出借人可以选择主张逾期利息、违约金或者其他费用，也可以一并主张，但是总计超过合同成立时一年期贷款市场报价利率四倍的部分，人民法院不予支持。

(4) 复利。复利是指出借人将应得的利息加入本金再计算利息，俗称“息加息”“利滚利”。以复利计算的利息显然高于单利。实践中这类情况比较常见，借贷双方对前期借款本息结算后将利息计入后期借款本金并重新出具债权凭证，如果前期利率没有超过合同成立时一年期贷款市场报价利率的四倍，重新出具的债权凭证载明的金额可认定为后期借款本金。超过部分的利息不应认定为后期借款本金。借款人在借款期间届满后应当支付的本息之和，超过最初借款本金与以最初借款本金为基数、以合同成立时一年期贷款市场报价利率四倍计算的整个借款期间的利息之和的，人民法院不予支持。

(5) 提前偿还借款利息。借款人可以提前偿还借款，但是当事人另有约定的除外。借款人提前偿还借款并主张按照实际借款期限计算利息的，人民法院应予支持。

3. 借贷合同的成立与无效

自然人之间的借款合同具有下列情形之一的，可以视为合同成立：以现金支付的，自借款人收到借款时；以银行转账、网上电子汇款等形式支付的，自资金到达借款人账户时；以票据交付的，自借款人依法取得票据权利时；出借人将特定资金账户支配权授权给借款人的，自借款人取得对该账户实际支配权时；出借人以与借款人约定的其他方式提供借款并实际履行完成时。

有时候，熟人之间碍于面子不愿意写借条，仅想以银行转账凭证作为借贷关系存在的依据，借款人可能会找理由说这次转账是偿还双方之前的借款或者其他债务，那么借款人应当对其主张提供证据证明。如果借款人能够提供相应证据证明其主张，那么出借人应就借贷关系的成立承担举证责任。

当然并不是所有“白纸黑字”的借贷合同都是有效的，具有下列情形之一的，人民法院会认定民间借贷合同无效：套取金融机构贷款转贷的；以向其他营利法人借贷、向本单位职工集资，或者以向公众非法吸收存款等方式取得的资金转贷的；未依法取得放贷资格的出借人，以营利为目的向社会不特定对象提供借款的；出借人事先知道或者应当知道借款人借款用于违法犯罪活动仍然提供借款的；违反法律、行政法规强制性规定的；违背公序良俗的。

4. 诉讼时效

民间借贷由于大部分发生在亲朋好友之间，很多人并没有给予应有的重视。这给了一些无赖之徒可乘之机，他们采取赖账、久拖、回避的方式以逃避债务。需要注意的是，还款期限届满之日起3年，是法律规定的诉讼时效。在此期间，你必须向借款人主张债权，3年之后，法院对你的债权不再予以保护；如果没有写明还款日期，适用最长诉讼时效20年。

4.2.2 银行贷款

银行贷款的种类、程序以及贷款利息的计算等内容将在4.3节专门介绍。

4.2.3 P2P网贷

P2P（peer to peer）网贷是指个人与个人间的小额借贷行为，就是有资金并且有理财投资意愿的个人，通过有资质的中介机构牵线搭桥，使用信用贷款的方式将资金贷给其他有借款需求的人。P2P网贷实质上也是一种民间借贷，但这种借贷方式一般需要借助电子商务专业网络平台确立借贷关系并办理相关交易手续。借款者可自行发布借款信息，包括金额、利息、还款方式和时间，自行决定借出金额，实现自助式借款。2007年国内首家P2P网络借贷平台在上海成立，很多勇于尝试互联网投资的投资者接触到了P2P网络借贷模式。P2P网贷在中国经历了一个从无到有、从少到多的过程。由于2007年引进之初并未引起重视，P2P网贷平台数量较少，鲜有人涉足。直到2010年才陆陆续续出现一些试水者。到2012年，我国P2P网贷行业进入全面爆发期，网贷平台如雨后春笋般涌现。

从2013年起，P2P网贷更是以几近疯狂的速度增长，平均每天就有1～2家新平台成立，2013年网贷平台数量为800家，2014年为1 575家，2015年为2 595家。

伴随爆发式增长的是问题平台不断涌现，跑路、倒闭、坏账等消息不绝于耳。2015年发生的“e租宝”事件更是将我国网贷行业推到了舆论的风口浪尖，2016年12月底，网贷行业正常运营平台数量达到了2 448家，2017年为1 931家，相比2016年年底减少了517家。截至2018年12月底，P2P网贷行业累计成交量为8.03万亿元，突破8万亿元大关；P2P网贷行业正常运营平台合计待还本金总量7 889.65亿元，环比下降2.74%。P2P网贷行业正常运营平台数量减少为1 021家。

为引导P2P网贷行业规范化发展，监管政策相继出台。2014年4月，中国银监会发布了《关于办理非法集资刑事案件适用法律若干问题的意见》，提出P2P网贷平台要明确平台的中介性质、本身不得提供担保、不得归集资金搞资金池、不得非法吸收公众资金四条红线。

2015年7月18日，央行等十部委联合发布《关于促进互联网金融健康发展的指导意见》，确立了P2P监管的基本框架，明确了P2P的监管单位为银监会，取消了对P2P准入门槛的监管，转而实行负面清单管理，明确了网贷机构不得吸收公众存款等12项禁止性行为。

2015年7月31日，央行发布《非银行支付机构网络支付业务管理办法（征求意见稿）》，明确了P2P与第三方支付资金业务的界限。

至此，我国P2P网贷行业正式告别“无监管”时代，迎来了监管元年。2015年8

月，最高人民法院发布《最高人民法院关于审理民间借贷案件适用法律若干问题的规定》，首次将网络借贷纳入法律，标志着P2P在司法上被正式承认。

2016年8月，银监会向各家银行下发《网络借贷信息中介机构业务活动管理暂行办法》。2016年10月13日，国务院办公厅发布《互联网金融风险专项整治工作实施方案》。按照中央有关部署，要求有关部门配合开展互联网金融领域专项整治，加强对民间融资借贷活动的规范和监管，最大限度减少其对社会稳定的影响。银监会在2017年2月和8月分别下发的《网络借贷资金存管业务指引》和《网络借贷信息中介机构业务活动信息披露指引》，标志着网贷行业银行存管、备案、信息披露三大主要合规政策悉数落地，并与2016年发布的《网络借贷信息中介机构业务活动管理暂行办法》共同组成网贷行业“1＋3”制度体系。

2019年1月，互金整治办、网贷整治办联合发布《关于做好网贷机构分类处置和风险防范工作的意见》（即“175号文”），提出将坚持以机构退出为主要工作方向，除部分严格合规的在营机构外，其余机构能退尽退，应关尽关，加大整治工作的力度和速度。2019年3月15日，互金整治办、网贷整治办会同国家计算机网络应急技术处理协调中心在内部下发《关于启动网络借贷信息中介机构运营数据实时接入的通知》（即“22号文”）。“22号文”指出，在营网贷平台应在2019年6月底前全部完成实时数据接入，无法按时完成实时系统接入的网贷机构后续应逐步退出市场。2019年11月，互金整治小组和网贷整治小组联合下发《关于网络借贷信息中介机构转型为小额贷款公司试点的指导意见》（即“83号文”），备受关注的转型小贷方案终于落地。“83号文”要求，引导部分符合条件的网贷机构转型为小贷公司。在“83号文”发布前，不少头部平台已迈出转型、退出的步伐，如拍拍贷主动“切割”网贷业务并全面转型助贷，有些大平台在停止网贷业务后转而向金融机构提供金融科技技术服务。

根据《2019年中国网贷行业年报》，截至2019年末，共监测到平台6 351家，其中非正常运营平台6 056家，仅有295家平台正常运营；截至同期，行业总借贷余额为5 617亿元，同比下降38.6%；2019年全年行业总借贷金额为8 156亿元，同比下降49.62%；借款人与出借人加速锐减，2019年12月活跃借款人数为84万，出借人数为81万；行业平均利率为9.29%。

2020年11月27日，银保监会首席律师刘福寿在“《财经》年会2021”上表示，互联网金融风险大幅压降，全国实际运营的P2P网贷机构由高峰时期约5 000家逐渐压降，到2020年11月中旬完全归零，这意味着P2P网贷机构全面清退，P2P时代正式落幕。

4.2.4 众筹

国产动画电影《西游记之大圣归来》上映62天，狂揽9.25亿元人民币票房。该片片尾出现的109位投资者名单让该电影背后的众筹模式引起人们的关注。该片出品人路伟曾在自己的微信朋友圈发了一条消息，为影片募集宣发经费，最终有89位众筹者参与了投资，而片尾出现的109位投资者就是这89位众筹者的孩子。89位众筹投资人合计投入780万元，最终获得本息约3 000万元，平均每位投资人净赚20多万元。

众筹译自“crowdfunding”一词，即大众筹资或群众筹资，它的兴起源于美国网站Kickstarter，该网站通过搭建网络平台面向公众筹资，让有创造力的人获得他们所需要的资金，使他们的梦想有可能实现。众筹的兴起打破了传统的融资模式，每一位普通人都可以通过众筹模式获得从事某项创作或活动的资金，资金的提供者不再局限于风投等机构，还可以是大众。

众筹指项目发起人通过互联网向投资人发布其创意，以实物、服务或股权等为回报募集资金的模式（众筹流程见图4-1）。众筹具有低门槛、多样性、依靠大众力量、注重创意的特征，主要包括三个参与方：发起人（筹资人）、中介机构（众筹平台）和公众（出资人）。其中，筹资人就是项目发起人，是有创造能力但缺乏资金的人，他们在众筹平台上创建项目，介绍自己的产品、创意或需求，设定筹资期限、筹资模式、筹资金额和预期回报率等。出资人是对筹资人的故事和回报感兴趣的、有能力支持该项目的人，他们通过浏览平台上的各种项目，选择适合的目标进行投资。众筹平台就是众筹网站，是连接发起人和出资人的互联网终端，负责审核、展示筹资人创建的项目并提供服务支持。发起人将他的想法和设计原型以视频、图片和文字的方式进行展示，出资人如果觉得想法很靠谱就可以把钱投给筹资人，以换取相应的承诺。这种商业模式下任何人都可以成为大众投资者，因为众筹平台的准入门槛很低。

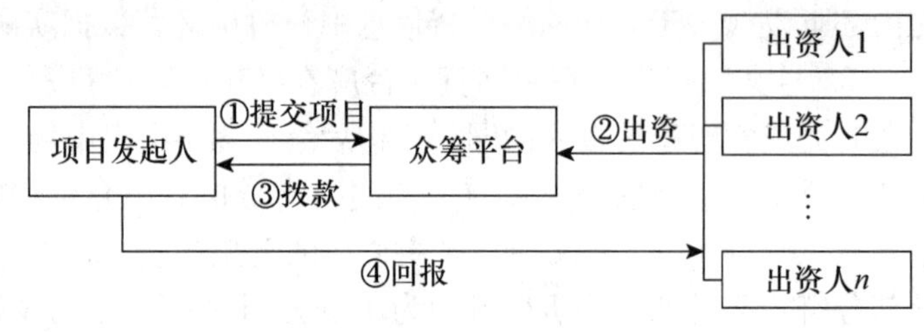

图4-1 众筹流程

众筹模式有以下几种。

1. 债权众筹

债权众筹是指投资者对项目或公司进行投资，获得一定比例的债权，未来获取利息收益并收回本金；简而言之就是一方给钱，另一方须还本金和利息。债权众筹实际上就是P2P网贷，它由多位投资人对P2P平台上的借款项目进行投资，按投资比例获得债权，未来获取利息收益并收回本金。大众谈论的狭义众筹一般不包括这种模式。

2. 股权众筹

股权众筹是指投资者对项目或公司进行投资，获得一定比例的股权；简单来说就是投资者出钱购买公司或项目股份。股权众筹实质上是私募股权互联网化。股权众筹存在一定风险，获得风投的创业企业失败率或高达80%，即使投资的企业发展顺利，也需要等到企业被收购、下一轮融资或最终上市时，投资人才能兑现收益。比如，联合光伏在众筹网发起建立全球最大的太阳能电站的众筹项目，该项目预计筹资金额1 000万元，每份筹资金额10万元，每个用户最多可购买一份，所有支持者都将成为此项目的股东。

股权众筹按是否担保分为两类：无担保的股权众筹和有担保的股权众筹。无担保的股权众筹是指投资人在投资过程中，没有第三方公司提供相关权益的担保。目前国内基本上都是无担保的股权众筹。有担保的股权众筹是指项目在进行众筹的同时，有第三方公司提供相关权益的担保，这种担保是固定期限的担保。

中国证券业协会发布的《私募股权众筹融资管理办法(试行)(征求意见稿)》规定，股权众筹平台的净资产不得低于500万元人民币，不得兼营个人网络借贷或网络小额贷款业务，个人参与股权众筹，要求其金融资产不低于300万元人民币，或最近三年个人年均收入不低于50万元人民币。2015年7月18日，中国人民银行等十部委发布《关于促进互联网金融健康发展的指导意见》，指出股权众筹融资主要是指通过互联网形式进行公开小额股权融资的活动。股权众筹融资必须通过股权众筹融资中介机构平台（互联网网站或其他类似的电子媒介）进行。股权众筹融资中介机构可以在符合法律法规规定的前提下，对业务模式进行创新探索，发挥股权众筹融资作为多层次资本市场有机组成部分的作用，更好地服务创新创业企业。股权众筹融资方应为小微企业，应通过股权众筹融资中介机构向投资人如实披露企业的商业模式、经营管理、财务、资金使用等关键信息，不得误导或欺骗投资者。投资者应当充分了解股权众筹融资活动的风险，具备相应风险承受能力，进行小额投资。股权众筹融资业务由证监会负责监管。

3. 回报众筹

回报众筹是指投资者对项目或公司进行投资，获得产品或服务，即投资者出钱购买产品或服务。小米在2015年“双十一”期间在淘宝众筹发起了回报众筹项目，此次众筹活动的回报就是成为下一款新品手机的首批使用者。这次众筹赢得了小米粉丝和网友的支持，共35 595人参与众筹，募集金额高达3 559.5万元，是目标融资金额的35.6倍。

4. 捐赠众筹

捐赠众筹是指投资者对项目或公司进行无偿捐赠。捐赠众筹是公益性的，“互联网+公益”具有支付和传播的优势，2015年“贫困挡不住梦想”项目得到2 458 381人支持，帮助中西部贫困学子实现人生转变。“新年送有爱红包”得到1 223 729人支持，为贫困地区儿童送去一份新年礼包。

众筹项目必须在发起人预设的时间内达到或超过目标金额才算成功。在设定天数内，达到或者超过目标金额，项目即成功，发起人可获得资金；筹资项目完成后，支持者将得到发起人预先承诺的回报，回报方式可以是实物，也可以是服务。如果项目筹资失败，资金将全部退还给支持者。

4.2.5 典当融资

典当在《新华字典》里的解释是“以物抵押换钱”，在我国最早见诸文字记载于《后汉书·刘虞传》中——东汉末年黄巾起义，甘陵相刘虞奉命攻打幽州，与部将公孙瓒发生矛盾。“虞所赉赏，典当胡夷，瓒数抄夺之。”刘虞原打算把受赏之财质押外族，却被公孙瓒劫掠。这是历史上将“典当”二字最早连用的一次，把典当活动作为一种社会经济活动加以记载。它表明，典当在中国最晚兴起于东汉，距今已有1 800年的历史。1987年12月，成都市华茂典当服务商行在成都正式挂牌营业，成为新中国成立后第一家典当行。

根据商务部、公安部颁布的《典当管理办法》，典当是指当户将其动产、财产权利作为当物质押或者抵押给典当行，交付一定比例费用，取得当金，并在约定期限内支付当金利息、偿还当金、赎回当物的行为。通俗地说，典当就是以财物作质押，有偿有期借贷融资的一种方式。这是一种以物换钱的融资方式，只要顾客在约定时间内还本并支付一定的综合服务费（包括当物的保管费、保险费、利息等），就可赎回当物。

典当行名称中应当标明“典当”字样。其他任何经营性组织和机构的名称不得含有“典当”字样，不得经营或者变相经营典当业务。

1. 抵押物

典当行可以经营的业务包括动产、财产权利和房地产的质押典当。典当行经营房地产抵押典当业务，应当和当户依法到有关部门先行办理抵押登记，再办理抵押典当手续。典当行经营机动车质押典当业务，应当到车辆管理部门办理质押登记手续。典当行经营其他典当业务，有关法律法规要求登记的，应当依法办理登记手续。典当行不得收当下列财物：依法被查封、扣押或者已经被采取其他保全措施的财产；赃物和来源不明的物品；易燃、易爆、剧毒、放射性物品及其容器；管制刀具，枪支、弹药，军、警用标志、制式服装和器械；国家机关公文、印章及其管理的财物；国家机关核发的除物权证书以外的证照及有效身份证件；当户没有所有权或者未能依法取得处分权的财产；法律法规及国家有关规定禁止流通的自然资源或者其他财物。典当行在当期内不得出租、质押、抵押和使用当物。质押当物在典当期内或者续当期内发生遗失或者损毁的，典当行应当按照估价金额进行赔偿。遇有不可抗力导致质押当物损毁的，典当行不承担赔偿责任。

2. 当票

当把财物抵押给当铺时，当户会与典当行签订当票，即当户和典当行之间的借贷契约，它也是典当行向当户支付当金的付款凭证。当票一般会载明以下事项：典当行机构名称及住所；当户姓名（名称）、住所（址）、有效证件（照）及号码；当物名称、数量、质量、状况；估价金额、当金数额；利率、综合费率；典当日期、典当期、续当期；当户须知。

典当行和当户就当票以外事项进行约定的，应当补充订立书面合同，但约定的内容不得违反有关法律法规的规定。典当行和当户不得将当票转让、出借或者质押给第三人。典当行和当户应当真实记录并妥善保管当票。当票遗失，当户应当及时向典当行办理挂失手续。未办理挂失手续或者挂失前被他人赎当，典当行无过错的，典当行不负赔偿责任。

3. 典当费用和期限

典当时间的长短由典当行和当户约定，但最长不得超过6个月。典当期限届满后5日内，经双方同意可以续当，续当一次的期限最长为6个月。典当的费用包括典当当金利息和综合费用。典当当金利率按贷款市场报价利率（LPR）及浮动范围执行，当金利息不得预扣。典当行应当根据实际提供的服务向当户收取综合费用，且不得超过《典当管理办法》规定的费率上限。典当综合费用包括各种服务及管理费用。动产质押典当的月综合费率不得超过当金的42‰；房地产抵押典当的月综合费率不得超过当金的27‰；财产权利质押典当的月综合费率不得超过当金的24‰。综合费用一般按日收取，但是有最低限，当期不足5日的，按5日收取有关费用。当户于典当期限或者续当期限届满至绝当前赎当的，除须偿还当金本息、综合费用外，还应当根据中国人民银行规定的银行等金融机构逾期贷款罚息水平、典当行制定的费用标准和逾期天数，补交当金利息和有关费用。

4. 典当物品不能赎回时的处理

典当期限或者续当期限届满后，当户应当在 5 日内赎当或者续当。逾期不赎当也不续当的，为绝当，也就是当户无法偿还融资，所抵押的物品也不能要回，由典当行进行处理。典当行对绝当物采取协议折价或协议拍卖、变卖的处理方式，并就拍卖、变卖所得价款优先受偿，“多退少补”。即拍卖、变卖收入在扣除拍卖、变卖费用及当金本息后，剩余部分应当退还当户，不足部分应当继续向当户追偿。对国家限制流通的绝当物，应当根据有关法律、法规，报有关管理部门批准后处理或者交售指定单位；典当行在营业场所以外设立绝当物品销售点应当报省级商务主管部门备案，并自觉接受当地商务主管部门监督检查；典当行处分绝当物品中的上市公司股份应当取得当户的同意和配合，典当行不得自行变卖、折价处理或者委托拍卖行公开拍卖绝当物品中的上市公司股份。

通过典当，个人可以质押或抵押的方式从典当行获得资金，这是一种快速、便捷的融资方式，与作为主流融资渠道的银行贷款相比，其最大的特点就是灵活和快捷。当物灵活，典当行一般接受的抵押物、质押物的范围很广，包括金银饰品、古玩珠宝、家用电器、机动车辆、生活资料、生产资料、商品房产、有价证券等；期限灵活，典当的期限最长可以是半年，在典当期限内当户可以提前赎当，经双方同意可以续当；手续快捷，银行申请贷款手续繁杂、周期长，典当贷款手续十分简便，大多立等可取，即使是不动产抵押，也比银行要便捷得多。典当能满足个人短期融资需求，更有“江湖救急”的特点。

4.2.6　其他融资方式

生活中我们难免会遇到短期资金周转不灵或者着急用钱的情况，除了上述融资方式外，下述渠道也可快速满足个人的短期融资需求。

1. 信用卡

通过信用卡透支取现，成本虽然高，但门槛很低。使用信用卡来满足融资需求的特点是快捷方便，但会有额度限制，而且使用期限比较短，一旦不能准时还款，将对个人信用产生很大影响。总的说来，利用信用卡进行短期融资有以下方式。

一是在持卡消费之后全额还款，不会收取任何利息和费用，如果超过了银行规定的最后还款日，要收取日利率 0.05%的利息。

二是正常消费，但在还款日没有足够的金额还款，可以选择最低还款，一般为全额的 5%～10%，选择最低还款对信用没有任何损失，但是如果连最低还款都还不上，就会在很大程度上影响征信，给日后购房贷款或者办理其他银行的信用卡造成困难。最低还款额的计算公式如下：

最低还款额＝信用额度内消费款的 10%＋预借现金交易款的 100%
＋费用和利息的 100%＋前期最低还款额未还部分的 100%
＋超过信用额度消费款的 100%

信用卡最低还款一经使用，持卡人就不再享受免息期的优惠，会被从消费日开始征收每天万分之五的利息。

三是透支取现。如果急需现金，也可以通过信用卡透支取现，但是取现不享受免息待遇，要按取现金额的1%收取取现手续费，取现后按日利率万分之五计收利息，并按月收取复利。如果在最后还款日未全额还款，也没按最低还款额还款，会收取滞纳金。

四是账单分期。信用卡账单分期是指持卡人在刷卡消费之后、到期还款日之前，通过电话或网络等方式向发卡银行提出将本期账单分期还款。虽然各家银行纷纷推出账单分期付款，但并不意味着每个持卡人都可以实现分期付款。银行一般要根据持卡人的信用额度、持卡消费的信用记录等对持卡人的资信状况进行评估。评估通过，持卡人才能顺利进行分期付款；如果评估结果不理想，银行就可能拒绝持卡人的分期付款申请，或者不能给予持卡人想要的分期付款额度。一般账单分期的手续费会高于贷款利息。

总之，信用卡的使用给我们的融资带来极大的方便，不需要抵押担保物，同时快捷迅速，但是除非在正常还款日全额还款，不然其他几种方式均会产生较高的费用。

2. 存单质押

存单质押是借款人以贷款银行签发的未到期的个人本外币定期储蓄存单作为质押，从贷款银行取得一定金额贷款，并按期归还贷款本息的一种业务。存单质押的贷款期限最长不超过一年或存单的到期日；额度起点一般为5 000元，每笔贷款不超过存单质押价值的90%，最高可达质押价值的95%；贷款利率按照中国人民银行规定的同期同档次贷款利率执行，可视借款人情况最多下浮10%。质押存单存期内按正常存款利率计息。存本取息定期存款存单用于质押时，停止取息。贷款合同期满，借款人未按期归还贷款本金和利息的，贷款人可直接将存单兑现。存单到期日晚于借款到期日的，贷款人可继续保管质押存单，在存单到期日兑现以实现质权。

3. 保单质押

保单质押是投保人把所持有的保单直接抵押给保险公司，按照保单现金价值的一定比例获得资金的一种融资方式。不是任何保单都可以质押贷款，只有具有现金价值的保单才可以进行保单贷款。具有储蓄性质的长期人寿保险，如两全保险、终身寿险、养老保险、万能保险以及分红保险等，投保一年后，保单就开始具有现金价值，缴费时间越长，累积的现金价值越高。这些保单通常都可以用于保单贷款，但要根据保险合同中的具体条款而定。短期意外险和健康险没有现金价值，或者现金价值很低，所以这类保单不能用于保单贷款。

保单质押根据贷款人的不同可以分为银行保单质押和保险公司保单质押。相对而言，保险公司提供的贷款额度有限，时间较短，但利率低且手续便捷；而银行保单质押贷款利息高，手续相对烦琐，但贷款额度较高，时间相对灵活。

还款时客户可以选择一次性全部偿还或部分偿还。如果在贷款期满时客户未能偿还贷款及贷款利息，所欠保单贷款及累积贷款利息将构成新保单贷款，按到期日次日的保单贷款利率计息。如果客户偿还部分贷款，其还款将首先用于偿还累积利息，然后用于偿还贷款本金。如果借款人到期不能履行债务，当贷款本息小于保单现金价值的一定比例时，保险合同终止。在保单有效的情况下，客户在保单贷款期间可以持续享受保单约定的保险保障。保单质押一般只适合短期资金周转，并不适合股票等高风险投资。

4.3 银行贷款的种类与选择

4.3.1 银行贷款的种类

1. 按贷款期限分类

银行贷款按贷款期限可分为短期贷款、中期贷款、长期贷款。短期贷款指贷款期限在 1 年以内的贷款；中期贷款指贷款期限为 1～5 年的贷款；长期贷款指贷款期限为 5 年以上的贷款。

贷款的利率一般按时间长短来划分，时间长的利率更高，时间短的利率低些，表 4－1 为贷款的基准利率，各银行会有一定浮动。

表 4－1　金融机构人民币贷款基准利率表（2015 年 10 月 24 日）

贷款种类	年利率（%）
一、短期贷款	
1 年以内（含 1 年）	4.35
二、中长期贷款	
1～5 年（含 5 年）	4.75
5 年以上	4.9
三、个人住房公积金贷款	
5 年以下（含 5 年）	2.75
5 年以上	3.25

2. 按担保方式分类

银行贷款按担保方式可分为个人抵押贷款、个人质押贷款、个人信用贷款、个人保证贷款。

（1）个人抵押贷款是指贷款银行以借款人或第三方提供的、经贷款银行认可的、符合规定条件的财产作为抵押物而向自然人发放的贷款。根据《民法典》的规定，债务人或者第三人有权处分的下列财产可以抵押：建筑物和其他土地附着物；建设用地使用权；海域使用权；生产设备、原材料、半成品、产品；正在建造的建筑物、船舶、航空器；交通运输工具；法律、行政法规未禁止抵押的其他财产。

（2）个人质押贷款是指自然人以合法有效的符合银行规定条件的质物出质，向银行申请取得一定金额的贷款。根据《民法典》的规定，债务人或者第三人有权处分的下列权利可以出质：汇票、支票、本票；债券、存款单；仓单、提单；可以转让的基金份额、股权；可以转让的注册商标专用权、专利权、著作权等知识产权中的财产权；现有的以及将有的应收账款；法律、行政法规规定可以出质的其他财产权利。

（3）个人信用贷款是以借款人的信誉发放的贷款。个人信用贷款主要依据借款申请人的个人信用状况确定信贷额度，信用等级越高，信用额度越大，反之越小。有些银行提供个人信用循环贷款，它是银行根据个人客户的信用状况，为其提供的一种短期融资便利产品，借款人在银行核定的额度内可循环使用贷款。个人信用循环贷款可用于除购买住房、商用房等房屋之外的合法个人消费支出，不能用于投资经营。

（4）个人保证贷款是指银行以银行认可的，具有代位清偿债务能力的法人、其他经济组织或自然人作为保证人而向自然人发放的贷款。

3. 按贷款产品用途分类

银行贷款按贷款产品用途可分为个人消费类贷款和个人经营性贷款。个人消费类贷款用来满足个人的消费支出，是银行向申请购买“具有合理用途的消费品或服务”的借款人发放的个人贷款。具体来说，是银行向个人客户发放的有指定消费用途的贷款，用途主要有购买住房、汽车等。个人消费类贷款有：住房贷款（商业住房贷款、公积金住房贷款和组合贷款）、汽车贷款、教育贷款、住房装修贷款、耐用消费品贷款、旅游消费贷款、医疗贷款等。而经营性贷款指银行向从事合法生产经营的自然人发放的，用于定向购买商用房以及用于满足个人控制的企业（包括个体工商户）生产经营流动资金需求和其他合理资金需求的贷款。个人经营性贷款包括个人商用房贷款、个人经营贷款、农户贷款和下岗失业小额担保贷款。

4. 银行委托贷款

银行委托贷款，是指委托人提供资金，由商业银行（受托人）根据委托人确定的借款人、用途、金额、币种、期限、利率等代为发放、协助监督使用并收回的贷款。商业银行与委托人、借款人就委托贷款事项达成一致后，三方应签订委托贷款借款合同。合同中应载明贷款用途、金额、币种、期限、利率、还款计划等内容，并明确委托人、受托人、借款人三方的权利和义务。

银行委托贷款是商业银行的委托代理业务。商业银行按照责利匹配的原则，收取代理手续费，不承担信用风险。商业银行应按照“质价相符”“谁委托谁付费”的原则向委托人收取代理手续费。银行不得将国家规定具有特殊用途的各类专项基金、银行授信资金、发行债券筹集的资金、筹集的他人资金等用于发放委托贷款。商业银行受托发放的贷款应有明确用途，资金用途应符合法律规定和信贷政策。资金不得用于从事债券、期货、金融衍生品、理财产品、股本权益等投资，也不得用作注册资本金、注册验资或增资扩股和国家明确规定的其他禁止用途。

4.3.2 贷款条件

个人贷款申请应具备以下条件：

（1）借款人为具有完全民事行为能力的中华人民共和国公民或符合国家有关规定的境外自然人；

（2）贷款用途明确合法；

（3）贷款申请数额、期限和币种合理；

（4）借款人具备还款意愿和还款能力；

（5）借款人信用状况良好，无重大不良信用记录；

（6）贷款人要求的其他条件。

贷款人受理借款人贷款申请后，应履行尽职调查职责，对个人贷款申请内容和相关情况的真实性、准确性、完整性进行调查核实，形成调查评价意见。贷款调查包括但不限于以下内容：借款人基本情况；借款人收入情况；借款用途；借款人还款来源、还款能力及还款方式；保证人担保意愿、担保能力或抵（质）押物价值及变现能力。

银行贷款调查应以实地调查为主、间接调查为辅，采取现场核实、电话查问以及信息咨询等途径和方法。银行贷款审查应对贷款调查内容的合法性、合理性、准确性进行全面审查，重点关注调查人的尽职情况和借款人的偿还能力、诚信状况、担保情况、抵（质）押比率、风险程度等。贷款风险评价应以分析借款人现金收入为基础，采取定量和定性分析方法，全面动态地进行贷款审查和风险评估。贷款人应建立和完善借款人信用记录和评价体系。贷款需要提供的基本资料有：贷款申请表；身份证（包括配偶）复印件；户口簿复印件；婚姻证明复印件；个人收入证明或其他足以证明其收入水平的证明；以财产抵押或质押担保的，应提供抵（质）押物的权属证明、抵押物估价证明原件、质物原件；有权处分人同意抵押或质押的证明；由第三方提供保证担保的，必须提供保证人身份证件、户籍证明原件及复印件，以及担保人收入证明（自然人保证担保时）；法人保证人的营业执照和法人代码证及近期财务报表等（法人保证担保时）。

4.3.3　贷款还款付息方式的选择

1. 等额本息还款和等额本金还款

银行贷款的常见还款方式有四种：等额本息还款、等额本金还款、一次性还本付息以及按期付息还本。

等额本息还款：还款额每月都一样，便于记忆，也便于借钱方安排收支，适合收入稳定的借钱方。不过，由于利息不会随本金的偿还而减少，所以还款总利息相对较高，且银行贷款占用时间长。

等额本金还款：前期所要偿还的金额较多，还款压力较大，不过还款压力会逐月递减，适合经济收入状况较好的贷款者。

一次性还本付息：这类还款方式操作简单，但适用性不强，适合贷款期限在一年或一年以下的贷款。

按期付息还本：借钱方可根据自己的经济情况与银行协商指定还款时间。并不是全部银行都有这类还款方式，这种方式适合收入不稳定的贷款者。

下面重点介绍等额本息还款法与等额本金还款法。

等额本息还款法，即借款人每月按相等的金额偿还贷款本息，其中每月贷款利息按月初剩余贷款本金计算并逐月结清。由于每月的还款额相等，因此，在贷款初期每月的还款中，剔除按月结清的利息后，所还的贷款本金较少。而在贷款后期因贷款本金不断减少，每月的还款额中贷款利息会不断减少，相应的每月所还的贷款本金较多。这种还款方式实际占用银行贷款的数额更多、时间更长，同时它还便于借款人合理安排每月的生活并进行理财，对于精通投资、擅长“以钱生钱”的人来说，这无疑是最好的选择。

$$\text{月均还款额}=\frac{\text{贷款本金}\times\text{月利率}\times(1+\text{月利率})^{\text{总还款期数}}}{(1+\text{月利率})^{\text{总还款期数}-1}}$$

等额本金还款法，即借款人每月按相等的金额（贷款金额/贷款月数）偿还贷款本金，每月贷款利息按月初剩余贷款本金计算并逐月结清，两者合计即每月的还款额。由于每月所还本金固定，每月贷款利息随着本金余额的减少而逐月递减，因此在贷款初期月还款额较大，此后逐月递减（月递减额=月还本金×月利率）。由于等额本金还款法提前归还了部分贷款本金，与前者相比实际上是减少了占用银行的钱，当然计算下来贷款利息就少一些。此种还款方式适合生活负担越来越重（养老、看病、孩子上学等）或预计收入会逐渐减少的人使用。其计算公式如下：

$$每月还款额=\frac{贷款本金}{还款月数}+(贷款本金-累计已还本金)\times 月利率$$

我们以住房商业贷款利率为6.53%，向银行借款30万元为例，比较一下两种还款方式（见表4-2）。

表4-2 等额本息还款与等额本金还款比较

	等额本息还款	等额本金还款
贷款金额	30万元	30万元
贷款年限	30年	30年
贷款利率	6.53%	6.53%
还款总额	684 765.65元	594 666.25元
支付利息	384 765.65元	294 666.25元
贷款月数	360	360
第一个月（1期）	1 902.13元	2 465.83元
最后一个月（360期）	1 902.13元	837.87元

从表4-2中我们可以看出，等额本金所还的利息要比等额本息少90 099.4元（384 765.65−294 666.25）。等额本息每期负担相同，等额本金则随着时间的推移，负担逐渐减少，第一个月2 465.83元，最后一个月837.87元。

另外还要考虑提前还款的问题（见表4-3和表4-4），假设两种方式已还款两年，并且在还款期间利率没有变化。

表4-3 等额本息还款表

单位：元

期数	月还款额	应还本金	应还利息	贷款余额
0				300 000.00
1	1 902.13	269.63	1 632.50	299 730.37
2	1 902.13	271.09	1 631.03	299 459.28
3	1 902.13	272.57	1 629.56	299 186.71
4	1 902.13	274.05	1 628.07	298 912.66
5	1 902.13	275.54	1 626.58	298 637.12
6	1 902.13	277.04	1 625.08	298 360.08
7	1 902.13	278.55	1 623.58	298 081.53
8	1 902.13	280.07	1 622.06	297 801.46
9	1 902.13	281.59	1 620.54	297 519.87
10	1 902.13	283.12	1 619.00	297 236.75
11	1 902.13	284.66	1 617.46	296 952.09

续表

期数	月还款额	应还本金	应还利息	贷款余额
12	1 902.13	286.21	1 615.91	296 665.88
13	1 902.13	287.77	1 614.36	296 378.11
14	1 902.13	289.34	1 612.79	296 088.77
15	1 902.13	290.91	1 611.22	295 797.86
16	1 902.13	292.49	1 609.63	295 505.37
17	1 902.13	294.09	1 608.04	295 211.28
18	1 902.13	295.69	1 606.44	294 915.59
19	1 902.13	297.29	1 604.83	294 618.30
20	1 902.13	298.91	1 603.21	294 319.39
21	1 902.13	300.54	1 601.59	294 018.85
22	1 902.13	302.17	1 599.95	293 716.68
23	1 902.13	303.82	1 598.31	293 412.86
24	1 902.13	305.47	1 596.65	293 107.39

表 4-4　等额本金还款表　　单位：元

期数	月还款额	应还本金	应还利息	贷款余额
0				300 000.00
1	2 465.83	833.33	1 632.50	299 166.67
2	2 461.30	833.33	1 627.97	298 333.34
3	2 456.76	833.33	1 623.43	297 500.01
4	2 452.23	833.33	1 618.90	296 666.68
5	2 447.69	833.33	1 614.36	295 833.35
6	2 443.16	833.33	1 609.83	295 000.02
7	2 438.63	833.33	1 605.29	294 166.69
8	2 434.09	833.33	1 600.76	293 333.36
9	2 429.56	833.33	1 596.22	292 500.03
10	2 425.02	833.33	1 591.69	291 666.70
11	2 420.49	833.33	1 587.15	290 833.37
12	2 415.95	833.33	1 582.62	290 000.04
13	2 411.42	833.33	1 578.08	289 166.71
14	2 406.88	833.33	1 573.55	288 333.38
15	2 402.35	833.33	1 569.01	287 500.05
16	2 397.81	833.33	1 564.48	286 666.72
17	2 393.28	833.33	1 559.94	285 833.39
18	2 388.74	833.33	1 555.41	285 000.06
19	2 384.21	833.33	1 550.88	284 166.73
20	2 379.67	833.33	1 546.34	283 333.40
21	2 375.14	833.33	1 541.81	282 500.07
22	2 370.60	833.33	1 537.27	281 666.74
23	2 366.07	833.33	1 532.74	280 833.41
24	2 361.54	833.33	1 528.20	280 000.08

由表 4-3 和表 4-4 可知，两年内，等额本息共还款 45 651.12 元，其中本金只还

了6 892.61元，利息还了38 758.39元，大部分还的是利息，本金仅占还款额的15.10%；而等额本金共还款57 928.42元，本金还了19 999.92元，利息还了37 928.43元，本金所占的比例达到34.53%。

等额本息还款法每期还款额中的本金都不相同，在贷款初期每月还款额中，利息占的比重较大，本金占的比重较小。等额本金还款法在整个还款期内每期还款额中的本金都相同，偿还的利息逐月减少。在贷款时间相同的条件下，采用等额本息还款法所付出的利息要高于等额本金还款法。可见，采用等额本息还款法的话，由于最初几年还款中付给银行的利息要远远多于本金，相对来说提前还贷有点划不来。因此，如果买房时有提前还款的打算，最好选择等额本金还款法。

2. 双周供还款

双周供还款打破了传统的按月还贷周期，为贷款客户制定每两周归还一次贷款的计划，每次还款额约为原月供的一半（双周供与等额本金、等额本息的比较见表4-5）。选择双周供后，银行每两周扣款一次，客户还款率相对提高，可适当节约贷款本金，客户负担的利息会减少。双周供对资金安排的要求大大高于月供，对月收入不宽裕或者工资发放不定时的借款人来说，可能会有一定的信用风险。双周供比较适合每月收入可以多次入账，还款能力强，或准备缩短还款期限的贷款人。

表4-5 等额本息与等额本金、双周供还款比较

	等额本息还款	等额本金还款	双周供还款
原始本金	50万元	50万元	50万元
贷款年利率	6.39%	6.39%	6.39%
贷款周期	30年	30年	24年1个月
支付频率	每月支付一次	每月支付一次	每两周支付一次
每月支付金额	3 124.26元（月）	2 723.84元（月平均值）	3 124.26元（4周）
利息累计	624 733.60元	480 581.25元	483 100.27元
节省利息	—	144 152.35元	141 633.33元
节省天数	—	0天	2 135天

3. 固定利率与浮动利率贷款

一般而言，当贷款基准利率发生变化时，如果个人的贷款期限没有超过一年的时间，就以当时合同的利率为准，即使遇到了利率调整的情况，也不会分时间段计息；如果个人房贷期限在一年以上，遇到法定利率调整的话，就会在下一年初开始执行最新的贷款利率。

如果贷款者在签订贷款合同时选择固定利率贷款，也就是在贷款期限内，不论银行利率如何变动，上调或是下降，借款人都将按照合同签订的固定利率支付利息。这种贷款利率不随物价或其他因素的变化而调整。将利率固定，意味着一定期间内无论法定利率怎么调整，借款人的借款利率不变，所以还款额不变，便于借款人安排自己的资金；在利率上升阶段，固定利率无疑固定了资金使用成本，银行贷款利率也许在上调后高于固定利率，这样借款者可以减少利息支出；在降息阶段，借款人承担的就是利率降低的风险，因为利率固定而不能享受到降息带来的优惠。

浮动利率贷款的利息会随着市场利率波动而波动，如果利率下降，借款人就可以减

少利息支出；反之，利息支出就会随之增加。针对后一种情况，借款人要关注自己的账户金额是否充足，以免因账户金额不足而无法按时足额还款，影响自己的征信记录。

总的来说，在考虑是否选择固定利率贷款方式时，要充分了解市场的变化趋势及货币政策的最新动态。

4.3.4　贷款展期和提前还款

1. 个人银行贷款展期

贷款展期是指借款人因故不能按期偿还贷款时，借贷双方经协商同意，延长原借款合同确定的贷款期限的行为。只要银行同意，个人贷款就可以展期。一年以内的个人贷款，展期期限累计不得超过原贷款期限；一年以上的个人贷款，展期期限累计与原贷款期限相加，不得超过该贷款品种规定的最长贷款期限。贷款是否展期由银行决定。保证贷款、抵押贷款、质押贷款需要展期的，还应当由保证人、抵押人、出质人出具同意书面证明。

贷款展期的申请是有次数限制的。对于贷款展期，如果贷款合同中有约定的，按照约定执行；没有约定的，由借贷双方协商而定。银行一般规定每笔贷款只能申请一次贷款展期。

2. 个人银行贷款提前还款

提前还款是指借款方在还款到期日之前先行偿还贷款的行为。提前还款在某些情况下对借款人有利而对贷款人不利，所以应对是否允许提前还款以及提前还款的条件予以明确规定。提前还款包括提前全部还款、提前部分还款且贷款期限不变、提前部分还款的同时缩短贷款期限三种情况。决定提前还款时，首先应查看贷款合同中有关提前还贷的要求，注意提前还贷是否须交一定的违约金；然后向贷款银行电话咨询提前还贷的申请时间及最低还款额度等其他需要准备的资料；接着按银行要求亲自到相关部门提交还款申请，借款人携相关证件到借款银行办理提前还款相关手续，提交提前还款申请表并在柜台存入提前偿还的款项即可。由于每家银行的办理流程、预约时间、收取违约金的情况以及扣款情况等均不同，提前还款前一定要先咨询贷款银行。

无论出于何种目的，动用提前还款选择权的决策原则仍然是成本效益原则，以下是几种常见的提前还款方式，但是不同的银行可能会对还款方式有不同的规定，所以具体还要看银行的要求。

（1）全部提前还款，剩余的贷款一次性还清；

（2）部分提前还款，保持每月还款额不变，还款期限缩短；

（3）部分提前还款，每月还款额减少，保持还款期限不变；

（4）部分提前还款，每月还款额减少，同时还款期限缩短；

（5）部分提前还款，每月还款额增加，还款期限缩短。

各家银行对提前还贷并没有次数的限制，可以一次全部还清，也可部分归还贷款。只是对每次还贷的起点金额各银行规定不一，有的规定是1万元或1万元的倍数，有的银行则规定千元以上就可以提前部分还贷。

值得一提的是，提前还款申请表经借款人银行确认后便不可撤销，并作为借款合同的补充条款，与借款合同具有同等法律效力。如贷款购房人不论任何原因未能按照其向借款人银行出具的提前还款申请表中规定的日期与金额提前还款，将被视为逾期还款，贷款购房人按借款合同承担相应的违约责任。

提前还贷可以减少还贷利息，但不能盲目提前还贷，要考虑三个因素：一是资金来源。不能用应急资金进行还贷，经济能力有限的消费者不宜打乱原有的理财计划。二是资金回报率。如果有富余资金存在银行而不是用于其他投资，这部分钱可以用来提前还款，如果有多种投资渠道，而且投资回报率高于贷款利率，那就可以把富余资金投在回报高的项目上。三是贷款使用期限。如果是等额本息还款，前期已支付了大部分利息，那么到还款中后期提前还款的意义不大。如果消费者手头资金不是很充裕，不要急于还款，否则不利于资金的有效使用。

问题与讨论

1. 张宏为购买房屋向同学李璐借款50万元，准备借8个月，请帮张宏写一张借条，并且说明借条应具备的关键条款。
2. 民间借贷的利率有无上限？在哪个限度内是受到法律保护的？
3. 民间借贷如果逾期，利息该如何计算？
4. 判定借贷合同无效有哪几种情形？
5. 在互联网上选择三个众筹项目，对其风险和收益进行分析。
6. 典当融资需要注意哪些问题？
7. 请说明保单质押和存单质押融资的适用条件。
8. 家住北京的陈明准备贷款买房。银行工作人员告诉他，商业贷款可选择三种还款方式：等额本息、等额本金和双周供。这三种还贷方式有何区别？选择哪种还款方式更节省利息？请说明三种贷款还款方式的优缺点以及适用人群。
9. 请说明固定利率与浮动利率贷款的优缺点。
10. 根据你的朋友、亲戚和家人现有的房屋贷款方式，假设有一笔额外的奖金20万元，你认为他们是否应该用来提前还房贷？如果提前还房贷，你会建议他们选择哪种提前还贷方式并说明理由。

阅读与思考

房贷还了7年1分本金未少

2021年1月16日，一则“民生银行变更还贷方式，房主还贷7年本金1分没还”的新闻迅速引发热议。

2013年10月，蒲先生在民生银行南京分行凤凰西路支行办理了一笔组合房贷业务，贷款总额147万元，其中住房公积金贷款30万元，商业贷款117万元，贷款期限为20年。蒲先生表示，当时签订合同时，约定117万元商业贷款折后年利率为4.2%左右，按照等额本息的方式还款，每个月的还款金额为8 092.95元。

2020年11月，蒲先生想要换房，查看自己的征信报告时发现，还款7年后，自己的房贷本金并没有变化。

按照等额本息的还款方式，每月还款金额不变，还款的本金逐月递增，利息逐月递减。蒲先生每个月还款金额为8 092.95元，其中本金应从2 600元递增，利息应从5 500元递减。然而根据蒲先生的贷款还款明细，从2014年2月开始还款至今，本金归还金额一直为0，利息却是每个月都在还。

红星资本局今日采访了民生银行南京分行，相关工作人员表示，办理此项房贷业务的工作人员早已离职，目前上级部门正在妥善处理这件事。采访中，蒲先生提到，“我第一个月、第二个月都存了9 000元，自动扣款扣了四五千元，然后每个月我都足额存，但扣就扣这么多”。蒲先生还表示，每期还款前，民生银行都会发来当月应还款金额的提示短信，因为自己办理的是组合贷款，他以为差额部分已经从公积金中扣除，因此并没在意。

民生银行的客服经理答复蒲先生：“这笔房贷采用的是先息后本的还款方式，先归还利息，到期后一次性归还117万元本金，类似于消费信用贷款。”蒲先生并不认同银行的说法，“我并没有要求改变还款方式，是银行擅自变更，属于重大违约”。蒲先生还算了一笔账，如果按照当时合同约定的4.2%左右的年利率计算，20年期的房贷，先息后本的还款方式要比等额本息多还三四十万元。

红星资本局在几家银行信贷业务中心了解到，目前各家银行的房贷都是采用等额本息和等额本金两种还款方式。等额本息是指每月还款金额不变，还款的本金逐月递增，利息逐月递减。等额本金是指每月还款金额递减，其中每月还款的本金不变，利息逐月减少。一位中国农业银行信贷经理向红星资本局表示，先息后本是指借款人先还利息最后还本金的还款方式，目前只适用于经营贷、消费贷等短期贷款，房贷业务只有等额本息和等额本金两种还款方式。

“可能是工作人员在录入贷款时操作失误，把房贷错划为其他贷款。”该信贷经理补充说。如果采用先息后本的还款方式，那么意味着蒲先生前期还的只是利息，到期后要一次性还清本金。四川盛豪律师事务所郝慧珍律师向红星资本局表示，根据《民法典》第509条“当事人应当按照约定全面履行自己的义务”的规定，银行应严格按照贷款合同约定的金额、还款方式、期限，履行与贷款者签订的合同，擅自变更还款方式属于合同违约，应承担违约责任，若因违约给贷款者造成损失，还应承担赔偿责任。贷款者可以向银行所在地的中国人民银行分支机构进行投诉，也可以向人民法院起诉，要求银行按照合同履行。如果银行不是故意变更还款方式，而是录入错误、程序错误等其他原因造成的，属于银行自身管理存在问题，不能免除其承担违约责任。另根据第543条“当事人协商一致，可以变更合同”的规定，银行变更还款方式，须与贷款者协商一致。

资料来源：许媛．房贷还了7年1分本金未少．红星新闻，2021-01-17．

思考题：

1．文中还贷方式的特点是什么？

2．从利息的角度，先息后本与等额本金、等额本息哪种还款方式的利息最多？这三种还款方式分别适合哪类人群？

3．在签订房屋贷款合同时，应注意哪些问题？

最高人民法院关于依法妥善审理民间借贷案件的通知

民间借贷在一定程度上满足了社会多元化融资需求，促进了多层次信贷市场的形成和完善。与此同时，民间借贷纠纷案件也呈现爆炸式增长，给人民法院的审判工作带来了新的挑战。近年来，社会上不断出现披着民间借贷外衣，通过“虚增债务”“伪造证据”“恶意制造违约”“收取高额费用”等方式非法侵占财物的“套路贷”诈骗等新型犯罪，严重侵害了人民群众的合法权益，扰乱了金融市场秩序，影响社会和谐稳定。为充分发挥民商事审判工作的评价、教育、指引功能，妥善审理民间借贷纠纷案件，防范化解各类风险，现将有关事项通知如下：

一、加大对借贷事实和证据的审查力度

“套路贷”诈骗等犯罪设局者具备知识型犯罪特征，善于通过虚增债权债务、制造银行流水痕迹、故意失联制造违约等方式，形成证据链条闭环，并借助民事诉讼程序实现非法目的。因此，人民法院在审理民间借贷纠纷案件中，除根据《最高人民法院关于审理民间借贷案件适用法律若干问题的规定》第十五条、第十六条的规定，对借据、收据、欠条等债权凭证及银行流水等款项交付凭证进行审查外，还应结合款项来源、交易习惯、经济能力、财产变化情况、当事人关系以及当事人陈述等因素综合判断借贷的真实情况。有违法犯罪等合理怀疑，代理人对案件事实无法说明的，应当传唤当事人本人到庭，就有关案件事实接受询问。要适当加大调查取证力度，查明事实真相。

二、严格区分民间借贷行为与诈骗等犯罪行为

人民法院在审理民间借贷纠纷案件中，要切实提高对“套路贷”诈骗等犯罪行为的警觉，加强对民间借贷行为与诈骗等犯罪行为的甄别，发现涉嫌违法犯罪线索、材料的，要及时按照《最高人民法院关于在审理经济纠纷案件中涉及经济犯罪嫌疑若干问题的规定》和《最高人民法院关于审理民间借贷案件适用法律若干问题的规定》依法处理。民间借贷行为本身涉及违法犯罪的，应当裁定驳回起诉，并将涉嫌犯罪的线索、材料移送公安机关或检察机关，切实防范犯罪分子将非法行为合法化，利用民事判决堂而皇之侵占被害人财产。刑事判决认定出借人构成“套路贷”诈骗等犯罪的，人民法院对已按普通民间借贷纠纷做出的生效判决，应当及时通过审判监督程序予以纠正。

三、依法严守法定利率红线

《最高人民法院关于审理民间借贷案件适用法律若干问题的规定》依法确立了法定利率的司法红线，应当从严把握。人民法院在民间借贷纠纷案件审理过程中，对于各种以“利息”“违约金”“服务费”“中介费”“保证金”“延期费”等突破或变相突破法定利率红线的，应当依法不予支持。对于“出借人主张系以现金方式支付大额贷款本金”“借款人抗辩所谓现金支付本金系出借人预先扣除的高额利息”的，要加强对出借人主张的现金支付款项来源、交付情况等证据的审查，依法认定借贷本金数额和高额利息扣收事实。发现交易平台、交易对手、交易模式等以“创新”为名行高利贷之实的，应当及时采取发送司法建议函等有效方式，坚决予以遏制。

四、建立民间借贷纠纷防范和解决机制

人民法院在防范和化解民间借贷各类风险中，要紧密结合党和国家工作大局，紧紧依靠党委领导和政府支持，探索审判机制创新，加强联动效应，探索建立跨部门综合治理机制。要加大法制宣传力度，引导社会良好风气，认真总结审判经验，加强调查研究。各级人民法院在审理民间借贷纠纷案件中发现新情况、新问题，请及时层报最高人民法院。

资料来源：最高人民法院关于依法妥善审理民间借贷案件的通知（法〔2018〕215号）.

思考题：

1. 通过查阅资料了解什么是套路贷，套路贷和高利贷是否相同？

2. 民间借贷中，法定利率的司法红线是什么？民间借贷利率在什么范围内是受到保护的？各种以“利息”“违约金”“服务费”“中介费”“保证金”“延期费”等突破或变相突破法定利率红线的，法律是否支持其合理性？

3. 被迫形成贷款关系，借款方通过欺诈和胁迫等手段与借款人签订的民间借贷合同是否有效？

第5章

个人投资规划

学习要点

- 熟悉股票投资的基础知识及操作方法
- 熟悉债券投资的基础知识及操作方法
- 熟悉基金投资的基础知识及操作方法
- 熟悉银行理财产品投资
- 了解外汇投资
- 了解黄金投资

课程导入

如果我们认为生活中唯一的成功就是买股票发财，那么我们过的是一种失败的生活。成功的投资只是我们小心谋划、专注行事的生活方式的副产品。我们要能够比其他人更快更准确地分析任何种类的交易，能够在60秒内找出令人信服的弱点。但是，生活不仅仅是精明地积累财富，我们要追求的是幸福人生。为此我们可以运用逆向思考的方式：如果要明白人生如何才能得到幸福，首先要研究人生如何才能变得痛苦。

生活中的大多数成功来自你应该知道避免哪些事情（死亡、糟糕的婚姻、吸毒）。培养良好的行为习惯，避开邪恶之人，尤其是性感诱人的异性。在生活中我们要拥有客观的态度、良好的个性素质——自律、耐心、冷静、独立。当然，这么做你可能会被孤立，但是如果你因为特立独行而不受周围人欢迎——那就随他们去吧。

对于生活，我们追求朴素，一切从简。赚钱，靠的是记住浅显的，而不是掌握深奥的。我们从来不试图成为非常聪明的人，而是努力使自己别变成蠢货。久而久之，我们便能拥有非常大的优势；我们并不自称是道德高尚的人，但至少有很多即便是合法的事情，也是我们不屑去做的。

所以对付谎言，我们的办法很简单——说真话，无须记住你的谎言——就这么简单；满足我们已经拥有的，在生活中减少物质需求——你不需要很多物质商品来满足自己大量愚蠢的需求（这些需求很快会消失）；在生活中不断培养自己理想的性格（投资性格）：毫不妥协的耐性，自律，自控——无论遭受多大的压力也不动摇或者改变原则。

当然，我们还要有自知之明：一方面，我们不需要懂很多事情——即使你不了解它且没有相关的才能，也不要害怕说出来，没有人期望你什么都懂；另一方面，如何面对错误和那些失去赢面的新情况，是你必须掌握的。如果不明白有舍才有得的道理，如果以为鱼与熊掌可以兼得，那你就太傻了。生活有时候就像扑克牌游戏，有时候即使手握一把非常喜欢的牌，你也必须学会放弃。

世界上不存在不犯错误的学习或行事方式，但是我们可以通过学习比其他人少犯一些错误，也能够在犯错之后更快地纠正错误。但既要过上富足的生活又不犯很多错误是不可能的。实际上，生活之所以如此，是为了让我们能够处理错误。那些破产的人的通病就是无法处理错误。

在所谓投资这种游戏里，你需要比别人更好地对未来做出预测。你怎样才能够做出更好的预测呢？一种方法是把你的种种尝试限制在自己能力允许的领域之内。相反，如果你花大力气想要预测未来的每一件事情，尝试去做的事情太多了，那么你将会因为缺乏限制而走向失败。

在我看来，投资股市最大的风险其实并不是价格的上下起伏，而是你的投资未来会不会出现永久性的亏损。单纯的股价下跌不仅不是风险，简直就是机会，不然到哪里去找便宜的股票呢？有些人天生就不适合投资，他们要么过于焦躁，要么缺乏耐心。我认为优秀的品性比大脑更重要，你必须严格控制那些非理性的情绪，你需要镇定、自律，对损失与不幸泰然处之，同样也不能被成功冲昏头脑。

资料来源：彼得·考夫曼. 穷查理宝典：查理·芒格的智慧箴言录. 上海：上海人民出版社，2010.

5.1　股票投资

5.1.1　股票投资的基础知识

1. 股票的概念

1984 年，北京天桥百货股份有限公司正式成为中国的第一家股份制企业。随后，上海的飞乐公司、深圳的宝安公司相继发行了股票。1988 年前后，上海和深圳出现了地区性的股票交易，1990 年 12 月之后，上海证券交易所、深圳证券交易所相继开业，拉开了中国股票交易的序幕。1992 年，中国证券监督管理委员会正式成立，中国的股票交易逐渐走上正规化和法制化的轨道。

股票是股份公司发给股东证明其所投入股份的一种有价证券，它代表其持有者（即股东）对股份公司的所有权。这种所有权是一种综合权利，股东不仅有权按公司章程从公司领取股息，分享公司的经营红利，还有权出席股东大会，选举董事会，参与企业的经营管理决策。股东的投资意愿通过其行使股东参与权得到实现，如参加股东大会、投票表决、参与公司的重大决策、收取股息或分享红利等。同一类别的每一份股票所代表的公司所有权是相等的。每个股东所拥有的公司所有权份额的大小，取决于其持有的股票数量占公司总股本的比重。

股票一般可以通过买卖方式有偿转让，股东可以通过股票转让收回其投资，但不能要求公司返还其出资。股东与公司之间的关系不是债权债务关系。股东是公司的所有者，以其出资额为限对公司负有限责任，承担风险，分享收益。

股票作为一种所有权证书，最初是以有纸化形式发行的，如上海的老八股。在这种有纸化股票交易中，股票纸面通常记载着股票面值、发行公司名称、股票编号、发行公司成立登记的日期、该股票的发行日期、董事长及董事签名、股票性质等信息。随着技术的发展，电子化股票应运而生，这种股票没有纸质凭证，将相关信息存储于电脑中心，股东只有一个股东账户卡，通过电脑终端即可查到持有的股票品种和数量，这种电子化股票又称为无纸化股票。目前，我国在上海和深圳证券交易所上市的股票基本都采用这种方式。

以股东承担的风险和享有的权益的大小为标准，股票可分为优先股和普通股。优先股的优先权利体现在分配红利和剩余财产两个方面：一是股份公司分派股息的顺序是优先股在前，普通股在后；二是股份公司在解散、破产清算时，优先股拥有公司剩余资产的优先分配权，优先股的优先分配权在债权人之后，普通股之前。普通股的基本特点是其投资收益不是在购买时约定（优先股的收益一般是固定的），而是根据股票发行公司的经营业绩来确定的，公司的经营业绩好，普通股的收益就高；经营业绩差，普通股的收益就低。普通股是股份公司资本构成中最重要、最基本的股份，亦是风险最大的一种股份，是股票中最基本、最常见的一种。

股市上经常会说“空头”和“多头”，空头是指对市场行情看跌的投资者，多头是指对市场行情看涨的投资者。一般而言，多空双方就是指交易中的买卖双方。多方力量更强，意味着买盘力度更大，股价就会上涨；空方力量更强，则意味着卖盘力度更大，股价就会下跌。

2. 股票市场的分层

目前，个人可以参与的股票市场有主板、创业板、新三板和科创板。主板是指深圳、上海证券交易所主板市场。股票代码上海以60开头，深圳以000开头，通常指大中型企业。创业板以300开头，科创板以688开头。

对于主板的投资只需开通交易即可，创业板的交易则需具有两年以上（含两年）股票交易经验，并签署《创业板市场投资风险揭示书》，证券公司完成相关核查程序，才可开通创业板市场交易。对不具备两年交易经验的投资者，原则上不鼓励其直接参与创业板市场交易，投资者可以通过购买创业板投资基金、理财产品等方式间接参与。如果投资者审慎评估了自身风险承担能力后坚持要申请，则必须在营业部现场按要求签署《创业板市场投资风险揭示书》，并就自愿承担市场风险抄录“特别声明”。经核准后，可开通创业板市场交易。

三板市场起源于2001年“代办股权转让系统”，最早承接两网公司和退市公司，称为“旧三板”。2006年，中关村科技园区非上市股份公司进入代办股权转让系统进行股份报价转让，称为“新三板”。新三板的企业叫作挂牌，而不是IPO，实行的是主办券商制度，主办券商资格可以在中国证券业协会查询。对个人投资新三板在经济能力和投资经验上有条件限制：

（1）需要两年以上证券投资经验（以投资者本人名下账户在全国中小企业股份转让系统、上海证券交易所或深圳证券交易所发生首笔股票交易之日为投资经验的起算时点），或者具有会计、金融、投资、财经等相关专业背景。

（2）投资者本人名下前一交易日日终证券类资产市值在500万元人民币以上。证券类资产包括客户交易结算资金、股票、基金、债券、券商集合理财产品等，信用证券账户资产除外。

2018年11月5日，国家主席习近平出席首届中国国际进口博览会开幕式，并发表主旨演讲，宣布在上海证券交易所设立科创板并试点注册制。科创板的实质是科技创新板块。2019年1月28日，证监会发布《关于在上海证券交易所设立科创板并试点注册制实施意见》。七大领域的科技创新企业可以在科创板上市，包括新一代信息技术领域、高端装备领域、新材料领域、新能源领域、节能环保领域、生物医药领域和符合科创板定位的其他领域。对于投资者来说，如果想开立科创板的账户，需要两个条件：前20个交易日，每日股票资产均值不低于50万元，两年交易经验。股票资产市值50万元以下的投资者，只能通过公募基金来参与。

2021年2月5日，中国证监会正式批复深交所合并主板与中小板，深交所于2月5日启动了合并主板与中小板相关准备工作。深交所统计数据显示，截至2月5日，深市主板市场共有459家企业上市交易，总市值为9.69万亿元。中小板市场则承载着1 001家上市公司，总市值为13.74万亿元。未来合计市值达23.4万亿元的近1 500家上市公司均将受到新政影响。合并深交所主板与中小板的总体安排将坚持“两个统一、四个不变”。“两个统一”是指统一主板与中小板的业务规则、统一主板与中小板的运行监管模式；“四个不变”是指板块合并后发行上市条件不变、投资者门槛不变、交易机制不变、证券代码及简称不变。

2021年9月3日，北京证券交易所（简称“北交所”）注册成立。10月30日，证监会发布了北京证券交易所基础制度，初步构建了北京证券交易所发行融资、持续监管、交易所治理等基础制度体系，并明确了基础制度的生效日期为11月15日。对于投资者而言，个人投资者准入门槛为开通交易权限前20个交易日日均证券资产50万元，同时具备2年以上证券投资经验，机构投资者准入不设置资金门槛。

在普通人的印象中，股票的涨跌幅限制是10%，实际上我国资本市场经过近年来的改革，涨跌幅制度有一定调整，不同板块、不同时期的股票涨跌幅限制是不一样的：

（1）深沪主板：新股上市首日涨幅限制为44%，其后涨跌幅限制为10%，如果是ST或者*ST股票，涨跌幅限制为5%。

（2）创业板、科创板：新股上市第一到第五个交易日不设涨跌幅限制，正常交易时间内的涨跌幅限制为20%，ST或者*ST股票涨跌幅限制依旧为20%。

（3）新三板：精选层股票在连续竞价时间内的涨跌幅限制为30%；基础层、创新层采取集合竞价的交易方式，跌幅限制比例为50%，涨幅限制比例为100%。

（4）北交所：交易股票上市首日不设涨跌幅，其后涨跌幅限制为30%。

3. 股票名称前缀和后缀字母的含义

（1）N股票。股票名称前加上“N”，N是英文New的缩写，代表上市首日的股票，这个符号在第二个交易日会自动消失，恢复成正常名称。看到带有N字头的股票时，投资者除了知道它是新股，还应明白这只股票的股价当日在市场上是不受涨跌幅限制的，涨幅可以高于10%，跌幅也可大于10%。这样就较容易控制风险和把握投资机会。根据新股上市交易规则，新股上市交易的首日，最高价不超过发行价的144%，不低于发行价的64%。盘中成交价格较当日开盘价首次上涨或下跌超过10%的，将临时停牌30分钟。

(2) ST股票。ST是英文Special Treatment的缩写，意即“特别处理”。当上市公司出现财务状况或其他状况异常，比如最近两年连续亏损，或亏损一年，净资产跌破面值，公司经营过程中出现重大违法行为等情况时，股票名称前就会冠以“ST”，表示交易所对该公司股票交易进行了特别处理。ST股票交易日涨跌幅会限制在5%。ST指公司经营连续两年亏损，特别处理；*ST指公司经营连续三年亏损，退市预警；S*ST指公司经营连续三年亏损，退市预警而且没有完成股改；SST表示公司经营连续两年亏损，特别处理而且没有完成股改。

(3) G股票和S股票。G是“股改”的汉语拼音GuGai的首字母，G股就是已经完成股改的公司股票，为了区别于还没有进入股改程序的其他公司的股票，在其名称前面加个“G”字母。股改的全称是“国有股股权分置改革”，股权分置是指上市公司的一部分股份上市流通，一部分股份暂不上市流通，公司股改完毕，股份才能实现全流通。沪深证券交易所自2006年10月9日起一次性调整了有关A股股票的证券简称。其中，1 014家G公司取消“G”标记，恢复股改方案实施前的股票简称；其余276家未进行股改或已进行股改但尚未完成的公司，其简称前被冠以“S”标记，以提示投资者。

(4) R股票。股票名称前或后面加R字母，代表该股票支持融资融券交易。融资融券（securities margin trading）又称证券信用交易或保证金交易，是指投资者向具有融资融券业务资格的证券公司提供担保物，借入资金买入证券（融资交易）或借入证券并卖出（融券交易）的行为。通俗地说，融资交易就是投资者以资金或证券作为质押，向证券公司借入资金用于证券买入，并在约定的期限内偿还借款本金和利息；投资者向证券公司融资买进证券称为“买多”。融券交易是投资者以资金或证券作为质押，向证券公司借入证券卖出，在约定的期限内，买入相同数量和品种的证券归还券商并支付相应的融券费用，投资者向证券公司融券卖出称为“卖空”。2010年3月30日，上交所、深交所分别发布公告，于2010年3月31日正式开通融资融券交易系统。

(5) XD，XR，DR。证券代码前所标的XD为英文Exit-Dividend的缩写，表示股票除息，购买这样的股票后将不再享有派息的权利。XR是Exit-Right的缩写，意思是除权；DR是Exit Dividend and Right的缩写，意思是除息和除权。如果上市公司分红利现金，称作除息，大盘显示XD××；如果是送红股或者配股，称为除权，大盘显示XR××；如果是既分红利又配股，称为除权除息，大盘则显示DR××。上市公司分红利现金或送股配股必须以某一天为界定日，以规定哪些股东可以参加，那一天就是股权登记日，在这一天仍持有该公司股票的所有股东可以参加分红，这部分股东由登记公司统计在册，在固定的时间内，所送红股自动划到股东账上。股权登记日后的第一天就是除权日或除息日，这一天或之后购入该公司股票的股东，不再享有该公司此次分红配股。除权、除息的目的就是调整上市公司每股股票对应的价值，方便投资者对股价进行对比分析。

5.1.2 股票投资的收益来源

投资股票的收益来源于两部分：一部分是股价提高导致的价差收益，这部分收益取决于市场环境和公司的经营状况；另一部分是股票的股利分配。股利分配是指企业向股东分派股利，是企业利润分配的一部分。对于个人投资者而言，股利分配要注意以下几个关键日期：

股利宣告日：公司董事会将股利支付情况予以公告的日期。

股权登记日：有权领取股利的股东有资格登记的截止日期。只有在股权登记日前在公司股东名册上登记的股东，才有权分享股利。

除权日（除息日）：一般股权登记日的下一个交易日就是除权日或者除息日，这一天或以后购入该公司股票的股东，不再享有该公司此次分红配股等权利。如果某一上市公司宣布派发红利股份、红利认股权证，以折让价供股或派发其他有价权益，在除权日之前一日持有它的股票的股东可享有该等权益，在除权日当日或之后才买入该公司股票的人则不能享有该等权益。除权日与除息日是同一概念，两者的差别只在于前者涉及非现金形式的权益，后者则涉及现金股息。

股利支付日：向股东发放股利的日期。

究竟何时购入股票才能享有股利分配的权利呢？以股权登记日为界限，如果在股权登记日之前购进股票，则享有分配股利的权利，在股权登记日之后购入的则失去股利分配的权利。

假设某股票在6月5日这一天宣告要发放股利，6月20日为股权登记日，6月30日为向股东发放股利的日期，那么6月5日是股利宣告日，实际上就是你获知股利即将分配的消息的日子，6月20日是区分你是否具有此次股利分配权的日子，6月30日为股利实际发放到你的账户的日期。

5.1.3　股票投资分析

股票投资的主要分析方法分为两种：基本分析和技术分析。

基本分析通过分析影响证券价格的基础条件和决定因素，评价证券的内在价值，预测证券市场的发展趋势并从中寻找证券价格变动的内在依据和规律。影响股票价格的因素有很多，包括国家的经济形势、经济周期、财政状况、金融环境、国际收支状况、行业经济地位的变化、汇率的调整等。另外，公司财务、经营、资产、行业、股本大小、股本结构、股东的实力以及背景、投资、重组等也会影响股价的涨跌。

技术分析最基本的一个假设就是“历史会重复”。技术分析是通过图表或技术指标，研究市场过去及现在的行为反应，以推测未来价格的变动趋势。其依据的技术指标是通过计算股价、成交量或涨跌指数等数据而得的，由此可知，技术分析只关心证券市场本身的变化，不考虑会对其产生某种影响的经济、政治等各种外部因素。

可以通过一些技术指标和曲线来发现股票的变动趋势，其中最常用的是K线图。K线图又称为蜡烛图，K线源于日本德川幕府时期的本间宗久，当时他在大阪的堂岛大米会所进行大米的期货交易。他深入研究了大米价格的历史记录，凭借过人的天赋很快积累了大量财富，后人根据他的交易心得以及记录价格的方式，慢慢地将价格图表演化成蜡烛图，将他交易的方法称为酒田战法。这一起源于18世纪日本米市用来表示米价变动的分析方法，后被用到证券市场，成为股票技术分析的一种理论。K线是一根柱状的线条，由影线和实体组成。影线在实体上方的部分叫作上影线，下方的部分叫作下影线。实体分为阳线和阴线。

一根K线记录的是股票在一天内价格变动的情况。将每天的K线按时间顺序排列在一起，就组成了股票价格的历史变动情况，叫作K线图（见图5-1）。K线由开盘

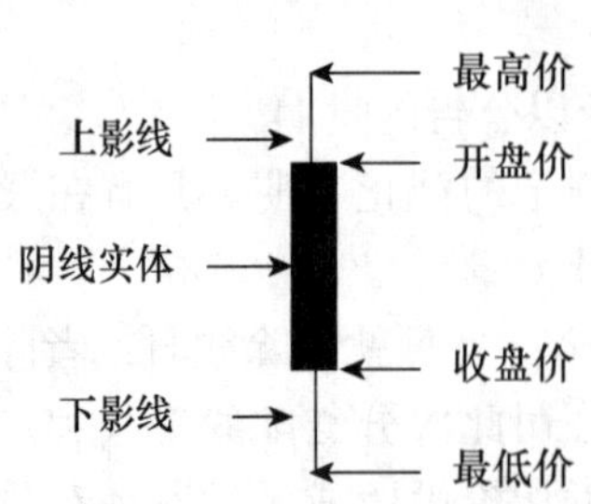

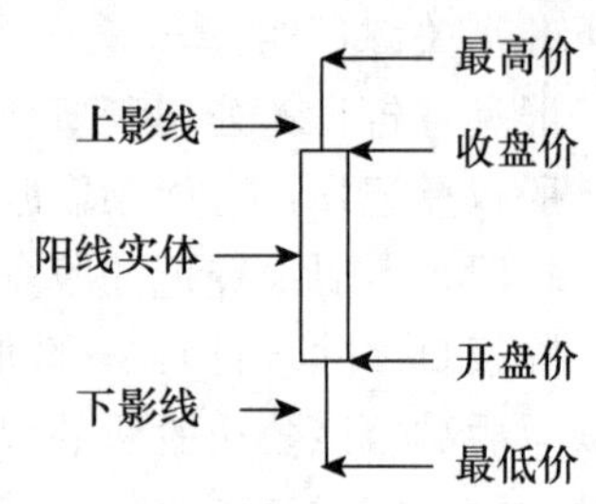

图5-1 K线

价、收盘价、最高价、最低价四个价位组成。开盘价低于收盘价称为阳线，反之叫作阴线。中间的矩形称为实体，实体上面的细线叫上影线，实体下面的细线叫下影线。K线可以分为日K线、周K线、月K线。动态股票分析大师江恩有一句名言：市场理论的奥秘，在于它认为股票或其他市场买卖的商品，正如物质的电子、原子或微粒一样，有其独特的波动率，这个波动率决定市场的波动及趋势。江恩认为在世间只有数字可以永垂不朽，数字可以揭示真理，解决所有的问题。

基本分析和技术分析各有优劣。基本分析的优点是围绕价值进行投资，能够比较准确地把握中长期趋势，但是周期较长，不能立竿见影，即使判断正确，在市场上也未必能够快速实现。技术分析的优点是买卖信号明确快速，因为参考依据是直接的数据，比较客观，但由于指标是人为编制的，存在一定的滞后性和漏洞，而且指标所形成的信号往往是人们根据以前走势总结出来的规律，出现误差的可能性很大，可能有人为操纵指标数据的情况。

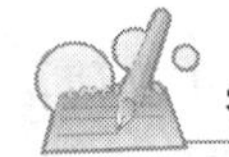

参考阅读

傻瓜理论

卡默勒用加州理工学院的实验室设计出了超简化的股票市场。该实验室是由经济学家查尔斯·普洛特（Charles Plott）创办的。实验室由若干小格子间组成，每间都配备了电脑。每一次敲击键盘，每个鼠标动作，软件都会记录并存档。实验结束的时候，研究者可以回放格子间里发生的一切，就好像点播视频一样。卡默勒做过这样一个实验：

参与者得到一种虚拟股票，又得到一些真正的钱。75分钟之内，他们可以从自己人那里购买或出售股份。他们只需输入买入或卖出的命令即可。软件把买卖双方匹配起来，执行交易。参与者被告知，在实验中赚的钱可以带走。

由于证券是虚构的，参与者没法翻查价格。他们只能自己出价、问价。卡默勒把这一切设计得尽量简单。在整个实验过程中，每一股每隔5分钟派发24美分的股息。因此，在实验中一直持有卡默勒股票的人能得到共计15次股息分红，即3.6美元。根据严格的价值投资者的标准，股票一开始时值3.6美元，每分一次红就少24美分。随着时间的推移，股票价值图会呈现台阶一样的下降趋势。

实验开始后，股票的初始交易价格是3美元左右。10分钟后，它已升到3.5美元左右。之后的绝大部分时间，它都在3.5美元上下徘徊。一直到最后10分钟，局面才得到了控制。随着结束时刻的临近，股价暴跌。

卡默勒向受试者询问情况。“他们会说，当然了，我知道价格太高，可我看其他人都在高价买进卖出，就觉得我也应该买进，收取一两次股息，最后以同样的价格卖给其他某个傻瓜。”没错，有些观点是对的，只要他们能在崩盘前脱身，就能挣到钱，因为有些可怜的家伙没能及时脱手，被迫埋了单。

这就是所谓的“傻瓜理论”。人们在20世纪90年代末买科技股并不一定是因为他们认为它价格合理，而是因为他们相信自己能把手里的东西卖给更傻的傻瓜，获取利润。

资料来源：威廉·庞德斯通. 无价：洞悉大众心理玩转价格游戏. 北京：华文出版社，2011.

股票投资是个不断学习的过程，不仅包括知识的学习，还包括心态的磨炼，盲目的胆大、恐惧、焦躁都是不足取的。知识可以通过书本去学习，心态则需要在实战中总结与锻炼。投资前必须做好以下准备：

第一，投资股市的钱必须是闲钱。闲钱是指可以自由支配、没有压力、没有时间限制、没有盈利要求的钱。任何有压力的资金都不适合炒股。在投资前，可以问自己几个问题：这部分钱（投入股市的钱）3～5年内都不会动用吗？这笔钱我能承受的亏损是多少？如果亏损达到50%以上，会影响我未来的资金使用吗？

第二，不要把希望寄托在别人身上。投资是个长期的学习过程，不要试图走捷径，也不要根据小道消息或所谓的内幕消息进行股票投资决策。

第三，发展属于自己的投资哲学。每个家庭的情况不一样，资产配置的情况也不一样，你才是最了解自己的人，应避免羊群效应，不要盲目跟风。

参考阅读

裙摆指标

有些技术师不满足于只研究股价的变动，于是拓展了调查研究的范围，将其他领域的变动也纳入自己的分析视野。在分析师创造的技术策略中，最迷惑人心的是由创立者艾拉·科布利（Ira Cobleigh）命名的“牛市与裸膝”理论。根据该理论，如果你查看任意一年女士连衣裙的裙摆高度，你会知道这一年的股价走势。连续几年的股价走势和裙摆存在这样一种松散的关系：女士穿裸露膝盖的连衣裙时，股市便是向上攀升的牛市；而当裙摆下移时，股市也会低迷不振。

例如，19世纪末20世纪初，股市相当沉闷，女士的裙摆也很低，显得乏味无趣。之后随着裙摆上移，迎来了20世纪20年代的大牛市；接下来女士又流行穿长裙，伴随而来的是30年代的股市大崩盘。

第二次世界大战结束之后，情况却没有这么相吻合。1946年夏季股市大幅下挫，大大早于1947年以长裙为标志的新风貌的问世。同样，1968年年底股市开始暴跌，而中裙在1969年才流行起来，1970年更是风靡一时。

在1987年股市大崩盘期间，裙摆理论的表现又如何呢？你或许以为裙摆指标失灵了。毕竟，1987年春季，时装设计师开始将秋季裙装推向市场时，超短裙是理所当然的流行款式。但大约在10月初，当秋风乍起吹遍全美的时候，一件奇怪的事发生了：

多数女士认为迷你裙不适合自己，她们重新穿起了长裙，时装设计师也因此转而设计长裙。比尔·布拉斯（Bill Blass）也宣称："现在短裙在我看来太滑稽可笑了。"接下来便是股市暴跌。21世纪的前十年遭遇了两次严重熊市，情况又怎样呢？很遗憾，你已经猜到了，长裤成了时尚，女性商界领袖和政界人士在公众场合出现时总是穿着长裤套装。现在，我们知道谁是使这段时间股市走熊的"真正元凶"了。

即便看起来有一些证据对裙摆理论有利，也不要过于乐观地指望它能帮你找到合适的股市进出时机。女士们已不再受裙摆高低这种不断变化的时尚潮流的束缚。正如《时尚》（*Vogue*）杂志所言："现如今，你可以穿得像个女人，也可以穿得像个男人，下摆多长都没有问题。"恐怕这个理论在股市已无用武之地，该寿终正寝了。

资料来源：伯顿·G. 马尔基尔. 漫步华尔街. 北京：机械工业出版社，2012.

5.2 债券投资

5.2.1 债券投资的基础知识

1. 债券的基本要素

债券是政府、金融机构、工商企业等在直接向社会借债筹措资金时，向投资者发行的，承诺按一定利率支付利息并按约定条件偿还本金的债权债务凭证。债券的本质是债的证明书。债券购买者与发行者之间是一种债权债务关系，假如你投资债券，就是借出资金，若发行债券，就是借入资金。下面以上海医药集团股份有限公司2021年发行的债券为例来说明债券的组成要素。

重庆高速公路集团有限公司2021年1月26日面向合格投资者公开发行公司债券（第一期）。债券简称：21渝高01，证券代码：175712。

发行主体：债券发行者指有向债券持有人还本付息义务的机构，也就是借钱的一方。21渝高01的发行主体是重庆高速公路集团有限公司，也就是资金的借入者。债券因债券发行者主体的不同而不同，发行者可以是政府、企业、金融机构等。

借款金额：指发行者希望借入并且同意归还给投资者的，以某一具体货币标明的资金数额，也就是本金。但本金只是理论上同意归还给投资者的，不同的债券风险不一样，有可能因借款人项目经营不善，最终无法归还本金。21渝高01的发行规模不超过人民币15亿元，最终规模为15亿元。

利率：指发行者同意支付给投资者的利息率，可以是固定利率，也可以是浮动利率。利息通常是一年或半年支付一次，21渝高01为固定利率。债券票面利率由发行人和主承销商按照发行时网下簿记建档结果共同协商确定。票面利率询价区间为3.20%～4.20%，最终确定本期债券票面利率为3.75%。债券票面利率采取单利按年计息，不计复利。利息每年支付一次，最后一期利息随本金一起支付。该债券的计息期限自2021年1月29日起至2024年1月28日止。

偿还期限：指债券发行者必须偿还到期本金及最后一期利息的日期，债券的期限有长有短，若在发行完毕后再买入债券，则把买入日和到期日之间的期间叫做剩余期间，在这期间，买入价、期间的利息收入以及到期本金的偿还决定了持有期间的收益状况。21 渝高 01 的期限为 3 年，付息日为 2022 年至 2024 年每年 1 月 29 日，前述日期如遇法定节假日或休息日，则顺延至下一个工作日，顺延期间不另计息。

除了以上基本要素外，还可以从债券的有关资料里了解到，21 渝高 01 经中诚信国际信用评级有限责任公司综合评定，发行人的主体信用等级为 AAA，本期债券的信用等级为 AAA，无担保。债券发行采取网下面向合格投资者簿记建档的方式，不向公司原股东优先配售，该债券由主承销商负责组建承销团，采取余额包销方式承销。本期债券的发行价格为 100 元/张，不收取佣金、过户费、印花税等费用。更多的信息，比如公司的托管情况、最近三年财务状况、承销方式、承销商等都可以通过发行公告获取。

债券表示对公司的一种债权，股票表示对公司的所有权，因为权属关系不同，债券持有者无权过问公司的经营管理，股票持有者则有权直接或间接地参与公司的经营管理。从收益来看，债券在购买之前利率已定，到期可获得固定利息，而不管发行债券的公司经营获利与否，股票的股息收入则会随股份公司盈利情况的变动而变动，盈利多就多得，盈利少就少得，无盈利则不得。正是由于股票价格波动大，投资有很大的风险，投资股票能否获得预期收入，要看公司的经营情况和股市的行情，如果不能承受股市的风险，又想获得高于银行储蓄的回报，债券是个很好的选择。

2. 债券的种类

债券的种类很多，按发行主体可以划分为政府债券、金融债券和企业债券。政府债券是政府为筹集资金而发行的债券，主要包括国债、地方政府债券等，其中最主要的是国债。国债因其信誉好、利率优、风险小又称为“金边债券”。金融债券是由银行和非银行金融机构发行的债券。企业债券是具有法人资格的企业发行的债券。企业债券的利率不得高于银行相同期限居民储蓄定期存款利率的 40%，发行企业债券的总面额不得大于该企业的自有资产净值。公司债券是由股份有限公司或有限责任公司发行的债券，公司债券的发行比企业债券要求严格。公开发行公司债券需符合的条件包括：股份有限公司的净资产不低于人民币 3 000 万元，有限责任公司的净资产不低于人民币 6 000 万元；累计债券余额不超过公司净资产的 40%；最近三年平均可分配利润足以支付公司债券一年的利息；筹集的资金投向符合国家产业政策；债券的利率不超过国务院限定的利率水平；国务院规定的其他条件。公开发行公司债券筹集的资金，必须用于核准的用途，不得用于弥补亏损和非生产性支出。发行企业债券必须符合的条件包括：企业规模达到国家规定的要求；企业财务会计制度符合国家规定；具有偿债能力；企业经济效益良好，发行企业债券前连续三年盈利；所筹资金用途符合国家产业政策。在国外，一般没有企业债和公司债的划分，统称为公司债。

按付息的方式，分为零息债券、固定利率债券、浮动利率债券。零息债券，也叫贴现债券，是指债券券面上不附有息票，在票面上不规定利率，发行时按规定的折扣率，以低于债券面值的价格发行，到期按面值支付本息的债券。固定利率债券的票面利率不随市场利率的变化而调整。浮动利率债券的息票率随市场利率变动而调整。

按是否可以转换为股票，分为可转换债券和不可转换债券。可转换债券是指在特定时期内可以按某一固定的比例转换成普通股的债券，它具有债务与权益双重属性，属于一种混合性筹资方式。可转换性是可转换债券的重要标志，债券持有人可以按约定的条件将债券转换成股票。转股权是投资者享有的、一般债券所没有的选择权。可转换债券在发行时就明确约定，债券持有人可按照发行时约定的价格将债券转换成公司的普通股票。如果债券持有人不想转换，则可以继续持有债券，直到偿还期届满时收取本金和利息，或者在流通市场出售变现。如果持有人看好发债公司股票增值潜力，在宽限期之后可以行使转换权，按照预定转换价格将债券转换成股票，发债公司不得拒绝。正因为具有可转换性，可转换债券利率一般低于普通公司债券利率，企业发行可转换债券可以降低筹资成本。可转换公司债券按面值发行，每张面值100元，最小交易单位为面值1 000元。可转换公司债券的期限最短为3年，最长为5年，由发行人和主承销商根据发行人具体情况商定。可转换公司债券的转股价格应在募集说明书中约定。价格的确定应以公布募集说明书前30个交易日公司股票的平均收盘价格为基础，并上浮一定幅度。具体上浮幅度由发行人与主承销商商定。可转换公司债券应每半年或一年付息一次；到期后五个工作日内应偿还未转股债券的本金及最后一期利息。

5.2.2 债券投资的风险收益

1. 债券的收益

债券的收益来源于两个部分：一是债券的利息收益。利息收益是债券投资收入最基本的部分，对于固定利率债券来说，这部分收入事先确定，而浮动利率债券的利息收入则会随着利率的变化而变化。二是债券的价差收益。如果债券上市交易，只要投资者不是持有债券一直至到期，就有可能因为债券价格的波动而发生投资损益。

2. 债券的风险

（1）信用风险。是债券发行人无法按期支付利息和偿还本金而产生的风险。企业发行债券后，其业绩、财务状况都直接反映在债券的市场价格上，如果运营状况不良，企业就有可能丧失还本付息的能力。信用评级机构对债券的评级方便投资者进行债券投资决策，一般来说，资信等级越高的债券越容易得到投资者的信任，能够以较低的利率发行；而资信等级低的债券风险较大，只能以较高的利率发行。

（2）利率风险。是指市场利率变动导致债券价格与收益发生变动的风险。由于大多数债券有固定的利率及偿还价格，市场利率波动将引起债券价格反方向变化。当利率上升（下降）时，债券的价格便会下跌（上涨）。利率变动导致的价格风险是债券投资者面临的最主要风险。另外，债券利率风险与债券持有期限的长短密切相关，持有期限越长，利率风险就越大。

（3）通货膨胀风险。也称购买力风险，是指通货膨胀对债券名义收益的实际购买力所造成的损失。因为债券利息收益是固定的，此金额不会因通货膨胀而有所增加，所以债券持有人从债券投资中得到的货币的实际购买力会越来越低。

（4）流动性风险。是指债券持有人打算出售债券获取现金时，所持有债券不能按目前合理的市场价格在短期内出售而形成的风险，又称为变现能力风险。如果一种债券能够在较短时间内按市价大量出售，则说明这种债券的流动性较强，投资于这种债券所承担的流动性风险较小。一般来说，政府债券以及一些著名大公司的债券的流动性较强。

（5）事件风险。指某些突发事件，如灾难、公司重组、市场规则的变化、政府政策变动等对债券价值的影响。

5.2.3 国债的投资选择

国债是国家发行的债券，是中央政府为筹集财政资金而发行的一种政府债券，是中央政府向投资者出具的承诺在一定时期支付利息和到期偿还本金的债权债务凭证。由于国债的发行主体是国家，所以它具有最高的信用度，被公认为是最安全的投资工具。

我国中央人民政府曾于1950年1月发行了人民胜利折实公债，实际发行额折合人民币2.6亿元，该债券于1956年11月30日全部还清本息。1954年，我国又发行了国家经济建设公债，到1958年共发行了5次，累计发行35.44亿元，至1968年全部偿清。此后20余年内，我国未再发行任何债券。1981年，为了克服财政困难和筹集重点建设资金，财政部开始发行国库券，发行对象是企业、政府机关、团体、部队、事业单位和个人。

国债按券面形式可分为三大品种：无记名式（实物）国债、储蓄式国债和记账式国债。无记名式（实物）国债即国库券，像钞票一样，券面标有发行年度和不同金额，我国20世纪50年代发行的国债和从1981年起发行的国债主要是无记名式国库券。因其以实物券形式发行，成本较高，且不易保管，不能挂失，逐渐被淘汰，无记名式国债可能收藏价值高于实际票面价值。现在投资的国债主要是储蓄式国债和记账式国债。

1. 储蓄式国债

储蓄式国债在西方国家有较长历史，它是国家为满足个人长期储蓄性投资需求，较多偏重储蓄功能而设计发行的一种国债。我国的储蓄式国债分为两种：电子式国债和凭证式国债。

我国的电子式国债是指面向个人投资者发行，以电子记账方式记录债权的一种不可上市流通的人民币债券。电子式国债仅针对个人投资者，不向机构投资者发行，同时设立了单个账户单期购买上限；采用实名制，不可流通转让；收益安全稳定。主要有两个品种——固定利率固定期限储蓄国债和固定利率变动期限储蓄国债，其票面利率在发行时就已确定，免交利息税，适合低风险偏好的投资者。

凭证式国债是指面向城乡居民和社会各类投资者发行（2012年起仅面向个人投资者发行），以“中华人民共和国凭证式国债收款凭证”记录债权的储蓄式国债。其票面形式类似于银行定期存单，利率通常比同期银行存款利率高，是一种纸质凭证形式的储蓄式国债。

电子式国债和凭证式国债均为储蓄式国债，实行实名制，相同期限、品种，发行利率基本相当。二者就安全性来说是一样的，不同之处在于：一是申请购买手续不同。凭证式国债可持现金直接购买；储蓄式国债（电子式）须在承销团成员处开立个人国债账户并指定对应的资金清算账户后购买。二是债权记录方式不同。凭证式国债以填制“中华人民共和国凭证式国债收款凭证”的形式记录债权，由各承销银行和投资者进行管理；储蓄式国债（电子式）以电子记账方式记录债权，采取二级托管体制，由各承办银行总行和中央国债登记结算有限责任公司统一管理。三是付息方式不同。凭证式国债为到期一次性还本付息；储蓄式国债（电子式）付息方式分为到期一次还本付息和定期付息。财政部于付息日或还本日通过承销团成员向投资者支付利息或本金。四是兑付方式不同。凭证式国债购买后可随时办理提兑，从购买之日起持有期限不满半年的不计付利息，满半年后按实际持有天数与分档利率计付利息，到期后须由投资者前往承销机构网点办理兑付事宜，逾期不加计利息；储蓄式国债（电子式）在发行期结束后的规定时间才能办理提兑，到期后，承办银行自动将投资者应收本金和利息转入其资金账户，转入资金账户的本息资金作为居民存款按活期存款利率计付利息。

2020年11月10日，财政部发行2020凭证式国债第三期和第四期，其中第三期发行额为300亿元，期限3年，票面年利率为3.8%；第四期发行额为200亿元，期限5年，票面年利率为3.97%。投资者购买的凭证式国债从购买之日开始计息，到期一次还本付息，不计复利，逾期兑付不加计利息。按面值向个人发行，销售面值须为百元的整数倍。此期国债为记名国债，记名方式采用实名制。凭证式国债的利率按持有期分别设立，持有时间越长，投资收益越高。如果购买后需要变现，投资者可随时到原购买网点提前兑取。提前兑取时，按兑换本金的千分之一收取手续费，并按实际持有时间及相应的分档利率计付利息。发行期购买持有至到期才可获得投资国债的最高收益。未售完的凭证式国债或提前兑付的凭证式国债，仍可在总额控制内继续面向社会公众发售。发行期过后购买国债，利息从购买之日起计算，到该期国债的最后计息日止，利率根据实际持有期对应的利率档次按规定执行（见表5-1）。

表5-1　2020年11月五年期凭证式国债持有期相对应的利率

持有期	利率（%）
6个月至1年	0.54
1～2年	2.27
2～3年	3.29
3～4年	3.71
4～5年	3.85
5年以上	3.97

如果你买了10万元的国债，仅持有6个月，如何计算利息？

$$兑换手续费=100\,000\times0.1\%=100(元)$$

$$国债利息=100\,000\times0.54\%\times\frac{6}{12}=270(元)$$

$$实际利息=270-100=170(元)$$

如果6个月内兑付，不仅没有利息，还须支付兑付的手续费。

2. 记账式国债

记账式国债是将投资者持有的国债登记在证券账户中，投资者仅取得收据或对账单以证实其所有权的一种国债。记账式国债通过交易所交易系统以记账的方式办理发行，投资者必须拥有证券交易所的证券账户，并在证券经营机构开立资金账户才能购买记账式国债。记账式国债的交易价格是由市场决定的，买卖价格有可能高于或低于发行面值。当卖出价格高于买入价格时，表明卖出者不仅获得了持有期间的国债利息，同时还获得了部分价差收益；当卖出价格低于买入价格时，表明卖出者虽然获得了持有期间的国债利息，但同时也遭受了部分价差损失。因此，投资者购买记账式国债于到期前卖出，其价格不能提前预知，要承担一定的利率变动风险。与凭证式国债相比，记账式国债提前兑现不损失利息。记账式国债分为两种：记账式贴现国债和记账式附息国债。前者是指以低于面值的价格贴现发行、到期按面值还本、期限为一年以下的国债；附息国债则是定期支付利息、到期还本付息、期限在一年或一年以上的国债。

例如，2020年记账式贴现（六十二期）国债期限91天，发行价格99.369元，起息日为2020年12月31日，2021年3月22日到期按面值偿还，上市交易的证券简称：20贴债62，证券代码：020395。

2020年记账式附息（十三期）国债为5年期固定利率附息债，证券代码：102013，证券简称：国债2013，票面利率3.02%，标准交易单位10张，2025年10月22日到期还本并支付最后一期利息。

记账式国债在其存续期内要经历几种情况：发行时买入未到期就卖出；二手市场买入到期兑付；二手市场买入未到期就卖出；发行时买入到期兑付等。

发行时买入未到期就卖出：

收益＝卖出价格(净价)－发行价格＋票面利率×债券面值×持有天数/365

二手市场买入到期兑付：

收益＝债券面值－买入价格(净价)＋票面利率×债券面值×到期天数/365

二手市场买入未到期就卖出：

收益＝卖出价格(净价)－买入价格(净价)＋票面利率×债券面值×持有天数/365

发行时买入到期兑付：

收益＝票面利率×债券面值×债券期限(年数)

从上面的内容可以看出，在发行时买入到期兑付的情况下，所获得的收益与凭证式国债类似，即利息。其他三种情况下，所获得的收益就是持有期的利息加上买卖的价差，收益受市场状况的影响，是不确定的。

3. 国债逆回购

我们不但可以通过投资储蓄式国债或记账式国债获得投资收益，还可以通过国债逆回购获得短期闲余资金的无风险收益。国债逆回购本质上是一种短期借出资金的行为，也就是说，个人通过国债回购市场把自己的资金借出去，获得固定的利息收益；而回购方，也就是借款人用自己的国债作为抵押获得这笔借款，到期后还本付息。即你把钱借给别人，获得固定利息；而别人用国债作抵押，到期还本付息。国债逆回购是一种短期资金融通方式，一般期限很短，上交所和深交所均有9个品种，最短1天，最长182天（见表5-2）。其中204开头的是上交所的，1318开头的是深交所的。

2019年年初，上交所和深交所分别对债券交易实施细则进行了修订，对于国债逆回购而言，其交易时间延长半个小时（从2019年1月21日开始执行），即收盘时间由原来的下午15：00延长至下午15：30，此次修改意味着在股市交易时间结束后，进行逆回购的投资者能够多交易半个小时。

表5-2 上交所和深交所国债逆回购品种

	名称	代码	期限		名称	代码	期限
上海证券交易所	GC001	204001	1天	深圳证券交易所	R-001	131810	1天
	GC002	204002	2天		R-002	131811	2天
	GC003	204003	3天		R-003	131800	3天
	GC004	204004	4天		R-004	131809	4天
	GC007	204007	7天		R-007	131801	7天
	GC014	204014	14天		R-014	131802	14天
	GC028	204028	28天		R-028	131803	28天
	GC091	204091	91天		R-091	131805	91天
	GC182	204182	182天		R-182	131806	182天

在进行国债逆回购交易时，回购竞价交易由交易双方按回购业务每百元资金应收（付）的年收益率报价，报价时，可省略百分号，直接输入年收益率数值，并限于小数点后三位有效数字，比如GC001，你会看到行情有1.775，1.780，1.785等几个数字。这些数字就是年化收益率。委托选择的方向是“卖出”，也就是将你的资金通过国债回购市场拆出。需注意，一旦成交，以后的涨跌幅就与你没有多大关系了。比如，GC001这个品种你在1.775的价位卖出，意味着年化收益率为1.775%，后面跌到0或涨到100都与你没有任何关系，因为是期限为一天的品种，所以第二天你就能收到本金加上利息。国债逆回购的收益为扣除手续费后的净利息。

国债逆回购适合短期有闲置资金、希望获得稳定收益、对安全性要求高、暂时没有合适投资渠道的投资者。其中，投资上海证券交易所的国债逆回购，资金需要不少于10万元且为10万元的整数倍；投资深圳证券交易所的国债逆回购，资金需不少于1 000元且为1 000元的整数倍。例如现在你有27万元闲置资金要进行逆回购操作，那么你只能卖出2份204开头的上交所品种，剩余的7万元只能在深交所卖出。国债逆回购安全性高，与股票交易不同，国债逆回购在成交之后不再承担价格波动的风险，收益率的高低在回购成交时确定，一般收益率高于银行同期存款利率，而且操作非常便捷。

5.3 基金投资

5.3.1 基金投资的基础知识

基金投资是一种利益共享、风险共担的集合投资制度。基金投资是指集中投资者的资金，由基金托管人委托职业经理人管理并专门从事投资活动。本节所说的基金主要是指证券投资基金。证券投资基金的本质是“代客理财，集合投资”。

1. 基金构成主体

（1）基金管理人。是指凭借专业知识与经验，运用所管理基金的资产，科学制定投资决策，谋求所管理的基金资产不断增值的机构，也就是基金管理公司。基金管理人由依法设立的公司或者合伙企业担任。基金管理人对不同的基金财产分别管理、分别记账，进行证券投资；进行基金会计核算并编制基金财务会计报告；编制中期和年度基金报告等。

（2）基金托管人。基金托管人是投资人权益的代表，是基金资产的名义持有人或管理机构。基金托管人由依法设立的商业银行或者其他金融机构担任。商业银行担任基金托管人的，由国务院证券监督管理机构会同国务院银行业监督管理机构核准；其他金融机构担任基金托管人的，由国务院证券监督管理机构核准。基金托管人与基金管理人不得为同一机构，不得相互出资或者持有股份。

（3）基金持有人。是指持有基金单位或基金股份的自然人和法人，也就是基金的投资者，是基金受益凭证的持有者。作为基金的受益人，基金持有人享有基金资产的一切权益。按照通行做法，基金资产由基金托管人保管，并且一般以托管人名义持有，但是，基金最后的权益属于基金持有人，持有人承担基金投资的亏损和收益。

2. 基金的种类

（1）按基金份额是否可以赎回划分。根据《证券投资基金法》，基金的运作方式可以采用封闭式、开放式或者其他方式。采用封闭运作方式的基金（以下简称封闭式基金），是指基金份额总额在基金合同期限内固定不变，基金份额持有人不得申请赎回的基金。采用开放运作方式的基金（以下简称开放式基金），是指基金份额总额不固定，基金份额可以在基金合同约定的时间和场所申购或者赎回的基金。采用其他运作方式的基金的份额发售、交易、申购、赎回的办法，由国务院证券监督管理机构另行规定。我国的开放式基金数量较多，是投资基金的主流。

封闭式和开放式基金的买卖方式不同。封闭式基金发起设立时，投资者可以向基金管理公司或销售机构认购；当封闭式基金上市交易时，投资者在证券交易所按市价买卖。而投资者投资开放式基金时，可以随时向基金管理公司或销售机构申购或赎回。

封闭式和开放式基金的买卖价格形成方式不同。封闭式基金因在交易所上市，其买卖价格受市场供求关系影响较大。当市场供小于求时，基金单位买卖价格可能高于每份基金单位资产净值，这时投资者拥有的基金资产就会增加；当市场供大于求时，基金价格则可能低于每份基金单位资产净值。开放式基金的买卖价格是以基金单位的资产净值为基础计算的，可直接反映基金单位资产净值的高低。在基金的买卖费用方面，投资者在买卖封闭式基金时与买卖上市股票一样，也要在价格之外支付一定比例的证券交易税和手续费；开放式基金的投资者需缴纳的相关费用（如首次认购费、赎回费）则包含在基金价格之中。

（2）按投资对象划分。按投资对象的不同，基金可以分为股票型基金、债券型基金、黄金基金、货币市场基金等。

1）股票型基金。指80%以上的基金资产投资于股票的基金。股票型基金又可分为主动管理型股票基金和指数基金。

主动管理型股票基金按投资股票的风格不同，可以分为价值型、成长型和平衡型。价值型股票基金主要选择商业模式比较成熟稳定、现金流波动较小、红利发放较多的公司，该类公司一般具有较低的市盈率和市净率，股票价格波动不大，抗跌性强。在市场下跌时，该类基金经常能起到稳定市场的作用；但在牛市时，收益比成长型基金要低。成长型股票基金风险较高，赚取高收益的空间相对也较大。该类基金往往选择投资处于成长期的公司，比较青睐具有成长潜力的网络科技、生物制药和新能源材料类上市公司。平衡型股票基金指以既要获得当期收入又追求基金资产长期增值为投资目标，把资金分散投资于股票和债券，以保证资金的安全性和盈利性的基金。

指数基金通过跟踪指数分散投资。它是按照某种指数构成的标准，购买该指数包含的证券市场中的全部或部分证券的基金，从而达到与该指数同样或相似的收益水平。我国现有指数基金超过300家，根据跟踪指数的不同，有中证500、上证380、沪深300、上证180、上证50、创业板指数等。

2）债券型基金。指专门投资于债券的基金，它通过集中众多投资者的资金，对债券进行组合投资，寻求较为稳定的收益。根据中国证监会对基金的分类标准，基金资产80%以上投资于债券的为债券型基金。债券型基金也可以有一小部分资金投资于股票市场，另外，投资于可转债和打新股也是债券型基金获得收益的重要渠道。全部投资于债券的称为纯债券基金；基金资产大部分投资于债券，少部分投资于股票的称为偏债型基金。债券型基金所投资的债券是指在银行间市场或交易所上市的国债、金融债、企业债（包括可转换债券），债券型基金将这些债券品种进行组合，以期给投资者带来最大的收益。

3）黄金基金。指以黄金或黄金类衍生交易品种作为投资媒体的一种共同基金。我国现有黄金基金不多，主要分为两种类型：黄金ETF和黄金QDII。黄金QDII基金主要投资于境外市场以实物黄金为支持的交易所交易基金；黄金ETF基金主要投资于上海黄金交易所的黄金现货合约，黄金品种以AU99.99和AU99.95为主。

4）货币市场基金。也称货币基金，指投资于货币市场上短期（一年以内，平均期限120天）有价证券的一种投资基金。该基金主要投资于国库券、商业票据、银行定期存单、政府短期债券、企业债券等短期有价证券。货币基金只有一种分红方式——红利转投资。货币市场基金每份单位始终保持在1元，超过1元的收益会按时自动转为基金份额，拥有多少基金份额即拥有多少资产。而其他开放式基金是份额固定不变，单位净值累加的，投资者只能依靠基金每年的分红来实现收益。货币基金的本金安全，流动性强；申购赎回方便，资金到账快，赎回后第二天就可用款；收益稳定，成本低，免认购费、申购费、赎回费；进出方便；日日计息，月月分红，享受复利，每月分红结转份额，分红免收所得税。有人把货币市场基金称为大笔现金的“临时停车场”，意思是在任何时候都可赎回，可以满足大额投资者的突发性资金周转需求。

参考阅读

货币市场基金的倒闭

在雷曼破产地震波的作用下，金融体系的大厦似乎正剧烈晃动，这预示着某些部分将发生垮塌。潘多拉的盒子里究竟会放出什么样的灾难？

新闻媒体报道了一家名为“Reserve Primary”（RP）的货币市场基金遭遇挤提的情况。这则消息最初并未引起多少人注意——即便是华尔街的专业人士，多数人以前也没听说过RP基金。这些货币市场基金实在是太普通了，它们相当于活期存款账户，只投资最安全的短期债，最大的特点是可以随时变现，而且“本金不会遭受损失”。

“鲜为人知”的RP基金其实是美国历史最悠久的货币市场基金，净值达600多亿美元。它在安全运行了30多年后，不幸在雷曼事件中触礁：该基金持有7亿多美元面额的雷曼商业票据。粗看这些票据只占基金净值的1%，似乎不是什么大问题，但别忘了它是一家“本金不会遭受损失”的货币市场基金，当投资者意识到雷曼票据将使他们的投资本金遭受微小损失的时候，纷纷要求行使“随时变现”的权利以赎回投资。短短几个小时，挤提风潮就压垮了RP基金。它的短期债不能马上全额变现，无法应付投资者的赎回要求。这意味着RP基金将因为流动性不足而破产。

资料来源：渔阳．乱世华尔街．北京：中国人民大学出版社，2015.

5.3.2　基金投资的风险收益

1. 基金投资的风险

基金投资的风险主要有三种：

一是价格波动风险。由于投资标的价格会有波动，因此基金的净值也会发生波动。如果基金价格低于买入成本，在不考虑分红因素影响的情况下，持有该基金份额的人就会亏损。货币基金一般价格稳定，股票型基金则波动较大。

二是流动性风险。即投资者在需要卖出所投资的对象时面临的变现困难和不能以合适的价格变现的风险。对封闭式基金的购买者来说，当要卖出基金时，可能会面临在一定的价格下卖不出去而需要降价卖出的风险；对开放式基金的持有人来说，如果遇到巨额赎回，基金管理人可能会延迟支付赎回款项，影响持有人的资金安排。有些基金有封闭运行期，在这段时间里，基金是不能赎回的。

三是基金管理人运作风险。包括基金运作当事人的运行系统发生故障给投资者带来的风险；基金运作当事人的管理水平低给投资者带来的风险；基金运作当事人不能履行义务给投资者带来的风险。

2. 基金投资的费用

基金的费用包括两大类：一类是在基金管理过程中发生的费用，主要包括基金管理费、基金托管费、信息披露费等，这些费用由基金资产承担。基金的净值就是资产的市价扣除这些费用后的金额。这部分费用投资者不会明显感觉到。另一类是在基金销售过程中发生的由基金投资人自己承担的费用，主要包括基金认购费、基金申购费、基金赎回费和基金转换费。个人投资者会更关心在购买基金时须自己承担的费用。了解各种费用的术语，并灵活加以应用，可以降低购买成本。

（1）基金认购费。基金认购费指投资者在基金发行募集期内购买基金单位时所交的手续费，目前国内通行的认购费计算方法为：

认购费用＝认购金额×认购费率

净认购金额＝认购金额－认购费用

（2）基金申购费。基金申购费是指投资者在基金处于申购开放状态期间，向基金管理人购买基金份额时所支付的手续费。在基金首次募集期购买基金的行为称为认购；在基金成立后购买基金的行为称为申购。一般情况下，在认购期购买基金的费率要比在申购期购买优惠。还需注意的是，在申购基金时，有的基金会给出两种支付方式：前端收费和后端收费。前端收费指的是投资者在购买开放式基金时就支付申购费；后端收费指的是投资者在购买开放式基金时并不支付申购费，等到卖出时才支付。后端收费的设计目的是鼓励投资者长期持有基金。因此，后端收费的费率一般会随着持有基金时间的延长而递减。某些基金甚至规定投资人持有基金超过一定期限卖出可以完全免除后端收费。

（3）基金赎回费。基金赎回费是指在开放式基金的存续期间，持有基金单位的投资者向基金管理人卖出基金单位时所支付的手续费。赎回费率的高低一般与持有基金的时间长短有关，持有时间越长，赎回费率越低。

（4）基金转换费。基金转换是基金管理人向基金持有人提供的一种服务，是指投资者在持有一家基金管理公司发行的任一开放式基金后，可直接自由转换到该公司管理的其他开放式基金，而不需要先赎回已持有的基金单位再申购目标基金。基金转换是需要收费的，但相对于先赎回再申购的操作方式，基金转换可降低投资人的交易成本。基金转换还具有交易快捷的优势。以股票型基金为例，按照先赎回再申购的方式一般至少需要5～7个工作日，而选择基金转换则可以在当日完成，大大节省了投资人的交易时间。

3. 基金的分红

任何投资的最终目的都是获得投资收益，使资金增值。对于基金投资而言，为了获得投资收益，可以通过将价格上涨或净值增长的基金份额卖出或赎回的方式获得现金，或者通过基金公司派红利，即分红的方式得到投资回报。

基金的分红方式分为现金分红和红利再投资。现金分红就是基金公司将基金收益的一部分以现金形式派发给基金投资者。现金分红可以为投资者提供持续的现金流，在市场震荡时，已实现收益可以及时“落袋为安”，适合有特殊现金流需要的投资者。红利再投资就是基金投资者将分红所得现金再投资该基金，以获得基金份额，基金份额的转换不收取申购费。红利再投资可以让投资者享受复利收益，通过长期投资追求更高收益，适合有长期投资计划的投资者。如果市场长期处于向上趋势，则红利再投资的收益将高于现金分红。货币基金默认为红利转投后，不能更改。其他基金均默认为现金分红，要想改变分红方式，可在分红前的权益登记日当天下午3点前进行更改。

假设持有1万份基金份额，现金分红是1 500元现金，如果采取红利再投资，按分红基准日的基金份额净值1.5元，可以分到1 500÷1.5＝1 000份，这样基金总份额达到11 000份。

如果3年后该基金净值增长到3元，则

现金分红方式：

10 000×3＝30 000(元)（基金市值）和1 500元现金。

红利再投资方式：

11 000×3＝33 000(元)（基金市值）。

如果3年后该基金净值降到0.1元，则

现金分红方式：

10 000×0.1＝1 000(元)（基金市值）和1 500元现金。

红利再投资方式：

11 000×0.1＝1 100(元)（基金市值）。

从上面的计算可以看出，当牛市基金市值上涨时，持有更多的基金份额可以带来更多的收益；而在熊市基金市值下跌时，采用现金分红方式使收益“落袋为安”是较好的选择。

5.3.3　基金的投资选择

1. 基金的配置

基金投资的关键，一是选择可靠的基金公司，二是选择适合自己的产品。证监会从 2007 年起就推广“基金销售适用性”原则，投资者在网上开户购买基金，基金公司一般要求做一份风险能力评估的测试，根据测试结果推荐适合的基金。正确地评估风险承受能力是明确投资目标和可投资资产的前提，只有客观地了解自己的投资需求、投资目标、投资时间以及风险承受能力，才能正确选择适合自己的投资计划。建议根据实际情况进行不同类型基金的配置。

（1）短期资金。货币市场基金和信用卡配合使用，以满足日常生活的需要。生活中，没必要持有太多的现金，可以把货币市场基金当作活期存款。把暂时不用的现金全部存入货币市场基金，消费则用信用卡。如果需要现金，货币市场基金可以立即赎回，到账时间比较快。

（2）中期资金。用债券型基金构建中期资金池。把中期需要的资金（一般为 1～5 年内，用于结婚、旅游、房子首付款等的资金）存入债券型基金，债券型基金较货币市场基金收益高，而且比较稳定，赎回到账时间比货币市场基金长，应在有资金需要前一周赎回。

（3）长期资金。用股票型基金构建长期资金池。股票型基金属于高风险的投资，不同年份收益波动很大，为规避这种波动性，应尽量把投资期限拉长。除了延长投资期限，还应挑选好的基金公司，选择优质股票型基金，以避免因基金经理的不作为影响投资回报。

2. 基金的定投

基金的投资方式有两种，即单笔投资和定期定额。采用基金定期定额投资方式时，不论市场行情如何波动，每个月固定一天定额投资基金，银行自动扣款，自动依基金净值计算可买到的基金份额。这样投资者购买基金的资金是按期投入的，投资的成本也比较平均。基金定投可以月、周、季为周期，要根据自己的资金收入间隔来确定。

定期定额投资最大的特点就是分散风险和强制投资。相对定投，一次性投资收益可能很高，但风险也很大。由于规避了投资者对进场时机的主观判断，定投方式与股票投资或基金单笔投资追涨杀跌相比，风险明显降低。定投的门槛较低，有的基金公司规定 100 元即可开展定投。通过定期定额强制性扣款，可以强制投资，培养良好的投资习惯，而不必等到积累了足够多的资金才投资。

定投的收益为复利，本金所产生的利息加上本金继续衍生收益，产生利滚利的效果，随着时间的推移，复利效果日益明显。定投的复利效果需要较长时间才能充分展现，不宜因市场短线波动随便终止。只要长线前景佳，市场短期下跌反而是累积更多便宜单位数的好时机，一旦市场反弹，长期累积的单位数就可以一次获利。

让我们以上证指数为模拟投资对象。以上证指数 1990 年 12 月 19 日成立时的基数 100 点为参考基数，当天模拟开始基金定期定额投资，净值为 1.00 元，每月投入 500 元，计算不包含手续费。按照上证指数的实际走势模拟计算，投资时间 30 年，总投入 18.05 万元，在这 30 年里，大涨大跌几个起伏，总资产的价值最高达到 77.65 万元。而后股市下跌，2020 年末资产总额为 55.10 万元，如表 5-3 所示。

表5-3　基金模拟定投指数收益表（1990年开始定投）　单位：万元

时间	累计投入	资产总值
1990年12月19日	0.05	0.05
1994年12月19日	2.45	4.89
1998年12月21日	4.85	11.42
2002年12月19日	7.25	16.06
2006年12月19日	9.65	30.68
2007年10月19日	10.15	77.65
2008年12月19日	10.85	27.03
2009年12月21日	11.45	42.57
2010年12月19日	12.05	40.36
2011年12月19日	12.65	31.24
2012年12月19日	13.25	31.11
2013年12月19日	13.85	31.62
2014年12月19日	14.45	45.66
2015年12月21日	15.05	53.95
2016年12月19日	15.65	47.16
2017年12月19日	16.25	51.10
2018年12月19日	16.85	40.05
2019年12月19日	17.45	48.02
2020年12月21日	18.05	55.10

从1990年到2018年，如果你从股市最高时开始定投，情况又会如何呢？假设你从2017年1月19日开始定投，每月投500元，结果似乎有些让人失望（见表5-4）。大部分时间资产总额低于投入额，发生了亏损，但是不要泄气，因为这个阶段刚好处于指数下降期。

表5-4　基金模拟定投指数收益表（2007年开始定投）

时间	累计投入	资产总值
2007年1月19日	0.05	0.05
2008年12月19日	0.65	0.46
2009年12月21日	1.25	1.42
2010年12月20日	2.4	2.35
2011年12月19日	3.0	2.30
2012年12月19日	3.6	2.82
2013年12月19日	4.2	3.4
2014年12月19日	4.8	5.66
2015年12月21日	5.4	7.2
2016年12月19日	6	6.92
2017年12月19日	6.6	7.92
2018年12月19日	7	6.65
2019年12月19日	7.6	8.49
2020年12月21日	8.2	10.29

虽然资产总额起伏不定，但如果定期定额一直持续下去，等到下一个牛市，资产总额将有更大幅度的增长。基金投资是一个长期的渐进过程，在这个过程中，应树立长期投资的习惯和理念。如果时间太短，三四个月或一两年，收益不太明显，甚至有可能亏损，时间越长，定期定额的优势越明显。相关分析显示，若定投持有1年，回报为负的概率大约为30%；若定投持有期达到6年，回报为负的概率几乎为零。越早开始定投，持有年限就越长，回报为负的概率也就越低。

需要明确一点，并不是所有的基金都适合定投，定期定额适合波动比较大的基金，这样才能通过时间熨平市场风险，充分享受复利效应带来的收益。如果用货币市场基金来做定期定额，因为其收益波动不大，没有多大的意义。指数基金是定投的优质品种，指数基金波动较大，受基金经理主观判断影响较小，指数不可能只涨不跌或只跌不涨，没有永久的熊市或牛市，在牛熊交替的过程中坚持定期定额，才能实现财富增值。

5.4　银行理财产品投资

5.4.1　银行理财产品的基础知识

1. 银行理财产品的概念

商业银行理财业务是指商业银行接受投资者的委托，按照与投资者事先约定的投资策略、风险承担和收益分配方式，对受托的投资者财产进行投资和管理的金融服务。商业银行开展理财业务活动，应当遵守公平、公正、公开原则，公平公正地对待客户，向客户公开相关理财产品信息。商业银行开展理财业务活动，应该遵守风险隔离的“栅栏”原则，实现理财业务与信贷等其他业务相分离；自营业务与代客业务相分离；银行理财产品与银行代销的第三方理财产品相分离；银行理财产品之间相分离；理财业务操作与银行其他业务操作相分离。

为规范金融机构资产管理业务，统一同类资产管理产品监管标准，有效防控金融风险，2018年4月27日，中国人民银行、银保监会、证监会、国家外汇管理局共同发布《关于规范金融机构资产管理业务的指导意见》，要求金融机构发行和销售资产管理产品，应当坚持“了解产品”和“了解客户”的经营理念，加强投资者适当性管理，向投资者销售与其风险识别能力和风险承担能力相适应的资产管理产品。禁止欺诈或者误导投资者购买与其风险承担能力不匹配的资产管理产品。金融机构不得通过拆分资产管理产品的方式，向风险识别能力和风险承担能力低于产品风险等级的投资者销售资产管理产品。

金融机构应当加强投资者教育，不断提高投资者的金融知识水平和风险意识，向投资者传递“卖者尽责、买者自负”的理念，打破刚性兑付。金融机构开展资产管理业务时不得承诺保本保收益。出现兑付困难时，金融机构不得以任何形式垫资兑付。打破刚兑意味着以后购买银行理财产品将不再旱涝保收，即使亏钱银行也不会为客户垫付了。

经金融管理部门认定，存在以下行为的视为刚性兑付：资产管理产品的发行人或者管理人违反真实公允确定净值原则，对产品进行保本保收益；采取滚动发行等方式，使得资产管理产品的本金、收益、风险在不同投资者之间发生转移，实现产品保本保收益；资产管理产品不能如期兑付或者兑付困难时，发行或者管理该产品的金融机构自行筹集资金偿付或者委托其他机构代为偿付；金融管理部门认定的其他情形。

2018年9月26日，银保监会发布《商业银行理财业务监督管理办法》，规定银行应对理财产品进行风险评级，对投资者风险承受能力进行评估，并根据风险匹配原则，向投资者销售风险等级等于或低于其风险承受能力等级的理财产品。个人首次购买理财产品时，应在银行网点进行风险承受能力评估和面签。要求银行在全国银行业理财信息登记系统对理财产品进行“全流程、穿透式”集中登记，银行只能发行已在理财系统进行登记并获得登记编码的理财产品，投资者可依据该登记编码在中国理财网查询产品信息，核对所购买产品是否为银行发行的正规理财产品，这有助于防范虚假理财和“飞单”，保护投资者权益。

2. 银行理财产品的分类

（1）根据募集方式的不同，理财产品分为公募理财产品和私募理财产品。公募理财产品是指商业银行面向不特定社会公众公开发行的理财产品。私募理财产品是指商业银行面向合格投资者非公开发行的理财产品。合格投资者是指具备相应风险识别能力和风险承受能力，投资于单只理财产品不低于一定金额且符合下列条件的自然人、法人或者依法成立的其他组织：具有2年以上投资经历，且满足家庭金融净资产不低于300万元人民币，或者家庭金融资产不低于500万元人民币，或者近3年本人年均收入不低于40万元人民币；最近1年末净资产不低于1 000万元人民币的法人或者依法成立的其他组织；国务院银行业监督管理机构规定的其他情形。

商业银行发行公募理财产品的，单一投资者销售起点金额不得低于1万元人民币。商业银行发行私募理财产品的，合格投资者投资于单只固定收益类理财产品的金额不得低于30万元人民币，投资于单只混合类理财产品的金额不得低于40万元人民币，投资于单只权益类理财产品、单只商品及金融衍生品类理财产品的金额不得低于100万元人民币。

公募产品主要投资标准化债权类资产以及上市交易的股票，除法律法规和金融管理部门另有规定外，不得投资未上市企业股权。公募产品可以投资商品及金融衍生品，但应当符合法律法规以及金融管理部门的相关规定。

私募产品的投资范围由合同约定，可以投资债权类资产、上市或挂牌交易的股票、未上市企业股权（含债转股）和受（收）益权以及符合法律法规规定的其他资产，并严格遵守投资者适当性管理要求。

商业银行应当在私募理财产品的销售文件中约定不少于24小时的投资冷静期，并载明投资者在投资冷静期内的权利。在投资冷静期内，如果投资者改变决定，商业银行应当遵从投资者意愿，解除已签订的销售文件，并及时退还投资者的全部投资款项。投资冷静期自销售文件签字确认后起算。

（2）根据投资性质的不同，理财产品分为固定收益类理财产品、权益类理财产品、商品及金融衍生品类理财产品和混合类理财产品。固定收益类理财产品投资于存款、债券等债权类资产的比例不低于80%；权益类理财产品投资于权益类资产的比例不低于80%；商品及金融衍生品类理财产品投资于商品及金融衍生品的比例不低于80%；

混合类理财产品投资于债权类资产、权益类资产、商品及金融衍生品类资产且任一资产的投资比例未达到前三类理财产品的标准。

对于固定收益类产品，金融机构应当通过醒目方式向投资者充分披露和提示产品的投资风险，包括但不限于产品投资债券面临的利率、汇率变化等市场风险以及债券价格波动情况，产品投资每笔非标准化债权类资产的融资客户、项目名称、剩余融资期限、到期收益分配、交易结构、风险状况等。

对于权益类产品，金融机构应当通过醒目方式向投资者充分披露和提示产品的投资风险，包括产品投资股票面临的风险以及股票价格波动情况等。

对于商品及金融衍生品类产品，金融机构应当通过醒目方式向投资者充分披露产品的挂钩资产、持仓风险、控制措施以及衍生品公允价值变化等。

对于混合类产品，金融机构应当通过醒目方式向投资者清晰披露产品的投资资产组合情况，并根据固定收益类、权益类、商品及金融衍生品类资产投资比例充分披露和提示相应的投资风险。

(3) 根据运作方式的不同，理财产品分为封闭式理财产品和开放式理财产品。封闭式理财产品是指有确定到期日，且自产品成立日至终止日期间，理财产品份额总额固定不变，投资者不得进行认购或者赎回的理财产品。开放式理财产品是指自产品成立日至终止日期间，理财产品份额总额不固定，投资者可以按照协议约定，在开放日和相应场所进行认购或者赎回的理财产品。

商业银行发行的封闭式理财产品的期限不得低于90天。开放式理财产品所投资资产的流动性应当与投资者赎回需求相匹配，确保持有足够的现金、活期存款、国债、中央银行票据、政策性金融债券等具有良好流动性的资产，以备支付理财产品投资者的赎回款项。开放式公募理财产品应当持有不低于该理财产品资产净值5%的现金或者到期日在一年以内的国债、中央银行票据和政策性金融债券。

商业银行应当在每个开放日结束后2日内，披露开放式公募理财产品在开放日的份额净值、份额累计净值、认购价格和赎回价格，在定期报告中披露开放式公募理财产品在季度、半年和年度最后一个市场交易日的份额净值、份额累计净值和资产净值。商业银行应当至少每周向投资者披露一次封闭式公募理财产品的资产净值和份额净值。

5.4.2 银行理财产品的风险收益

购买不同的理财产品，风险和收益是不同的，银行只是接受客户的授权管理资金，投资收益与风险由客户或客户与银行按照约定方式承担。因此，在购买理财产品之前，应充分了解自身的风险认知以及承受能力，选择适合自身的产品，切勿盲目听从销售推荐。

1. 理财产品风险等级划分

理财产品的风险评级结果由低到高应当至少包括五个等级，即从风险一级至风险五级；商业银行理财产品风险评级超过五级的，应同时对外披露其与五个风险等级的对应关系。风险等级为一级的理财产品，总体风险程度低，收益波动小，产品本金安全性高，收益不能实现的可能性很小。风险等级为二级的理财产品，总体风险程度较低，收益波动较小，虽然存在一些可能对产品本金和收益安全产生不利影响的因素，但产品本金出现损失的可能性较小。风险等级为三级的理财产品，总体风险程度适中，收益存在一定的波动，产品本金出现损失的可能性不容忽视。风险等级为四级的理财产品，总体风险程度较高，收益波动较明显，产品本金出现损失的可能性高。风险等级为五级的理财产品，总体风险程度高，收益波动明显，产品本金出现损失的可能性很高，产品本金出现全部损失的可能性不容忽视。

商业银行销售理财产品，应当遵循风险匹配原则，禁止误导客户购买与其风险承受能力不相符合的理财产品。风险匹配原则是指商业银行只能向客户销售风险评级等于或低于其风险承受能力评级的理财产品。风险评级为一级和二级的理财产品，单一客户销售起点金额不得低于5万元人民币；风险评级为三级和四级的理财产品，单一客户销售起点金额不得低于10万元人民币；风险评级为五级的理财产品，单一客户销售起点金额不得低于20万元人民币。

对理财产品进行风险评级的依据应当包括但不限于以下因素：理财产品投资范围、投资资产和投资比例；理财产品期限、成本、收益测算；该行开发设计的同类理财产品过往业绩；理财产品运营过程中存在的各类风险。

2. 客户的风险等级划分

银行应当对客户风险承受能力进行评估，确定客户风险承受能力评级，由低到高至少包括五级，并可根据实际情况进一步细分。银行应当在客户首次购买理财产品前在银行网点对其进行风险承受能力评估。风险承受能力评估依据至少应当包括客户年龄、财务状况、投资经验、投资目的、收益预期、风险偏好、流动性要求、风险认知以及风险损失承受程度等。商业银行对超过65岁（含）的客户进行风险承受能力评估时，应当充分考虑客户年龄、相关投资经验等因素。商业银行完成客户风险承受能力评估后，应当将风险承受能力评估结果告知客户，由客户签名确认后留存。超过一年未进行风险承受能力评估或发生可能影响自身风险承受能力情况的客户，再次购买理财产品时，应当在商业银行网点或其网上银行完成风险承受能力评估，评估结果应当由客户签名确认；未进行评估，商业银行不得再次向其销售理财产品。

3. 理财产品的宣传文本

理财产品宣传销售文本中出现表达收益率或收益区间字样的，应当在销售文件中提供科学合理的测算依据和测算方式，以醒目文字提醒客户，“测算收益不等于实际收益，投资须谨慎”。如果不能提供科学合理的测算依据和测算方式，则理财产品宣传销售文本中不得出现产品收益率或收益区间等类似表述。向客户表述的收益率测算依据和测算方式应当简明、清晰，不得使用小概率事件夸大产品收益率或收益区间，误导客户。

理财产品销售文件应当包含专页风险揭示书，风险揭示书应当使用通俗易懂的语言，至少包含以下内容：

（1）在醒目位置提示客户，“理财非存款，产品有风险，投资须谨慎”；

（2）提示客户，“如影响您风险承受能力的因素发生变化，请及时完成风险承受能力评估”；

（3）提示客户注意投资风险，仔细阅读理财产品销售文件，了解理财产品具体情况；

（4）本理财产品类型、期限、风险评级结果、适合购买的客户，并配以示例说明最不利投资情形下的投资结果；

（5）理财产品的风险揭示应当至少包含本理财产品不保证本金和收益，根据理财产品风险评级结果提示投资者可能会因市场变动而蒙受损失的程度，以及需要充分认识投资风险，谨慎投资等；

（6）投资者风险承受能力评级结果，由投资者填写；

（7）投资者抄录风险确认语句，包括确认语句栏和签字栏，确认语句栏应当完整载明风险确认语句“本人已经阅读风险揭示，愿意承担投资风险”，并在此语句下预留足够空间供投资者完整抄录和签名确认。

4. 区分银保产品与银行理财产品

对银行理财产品和银保产品应加以区分（见表5-5），在实际生活中这两者往往被认为是同一事物。银行代理保险业务本质上是一种保险业务，是由银行作为一类保险兼业代理机构，代理销售保险公司产品。经过几年的快速发展，银行代理已经成为保险公司最重要的销售渠道之一。银保产品目前多数缴费期限3～10年，保障期限3～15年，主要是中长期的投资，并且有意外保险。银保产品的起卖份数一般是1 000～10 000份，但是多数产品需要连续3年、5年或者10年缴费。中途有保险公司每年的返还和分红，返还是确定的，在合同里约定，分红是不确定的，根据公司的经营状况决定分红数额。本金和生存金一般都不受影响，保险期满都会返还。只有红利这项是不确定的。

表5-5　银保产品与银行理财产品的区别

	银保产品	银行理财产品
存续期限	期限较长，少则三年，多则几十年	期限较短，少则几天多则一两年
起点	低，几千元就可以购买	一般起点为5万元
缴费期限	趸交（一次性交清），或分期缴费	一次交清
购买年龄	一般不超过60周岁	无限制
收益构成	一般固定收益加上分红收益	保证收益或不保证收益
退出	可以退保，但损失很大	不能中途退出

还需提醒一点，缴费期限并非满期时间。现在一些保险公司推出期缴型银保产品，例如缴费5年后满期领取生存金。一些客户就会把5年当成产品的期限，但5年后提取时发现仍然属于退保，很可能仅能拿回本金。满期时间一般比缴费期限长很多，因此，客户在选购银保产品时必须问清楚满期时间，也就是开始领钱的时间。银行产品的销售合同上，以银行作为销售主体，所盖公章是银行的；而在银保产品的销售合同上，出现的都是保险公司的名称，所盖公章也是保险公司的。2014年1月，银监会和保监会联合发布《关于进一步规范商业银行代理保险业务销售行为的通知》，从2014年4月1日起商业银行在向65岁以上老人销售保险时，必须由保险公司人工审核之后方可出单，同时还将银保渠道保险产品的犹豫期由之前的10天延长至15天。客户15天之内如果“反悔”的，可以全额退保，在犹豫期内退保，保险公司只收取10元保单工本费；这一“缓冲期”的设定可以有效避免一时冲动或盲目购买情况的发生。同时，规定要求银保销售人员不能代替投保人填写保单。在扣费环节上，银行须和投保人达成协议，凡是在银行购买了保险公司产品的投保人，保险公司都必须在划扣首期保费24小时内，或未划扣首期保费且在承保24小时内，以保险公司的名义向投保人的手机发送提示短信。提示短信应当至少包括：保险公司名称、保险产品名称、保险期间、

犹豫期起止时间（非现场出单除外）、期交保费及频次、公司统一客服电话，并请投保人仔细阅读保险合同条款。

5.4.3 银行理财产品的投资选择

1. 选择适合自己风险等级的银行理财产品

不同理财产品的收益和风险是不一样的，在投资银行理财产品之前，必须对自己的风险承受能力进行评估，选择合适的产品。同时，不同银行同一类别的理财产品各有所长，而且每家银行擅长的品种不同，投资者在选择理财产品之前，精选银行很有必要。第一，要看实现收益的能力。购买理财产品时投资者最关心的是收益率的高低。每家银行总有几款高收益的产品，但不同的银行总体收益水平差距不小。第二，要看银行擅长、偏好的投资品种。总体来说，外资银行擅长投资海外市场，中资银行擅长运作稳健型理财产品。第三，要看银行风险控制措施是否到位。选择浮动收益理财产品时这一点很重要。第四，要看理财产品信息披露是否充分。如果信息披露不充分，容易产生纠纷。第五，要看银行理财产品的多样性。产品丰富的银行可以帮助投资者捕捉到市场上的各种投资机会。第六，要看产品适应性。比如，外资银行高风险的产品居多，适合风险承受能力相对较强、有一定投资经验、关注海外市场的投资者。中资银行擅长发行信托类理财产品，其风险程度不一。

2. 甄别收益

首先，区分累计收益与平均收益。累计收益除以投资年数就得到平均收益，有些银行为了夸大收益，吸引投资者，在宣传中强调累计收益而非平均收益。比如，某银行在协议中宣称，理财产品在3年后到期收益率总共为12%，这意味着实际年平均收益率仅为4%。有的产品的预期收益率为12%，但是其采用的是18个月的收益率，如果把它转换成年收益率，则是8%。

其次，预期收益不等于实际收益。银行在推出理财产品时一般都会宣传其预期收益率，事实上，并非所有的理财产品都能达到其承诺的收益率。比如某银行的一款人民币信托理财产品，预期收益率为15%，而到期收益率仅为1.53%，两者相差13.47%。因此，投资者在购买银行理财产品前，一定要弄清产品的风险类型。根据现有规定，商业银行发行理财产品，不得宣传理财产品预期收益率，在理财产品宣传销售文本中只能登载该理财产品或者本行同类理财产品的过往平均业绩和最好、最差业绩，并以醒目文字提醒投资者“理财产品过往业绩不代表其未来表现，不等于理财产品实际收益，投资须谨慎”。

总之，购买理财产品时，一定要看清楚“收益率”三个字前面的定语，预期收益率比较高，指的是在理想情况下理财产品的收益情况，这表明有一定的市场风险存在，预期收益率可能最终无法实现。而固定收益率的风险几乎为零，基本上可以实现，这就注定它的数值不可能太高。最低收益率一般很低，它在保障投资者最低收益的基础上，还有一定的获利潜力，投资者在选择这类产品时，应着重考虑产品收益是否有实现的可能性，可参考产品以前年度的业绩或关注市场走向。

3. 理清关键日期

银行理财产品发行时一般要公布募集日和起息日，募集日期一般为7～15天，也就是说，如果募集期为 20 天的话，1 日购买理财产品，1～20 日是按照活期计算利息，而不是像很多人认为的那样，购买当日就开始按照理财收益率计息。理财产品到期后，投资者常常发现本金和收益并没有立即转回自己的账户，而是要等到还本清算期结束才开始返还。很多理财产品在这段时间内不会向投资者支付利息。因为银行是对募集的资金进行统一运作，产品到期后再进行资金下划，然后转至投资人的资金账户，这里面就有一个资金划转的过程，如遇业务量大、客户多的银行机构，上账时间就会有所间歇，有的银行可能会延误几天的时间，而非理解中的当日实时到账。关于理财产品到期后资金到账的问题，各家银行的规定不一样：有的银行是到期日当日零时将理财本金和利息打入客户银行卡中；有的是延后 3～5 个工作日打入客户卡中，资金到账模式有点类似赎回开放式基金；有的银行规定如果遇到节假日，资金到账日相应顺延。因此，客户在购买理财产品时不但要问清楚起息日，还要问清楚到账日，一定要看清协议中规定的到期资金可支取时间，以合理安排未来到期资金的用途。

4. 提前终止与提前赎回

银行理财产品都有一定的投资期限，在约定的期限之前，银行或投资者有提前结束理财合同的权利吗？对于银行而言，是提前终止的权利；对于投资者而言，则是提前赎回的权利。一般分为三种情况：一是银行和投资者都没有权利提前终止和赎回；二是投资者有提前赎回的权利，但是需要支付违约金；三是银行有提前终止的权利，但投资者没有。

提前赎回条款是针对个人投资者的，指其在产品没到期的情况下是否拥有赎回的权利。一般封闭式产品到期才能赎回，而开放式理财产品只有在合同规定的“开放日”才可以进行赎回操作，即便是开放式理财产品，遇到年末、半年末、国庆、春节长假前等赎回高峰，银行也可能会以“当日赎回资金达到 10%或 15%限制”为由，暂停接受赎回申请。因此，对个人投资者而言，银行理财产品的期限不宜过长，建议投资者认真考虑流动性问题，如购买银行理财产品后是否享有提前赎回权，提前赎回需要支付多少费用。

提前终止条款是银行制定的终止产品运行的规定。至于在什么情况下会提前终止产品，银行的解释通常是：遇到重大金融政策调整，银行认为有必要终止。重大金融政策调整主要指加息、降息政策以及重大汇率变动。例如，一款结构型理财产品挂钩汇率、利率指标，一旦这些指标发生变动，产品就会提前终止。2015 年下半年股价大幅下跌，导致产品净值跌破预警线，50 多款理财产品提前终止。

当银行拥有提前终止权利时，投资者将面临三重风险：利率变化风险、汇率风险和投资机会风险。因此在加息周期下，尽量选择购买短期理财产品，以避免市场预期收益逐步走高的风险。在降息周期下，则应选择长期理财产品。这样的规律适用于债券及信贷类理财产品。对于外币理财产品，可以调整币种和理财期限，选择升值中的外币产品，以短期产品为主。对于证券投资型及结构型长期理财产品，需要多留意银行的提前终止公告，这类产品出现提前终止的情况较多。

总之，银行理财产品种类很多，投资者需要量力而行，熟悉理财产品的属性，在购买理财产品的时候不要把全部的资金都投在一款产品上，期限上要长短结合，不宜过多地追求高收益率，毕竟高收益意味着高风险。

5.5 外汇投资

5.5.1 外汇投资的基础知识

1. 外汇和汇率制度

外汇，就是外国货币或以外国货币表示的能用于国际结算的支付手段。我国《外汇管理条例》第三条对外汇的具体内容作出如下规定：外汇是指：（1）外国货币。包括纸币、铸币。（2）外币支付凭证。包括票据、银行的付款凭证、邮政储蓄凭证等。（3）外币有价证券。包括债券、股票等。（4）特别提款权。（5）其他外汇资产。

汇率，又称汇价，指一国货币以另一国货币表示的价格，或者说是两国货币间的比价，其高低最终由外汇市场决定。由于世界各国货币的名称不同，币值不一，所以一国货币对其他国家的货币要规定一个兑换率，即汇率。每个国家采取的汇率制度不一样，可以分为固定汇率和浮动汇率制度。

固定汇率是指一国货币与另一国货币的兑换比率基本固定，固定汇率并非汇率完全固定不动，而是围绕一个相对固定的平价上下波动，该范围最高点叫"上限"，最低点叫"下限"。当汇价涨到上限或跌到下限时，中央银行就要采取措施，以使汇率维持不变。19世纪初到20世纪30年代的金本位制时期，第二次世界大战后到20世纪70年代初以美元为中心的国际货币体系，都实行固定汇率制。

浮动汇率指一国货币同他国货币的兑换比率没有上下限波动幅度，而由外汇市场的供求关系自行决定。浮动汇率按政府是否干预，分为自由浮动汇率和管理浮动汇率。在现实生活中，对本国货币的汇率不采取任何干预措施，完全采用自由浮动汇率的国家几乎没有。由于汇率对国家的国际收支和经济的均衡发展有重大影响，各国政府大多通过调整利率、在外汇市场上买卖外汇以及控制资本流动等形式来控制汇率的走向。现阶段我国人民币汇率实行以市场供求为基础的、有管理的浮动汇率制度。

2. 外汇市场

外汇市场是指经营外币和以外币计价的票据等有价证券买卖的市场，是金融市场的主要组成部分。世界上交易量大且有国际影响的外汇市场有伦敦、纽约、巴黎、法兰克福、苏黎世、东京、香港、新加坡、巴林、米兰、蒙特利尔和阿姆斯特丹等。在这些市场上买卖的外汇主要有美元、英镑、欧元、日元、加拿大元等，其他货币也有买卖，但为数极少。全球各外汇交易市场受空间和时间的阻隔，既各自独立又相互影响。这些外汇市场以其所在的城市为中心，辐射周边的其他国家和地区。由于所处的时区不同，各外汇市场在营业时间上此开彼关（见表5-6），一个市场的结束往往为下一个市场的开盘定下了基调。这些市场通过先进的通信设备和计算机网络连成一体，市场的参与者可以在世界各地进行交易，由此形成了全球一体化运作、全天候运行的国际外汇市场。2018年1月国家外汇管理局发布的数据显示，2017年1—12月，中国外汇市场累计成交162.27万亿元人民币（等值24.08万亿美元）。

表 5-6 世界主要外汇市场开收盘时间表

地区	市场	当地开收盘时间	北京时间
大洋洲	惠灵顿	09：00～17：00	05：00～13：00
	悉尼	09：00～17：00	07：00～15：00
亚洲	东京	09：00～15：30	08：00～14：30
	香港	09：00～16：00	09：00～16：00
	新加坡	09：30～16：30	09：30～16：30
欧洲	法兰克福	09：00～16：00	16：00～23：00
	苏黎世	09：00～16：00	16：00～23：00
	巴黎	09：00～16：00	16：00～23：00
	伦敦	09：30～16：30	17：30～00：30
北美洲	纽约	08：30～15：00	21：00～04：00
	芝加哥	08：30～15：00	22：00～05：00

说明：上述北京时间是正常时段，如果当地采用夏令时间，会有所变化。

3. 汇率标价方法

汇率的标价方法有两种：直接标价法和间接标价法。

直接标价法，又叫应付标价法，是以一定单位（如 1，100，1 000，10 000 单位）的外国货币为标准来计算应付出多少单位本国货币，相当于计算购买一定单位外币应付多少本币，所以叫应付标价法。包括中国在内的世界上绝大多数国家目前都采用直接标价法。在国际外汇市场上，日元、瑞士法郎、加元等均采用直接标价法，如日元 113.5，即 1 美元兑 113.5 日元。在直接标价法下，若一定单位的外币折合的本币数额大于前期，则说明外币币值上升或本币币值下跌，叫作外汇汇率上升；反之，如果用比原来少的本币即能兑换到同一数额的外币，这说明外币币值下跌或本币币值上升，叫作外汇汇率下跌，即外币的价值与汇率的涨跌成正比。

间接标价法，又称应收标价法，是以一定单位（如 1 单位）的本国货币为标准来计算应收多少单位外国货币。在国际外汇市场上，欧元、英镑、澳大利亚元等均采用间接标价法。如欧元 1.109 5，即 1 欧元兑 1.109 5 美元。在间接标价法中，本国货币的数额保持不变，外国货币的数额随着本国货币币值的变化而变动。如果一定数额的本币能兑换的外币数额比前期小，这表明外币币值上升，本币币值下降，叫作外汇汇率下降；反之，如果一定数额的本币能兑换的外币数额比前期大，则说明外币币值下降、本币币值上升，叫作外汇汇率上升，即外币的价值和汇率的涨跌成反比。

5.5.2 外汇投资的风险收益

外汇市场的风险很大，主要是因为决定外汇价格的因素太多。外汇投资的风险因素主要有：（1）外部因素剧烈变动。影响外汇价格变动的因素突然之间发生巨大变动，例如，重要经济指标的变动、发生政变、政府政策的改变、汇率变动剧烈等，会使外汇价格有较大的波动，产生一定的风险。（2）操作风险。即因投资者心态不稳定造成的损失。因为市场随时变化，所以投资者应随着市场调整心态，设定止损线，严格执行纪律。（3）网络技术风险。一般外汇投资都是通过网络进行的，信息系统的技术性和安全性使网络交易存在很大的技术风险。这种风险既来自计算机系统停机、磁盘列阵破坏等不确定因素，也来自黑客攻击以及计算机病毒等因素。

外汇投资很多是保证金交易，即杠杆交易。保证金交易就是投资者以银行、造市商或经纪商提供的融资来进行外汇交易。融资的比例越大，客户需要付出的资金就越少，例如，交易商提供的保证金融资比例是400倍，即最低的保证金要求是0.25%，这样投资者只需25美元，就可以进行高达10 000美元的交易，充分利用了以小搏大的杠杆效应。保证金交易具有高风险、高收益或高亏损的特点，收益与风险总是相伴相随。

5.5.3 外汇的投资选择

1. 外币储蓄存款

外币储蓄存款是操作最为简单便利的方式。外币储蓄存款账户可分为外汇账户（现汇户）和外钞账户（现钞户）。外汇账户是指从境外汇入、携入和境内居民持有的可自由兑换的外汇所存入的储蓄存款账户；外钞账户是指从境外携入或境内居民持有的可自由兑换的外币现钞所存入的储蓄存款账户。目前我国商业银行可以办理的外币存款币种主要有美元（USD)、港元（HKD)、日元（JPY)、欧元（EUR)、英镑（GBP)、瑞士法郎（CHF)、加拿大元（CAD)、澳大利亚元（AUD)。

外币储蓄分为活期和定期两种，外币整存整取定期储蓄存款期限有1个月、3个月、6个月、1年、2年。现阶段，各个银行外币定期存款的利率有所不同，因此，进行外币存款时应多进行比较。判断投资外币合算与否要从该国利率和外币汇率两方面去分析：一方面应选择高利率币种，以取得更多的利息收入；另一方面应选择硬通货，也就是选择预期汇率将上升的币种。

2. 外汇理财产品

外汇理财产品是指个人购买理财产品时的货币只针对自由兑换的外国货币，收益获取也以外币币值计算。外汇理财产品按其连接标的分类，可分为利率/汇率挂钩、外汇挂钩、指数挂钩、股票篮子挂钩、债券基金挂钩等；按投资期限分类，可分为短、中、长期的外汇理财产品。

银行外汇理财产品一般都有一定的投资门槛，比如以1万或2万美元为投资初始额。购买外汇理财产品，一定要从实际出发，不宜盲目跟风。如果家里有人在国外读书，需要定期汇出生活费和学费，可以在低价时购入外汇，若和汇出时间有时间差的话，可进行短期外汇理财。如果投资者觉得将来人民币汇率还会大幅下跌，可以考虑购买一部分外汇理财产品。但要注意资产配置，不要集中在同一种货币上，以分散风险。

3. 外汇实盘交易

国内的商业银行为外汇实盘交易提供了多种交易方式。客户可以通过银行柜台、银行营业厅内的个人理财终端、电话和互联网进行外汇实盘交易。根据我国的规定，每人每年累计可兑换5万美元的等额外汇。一般在银行开户交易。实盘的特点是风险和收益都比较小，交易手续费稍高，资金太少可能收益有限。在选择进行外汇交易之前，需要注意对银行的选择，留意其交易方式是否灵活多样，因为突发事件会导致汇率大幅波动，电话或网上交易方便投资者及时根据市场情况做出反应，可以减少由于时间延误造成的交易风险。此外，各地经济水平和交易成本的不同导致交易费用的不同，建议投资人多注意银行相关业务的配套服务。

外汇实盘操作中，有些银行可以进行外汇保证金交易，外汇保证金交易是指投资人以其存于银行的资金作为保证金质押在该银行，银行依其存款金额来设定一个操作外汇的信用额度，投资人利用国际外汇市场上汇率的频繁波动，以低买高卖的方式，在不同的存款货币间转换并赚取一定的汇差或利差，从而达到保值、盈利的目的。

4. 外汇期权交易

外汇期权交易是指交易双方在规定的期间按商定的条件和一定的汇率，就将来是否购买或出售某种外汇的选择权进行交易。外汇期权是期权的一种，相对于股票期权、指数期权等其他种类的期权来说，外汇期权买卖的是外汇，外汇期权业务的优点在于可锁定未来汇率，提供外汇保值，客户在选择时有较大的灵活性，在汇率变动朝有利方向发展时可获利。个人外汇期权交易较外汇实盘交易的风险更大，准入门槛也较高。

5. B 股

B 股是我国较早开放的外汇投资场所，沪市 B 股用美元结算，深市 B 股用港元结算。B 股投资的优点在于：准入门槛低，买卖方便，熟悉股票市场的客户都能参与。但是 B 股在我国资本市场上较为边缘化，上市公司少、市场容量小，容易出现暴涨暴跌的行情。

5.6 黄金投资

5.6.1 黄金投资的基础知识

黄金是一种贵金属，是金属中最稀有、最珍贵的品种之一。黄金的物理特性稳定，价值保持久远。黄金是人类的物质财富，是储藏财富的重要手段，备受人们青睐。黄金还是首饰业、电子业、现代通信业、航天航空业等部门的重要材料。国际上黄金以盎司为单位，中国古代以两作为黄金的单位。用来表示黄金纯度的方法有多种，最常见是用“K 金”来表示，国家标准 GB 11887－89 规定，每开（英文 carat、德文 karat 的缩写，常写作“K”）含金量为 4.166%，因此：

8K＝8×4.166%＝33.328%(333‰)

9K＝9×4.166%＝37.494%(375‰)

10K＝10×4.166%＝41.660%(417‰)

12K＝12×4.166%＝49.992%(500‰)

14K＝14×4.166%＝58.324%(583‰)

18K＝18×4.166%＝74.998%(750‰)

20K＝20×4.166%＝83.320%(833‰)

21K＝21×4.166%＝87.486%(875‰)

22K＝22×4.166%＝91.652%(916‰)

24K＝24×4.166%＝99.984%(999‰)

24K 金常被认为是纯金（1 000‰），但实际含金量为 999‰，折为 23.988K。黄金有时也会用分数表示，如标记成 18/24，即成色为 18K（750‰），如标记成 22/24，即成色为 22K（916‰）。在首饰店里有用足金或千足金来表示黄金首饰的纯度，足金的含金量不小于 990‰，千足金的含金量不小于 999‰。从 2016 年 5 月 4 日起，中国贵金属首饰行业的强制性国家标准 GB 11887－2012《首饰贵金属纯度的规定及命名方法》正式推行，用贵金属（包括黄金、铂金、钯金、银）制成的饰品都不能以“千足”“万足”作为宣传用语，即使纯度达到了 999.0‰，也只能称为“足”，也就是说，足金、足铂、足钯等贵金属的含量不低于 990‰。

黄金交易与证券交易一样，都有一个固定的交易场所，世界各地的黄金交易市场就是由各地的黄金交易构成的。黄金交易所一般都设在各个国际金融中心，是国际金融市场的重要组成部分。世界上共有七大黄金交易所，分别位于伦敦、纽约、苏黎世、新加坡、香港、东京、悉尼和墨尔本。这些黄金交易所处于不同时区，当一个国家的黄金市场休市时，另一个国家的黄金市场开市，这样可以 24 小时不间断进行黄金投资。上海黄金交易所于 2002 年年底成立并运行。

当世界政局和经济环境不稳定，尤其是发生战争或经济危机时，各种投资工具如股票、基金、房地产等都会受到严重的冲击，这时黄金就体现出很好的避险属性。即使遭遇经济危机，黄金的价格仍能维持不变甚至稳步上升，保持了资产的价值。还有一些极端的情况，如通货膨胀严重，钞票贬值得如同废纸一般，而黄金本身属于贵重商品，其价格会随着通货膨胀而上涨，也即黄金抵消了通货膨胀的损失，保证了投资者的资产不会被通货膨胀侵蚀。

各国黄金市场交易的习惯、规则以及所在地计量单位等不同，黄金交易单位也有所不同，我国上海黄金交易所交易单位为人民币/克，即一克黄金多少人民币，而国际黄金交易的标价通常以盎司为单位。盎司是英制计量单位，符号为 oz。用在各领域的盎司单位不尽相同，有用于衡量金、药物和普通物品的盎司单位，还有用于衡量液体的盎司单位。

1 金衡盎司＝1.097 142 8 常衡盎司＝31.103 480 7 克

1 常衡盎司＝28.349 5 克

比如，某日上海黄金交易所的黄金报价为 263.58 元/克，国际金价为 1 260.50 美元/盎司。上海黄金交易所的黄金报价主要参考国际现货黄金价格，也就是伦敦金价格，由于计价单位不同，伦敦金价格换算成人民币价格的具体公式为：伦敦金价格×人民币汇率÷31.103 5 克/盎司。受供求关系、升贴水等的影响，各交易所合约报价会有所不同。

5.6.2 黄金投资的风险收益

1944 年，44 国代表齐聚美国新罕布什尔州布雷顿森林，参会的部分国家在次年签署了《布雷顿森林协定》。协定中各国确认了 1934 年美国规定的 35 美元一盎司的黄金官方价格，同时规定各国可按此价格用美元向美国兑换黄金，这就是历史上著名的“布雷顿森林体系”，实质是以美元与黄金挂钩，其他国家货币与美元挂钩，从而建立以美元为中心的国际货币体系。国际经济体系的核心从黄金变为美元，当时的美元有世界 75%黄金储备的支持。美国经济的超强地位于 1960 年受到侵蚀，敏感的黄金投机客开始挑战一盎司 35 美元的官价，而美、英、法、德、意等国家自 1961 年起联合平抑黄金价格。

35 美元一盎司的黄金官方价格一直持续到 1967 年。美国深陷越南战争泥潭，庞大的财政赤字多次冲击美元信誉，各国纷纷抛售手中美元，疯抢黄金。随着越战的深入，美国财政状况的恶化全面引爆了美元危机。1968 年 3 月，全球黄金抢购潮导致伦敦黄金市场成交创天量，美国再也无法维持黄金官方价格，最终不得不宣布放弃每盎司 35 美元的市场供应。从此，金价正式进入自由浮动时期。

黄金价格以 35 美元起步，在过去的几十年里经历了两轮“黄金十年”。第一轮是 1970—1980 年，金价从 1970 年的 35 美元起步，1973 年，金价冲破 100 美元，最高涨至 1980 年的 850 美元。之后黄金价格在震荡中下降，1999 年 8 月 26 日，每盎司金价跌至 251.9 美元，创下 20 年来低位，在底部横盘两年后，于 2001 年再次发力上攻，迎来了第二轮黄金大牛市，于 2011 年 9 月 6 日见最高点 1 923.7 美元，随后又开始回落，从 2011 年 9 月至 2012 年 10 月近 13 个月的时间里，有三个高峰价格，分别为 1 804美元、1 792 美元、1 798.1 美元，2012 年 10 月至 2013 年 6 月，从 1 798.1 美元跌到了 1 179.4 美元，跌幅达 34.4%，相当惨烈。从 2013 年 7 月至 2018 年，黄金价格在一个窄幅空间内震荡，最低到 1 045.4 美元，最高不超过 1 405 美元。2019 年开始，黄金又出现一波上涨行情，2020 年 8 月最高达 2 074.71 美元，2021 年 2 月，价格又回落至 1 800 美元左右。

可见，黄金的价格波动幅度较大，存在较大的投资风险，如果不能把握走势方向，可能一直处于“被套”状态。黄金价格主要受美元、石油价格、国际局势和国际投机资金等因素影响，未来紧张的国际形势可能使金价在更大的幅度内波动。金价大幅涨跌的另一个重要影响因素是投机。投机的趋利活动使黄金市场表现良好。投机势力善于利用一切可以利用的信息，人为放大市场信号，制造欣欣向荣的市场景象，以此影响普通投资人的理性预期，吸引其进入市场，分担金价波动的风险。在选择黄金投资组合进行资产配置时，个人投资者要综合考虑自身的风险承受能力以及风险偏好。影响黄金价格的因素是多元的，应深入分析研究，切不可盲目跟风。

黄金投资风险具有广泛性。由投资研究、行情分析、投资方案、投资决策、风险控制、资金管理、账户安全、不可抗力因素等导致的风险，几乎存在于黄金投资的各个环节。

黄金投资风险又具有相对性。黄金投资的风险是相对于投资者选择的投资品种而言的，投资黄金现货和期货的结果是截然不同的。前者风险小，但收益低；后者风险大，但收益很高。所以风险不可一概而论，有很强的相对性和可变性。

5.6.3　黄金的投资选择

1. 实物黄金

购买金条、金币等实物黄金是投资黄金最直接、最简便的方法。实物黄金适合长期投资，以抵御通货膨胀带来的资产贬值。实物黄金产品具有品种丰富、实物交割、便于收藏等特点。实物黄金有金条、金币和金首饰。购买实物黄金的主要渠道为银行或金店，相比较而言，纯粹用于投资目的，以金条或金币为宜。金饰品的主要功能是装饰，投资意义不大。金饰品的加工工艺比金条、金币复杂，单位金饰品价格均包含加工费，使得金饰品的价格和黄金的价格有一定的差距，同时金饰品回收时损失也大。购买金条后，银行或金店可以以市价进行回购，但一定要注意完整保存相关单据，金条不能有损坏。回收实物黄金时一般要经过非常复杂的检验程序，因此应进行回购风险控制。大部分金条的回购渠道仅对自有品牌开放，回收价格则是实时黄金价格扣除一定的手续费。对投资者来说，一进一出的交易费用比较高，因此实物金条并不适合作为交易工具。

为避免一次性购买的价格风险，一些银行推出了黄金定投，其原理与基金定投类似，旨在不断平均投资成本。这种定投黄金一般有两种赎回机制：一种是现金赎回；一种为实物赎回。现金赎回是指当投资者账户中积存了一定的黄金时，投资者可以按照赎回日当天的上海黄金交易所 AU99.99 的报价赎回自己的投资，赎回款将返还到投资者的账户上。实物赎回则是指投资者可以按照账户中的黄金积存额到银行换购相同克数的黄金制品，投资者在换购黄金制品时还需要另外支出相应产品的加工费。黄金定投只有在震荡市中才可能取得更好的效益，如果是单边向上的市场行情，定投的成本反而高于一次性投资。

2. 纸黄金

“纸黄金”交易是黄金在“纸上”的交易，投资者按银行报价在账面上买卖虚拟的黄金。个人通过把握国际金价走势低吸高抛，赚取差价。纸黄金的特点是只能在账户中记录黄金，不能提取实物黄金，投资者的买卖交易记录只在个人预先开立的黄金存折账户上体现，优势在于交易起点低、交易方便、变现灵活。纸黄金不存在保管上的风险，也省去了实物黄金的加工、运输等费用。各银行的纸黄金入市门槛较低，适合一些初入市场或资金不足的散户。投资纸黄金不计利息，也不能获得股票、基金投资的红利等收益，因此只能通过低吸高抛赚取买卖差价来获利。

开办黄金业务的银行在报价上一般采用两种方式：按国内金价报价和按国际金价报价。按国内金价报价，银行参照交易所黄金价格、市场供求情况、国际黄金市场波动情况和银行单边佣金确定买卖双边报价；而按国际金价报价，银行中间价就是国际金价折合成人民币的价格，银行在此基础上加单边佣金确定报价。无论是国内金价还是国际金价，银行均会按克收取佣金，因此个人投资者在买卖黄金时应该计算好投资成本，切忌盲目跟随市场波动频繁进出，否则不光要承担市场风险，单黄金来回买卖的手续费就是一笔不小的支出。大部分纸黄金只能单向看多，通过买进卖出之间的差价获得收益。在金价的拉升中，这种工具有利可图，但是在金价的下降或是震荡中，选择这种工具就非常被动。

3. 黄金 T+D 交易

T+D 里的“T”是 Trade（交易）的首字母，“D”是 Delay（延期）的首字母。黄金 T+D，是指由上海黄金交易所统一制定的，规定在将来某一特定的时间和地点交割一定数量标的物的标准化合约。T+D 交易的实质为现货延期交易，从分类上说，仍然属于现货交易，在交易过程中，随时可以交割的特性降低了风险，投资者可以选择对自己更有利的时点进行交割，或尽早交割以降低投资风险，或继续持仓。黄金 T+D 的特点是以保证金方式进行买卖，由于使用了资金杠杆，产品的风险被放大。尤其是当金价出现较大幅度波动时，逐日清算的制度要求投资者每天必须保证账户上有足够的保证金，否则就将面临强制平仓风险。黄金 T+D 交易能够多空双向操作，无论金价上涨还是下跌，都有可能从中获益。黄金 T+D 交易的市场区域仅限国内，成交量及活跃度远不及国际市场。黄金 T+D 交易适合追求高收益且具有高风险承受能力的专业黄金投资者，只有在交易时严格控制风险，才能在良好的风险控制模式下逐步提高利润。

4. 黄金期货

黄金期货是指以国际黄金市场未来某时点的黄金价格为交易标的的期货合约。投资人买卖黄金期货的盈亏，是由进场和出场两个时间的金价价差来决定的，契约到期后则是实物交割。黄金期货是一种杠杆化黄金投资产品，具备“保证金交易”和“双向操作”两大特点，但黄金期货是标准化合约，需在指定的交易期限内交割或是进行平仓操作。个人投资者从事黄金期货有一大“硬伤”，那就是个人投资者无法进行实物交割，也就是说无法通过对冲达到平衡风险的目的。交易黄金期货时需要严格进行资金管理，实时盯盘，以短线操作为主，所以黄金期货适合专业投资者。

5. 黄金基金和股票

黄金行业公司的股票也可以视为一种投资途径（见表5-7）。一般来说，黄金股的走势与黄金的价格存在一定的相关性，公司的经营状况、所处证券市场的表现也是重要的影响因素。比较而言，对金价有一定话语权的公司，如拥有金矿的企业、黄金开采公司，其股价的表现与黄金价格的关系更密切。黄金股往往业绩波动比较大，在不同的经济环境中有独立的股价表现。有时一部分黄金股已经出现过度透支利好的情形，但股价却背离基本面，这带来了一定的投资风险。

表5-7 黄金概念相关股票

黄金股：山东黄金（600547）、中金黄金（600489）、紫金矿业（601899）、天业股份（600807）
拥有自己金矿的股票：湖南黄金（002155）、豫园商城（600655）、豫光金铅（600531）、新湖中宝（600208）、东方集团（600811）、永泰能源（600157）、荣华实业（600311）、恒邦股份（002237）
黄金饰品相关股票：老凤祥（600612）、东方金钰（600086）、明牌珠宝（002574）、益民集团（600824）、金贵银业（002716）
副产业具有黄金概念：弘业股份（600128）、江西铜业（600362）、宏达股份（600331）、云南铜业（000878）、铜陵有色（000630）

与其他黄金投资渠道相比，购买黄金基金的好处是投资门槛低，最低1 000元就可以投资。国内投资黄金的基金包括两大类：ETF基金和QDII基金（见表5-8）。黄金QDII基金主要投资于境外市场以实物黄金为支持的交易所交易基金（ETF）；黄金ETF基金主要投资于上海黄金交易所的黄金现货合约，黄金品种以AU99.99和AU99.95为主。每只黄金ETF都有对应的ETF联接，而黄金ETF联接A和C代表不同的收费标准。由于ETF联接A只收取申购、赎回费，不收取销售服务费，适合超过两年的长期投资；ETF联接C则适合两年以内的投资。黄金ETF是场内交易，需要有股票账户，而黄金ETF联接是场外申购，和其他开放式基金完全一样，比较适合没有股票账户的大多数投资者。

表5-8 黄金基金（截至2018年12月）

代码	基金简称	基金类型	业绩比较基准
159937	博时黄金ETF	ETF基金	黄金现货实盘合约AU99.99收益率
002610	博时黄金ETF联接A		
002611	博时黄金ETF联接C		

续前表

代码	基金简称	基金类型	业绩比较基准
518800	国泰黄金 ETF	ETF 基金	上海黄金交易所挂盘交易的 AU99.99 合约
000218	国泰黄金 ETF 联接 A		
004253	国泰黄金 ETF 联接 C		
518880	华安黄金易 ETF	ETF 基金	国内黄金现货价格收益率
000216	华安黄金易 ETF 联接 A		
000217	华安黄金易 ETF 联接 C		
159934	易方达黄金 ETF	ETF 基金	上海黄金交易所现货实盘合约 AU99.99 收盘价
000307	易方达黄金 ETF 联接 A		
002963	易方达黄金 ETF 联接 C		
320013	诺安全球黄金	QDII 基金	伦敦金价格折成人民币后的收益率
164701	汇添富黄金及贵金属	QDII 基金	伦敦金价格折成人民币后的收益率
160719	嘉实黄金	QDII 基金	伦敦金价格（汇率调整后）
161116	易方达黄金主题	QDII 基金	伦敦黄金市场下午定盘价计价的国际现货黄金（经汇率折算）

5.7 新型互联网金融投资

随着通信技术和互联网的发展，互联网金融对金融市场的影响越来越不容忽视。谢平教授在《互联网金融模式研究》中曾提出："在这种金融模式下，支付便捷，市场信息不对称程度非常低；资金供需双方直接交易，银行、券商和交易所等金融中介都不起作用；可以达到与现在直接和间接融资一样的资源配置效率，并在促进经济增长的同时，大幅减少了交易成本。"从用户需求来看，互联网金融和传统金融其实没什么差别，都是为了满足用户的三大基本金融需求：投资、融资、支付。本书第 3 章流动性规划和第 4 章个人融资规划已论及互联网金融在融资和支付两方面的应用。故此部分着眼于互联网金融的投资。投资和融资是相辅相成的一个整体。投资是资金盈余者想用钱卖钱，融资是资金短缺者想用钱买钱，投资和融资是一个金融活动的两种视角。

1. 众筹

第 4 章已经谈及，众筹分为股权众筹、债权众筹、回报众筹和捐赠众筹。投资者根据自己的投资需要和偏好选择众筹的项目。捐赠众筹不需要回报，只需要资金投资，献出一片爱心。捐赠众筹的风险在于筹资者筹到资金后并没有按承诺使用或将资金挪作他用。债权众筹实质上就是前面所说的 P2P，这里不再详细论述。回报众筹指投资者对项目或公司进行投资，获得产品或服务，即投资者出钱买产品或服务。回报众筹是最初始的众筹模式，不涉及股权、资金、预期回报等，只是做预售型产品、服务，当达到募集金额后，即可获得相关的回报，如募资不成功，则资金全部退还。在这种模式中，投资者被看作花钱体验产品、服务的消费者，风险是该产品和服务可能达不到要求。股权众筹是目前法律风险最大的一类众筹，也是未来发展空间最大的一类众筹，这类众筹模式造就了众多股东，股东队伍庞大，平均股份额较低，沟通效率低、观点协调成本高，这一系列因素增加了项目的运营风险。另外，股权众筹最可能遇到的法律风险是非法证券类犯罪，平台不得采用广告、公开劝诱和变相公开方式发行股份，还应对融资方身份及项目的真实性严格履行核查义务，不得发布风险较大的项目和虚假项目，同时对投资方资格进行审核并告知其投资风险。

众筹首先是选择信誉好的平台，众筹平台有义务在网站上详细介绍项目的运作流程，特别是在显要位置向支持者（出资者）提示可能存在的法律风险、信用风险和道德风险，明确各方的法律责任和义务，及发生争议时的处理方式。筹款、扣除管理费、向项目发起者划款都涉及资金，安全、有序地管理资金既是平台应尽的义务，也是防范自身法律风险的重要手段。其次，选择众筹方式，是选股权众筹、回报众筹还是捐赠众筹，每一种众筹方式的风险与回报都不一样，应根据自身的情况进行选择。最后，进行具体项目的筛选。

2. 传统投资工具线上化

一些传统的投资工具只是借助不同的网上支付平台，并取了不同的名字，就以其方便快捷吸引了更多的投资者。比如，2013年6月13日余额宝正式上线，成为第一只互联网货币基金。把钱转入余额宝即购买了由天弘基金提供的余额宝货币基金，可获得收益。余额宝的资金可以用于网购支付，灵活提取，迅速受到大众投资者的青睐。2013年12月31日余额宝规模达到1 853亿元。2014年，各大网络平台推出不少“宝宝”系列，微信推出理财通，苏宁推出零钱宝，“宝宝”们对接的实际上都是货币基金。货币基金的收益并不是固定的，如果货币市场表现不好，货币基金收益也会随之下降。余额宝的收益即来自货币基金市场，并非由支付宝支付。未来会有更多的传统投资工具依附于互联网平台销售，无论名字是否改变，这些投资工具的风险和收益特征是不会变的。个人投资者应透过现象看本质，传统投资工具线上化，只是提高了购买的便捷程度，并不会改变投资工具的本质。

3. 互联网时代的庞氏骗局

互联网时代是一个消灭信息不对称的时代，是一个信息透明的时代。互联网时代，获取信息和传递信息成本低、速度快，面对的用户多，在这个庞大的用户群体作用下，有着巨大的利润市场。正因为互联网的这些特点，一些伪投资工具实现了病毒式的传播，比如类似于MMM的互助平台、以虚拟货币为噱头的传销等。其实无论以何种机制、何种名称、何种方式来包装吸引投资者投资，识别的方法只有一个——风险与收益匹配的原则。如果一个投资工具宣称月收益率高达30%，年收益率高达100%，甚至更高，这种投资工具只是利用了你的贪婪。在投资世界里，无风险的高收益是不存在的。打着高收益无风险旗号的投资工具本质上是一个庞氏骗局。维基百科对庞氏骗局的定义是：

> 靠投资者或后继投资者的钱来还钱，而不是靠实际盈利来还钱的运作。它通常靠别人所不能提供的回报来吸引新的投资者，这些回报要么高得不正常，要么持续时间长得不正常。这种生生不息的回报需要不断增长的现金流来维持。这种模式注定是要失败的，因为它的收入（即使有的话）比付给投资者的回报低。通常，它在失败前就会被司法当局取缔，要么是由于它引起了怀疑，要么是由于它销售未经登记的债券。虽然注定失败，但它可能过很久才会失败。

参考阅读

忽悠人的MMM金融互助

在MMM金融互助平台的官网上，对该平台的定义如下：“普通人的社区，互相之间无私帮助，是一种全球的互助基金……我们的目标不是为了钱，而是为了摧毁世界不公正的金融体系。”

这个平台不仅有“崇高”的愿望，还有超高的收益。承诺月收益率可以达到30%，这是它能在短时间内获得超高人气的原因。按MMM金融互助平台的介绍，会员参与投资必须以马夫罗币这种网站内部货币为载体，可购买额度为60元到6万元，买入马夫罗币称为“提供帮助”，卖出马夫罗币获利则称为“得到帮助”。买入马夫罗币后，要经过15天的冻结期才能卖出马夫罗币套现，期限为1～14天。在冻结和等待出售期内，每天都有1%的利息，这也是MMM金融互助平台宣称能实现月收益率30%的原因。

此外，参与者发展他人加入可获得推荐奖（下线投资额的10%）、管理奖以及下线的管理奖：第一代5%、第二代3%、第三代1%、第四代0.25%，以此激励模式鼓励会员不断发展更多的下线。在《以“金融互助”名义投资获取高额收益风险预警提示》中，虽然银监会没有点名MMM金融互助平台这类基金，通篇以“××金融互助平台”“××金融互助社区”“××金融互助理财”等代替，但是关于这类基金的描述——免费注册后，投资60元至6万元，满15天可提现，日收益率1%，月收益率30%，年收益23倍，无手续费；参与者发展他人加入，还可获得推荐奖、管理奖等额外收益，发展人员无上限、返利无上限——完全符合MMM金融互助平台的特征。

银监会还指出，“此类运作模式违背价值规律，资金运转难以长期维系，一旦资金链断裂，投资者将面临严重损失”，并号召公众将掌握的违法犯罪线索向有关部门反映。

资料来源：腾讯评论，2015-11-17.

问题与讨论

1. 假设某股票在6月5日这一天宣告要发放股利，6月20日为股权登记日，6月30日为向股东发放股利的日期，那么上面几个日子中，6月5日是股利宣告日，实际上就是你获知股利即将分配的消息的日期，6月20日是知道你是否具有此次股利分配权的日期，6月30日是股利实际发放到你的账户的日期。

那么，请思考两种情况，第一种情况：如果6月18日购入该股票，6月21日卖出该股票，你是否享有获得此次股利的权利？第二种情况，如果6月30日购入股票，7月5日才卖出该股票，你是否享有获得此次股利的权利？

2. 选择股票有哪些方法？你准备采用哪种方法选择股票？如果你的父母准备投资股票，你将给他们什么建议？

3. 我国的国债有哪些品种？各自的特点是什么？请选择最近三个月内发行的国债，分析其特征以及预期收益率。

4. 什么是国债逆回购？简述国债逆回购的作用以及操作方法。

5. 证券投资基金有哪些种类？各种类别投资基金的风险和收益有何差别？

6. 假设你有 100 万元，你将投资何种基金？说明你的理由。假设你每月工资 8 000 元，想拿出 1 000 元进行基金定投，你会选择何种基金？请说明你的理由。

7. 2012 年 11 月 30 日华夏银行上海嘉定支行门口聚集了多名愤怒的投资者。濮姓理财经理在 2011 年年底到 2012 年年初以高达 11%的报酬率引诱客户购买了“中鼎财富”一系列理财产品。然而在第一期理财产品即将到期时，投资者发现该理财经理已经被开除，到期的理财产品本息也无法偿还。

该产品分四期，普通合伙人是通商国银基金公司，产品项目入伙北京中鼎投资。这款产品的第一期投资了河南永恒生典当行，投资金额 2 000 万元左右，2012 年 11 月 25 日到期，但投资人称典当行无法兑付；第二期投资了河南新盛博汽车服务有限公司，投资金额 1 000 万元，12 月 21 日到期，但河南新盛博汽车服务有限公司已人去楼空；第三期于 2013 年 1 月 10 日到期，用于投资河南奥鑫汽车服务有限公司，投资金额 5 000 万元，虽然目前运作正常，但还款意愿不强；第四期投资了云顶商务俱乐部，投资金额 2 000 万元，但项目未完成，人已“跑路”。

结合上面的新闻说明投资银行理财产品需要注意的问题。

8. 如果你准备购买黄金，你会采用什么样的投资方式？请说明原因，并指出这种黄金投资方式的优缺点以及可能的风险和收益。

9. 假设你本科毕业后准备出国留学，父母开始为你准备留学基金，你会建议父母采用哪种外汇理财方式，请说明理由。

10. 巴菲特有三大投资原则：第一，保住本金；第二，保住本金；第三，谨记第一条和第二条。请讨论这句话对投资者的启示。分享你自己的或朋友、家人的投资经验，说明其成功之处。

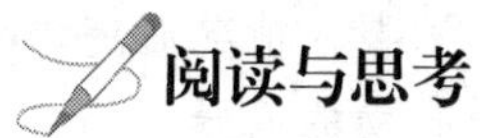

阅读与思考

投资原则检查清单

我们现在已经了解了查理的总体思维方式和投资思维方式。为继续了解“他是如何做到的”，我们将会使用他推崇的“检查清单”来再次展示他的方法。然而要注意的是，查理当然不会按清单上的次序逐一应用下面这些原则，这些原则出现的先后跟它们的重要性无关。每个原则都必须被看作整个复杂的投资分析过程的一部分，就像整幅马赛克图案中每个单独的小块那样。

风险——所有投资评估都应该从测量风险（尤其是信用风险）开始。

- 测算合适的安全边际
- 避免和道德品质有问题的人交易
- 坚持为预计的风险要求合适的补偿
- 永远记住通货膨胀和利率的风险

- 避免犯下大错：本金的持续亏损

独立——“唯有在童话中，皇帝才会被告知自己没穿衣服。”

- 客观和理性的态度需要独立思考
- 记住，你是对是错并不取决于别人支持你还是反对你——唯一重要的是你的分析和判断是否正确
- 随大流只会让你靠近平均值（只能获得中等业绩）

准备——“唯一的获胜方法是工作、工作、工作、工作，并拥有一点洞察力。”

- 通过广泛的阅读把自己培养成一个终生自学者；培养好奇心，每天努力使自己聪明一点点
- 比求胜的意愿更重要的是做好准备的意愿
- 熟练掌握各大学科的思维模式
- 如果你想要变得聪明，你必须不停地追问“为什么，为什么，为什么”

谦虚——承认自己的无知是智慧的开端。

- 只在自己明确界定的能力范围内行事
- 辨认和核查否定性的证据
- 克制追求虚假的精确和错误的确定性的欲望
- 最重要的是，别愚弄你自己，而且要记住，你是最容易被自己愚弄的人

严格分析——使用科学方法和有效的检查清单能够最大限度地减少错误和疏忽。

- 区分价值和价格、过程和行动、财富和规模
- 记住浅显的好过掌握深奥的
- 成为一名商业分析家，而不是市场、宏观经济或证券分析家
- 考虑总体的风险和效益，永远关注潜在的二阶效应和更高层次的影响
- 要朝前想、往后想——反过来想，总是反过来想

配置——正确地配置资本是投资者最重要的工作。

- 记住，最好的用途总是由第二好的用途衡量出来的（机会成本）
- 好主意特别少——当时机对你有利时，狠狠地下赌注吧（配置资本）
- 别“爱上”投资项目——要依情况而定，看机会而行

耐心——克制人类天生爱行动的偏好。

- “复利是世界第八大奇迹”
- 避免多余的交易税和摩擦成本，永远别为了行动而行动
- 幸运来临时要保持头脑清醒
- 享受结果，也享受过程，因为你活在过程当中

决心——当合适的时机出现时，要坚决地采取行动。

- 当别人贪婪时，要害怕；当别人害怕时，要贪婪
- 机会不多，所以当它来临时，抓住它
- 机会只眷顾有准备的人，投资就是这样的游戏

改变——在生活中学会改变和接受无法消除的复杂性。

- 认识和适应你身边的世界，别指望它来适应你
- 不断地挑战和主动修正你“最爱的观念”
- 正视现实，即使你并不喜欢它——尤其当你不喜欢它的时候

专注——别把事情搞复杂，记住你原来要做的事。

- 记住，声誉和正直是你最有价值的财产——而且能够在瞬间化为乌有
- 避免妄自尊大和厌倦无聊的情绪
- 别因为过度关心细节而忽略了显而易见的东西
- 千万要排除不需要的信息
- 直面你的大问题，别把它们藏起来

人类自从开始投资以来，就一直在寻找能够快速致富的神奇公式或者捷径。正如你已经看到的，查理的优异成绩并非来自一个神奇公式或者某些商学院教授的体系，而是来自查理所说的“不停地寻找更好的思维方式”。总而言之，它来自查理最基本的行为守则和最根本的人生哲学：准备、纪律、耐心、决心，每个因素都互不相干，但它们加起来就变成了威力强大的临界物质，能够催生那种因芒格而闻名的 Lollapalooza 效应。（查理·芒格，美国投资家、巴菲特的黄金搭档、伯克希尔·哈撒韦公司副董事长）

资料来源：彼得·考夫曼. 穷查理宝典：查理·芒格的智慧箴言录. 上海：上海人民出版社，2010.

思考题：

1. 投资的本质是什么？
2. 投资原则清单对你有什么启示？
3. 根据你的朋友、亲戚或自己的投资经验，说明投资要获得成功需注意哪些问题。

迷倒众生的奇花——郁金香

据说，郁金香花名源自土耳其语，意思是螺旋贝，这种花于 16 世纪中叶传入西欧。康兰德·杰斯奈尔介绍说，郁金香在当时极具影响力。很多人都没有想到，它传入后不久就引发了一场疯狂的郁金香热。许多中产阶层都对郁金香有极强的占有欲，无论是商人、小店主，还是经济状况一般的人，为了互相攀比，为了拥有更多的郁金香珍奇品种，都会不惜重金去抢购。到了 1635 年，很多人甚至愿意花 10 万弗洛林（荷兰的一种货币单位）的高价去买 40 支花。当时郁金香的计量单位是波里兹（perits）。被称为里夫肯上将的郁金香品种，400 波里兹的价格高达 4 400 弗洛林；范·德·埃克上将，446 波里兹的价格是 1 260 弗洛林；切尔德，106 波里兹的价格是 1 615 弗洛林；总督，400 波里兹的价格是 3 000 弗洛林；最珍贵的要数奥古斯特，200 波里兹的最低价甚至达到了 5 500 弗洛林。奥古斯特这种郁金香可以说是人们梦寐以求的品种，即使是最不好的球茎也可以卖到 2 000 弗洛林。1636 年年初，这种郁金香在整个荷兰只有两株，一株在阿姆斯特丹的一位商人手中，一株在哈勒姆。为了得到这两株稀世珍宝，人们甚至搞起了投机。有人竟然愿意用 12 英亩地产来换取哈勒姆的那一株，而阿姆斯特丹的那株则被人用 4 600 弗洛林，外加两匹马、一辆新马车和全套马具购得。

1636 年，追逐郁金香珍品的热情空前高涨。在阿姆斯特丹、鹿特丹、哈勒姆、雷顿、阿尔克马尔、霍恩以及其他一些城市成立了一批股票交易所，很多人一夜暴富。这让更多的人无法抗拒诱惑，争先恐后地涌进郁金香市场。最终，郁金香市场上的赌徒们犹如爬满蜜罐的苍蝇，密密麻麻。每一位投机者都期望大家对郁金香的疯狂追逐能够永远持续下去。世界各地的富翁纷至沓来，毫不犹豫地一掷千金买下天价郁金香。

不过，后来有人发现，这种对郁金香的狂热追逐是不会永远持续的。于是，富翁们不愿意再花高价买郁金香种到自家的苗圃里，而是售出自己已有的郁金香。投机者越来越感到不安和恐惧。张三开始同意以每株4 000弗洛林的价格从李四那里买10株奥古斯特。可没想到的是，合同签订6周后，花价就降到了三四百弗洛林一株，李四准备供花，张三却拒绝李四履约，即便是降价也不肯接受。因此荷兰的每一个城镇不得不每天传讯很多类似的违约者。人们开始发现，贫困向他们袭来。当时出现了这样的情况，即便是有人愿意以1/4的买入价卖出自己的郁金香，也没有人愿意买了。四处弥漫着痛苦的呐喊，曾经的富翁开始沦为乞丐，世袭的贵族因此倾家荡产。

最终，问题被捅到了海牙议会，经过3个多月的协商和争论他们才宣布，在得到更加明确的消息之前，不会做出最后的决定，但他们同时提议，为稳妥起见，所有的卖方都应当以现在的价格将郁金香卖给买方，如果买方拒不购买，则应该将郁金香公开拍卖，差价则由合同上的最初买方负责。事实上，这是经纪人之前就提出来的方案，而且还被证明是没有用的。荷兰的法院不能强迫买方付款。在阿姆斯特丹，情况变得更加糟糕，但法官却拒绝管这件事，因为这属于赌博合同，而赌博合同涉及的债务在法律上是无效的。由于政府也无权干预这件事，问题只能被搁置。那些不幸的郁金香持有者只能努力克制自己，默默吞下这场郁金香投机热给自己带来的苦果。更可怕的是，国家的商业因此遭受重创，很多年后这次重创带来的影响才得以平复。

资料来源：查尔斯·麦基. 大癫狂：非同寻常的大众幻想与群众性癫狂. 北京：电子工业出版社，2013.

思考题：

1. 为什么郁金香的价格会疯狂上涨？这说明人们在投资时的什么心态？
2. 讨论投资与投机的区别。
3. 请举出与郁金香热潮类似的事件，剖析其产生的原因，并说明投资时如何避免成为疯狂的追随者。

第6章

个人保险规划

学习要点

- 了解保险的基础知识
- 掌握保险的分类
- 掌握各类保险的特点及适用人群
- 能熟练运用保险知识进行保险规划

课程导入

记住一条墨菲定律：凡事可能出岔子，就必定会出岔子。另外也别忘了奥图尔对这条定律所做的注解：墨菲是一个乐观主义者。不好的事情的确会发生在好人身上。生活是一个有风险的命题，每个人一生中都会有意想不到的需要花钱的事。当你的家庭必须支出巨额医疗费时，家里的锅炉恰巧炸得粉碎；你儿子把家里的车撞了，你碰巧又失业了。所以，为了应付生活中出现的灾难性事件，每个家庭都需要有现金储备，也需要有足够的保险。

我知道许多经纪人会告诉你不要抱着现金不放，这样会错失投资机会。"现金就是废物"一直是经纪人挂在嘴边的话。每个人都需要在安全性和流动性好的投资上有一些储备，以支付不期而至的医疗账单，或是在失业时提供经济上的缓冲。假设雇主给你投了医疗和残疾保险，那么可以建立一笔能够支付三个月生活费用的储备金。此外，未来任何一笔大额支出（例如你女儿读大学的学费）都应该用短期投资（例如银行定期存单）来提供资金保障，这些短期投资的到期日需要与使用资金的日期相匹配。

大多数人都需要保险。有家庭责任和义务的人要是不买保险，那就太粗心大意、太"玩忽职守"了。我们每次坐进自己的汽车，或穿过一条车水马龙的大街时，都冒着死亡的危险。一次飓风或一场火灾可能会毁掉我们的家，毁掉我们的财产。我们需要自我保护，以应对不可预知的事情。

资料来源：伯顿·G. 马尔基尔. 漫步华尔街. 北京：机械工业出版社，2015.

6.1 保险的基础知识

根据《保险法》的定义，保险是指投保人根据合同约定，向保险人支付保险费，保险人对于合同约定的可能发生的事故因其发生所造成的财产损失承担赔偿保险金责任，或者当被保险人死亡、伤残、疾病或者达到合同约定的年龄、期限等条件时承担给付保险金责任的商业保险行为。

从经济学角度看，保险是分摊意外事故损失的一种财务安排；从法律角度看，保险是一种合同行为，是一方同意补偿另一方损失的一种合同安排；从社会学角度看，保险是社会经济保障制度的重要组成部分，是社会生产和社会生活“精巧的稳定器”；从风险管理角度看，保险是风险管理的一种方法。

6.1.1 保险合同的相关主体

1. 保险人和投保人

保险人是指与投保人订立保险合同，并按照合同约定承担赔偿或者给付保险金责任的保险公司。投保人是指与保险人订立保险合同，并按照合同约定负有支付保险费义务的人。投保人和保险人，一方交钱获得保险，另一方收钱承担保险责任。保险合同成立后，投保人按照约定交付保险费，保险人从约定的时间开始承担保险责任。

我国设立保险公司须满足下列条件：主要股东具有持续盈利能力，信誉良好，最近三年内无重大违法违规记录，净资产不低于人民币二亿元；有符合保险法和公司法规定的章程；有符合保险法规定的注册资本，其注册资本的最低限额为人民币二亿元。国务院保险监督管理机构根据保险公司的业务范围、经营规模，可以调整其注册资本的最低限额，但不得低于二亿元，而且其注册资本必须为实缴货币资本；有具备任职专业知识和业务工作经验的董事、监事和高级管理人员；有健全的组织机构和管理制度；有符合要求的营业场所和与经营业务有关的其他设施；法律、行政法规和国务院保险监督管理机构规定的其他条件。

保险合同一般为格式条款，投保人在签订合同之前应认真阅读其中的权利和义务，保险人应当向投保人说明合同的内容。对保险合同中免除保险人责任的条款，保险人在订立合同时应当在投保单、保险单或者其他保险凭证上做出足以引起投保人注意的提示，并对该条款的内容以书面或者口头形式向投保人做出明确说明；未做提示或者明确说明的，该条款不产生效力。

投保人也应向保险公司履行告知义务，投保人故意或者因重大过失未履行如实告知义务，足以影响保险人决定是否同意承保或者提高保险费率的，保险人有权解除合同。保险人在合同订立时已经知道投保人未如实告知的情况的，保险人不得解除合同；发生保险事故的，保险人应当承担赔偿或者给付保险金的责任。合同解除权自保险人知道有解除事由之日起，超过三十日不行使而消灭。自合同成立之日起超过两年的，保险人不得解除合同；发生保险事故的，保险人应当承担赔偿或者给付保险金的责任。投保人故意不履行如实告知义务的，保险人对于合同解除前发生的保险事故，不承担赔偿或者给付保险金的责任，并不退还保险费。

无论是人身保险，还是财产保险，投保人应具有保险利益。保险利益是指投保人或者被保险人对保险标的具有的法律上承认的利益。对保险标的具有保险利益，是投保的前提条件。规定保险利益原则的目的在于遏制赌博行为的发生，防范道德风险。人身保险的投保人在保险合同订立时，对被保险人应当具有保险利益。对于人身保险而言，投保人对下列人员具有保险利益：本人；配偶、子女、父母；前项以外与投保人有抚养、赡养或者扶养关系的家庭其他成员、近亲属；与投保人有劳动关系的劳动者。除前款规定外，被保险人同意投保人为其订立合同的，视为投保人对被保险人具有保险利益。订立合同时，投保人对被保险人不具有保险利益的，合同无效。也就是说，你不能给一个与你毫无关系的陌生人投保，因为你们之间不具有保险利益。当然，如果陌生人知情并同意你为他投保，那么也可以认为你俩之间存在保险利益。财产保险的被保险人在保险事故发生时，对保险标的应当具有保险利益。保险事故发生时，被保险人对保险标的不具有保险利益的，不得向保险人请求赔偿保险金。同样，你也不可以对邻居的房屋进行投保，因为你并不具有保险利益，即使投保，一旦发生事故，你也得不到保险赔偿金。

2. 被保险人和受益人

被保险人是指其财产或者人身受保险合同保障，享有保险金请求权的人。投保人可以为被保险人。

保险受益人又称为保险金领取人，是指由被保险人或者投保人指定，在保险事故发生或者约定的保险期限届满时，依照保险合同享有保险金请求权的人。一般见于人身保险合同。受益人没有资格限定，自然人、法人、无行为能力的人，都可以成为受益人；受益人由被保险人或投保人指定，通常以死亡作为给付保险金条件的保险，投保人指定受益人必须经过被保险人的同意；受益人对保险标的没有保险利益的要求；受益人的受益权由受益人独享，具有排他性，其他人无权剥夺或分享；受益人的受益权不能继承，受益人可以放弃，但没有出售、转让等处分的权利；受益人先于被保险人死亡，或受益人被指定变更或受益人放弃受益权或丧失受益权的，由被保险人的法定继承人领取保险金，并作遗产处理。

3. 保险代理人和经纪人

保险代理人是根据保险人的委托，向保险人收取佣金，并在保险人授权的范围内代为办理保险业务的机构或者个人。保险经纪人是基于投保人的利益，为投保人与保险人订立保险合同提供中介服务，并依法收取佣金的机构。保险代理人代表保险公司，而保险经纪人则代表投保人的利益，两者虽都是代理机构，但是所代理的主体不一样。保险佣金只限于向保险代理人、保险经纪人支付，不得向其他人支付。保险代理人、保险经纪人及其从业人员在办理保险业务活动中不得有下列行为：欺骗保险人、投保人、被保险人或者受益人；隐瞒与保险合同有关的重要情况；阻碍投保人履行保险法规定的如实告知义务，或者诱导其不履行保险法规定的如实告知义务；给予或者承诺给予投保人、被保险人或者受益人保险合同约定以外的利益；利用行政权力、职务或者职业便利以及其他不正当手段强迫、引诱或者限制投保人订立保险合同；伪造、擅自变更保险合同，或者为保险合同当事人提供虚假证明材料；挪用、截留、侵占保险费或者保险金；利用业务便利为其他机构或者个人牟取不正当利益；串通投保人、被保险人或者受益人，骗取保险金；泄露在业务活动中知悉的保险人、投保人、被保险人的商业秘密。

6.1.2 保险合同的相关期限

保险期限也称保险期间，指保险合同的有效期限，即保险合同双方当事人履行权利和义务的起讫时间。保险期限一方面是计算保险费的依据之一，另一方面又是保险人和被保险人双方履行权利和义务的责任期限。投保的时间，对于短期险种而言，比如意外险，一年一投，投保时间影响不大。如果投保长期险，在资金允许的情况下，投保越早越好，比如养老保险，由于保费及保费生成的利息是保险公司最终给付客户的养老金来源之一，所以保费缴纳得越早，保险公司运作的时间就越长，相同保额需要缴纳的保费也就相对更少。养老保险在各类保险中属于保费较高的产品，投保年龄不同保费差别比较明显。据相关测算，一般年龄相差1岁，每年保费可以少缴2%左右。25～30岁的年龄段是投保养老保险的最佳时期。健康类险种也会因为年纪和健康的原因，保费差别较大。总之，对于保费没有变化的保险，投保时间早晚没有关系；而对于随着年纪增长保费增加的保险，则应尽早投保。

保险有几个时间期限需要注意：

(1) 投保犹豫期。投保犹豫期是指投保人在收到保险合同后10天（银保渠道为15天）内，如不同意保险合同内容，可将合同退还保险人并申请撤销。这实际上是给你冷静考虑的时间。在此期间，保险人应同意投保人的申请，撤销合同并退还已收全部保费。犹豫期内退保，必须注意以下几点：首先，如果因为特殊情况无法及时接收保单，最好提前通知保险公司。其次，收到保险单后，一定要亲自填写保单回执，并注明日期。因为保险公司对犹豫期的认定是以回执日期为起始日计算的。最后，投保人必须认真阅读保险条款，对自己还不够了解或理解有偏差的内容，要及时向代理人询问，以免误保。所以，要充分利用投保犹豫期，一旦过了犹豫期，再想退保，损失会非常大。

(2) 缴费宽限期。缴费宽限期指保险人在投保人未按期缴付保险费的情况下，给予其补缴所欠保费的机会，暂不行使解约权，仍维持合同效力的一种合同约定。合同约定分期支付保险费，投保人支付首期保险费后，除合同另有约定外，投保人自保险人催告之日起超过三十日未支付当期保险费，或者超过约定的期限六十日未支付当期保险费的，合同效力中止，或者由保险人按照合同约定的条件减少保险金额。被保险人在前款规定期限内发生保险事故的，保险人应当按照合同约定给付保险金，但可以扣减欠交的保险费。

(3) 观察期。对于重疾险等医疗保险，因为一些重大疾病并不是突发性的，投保人可能在买保险时都不知道自己存在某种疾病隐患，所以多数保险公司都对医疗保险设置了一个观望期，也称观察期。通常，重大疾病保险和住院医疗保险在承保时保险公司都会设置观察期，或者称作免责期。在观察期内发生的住院医疗费用，保险公司不负责赔付。观察期一般有30天、60天、90天甚至180天。保险公司之所以有这样的规定，是为了防范道德风险，即防范投保人带病故意投保。

(4) 保单复效期。如果投保人在中止保险合同后又想恢复原有的保单，投保人应在保险合同中止2年内申请恢复，并与保险公司达成复效协议，但是投保人要补缴失效期内的保费及利息。对投保人来说，恢复原保险合同的效力往往比重新投保更为有利。因为只要补缴了保费和利息，最初已缴部分的保单现金价值就可恢复；若选择重新投保，则等于以前的一切缴费都浪费了。而且，在保单效力中止后如果被保险人已经超过投保年龄限制，只有通过保单复效的办法，才能继续享有参加保险的权利。

6.1.3 保险费和保险金额

保险费是投保人为取得保险保障，按保险合同约定向保险人支付的费用。保险费的数额同保险金额的大小、保险费率的高低和保险期限的长短成正比，即保险金额越大，保险费率越高，保险期限越长，保险费也就越多。保费逾期不交，将直接影响投保人利益，可能产生滞纳利息，或者导致保单失效，无法获得理赔。

保险金额是指一个保险合同项下保险公司承担赔偿或给付保险金责任的最高限额，即投保人对保险标的实际投保金额，同时它也是保险公司收取保险费的计算基础。

通俗点说，保险费是投保人交给保险公司的钱，而保险金额是保险公司承担给付保险金责任的金额，两者是不同的，从数值来看也是不等的。财产保险合同中，对保险价值的估价和确定会直接影响保险金额的大小。保险价值等于保险金额是足额保险；保险金额低于保险价值是不足额保险，保险标的发生部分损失时，除合同另有约定外，保险公司按保险金额与保险价值的比例赔偿；保险金额超过保险价值是超额保险，超过保险价值的保险金额无效，恶意超额保险是欺诈行为，可能使保险合同无效。在人身保险合同中，人身的价值无法衡量，保险金额是人身保险合同双方约定的，由保险人承担的最高给付的限额或实际给付的金额。

6.1.4 现金价值

保单现金价值又称解约退还金或退保价值，是指带有储蓄性质的人身保险单所具有的价值。保险人为履行合同责任通常会提存责任准备金，如果中途退保，即以该保单的责任准备金作为解约退还金。

在寿险当中，由于交费期一般比较长，随着被保险人的年龄增加，其死亡的可能性将越来越大，保险费率也必然逐渐上升直到接近100%，这样的费率，不仅投保人难以承受，保险也失去了意义。为此，保险公司在实际操作中往往采用“均衡保费”的办法，通过数学计算将投保人需要缴纳的全部保费在整个交费期内均摊，使投保人每期缴纳的保费都相同。被保险人年轻时，死亡概率低，投保人缴纳的保费比实际需要的多，多交的保费将由保险公司逐年积累。被保险人年老时，死亡概率高，投保人当期缴纳的保费不足以支付当期赔款，不足的部分正好由被保险人年轻时多交的保费予以弥补。这部分多交的保费连同其产生的利息，每年滚存累积起来，就是保单的现金价值，相当于投保人在保险公司的一种储蓄。

对于投保人和被保险人，现金价值有以下三种功能：

(1) 投保人退保。退保金按照现金价值领取。如果有保单贷款、自动垫缴等，退保时保险公司将从现金价值中先行扣除欠款和利息。

(2) 保单贷款。一般具备保单贷款功能的保险单，允许投保人贷款的最高额度是以现金价值为分母的，大多数保单规定，投保人最高借款额度不超过该份保险合同现金价值的70%。

(3) 分红。在分红保险合同中，投保人每年享有的分红是以现金价值为分母的。

保险公司不是根据投保人全部所交保险费按比例分红，而是以现金价值为分红依据。

6.1.5 保险责任与免责责任

保险合同成立后，投保人按照约定交付保险费，保险人从约定的时间开始承担保险责任。保险责任指保险公司承担赔偿或者给付保险金责任的项目。一般而言，保险合同对保险人开始承担保险责任的时间是没有约定的，保险人自投保人交付保险费时开始承担保险责任。因此，保险合同生效的时间与保险责任开始的时间不是同一概念。保险合同生效后，并不意味着保险人开始承担保险责任，保险人何时开始承担保险责任，取决于保险合同对保险人承担保险责任期间的约定。保险人赔偿或给付保险金的责任范围包括：损害发生在保险责任内；保险责任发生在保险期限内；以保险金额为限度。保险责任既是保险人承担保障的责任，也是负责赔偿和给付保险金的依据和范围；同时也是被保险人要求保障的责任及获得赔偿或给付的依据和范围。

保险不是万能的，很多人认为只要买了保险，如果发生事故，保险公司就一定会赔偿，其实不然。保险合同中有免责条款，对一些不属于保险公司理赔的条款予以明示。《保险法》自 1995 年颁布以来，经过五次修订。1995 年《保险法》第十七条、2002 年《保险法》第十八条均规定："保险合同中规定有关于保险人责任免除条款的，保险人在订立保险合同时应当向投保人明确说明，未明确说明的，该条款不产生效力。"2015 年修订的保险法，对于保险公司免责条款的说明义务规定了更为严格的要求。修订的保险法第十七条规定："订立保险合同，采用保险人提供的格式条款的，保险人向投保人提供的投保单应当附格式条款，保险人应当向投保人说明合同的内容。对保险合同中免除保险人责任的条款，保险人在订立合同时应当在投保单、保险单或者其他保险凭证上作出足以引起投保人注意的提示，并对该条款的内容以书面或者口头形式向投保人作出明确说明；未作提示或者明确说明的，该条款不产生效力。"从免责条款的属性看，保险人制定免责条款的本质是约定风险排除事项，因为保险人不可能对所有风险事项给予保障。因此，在签署保险合同时，一定要仔细阅读保险合同的免责条款，搞清哪些属于不能赔偿的范围。

6.2 保险的分类

6.2.1 社会保险与商业保险

从大的方面看，保险分为社会保险和商业保险。我国的《社会保险法》（2010）第二条规定："国家建立基本养老保险、基本医疗保险、工伤保险、失业保险、生育保险等社会保险制度，保障公民在年老、疾病、工伤、失业、生育等情况下依法从国家和社会获得物质帮助的权利。"基本养老保险、基本医疗保险、失业保险、工伤保险和生育保险，就是我们常说的"五险一金"中的"五险"，"一金"指的是住房公积金。

基本养老保险费由用人单位和职工共同缴纳。基本养老金由统筹养老金和个人账户养老金组成。基本养老金根据个人累计缴费年限、缴费工资、当地职工平均工资、个人账户金额、城镇人口平均预期寿命等确定。参加基本养老保险的个人，达到法定退休年龄时累计缴费满十五年的，按月领取基本养老金。如果达到法定退休年龄时累计缴费不足十五年的，可以缴费至满十五年，按月领取基本养老金；也可以转入新型农村社会养老保险或者城镇居民社会养老保险，按照国务院规定享受相应的养老保险待遇。个人账户不得提前支取，记账利率不得低于银行定期存款利率，免征利息税。个人死亡的，个人账户余额可以继承。

职工应当参加职工基本医疗保险，由用人单位和职工按照国家规定共同缴纳基本医疗保险费。参加职工基本医疗保险的个人，达到法定退休年龄时累计缴费达到国家规定年限的，退休后不再缴纳基本医疗保险费，按照国家规定享受基本医疗保险待遇；未达到国家规定年限的，可以缴费至国家规定年限。并不是所有的医疗费用都可以由医疗保险支付，下列医疗费用不纳入基本医疗保险基金支付范围：应当从工伤保险基金中支付的；应当由第三人负担的；应当由公共卫生负担的；在境外就医的。医疗费用依法应当由第三人负担，第三人不支付或者无法确定第三人的，由基本医疗保险基金先行支付。基本医疗保险基金先行支付后，有权向第三人追偿。

职工应当参加工伤保险，由用人单位缴纳工伤保险费，职工不缴纳工伤保险费。国家根据不同行业的工伤风险程度确定行业的差别费率，并根据使用工伤保险基金、工伤发生率等的情况在每个行业内确定费率档次。职工因下列情形之一导致本人在工作中伤亡的，不认定为工伤：故意犯罪；醉酒或者吸毒；自残或者自杀；法律、行政法规规定的其他情形。

职工应当参加失业保险，由用人单位和职工按照国家规定共同缴纳失业保险费。失业人员符合下列条件的，可从失业保险基金中领取失业保险金：失业前用人单位和本人已经缴纳失业保险费满一年的；非因本人意愿中断就业的；已经进行失业登记，并有求职要求的。失业人员失业前用人单位和本人累计缴费满一年不足五年的，领取失业保险金的期限最长为十二个月；累计缴费满五年不足十年的，领取失业保险金的期限最长为十八个月；累计缴费十年以上的，领取失业保险金的期限最长为二十四个月。重新就业后，再次失业的，缴费时间重新计算，领取失业保险金的期限与前次失业应当领取而尚未领取的失业保险金的期限合并计算，最长不超过二十四个月。

职工应当参加生育保险，由用人单位按照国家规定缴纳生育保险费，职工不缴纳生育保险费。生育保险待遇包括生育医疗费用和生育津贴。

总之，基本养老保险、基本医疗保险和失业保险这三种社会保险是由企业和个人共同缴纳保费，工伤保险和生育保险完全由企业承担，不需要个人缴纳。

6.2.2　强制保险和自愿保险

根据保险实施形式的不同，保险可分为强制保险和自愿保险。强制保险又称法定保险，它是由国家颁布法令强制被保险人参加的保险，在规定范围内，不管当事人双方自愿与否，必须按规定办理保险。自愿保险是当事人在平等互利和自愿的基础上确立合同关系，被保险人可自行决定是否投保以及保险标的的种类、金额和期限等。强制保险在某种意义上表现为国家对个人意愿的干预，所以对强制保险的范围有严格限制。我国《保险法》规定，除法律、行政法规规定必须保险的以外，保险公司和其他任何单位不得强制他人订立保险合同。我国现行法律法规条例中的强制保险有：《海洋环境保护法》强制油污染民事责任保险；《煤炭法》强制井下职工意外伤害保险；《建筑法》强制危险作业职工意外伤害保险；《旅行社管理条例》强制旅客旅游意外保险；

《海洋石油勘探开发环境保护管理条例》强制污染损害责任保险；《机动车交通事故责任强制保险条例》交强险等。

《机动车交通事故责任强制保险条例》规定：在我国境内道路上行驶的机动车的所有人或者管理人，应当投保机动车交通事故责任强制保险，俗称“交强险”，该险种是指由保险公司对被保险机动车发生道路交通事故造成本车人员、被保险人以外的受害人的人身伤亡、财产损失，在责任限额内予以赔偿的强制性责任保险。交强险的基础费率共分42种，家庭自用车、非营业客车、营业客车、非营业货车、营业货车、特种车、摩托车和拖拉机等八大类42小类车型的保险费率各不相同。但对同一车型，全国执行统一价格。家庭自用汽车6座以下，每年需交保费950元，家用6座以上，保费1 100元。交强险费率与道路交通事故挂钩。上一个年度未发生有责任交通事故，或者发生了无责任交通事故的车主，都能够享受下浮10%的费率优惠。连续两年无交通事故能下浮20%，连续三年及三年以上无交通事故能享受到的下浮优惠最大幅度为30%。同样，发生多次和重大交通事故的车主续保时费率会上浮，最大幅度为30%。

6.2.3 财产保险和人身保险

我国的保险法规定保险公司的业务范围为：人身保险业务，包括人寿保险、健康保险、意外伤害保险等保险业务；财产保险业务，包括财产损失保险、责任保险、信用保险、保证保险等保险业务；国务院保险监督管理机构批准的与保险有关的其他业务。保险人不得兼营人身保险业务和财产保险业务。但是，经营财产保险业务的保险公司经国务院保险监督管理机构批准，可以经营短期健康保险业务和意外伤害保险业务。

1. 财产保险

财产保险是指投保人根据合同约定，向保险人交付保险费，保险人按保险合同的约定对所承保的财产及其有关利益因自然灾害或意外事故造成的损失承担赔偿责任的保险。财产保险是以财产及其有关利益为保险标的的保险，包括财产损失保险、责任保险、保证保险、信用保险等以财产或利益为保险标的的各种保险。

财产损失保险是以各种有形的物质财产、相关的利益及其责任为保险标的的保险，包括企业财产保险、家庭财产保险、运输工具保险等。其中家庭财产保险是个人最常用的一种保险。家庭财产保险的保险金额由投保人依据投保财产的实际价值自行估定。若估价过低，会使保障不足；若估价过高，一方面，保费将随之增加，另一方面，在实际灾害发生时，保险人将根据补偿原则，以投保财产的实际价值作为赔偿上限，因而被保险人不可能靠此获利。投保人最明智的做法是，对投保财产客观合理地进行估价，使保险金额尽可能接近所投保财产的实际价值。

责任保险指保险人在被保险人依法应对第三者负赔偿民事责任，并被提出赔偿要求时，承担赔偿责任的险种，主要有公众责任保险、第三者责任险、产品责任保险、雇主责任保险、职业责任保险等。责任保险以被保险人在保险期内可能造成他人的利益损失为承保基础，其构成须具备两个条件：一是被保险人对第三者依法负有赔偿责任；二是受害的第三者必须向被保险人请求赔偿。财产险的目标是补偿特定资产损失（车辆与固定的财产），责任险为第三方赔偿。比如监护人责任险，指在保险期间，由被保险人的监护对象（被监护人）造成第三者人身伤亡或财产损失，依法应由被保险人承担赔偿责任时，保险人根据保险合同的规定负责赔偿，年龄不满 18 周岁的人可成为该保险的被保险人。简单来说，监护人责任险就是指由于孩子的过失给他人造成了人身伤害或财产损失，例如，孩子踢球时不小心损坏了公物、将他人打伤等本应该由父母承担赔偿责任的情形，若投保监护人责任险，即可将责任转嫁给保险公司，出险后由保险公司按照合同的约定进行赔偿。

保证保险是在约定的保险事故发生时，被保险人在约定的条件和程序成立时方能获得赔偿的一种保险，其主体包括投保人、被保险人和保险人。保证是我国法律确认的一种担保方法，即由保证人以其资信能力向主债权人作保，担保主债务人履行债务，以保护主债权人所享有的主债权的实现。而保证保险名称中的"保证"则源于保证保险业务所包含的确保相关消费借贷（买卖）合同履行的保证功能。保证保险中保险公司承担的风险比一般保险大，因而即使是在西方成熟的市场经济国家，对保证保险也持谨慎态度。比如，合同保证保险是当被保证人不履行合同义务而造成权利人经济损失时，由保险人代替被保证人进行赔偿的一种保险。保证保险主要分为三类：合同保证保险、忠实保证保险、商业信用保证保险。

信用保险是以商品赊销和信用放贷中的债务人的信用作为保险标的，在债务人未能如约履行债务清偿而使债权人遭受损失时，由保险人向被保险人即债权人提供风险保障的一种保险。

2. 人身保险

人身保险是以人的寿命和身体为保险标的的保险，当被保险人发生死亡、伤残、疾病等事故或保险期满时给付保险金。按照保险责任的不同，人身保险可以分为人寿保险、健康保险和意外伤害保险。

人寿保险，俗称"寿险"，是以被保险人的寿命为保险标的，且以被保险人的生存或死亡为给付条件的人身保险。最初的人寿保险是为了减轻由于不可预测的死亡可能造成的经济负担，后来，人寿保险中引进了储蓄的成分，所以对在保险期满时仍然生存的人，保险公司也会给付约定的保险金。

健康保险是以被保险人的身体为保险标的，使被保险人在因疾病或意外事故导致伤害时发生的费用或损失获得补偿的一种保险。健康保险按给付方式划分，一般可分为三种：（1）给付型，保险公司在被保险人患保险合同约定的疾病或发生合同约定的情况时，按照合同规定向被保险人给付保险金。保险金的数目是确定的，一旦确诊，保险公司按合同所载的保险金额一次性给付保险金。各保险公司的重大疾病保险等就属于给付型。（2）报销型，保险公司依照被保险人实际支出的各项医疗费用按保险合同约定的比例报销。如住院医疗保险、意外伤害医疗保险等就属于报销型。（3）津贴型，保险公司依照被保险人实际住院天数及手术项目赔付保险金。保险金一般按天计算，保险金的总数依住院天数及手术项目的不同而不同。如住院医疗补贴保险、住院安心保险等就属于津贴型。随着人们生活水平的提高，健康险越来越受重视。国家税务总局规定，自 2016 年 1 月 1 日起对试点地区个人购买符合规定的健康保险产品的支出，按照 2 400 元/年的限额标准在个人所得税前予以扣除。税前抵扣的规定将提高部分消费者购买健康险的积极性。

意外伤害保险是以意外伤害而致身故或残疾为给付保险金条件的人身保险。意外伤害的"意外"须有客观的意外事故发生，且事故原因是意外的、偶然的、不可预见的；被保险人必须因客观事故造成人身死亡或残疾的结果；意外事故的发生和被保险人遭受人身伤亡的结果有着内在的、必然的联系。意外伤害保险与意外伤害医疗保险不同，意外伤害保险是赔付制，一般包括对意外死亡、残疾、受伤和重要器官切除等情况进行赔付；意外伤害医疗保险是报销制，按一定比例报销意外门诊或住院所花的医疗费用，有的包括意外住院补贴。

参考阅读

国外奇怪的保险

伊朗的"肚皮保险"

这个奇特的险种来自伊朗。闻名全球的"肚皮舞皇后"逊娅·班加敏认为自己的肚脐眼非常值钱，于是她为自己的肚脐眼投了保，至于保险金额至今无人知晓。据说只要她的肚脐眼出现一个以前没有的斑点，保险公司就要赔偿400万美元。

荷兰阿姆斯特丹的"绿帽子险"和"外星人劫持险"

荷兰人把保险的新奇性发挥到了极致。一家名为哈波利的保险公司推出了一些奇特的险种，不少险种都令人匪夷所思，其中包括"绿帽子险"和"外星人劫持险"。如果男人投保后发现妻子"红杏出墙"，或者有一天保户不幸被外星人劫持，便可向保险公司提出理赔要求。对前者保险公司会赔付500欧元，后者则会赔付5 000欧元。

一杆进洞险

最让人惊讶的是一个叫"一杆进洞"的险种。在高尔夫球赛中，主办方往往会为"一杆进洞"提供丰厚的奖品或者奖金。虽然对水平一般的俱乐部会员来说，一杆进洞的机会是十五万分之一，但是偏偏就有接连两次"一杆进洞"的例外情况出现，让保险公司目瞪口呆。于是各家保险公司纷纷提高门槛，有把费率提高至3%左右的，也有限定奖金额的，有的干脆不单卖，一定要与高尔夫球场综合险搭售，以降低自身的经营风险。

英国的爱情保险

爱情保险公司规定：凡是已婚夫妇，均可购买爱情保险。在英国，每对夫妇只需每月交5英镑的保险金，即可享受爱情保险。保险的具体内容是：自投保之日起，夫妇和睦相处达25年的，可以领到5 000英镑的保险金；夫妇中若有一方在保险期间病故或因其他原因死亡的，未亡人可以领到1 000英镑的抚恤金；如果参加保险的夫妇不和，经由公司调解无效而离婚者，被遗弃一方可获3 000英镑的保险金。

大约有20%的新婚夫妻会投保这种爱情险，其中还有60%左右的投保夫妻把这种爱情险作为家庭理财的重要选择。

资料来源：根据网上资料整理。

6.2.4 投资类保险

随着经济的不断发展，资本市场化程度日益提高，近年来保险市场出现了将保障和投资融为一体的创新型寿险品种——投资类保险，即与投资挂钩，具备投资和保障双重功能的保险，主要包括分红型保险、投资连结险、万能险三种。

1. 分红型保险

分红型保险是指保险公司将其实际经营成果优于定价假设的盈余，按一定比例向保单持有人进行分配。分红险的主要功能依然是保险，红利分配是分红保险的附属功能。分红保险的红利来源于死差益、利差益和费差益所产生的可分配盈余。（1）死差益，是指保险公司实际的风险发生率低于预计的风险发生率，即实际死亡人数比预定死亡人数少时所产生的盈余；（2）利差益，是指保险公司实际的投资收益高于预计的投资收益时所产生的盈余；（3）费差益，是指保险公司实际的营运管理费用低于预计的营运管理费用时所产生的盈余。保险公司在厘定费率时要考虑三个因素：预定死亡率、预定投资回报率和预定营运管理费用，而费率一经厘定不能随意改动，但寿险保单的保障期限往往长达几十年，在这样漫长的时间内，实际发生的情况可能同预期的情况有所差别。一旦实际情况好于预期情况，就会出现以上差益，保险公司将这部分差益产生的利润按一定的比例分配给客户，这就是红利的来源。但需要注意的是，分红是不固定，也是无法保证的，分红水平与保险公司的经营状况直接相关。通常来说，在保险公司经营状况良好的年份，客户可能分到较多的红利，但如果保险公司的经营状况不佳，客户能分到的红利就可能比较少甚至分不到。

2. 投资连结险

客户购买投资连结险的保费分成两部分，小部分用于购买保险保障，大部分划入专门的投资账户，由保险公司的投资机构进行运作：存入银行、买卖债券或投资于证券基金。投资账户独立运作、管理透明，保险公司定期向客户提供资产清单，客户亦可随时了解自己的账户资产、投资表现等相关信息。投资连结险灵活性高，账户资金可自由转换。由于投资连结险通常有多个投资账户，不同投资账户对应不同的投资策略和投资方向，投保人可以根据自身偏好将用于投资的保费分配到不同投资账户，按合同约定调整不同账户间的资金分配比例，并可以随时支取投资账户的资金。投资连结险通常不设定最低保证利率。投资收益可以在账户价格波动中反映出来，目前我国保险公司通常一周至少公布一次账户价格。因此，若具体投资账户运作不佳或随股市波动，该投资账户的投资收益就可能会出现负数。

3. 万能险

万能险是一种缴费灵活、保额可调整、非约束性的寿险，是风险与保障并存，介于分红险与投资连结险之间的一种投资型寿险。它具有以下特点：一是兼具投资和保障功能。保费的一部分用于提供身故等风险保障，扣除风险保险费以及相关费用后，剩余保费可在投资账户中进行储蓄增值。二是交费灵活、收费透明。投保人缴纳首期保费后，可不定期不定额地缴纳保费。同时，与普通型又称传统型人身保险产品及分红保险不同，保险公司会向投保人明示所收取的各项费用。三是灵活性高，保额可调整。账户资金在一定条件下可灵活支取。投保人可以按合同约定提高或降低保险金额。四是通常设定最低保证利率，定期结算投资收益。此类产品为投资账户提供最低收益保证，并且可以与保险公司分享最低保证收益以上的投资回报。

投资类保险并不适合所有人，它不一定能保证收益，也有一定风险。个人投资者应根据自身的财务状况和风险承受能力进行选择。分红型保险投资策略较保守，收益相对其他投资险较低，适合风险承受能力低、有稳健理财需求的人；万能险设置保底收益，主要投资工具为国债、企业债券、协议存款等，存取灵活，适合需求弹性大、有一定风险承受能力的人；投资连结险投资策略相对进取，无保底收益，适合追求高收益且具有较高风险承受能力的人。

6.3 保险的选择规划

6.3.1 保险公司的选择

保险公司主要做的就是与投保人签订保险合同，然后投保人根据合同向保险公司支付保险费。如果发生了合同约定中的事故，那么保险公司就要根据合同规定向投保人承担赔偿保险金的责任。选择保险公司时，应综合考察多方面：一是保险公司的财务实力。投保人需要考察保险公司的偿付能力和财务状况。投保人一般应该依据保险监管部门或权威评级机构对保险公司的评定结果来了解保险公司的偿付能力。评定等级越高，表明该保险公司的偿付能力越强。投保人还可以查看保险公司的财务报表，分析保险公司的保费收入、赔款、费用、利润等财务指标，从而了解其财务状况。二是保险的价格和品种。应该选择那些能为自己提供恰当保障的保险公司，既要考虑其品种是否能满足多方面的保障需求，还要考虑价格，但保险险种的价格不是唯一的考量因素，应综合比较。三是服务质量。服务质量好的保险公司能够为投保人着想，从客户一开始投保就从各个角度体现为客户服务的理念。一旦发生保险责任，客户能及时得到理赔。一个素质良好的代理人，在为客户设计保单的时候，能够从客户的实际需要出发，而不是一味追求高额的保费收入；在保单的保全服务中，能够树立长期服务的思想，而不是一味追求短期利益。

投保人在购买保险时会有一种担忧：如果保险公司倒闭，是否保障就没有了。其实对此无须多虑，我国《保险法》有规定：保险公司因分立、合并需要解散，或者股东会、股东大会决议解散，或者公司章程规定的解散事由出现，经国务院保险监督管理机构批准后解散。经营有人寿保险业务的保险公司，除因分立、合并或者被依法撤销外，不得解散。经营有人寿保险业务的保险公司被依法撤销或者被依法宣告破产的，其持有的人寿保险合同及责任准备金，必须转让给其他经营有人寿保险业务的保险公司；不能同其他保险公司达成转让协议的，由国务院保险监督管理机构指定经营有人寿保险业务的保险公司接受转让。转让或者由国务院保险监督管理机构指定接受转让前款规定的人寿保险合同及责任准备金的，应当维护被保险人、受益人的合法权益。也就是说，经营有人寿保险业务的保险公司不允许随意解散，万一因经营不善而濒于倒闭，也只能“分立”或者“合并”，分立后的各保险公司或者合并后的保险公司，会承接原有效的人寿保险合同和准备金，承担原有的保险责任，投保人原有的人寿保险合同不会因此受到任何影响。

随着信息技术的快速发展与广泛普及，互联网及移动互联网已成为保险机构销售和服务的新兴渠道。保监会于2015年颁布《互联网保险业务监管暂行办法》，对互联网销售保险业务进行了规范。互联网保险没有改变保险的根本属性，互联网保险业务监管应与传统保险业务监管具有一致性。在坚持现有监管方向和原则的前提下，根据互联网保险的特性，对现有监管规则进行了适当延伸和细化。此规范实施三年已经到期，2018年10月，银保监会发布了《互联网保险业务监管办法（草稿）》，互联网保险业务是指保险公司、保险中介机构依托互联网和移动通信等技术，通过自营网络平台、第三方网络平台等订立保险合同、提供保险服务。除了保险公司和保险中介机构外，其他机构或个人不得经营互联网保险业务。保险公司、保险中介机构的从业人员也不得以个人名义经营互联网保险业务。第三方网络平台在销售自身或第三方的产品或服务时，不得以默认选项的方式“搭售”保险产品。下列险种可不限区域在互联网上经营：（1）人身意外伤害保险、定期寿险和普通型终身寿险、除长期护理保险和报销型医疗保险外的健康险、养老年金保险、税延养老保险；（2）投保人或被保险人为个人的家庭财产保险、责任保险、信用保险和保证保险；（3）能够独立、完整地通过互联网实现销售、承保和理赔全流程服务的财产保险业务；（4）中国银保监会规定的其他险种。也就是说，保险公司即便没有设立分公司，也可以在网上销售上述保险产品。此举有利于中小保险公司进一步利用互联网渠道加强创新、提高核心竞争力。

6.3.2 保险品种的选择

选择保险险种时，首先应确定不同类险种的优先顺序，如果有充足的资金把所有的保障买齐全那是最好，在资金有限的情况下应如何选择险种？一些人被保险经纪人忽悠购买了投资类保险，却忽视了保障，一旦发生事故才发现所购买的保险根本不能提供所需要的保障。每个家庭都应根据轻重缓急和经济实力来购买保险。一般情况下，首先要买的是保障型的险种，即意外险和健康险；其次可以考虑带分红性质的寿险、养老年金险；最后才是强调投资功能的投资连结险。

在确定需要购买的具体险种后，就可以选择提供这些险种的公司了。目前我国市场上销售的各类险种的条款大同小异。因此如果你选择了一类保险，比如医疗保险，可以对不同公司的医疗险种进行比较，虽然都是医疗险，但各家公司的侧重点可能不同，可以选择更符合你需要的公司。总之，要仔细阅读条款，比较保费、缴纳期限、承担责任、免责责任等因素，选择适合自己的保险。

6.3.3 保险金额的选择

保险金额也叫保额，是指保险公司承担赔偿或者给付保险金责任的最高限额。财产保险可根据财产的实际价值来确定保险金额。而对于人寿保险而言，由于人身的价值是无法衡量的，保险金额可由保险公司和投保人双方来确定。交费年限、保险金额和保险费这三个因素互相影响。同等保额，交费年限拉长，每年负担的保险费就低；反之则高。但交费期限越长，最终的总保费越高。由于保险金额越大保险费越高，在资金有限的情况下，有些投保人会压缩保额。保额到底多少合适？一般而言，保额为家庭年收入的5～10倍最合适，也就是说，不考虑通货膨胀因素，如果发生风险，家庭生活在未来5～10年内不会受到影响。

保额的估算方法分为生命价值法、家庭需求法、养老储备法，三者共同决定保额的高低：（1）生命价值法以一个人的生命价值为依据来考虑应购买多少保险。可以分三步进行：估计被保险人以后的年均收入；确定退休年龄；从年收入中扣除各种税收、保费、生活费等支出，用收入乘以年龄来估算保额。（2）家庭需求法以事故发生时可确保家人生活的准备金总额为依据。计算方式是，在家人所需生活费、教育费、供养金、对外负债和丧葬费等的基础上，扣除既有资产，将所得余额作为保额的粗略估算依据。(3) 养老储备法的估算方法是先定需求后算缺口。在确定养老保险保额时要检视自己的养老规划，测算需求，估算收入。先确定实际所需的养老金额，再确定老年资金需求缺口。考虑自己有没有社保养老金、固定资产投资收益（如房租）、股息分红、子女赡养等。建议购买商业养老保险所获得的补充养老金占总养老金的20%～40%。最后，确定实际的养老保险保额。一般而言，高收入者主要靠商业养老保险；中低收入家庭主要依靠社会养老保险，以商业养老保险作为补充。

总体说来，保额需求会随着家庭结构、收入以及外部经济形势的变化而变化。应经常对保险合同进行检查，适时增减保额和险种。

总保费支出以家庭年收入的10%左右为宜。如果你的家庭年收入10万元，总保费支出应不超过1万元，否则支付保费会有些吃力。保险属于安全层面的需求，过低的保费支出无法带来足够的安全保障，过高的保费又会带来较大压力。因此，保费支出大约占年收入的10%是最合适的。

6.3.4 保险对象的选择

中国人的传统是凡事都要先替子女考虑，买保险首先考虑的是孩子，其实应该先考虑给家庭支柱购买保险，家庭支柱是家庭收入的主要来源，给家庭支柱购买高额保险，意味着家庭经济收入不会因为意外和疾病而中断。遵循“先大人后孩子”的原则，大人也是孩子的“保险”，只要大人能健康地工作和生活，孩子的生存状况就不会差。如果家庭的经济支柱出了问题，给孩子保得再多也没有用，因为孩子的保险此时没到期，保险的现金价值低，不能解决家庭面临的困难。当然，如果有足够的经济实力，为家里的每个人都买保险是最好的。

6.3.5 保费支付的选择

缴纳保险费是投保人的义务，保险合同成立后，投保人按照约定交付保险费，保险人按照约定的时间开始承担保险责任。保险费的缴纳有一次性缴纳（趸交）和分期缴纳两种方式。分期缴纳按缴纳的周期又分为年交、季交、月交三种。对于财产险、意外险等一年期内的短期险种，保险公司一般要求一次性缴纳。对于可以选择保费缴纳方式的保险要考虑多种因素。

一是经济情况。在经济条件允许的情况下，不同的人应考虑年龄、险种等因素，慎重选择。年收入差异很大的人在选择分红类保险产品时，建议最好采用趸交的方式，这样可以为充满变数的未来提供起码的保障。

二是年龄因素。对于老年人来说，要考虑自身的健康状况。健康状况良好，经济条件又允许，选择趸交受益更大，能够在较短的时间内享受高质量的保险服务，养老、保险两不误；健康状况一般的老年人，最好选择年交，避免因发生变数而遭受损失。对于年轻人而言，年交无疑是较佳的选择。年轻人一般积蓄不多，最好延长交费期限，20～25年均可，交费期越长，每年支出的费用越少。风险具有不确定性，一旦发生变故，保险公司会依约承担相应的保险责任，年交保费能以较小的额度带来较大的保障。

三是保险产品的类型。一般来说，带有储蓄性质的险种，如教育金、养老险等，可以选择趸交。这样做的好处是：避免资金闲置，免交利息税，实现资金保值，同时还可按年领取红利。对于投资性很强的保险产品，如投资连结险，由于保险公司每年的经营情况会受证券市场、利率等因素影响，相应的账户价值波动很大，一般不建议趸交。此外，对于比较传统的险种，如健康类保险等，最好选择年交的方式。

问题与讨论

1. 说明保险人、投保人、被保险人、受益人的概念。

2. 个人在投保前应了解保险的四个时间节点——投保犹豫期、缴费宽限期、观察期、保单复效期。如何充分利用这四个时间节点使自己在投保、理赔甚至退保等环节受益？

3. 什么是保险的现金价值？保险的现金价值具有哪些功能？

4. 什么是保险的免责责任？请你找一份朋友或亲人的保险单，仔细阅读其中的免责责任条款。

5. 说明保险的分类。

6. 请调查市场上的各类保险公司并说明各保险公司的特点。如果购买保险，你将选择哪一家保险公司？说明原因。

7. 根据家庭状况，为家人选择需要购买的保险种类，计算预计的保费支出和保额。

8. 说明保费缴纳的方式及各自的适用情况。

9. 保险是一门学问，买商业保险要有周密的统筹计划和循序渐进的心理准备，不要幻想一次投入就能满足一生的保障要求。你认为购买保险时应注意哪些问题？

10. 根据人的生命周期阶段，说明每个时间段应买的保险种类和金额。

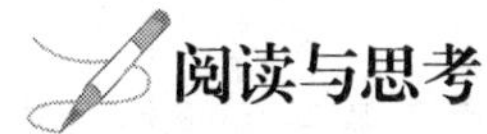

阅读与思考

保险的起源

人类社会从一开始就面临着自然灾害和意外事故的侵扰，在与大自然抗争的过程中，古代人萌生了对付灾害事故的保险思想和原始的保险方法。我国历代王朝都非常重视积谷备荒。《礼记·王制》中的“耕三余一”思想就颇有代表性。“耕三余一”即每年如能将收获的粮食的三分之一积储起来，连续积储3年，便可存足1年的粮食。如果不断地积储粮食，经过27年可积存9年的粮食，就可达到太平盛世。

在国外，古代已有保险思想和保险的雏形。据史料记载，公元前2000年，在西亚两河（底格里斯河和幼发拉底河）流域的古巴比伦王国，国王曾下令僧侣、法官及村长等向他们辖区内的居民收取赋金，用以救济遭受火灾及其他天灾的人。在古埃及石匠中曾有一种互助基金组织，向每位成员收取会费以支付个别成员的丧葬费。古罗马军队中的士兵组织将收取的会费作为士兵阵亡后给其遗属的抚恤金。

传说，五千多年前的一天正午，一支横越埃及沙漠的骆驼商队艰难地在沙丘间跋涉。酷热的太阳烘烤着无边无际的沙漠，仿佛要把一切生命烤干。一个粗糙的水壶在商人间传递着。突然，天空变暗，乌云翻滚，一场大风暴即将来临。商人们顾不得骆驼，拼命往沙丘高处爬去。风暴过后，在他们丢弃骆驼和货物的地方堆起了几座新沙丘，30只骆驼只有8只幸免于难，其余的无影无踪。

要是在从前，损失货物、骆驼的商人会面临破产的危机。但这次情况有些不同，因为在出发前，精明的领队将商人们召集到一块，通过了一个共同承担风险的互助共济办法。办法规定，如果旅途中有商人的货物或骆驼遇到不测而损失或死亡，由未受损的商人从其获利中拿出一部分来救济受难者；如果大家都平安，则从每个人的获利中取出一部分作为下次运输救济的资金。这次事故没有给商队造成太大的损失，因为还有8只骆驼和它们所载的货物，贸易所得的利润分摊下来，至少够商人们购置新的骆驼，以备东山再起。这种互助共济法后来被不断完善，收入《汉穆拉比法典》。

无独有偶，三千多年前，在中国的长江流域也有商人运用这种互助共济的方法。长江横贯中国的东西，上游地区山高路险，交通不便，长江就成了交通要道。大批货物源源不断地从四川、云南、贵州等地运往下游。由于当时造船技术有限，加上长江水急浪高，经常发生船只倾覆、货物损失，商人们都在思考用什么办法来避免这种损失。一个名叫刘牧的年轻四川商人提出了一个办法，即改变过去那种把货物集中装载在一条船上的做法，而是把货物分装在不同的船上。开始很多商人都反对，因为如果采取这种做法，就要与别的商人打交道，还增加了货物装卸的工作量。但经过说服，刘牧成功了。采取这种办法后的第一次航行就发生了事故，船队中有一艘船沉没了。但由于采取了分装法，分摊到每个商人头上后损失就变得很小。这种分散风险的方法被在长江上运输货物的商人广泛接受并不断发展。这种分散危险或由整个船队分担损失的做法，其实就是现代海上保险的雏形。

资料来源：根据网上资料整理。

思考题：

1. 保险的本质是什么？
2. 你认为现代生活中有必要买保险吗？
3. 结合你朋友、亲戚或自己购买保险的经验说明投保需要关注哪些问题。

王大明的保险选择

王大明有一个五口之家，王大明和妻子是上班族，王大明是家里的主要收入贡献者，月薪3万元，王大明的妻子每个月工资3 000元，王大明有个儿子，今年刚满5岁，王大明的爸妈与王大明一家同住，他们的身体比较健康，但是没有退休金。刚过而立之年的王大明准备购买保险，面对林林总总的保险，他不知道该怎么买。

(1) 王大明是家里的支柱，因此准备给自己购买一项重大疾病保险，保险经纪人给了他两个推荐，一种是返还型的重疾保险，每年交3 500元，交20年，10万元的保额，如果60岁时没有发生理赔，则返还所交的保费。另一种是消费型的重疾保险，每年交500元，保额同样是10万元，但是每年都需要交。王大明倾向于前一种保险，因为如果不得病的话，所交的钱还在那，相当于保险公司为你存着。而消费型险种虽然只需交500元，但如果不得病，这500元就不会返还了。

(2) 王大明还准备给自己5岁的孩子买一份少儿险——少儿险A，从现在（5岁）开始交，月交保费50元，交至儿子15周岁。

获得以下保障：

教育金给付：15～17周岁每年领取高中教育金299元；18～21周岁每年领取大学教育金1 494元；也可一次性领取教育金6 213元。

意外伤害身故或全残给付：3 000元。

疾病身故给付：按所交保费给付疾病身故保险金。

(3) 一位保险经纪人向王大明推荐了B保险，该项保险年交146 880元，交费5年，保额10万元，60周岁领取养老金。

保险利益如下：

保单生效即返：17 626元（首期保费的12%）；

31～79岁每年返还15 000元（保额的15%）；

60岁一次性返还734 400元（全额保费）；

80岁一次性返还100 000元（保额的100%）。

以上返还进入万能账户进行二次增值：

65岁时假定中等账户价值：223.5万元；

75岁时假定中等账户价值：369.6万元；

85岁时假定中等账户价值：602.5万元。

王大明虽然知道购买保险的重要性，但现在金融危机这么严重，很多公司都倒闭了，他担心保险公司有一天也会倒闭。

思考题：

1. 请你为王大明做出选择，是选择返还型的重疾保险还是选择消费型的重疾保险，说明理由。

2. 请将少儿险A与储蓄做比较，说明各自的优缺点。

3. B保险是一种什么保险，适合王大明家庭的实际情况吗？B保险的价值是否一定能实现？

4. 保险公司会倒闭吗？如果倒闭，所购买的保险怎么办？

5. 请查阅相关资料，为王大明一家做出保险规划：该五口之家需要购买哪些险种？每年应拿家庭收入的多少来购买保险？购买保险的先后顺序是什么？应该如何挑选保险公司？

第7章

个人税收规划

学习要点

- 了解个人税收的基础知识
- 了解个人所得税的应税对象
- 熟练掌握工资薪金个人所得税的计算
- 熟练掌握劳务报酬个人所得税的计算
- 熟悉各种个人所得的应纳税额
- 熟练运用个人所得税知识进行个人所得税规划

课程导入

税收作为一种制度是由人创设的，既然是人的创造，它就跟其他制度一样，也是有生命、情感、爱、自律等因素存在的。它不是制度或者法律、政策能解释的，因为它原本属于道德的范畴。

比如对贫困人群减免税收，就有某种情感因素在里面；再比如将税收用于帮助社会的弱者，通过转移支付建立社会保障，是可以用道德来解释的。西方国家现在有两道社会安全网：第一道，如果你失业了，可以立即领取失业救济金，不需要进行财产的调查，简单办个手续就行，但有一定的时间限定；期限过了还找不到工作，可以申请领取特困补贴，政府官员会对你进行财产调查，如果确认你由于某种原因不适合工作，就可以领取特困补贴，特困补贴就是第二道社会安全网，它的目标是不让一个人“过不下去”。

税收是有道德品质的，这个思想是从哪里来的呢？柏拉图在《理想国》里认为国家政治体制具有某种道德品质，即“国家的品质”。亚里士多德在《政治学》里把国家比作最高的善，回答了为什么要建立国家的问题，认为国家不是用来统治大家、压迫大家的，而是为了完成某种最高的和最广泛的善意，让大家都能过上幸福的生活，是某种善业的需要。

我国《辞海》里“税”的释义是“国家对有纳税义务的组织和个人征收的货币或

实物”；在牛津大学出版社出版的《现代高级英语词典》中，对 tax（税）的释义是“公民交给政府用于公共目的的资金”。这两种解释是有明显差异的。一个是国家、政府要征税，征收的是货币或者实物，实际上只是说了一种客观存在的现象；另一个是公民交税给政府，税收只能用于公共目的，我交税是在购买公共产品或者公共服务，不提供产品或服务我是不会交税的，目的非常明确。我们看到，一个解释中道德是存在的；另一个解释中道德是不存在的，这就是区别。

资料来源：李炜光．权力的边界：税、革命与改革．北京：九州出版社，2015.

7.1　个人税收的基础知识

本杰明·富兰克林曾说过：人在一生中有两件事是不可避免的——死亡和纳税。税收和我们的生活息息相关。目前，我国的大部分税种由税务部门负责征收，关税和船舶吨税由海关征收，进口货物的增值税、消费税由海关部门代征。与个人相关的税种如表 7－1 所示。

表 7－1　我国个人相关税种

税类	税种	类型
一、流转税类	增值税	间接税
	消费税	间接税
	关税	间接税
二、所得税	个人所得税	直接税
三、财产税	房产税	直接税
	契税	直接税
	车船税	直接税
	车辆购置税	直接税
四、行为税	印花税	直接税
	城市维护建设税	间接税

按照税负的实际承担人是否为纳税人，可以分为直接税和间接税。直接税就是纳税人缴纳的这笔税费没有办法转嫁给别人来承担，而是由纳税人直接负担。间接税就像一个小偷，通常在你购买货物付款的同时悄无声息地拿走你的钱。相对于间接税的“不易察觉”，直接税的筹划更有主动性。从发生的频率和金额大小来看，直接税中的税收筹划通常指的是个人所得税的筹划，本章的 7.2 节和 7.3 节将详细介绍个人所得税的相关内容。

7.1.1　增值税

增值税是对销售货物或者提供加工、修理修配劳务以及进口货物的单位和个人就其实现的增值额征收的一个税种。增值税已经成为中国最主要的税种之一，增值税的收入占全部税收的 60％以上，是我国最大的税种。通俗来说，增值税就是对商品和服务的买卖价差征收的一种税，就是从原材料到商品成品的过程中，对每一个增值环节所征收的税。增值税的基本税率为13%。

《中华人民共和国增值税暂行条例》第十六条规定下列项目免征增值税：农业生产者销售的自产农产品；避孕药品和用具；古旧图书；直接用于科学研究、科学试验和教学的进口仪器、设备；外国政府、国际组织无偿援助的进口物资和设备；由残疾人的组织直接进口供残疾人专用的物品；销售的自己使用过的物品。除此之外，任何地区、部门均不得规定免税、减税项目。

增值税是对增值部分征收的税，对于消费者来说，这部分税包含在商品价格里。比如，张立到商场去买了3 000元的电视，然后又去书店买了200元的书，共支付3 200元，这3 200元中包含的增值税：电视的增值税税率为13%，书的增值税税率为9%（一般纳税人适用的税率有：13%，9%，6%）。

$$增值税=\frac{含税价格}{1+增值税税率}\times增值税税率=不含税价格\times增值税税率$$

$$电视的增值税=\frac{3\ 000}{1+13\%}\times13\%=2\ 654.87\times13\%=345.13(元)$$

$$书的增值税=\frac{200}{1+9\%}\times9\%=183.49\times9\%=16.51(元)$$

因此，在购买的3 000元电视中，其中包含的增值税为345.13元，而购买的200元书中包含的增值税为16.51元。增值税的缴纳你是感觉不到的，因为它已包含在商品和服务的价格中，虽然由提供商品和服务的商家缴纳，实际上最后是由消费者承担。

原本我国有9个行业是需要征收营业税的，营业税是对有偿提供应税劳务、转让无形资产和销售不动产的单位和个人征收的一种税。2016年3月，国家税务总局和财政部发布了《关于全面推开营业税改征增值税试点的通知》，自2016年5月1日起，建筑业、房地产业、金融业、生活服务业等全部营业税纳税人，不再缴纳营业税，改为缴纳增值税。自此，营业税退出我国税收舞台，被增值税全面替代。2017年4月19日，国务院常务会议决定从2017年7月1日起，将增值税税率由四档减至17%，11%和6%三档，取消13%这一档税率；将农产品、天然气等的增值税税率从13%降至11%。销售或进口货物，提供加工、修理修配劳务，提供有形动产租赁服务，适用税率17%；转让土地使用权，销售不动产，提供建筑、交通运输、邮政、基础电信、不动产租赁服务，适用税率11%；提供研发和技术、信息技术、文化创意、鉴证咨询等其他现代服务，提供文化体育、餐饮住宿、旅游娱乐等生活服务，提供贷款、保险等金融服务，适用税率6%。2018年4月4日财政部和国家税务总局发布《关于调整增值税税率的通知》，规定自2018年5月1日起，纳税人发生增值税应税销售行为或者进口货物，原适用17%和11%税率的，税率分别调整为16%，10%。2019年3月20日财政部、税务总局和海关总署发布的《关于深化增值税改革有关政策的公告》规定：自2019年4月1日起，增值税一般纳税人发生增值税应税销售行为或者进口货物，原适用16%税率的，税率调整为13%；原适用10%税率的，税率调整为9%。

对个人最直接的影响体现在买卖二手房方面，根据《营业税改征增值税试点有关事项的规定》，对于销售不动产，明确一般纳税人销售其2016年4月30日前取得（不含自建）的不动产，可以选择适用简易计税方法，以取得的全部价款和价外费用减去该项不动产购置原价或者取得不动产时的作价后的余额为销售额，按照5%的征收率计算应纳税额。一般纳税人销售其2016年5月1日后取得（不含自建）的不动产，应适用一般计税方法，以取得的全部价款和价外费用为销售额计算应纳税额。纳税人应以取得的全部价款和价外费用减去该项不动产购置原价或者取得不动产时的作价后的余额，按照5%的预征率在不动产所在地预缴税款后，向机构所在地主管税务机关进行纳税申报。小规模纳税人销售其取得（不含自建）的不动产（不含个体工商户销售购买的住房和其他个人销售不动产），应以取得的全部价款和价外费用减去该项不动产购置原价或者取得不动产时的作价后的余额为销售额，按照5%的征收率计算应纳税额。

《营业税改征增值税试点过渡政策的规定》则延续了原营业税的优惠政策，税率设计遵循营业税税负平移的原则，并且分地区实施不同政策，即划分为北上广深和北上广深之外的地区。个人将购买不足2年的住房对外销售的，按照5%的征收率全额缴纳增值税；个人将购买2年以上（含2年）的住房对外销售的，免征增值税，上述政策适用于北京市、上海市、广州市和深圳市之外的地区。而对于北上广深四个城市，个人将购买不足2年的住房对外销售的，按照5%的征收率全额缴纳增值税；个人将购买2年以上（含2年）的非普通住房对外销售的，以销售收入减去购买住房价款后的差额按5%的征收率缴纳增值税；个人将购买2年以上（含2年）的普通住房对外销售的，免征增值税。

2016年4月，国家税务总局、财政部出台了《关于营改增后契税 房产税 土地增值税 个人所得税计税依据问题的通知》，指出：(1) 计征契税的成交价格不含增值税。(2) 房产出租的，计征房产税的租金收入不含增值税。(3) 土地增值税纳税人转让房地产取得的收入为不含增值税收入。《中华人民共和国土地增值税暂行条例》等规定的土地增值税扣除项目涉及的增值税进项税额，允许在销项税额中计算抵扣的，不计入扣除项目，不允许在销项税额中计算抵扣的，可以计入扣除项目。(4) 个人转让房屋的个人所得税应税收入不含增值税，其取得房屋时所支付价款中包含的增值税计入财产原值，计算转让所得时可扣除的税费不包括本次转让缴纳的增值税。个人出租房屋的个人所得税应税收入不含增值税，计算房屋出租所得时可扣除的税费不包括本次出租缴纳的增值税。个人转租房屋的，其向房屋出租方支付的租金及增值税额，在计算转租所得时予以扣除。(5) 免征增值税的，确定计税依据时，成交价格、租金收入、转让房地产取得的收入不扣减增值税额。(6) 在计征上述税种时，税务机关核定的计税价格或收入不含增值税。

7.1.2　消费税

消费税是政府向消费品征收的税，是在对货物普遍征收增值税的基础上，选择少数消费品再征收的一个税种，主要是为了调节产品结构，引导消费方向，保证国家财政收入。现行消费税的征收范围主要包括：烟、酒、鞭炮、焰火、高档化妆品、成品油、贵重首饰及珠宝玉石、高尔夫球及球具、高档手表、游艇、木制一次性筷子、实木地板、摩托车、小汽车、电池、涂料等。

消费税是价内税，是价格的组成部分，按不同的产品设计不同的税率，同一产品同等纳税。消费税征税项目具有选择性，以特定产品为征税对象，国家可以根据宏观产业政策和消费政策的要求，有目的、有重点地选择一些消费品征收消费税，而且每一年消费税税率会有所调整。消费税税率最低1%，最高56%。

消费税计税方法主要有两种：从价征收和从量征收。

从价计税的应纳税额＝应税消费品销售额×比例税率

从量计税的应纳税额＝应税消费品销售数量×定额税率

还有一种计税方法是从价和从量复合计税，只有卷烟和白酒采用这种复合计税方法：

复合计税的应纳税额＝销售额×比例税率＋销售数量×定额税率

以烟草的消费税为例：烟草消费税有些特殊，其征收包括生产环节和消费环节，生产环节征收的甲类卷烟税率为56%加0.003元/支、乙类卷烟为36%加0.003元/支、雪茄烟36%、烟丝30%，批发环节征收的税率为11%加0.005元/支。所谓甲类卷烟是指调拨价为每条70元（含70元）以上的烟草产品，中华以及一些主流厂家的中高端产品都属于这一范围；乙类卷烟是指调拨价为每条70元以下的烟草产品，其在市场上所占比例大约在70%以上。

比如，每条调拨价70元以上的香烟，税率为56%，还要加收定额税率：150元/标准箱（50 000支），即除按比例税率外，每支香烟还要加收0.003元，以一盒调拨价为7元的香烟为例：

$$应缴纳消费税=7\times 56\%+\frac{150}{50\,000}\times 20=3.92+0.06=3.98(元)$$

也就是说，一盒调拨价7元的香烟，消费税为3.98元。调拨价即烟草工业企业卖给烟草局或烟草公司的价格，是不含税价格，即这盒香烟的含税价为10.98元，烟草公司再卖给批发商时，还要征收11%加0.005元/支的税。

越来越多的国家选择通过提高烟草税来控烟，发达国家、发展中国家都在利用税收杠杆来实现“市场化控烟”。研究表明，在一些高收入国家，如果把烟草产品的税率提高10%，通常消费就会下降4%。

再比如，化妆品是在生产环节征收消费税，在批发、零售环节不征收消费税。我国对生产高档美容、修饰类化妆品，以及高档护肤类化妆品和成套化妆品的企业征收消费税，消费税的税率为15%。

7.1.3 城市维护建设税

城市维护建设税是我国为了加强城市的维护建设，扩大和稳定城市维护建设资金的来源，而对有经营收入的单位和个人征收的一个税种。城市维护建设税，以纳税人实际缴纳的消费税、增值税税额为计税依据，分别与消费税、增值税同时缴纳。城市维护建设税税率如下：纳税人所在地为城市市区的，税率为7%；纳税人所在地为县城、建制镇的，税率为5%；纳税人所在地不在城市市区、县城或建制镇的，税率为1%。

7.1.4 个人所得税

个人所得税是对个人（自然人）取得的各项应税所得（包括工资、薪金所得，经营所得等项目）征收的一种税。本章的7.2节和7.3节将详细讲解。

7.1.5 车辆购置税

车辆购置税是指对在中华人民共和国境内购置汽车、有轨电车、汽车挂车、排气量超过 150 毫升的摩托车的单位和个人，按照应税车辆计税价格的一定比率征收的一种税。车辆购置税的税率为 10%。车辆购置税的应纳税额按照应税车辆的计税价格乘以税率计算。

车辆购置税的计税价格根据不同情况，按下列规定确定：纳税人购买自用应税车辆的计税价格，为纳税人实际支付给销售者的全部价款，不包括增值税税款；纳税人进口自用应税车辆的计税价格，为关税完税价格加上关税和消费税；纳税人自产自用应税车辆的计税价格，按照纳税人生产的同类应税车辆的销售价格确定，不包括增值税税款；纳税人以受赠、获奖或者其他方式取得自用应税车辆的计税价格，按照购置应税车辆时相关凭证载明的价格确定，不包括增值税税款。购置应税车辆的，应当自购买之日起 60 日内申报缴纳车辆购置税。

根据 2018 年 12 月 29 日颁布的《中华人民共和国车辆购置税法》，下列车辆免征车辆购置税：依照法律规定应当予以免税的外国驻华使馆、领事馆和国际组织驻华机构及其有关人员自用的车辆；中国人民解放军和中国人民武装警察部队列入装备订货计划的车辆；悬挂应急救援专用号牌的国家综合性消防救援车辆；设有固定装置的非运输专用作业车辆；城市公交企业购置的公共汽电车辆。根据国民经济和社会发展的需要，国务院可以规定减征或者其他免征车辆购置税的情形，报全国人民代表大会常务委员会备案。比如，2017 年 12 月财政部等四部委发布《关于免征新能源汽车车辆购置税的公告》：自 2018 年 1 月 1 日至 2020 年 12 月 31 日，购置的新能源汽车免征车辆购置税。在 2017 年 12 月 31 日之前已经列入《免征车辆购置税的新能源汽车车型目录》的新能源车，对其免征车辆购置税的政策将继续有效。

车辆购置税实行一次征收制度。购置已征车辆购置税的车辆，不再征收车辆购置税；也就是说，在购买新车时需要缴纳车辆购置税，而二手车的交易则不需要缴纳。

7.1.6　车船税

车船税是指对在我国境内应依法到公安、交通、农业、渔业、军事等管理部门办理登记的车辆、船舶，根据其种类，按照规定的计税依据和年税额标准计算征收的一种财产税。对核定载客人数 9 人（含）以下乘用车按排量进行 7 个档次征收：

（1）1.0 升（含）以下：60～360 元；

（2）1.0 升以上至 1.6 升（含）：300～540 元；

（3）1.6 升以上至 2.0 升（含）：360～660 元；

（4）2.0 升以上至 2.5 升（含）：660～1 200 元；

（5）2.5 升以上至 3.0 升（含）：1 200～2 400 元；

（6）3.0 升以上至 4.0 升（含）：2 400～3 600 元；

（7）4.0 升以上：3 600～5 400 元。

从事机动车交通事故责任强制保险业务的保险机构为机动车车船税的扣缴义务人，应当依法代收代缴车船税。家用轿车的车船税与交强险一起收取。

2018 年 7 月 10 日，财政部、税务总局、工业和信息化部、交通运输部联合发布《关于节能 新能源车船享受车船税优惠政策的通知》，对节能汽车减半征收车船税，对新能源车船免征车船税。

7.1.7 印花税

印花税是对经济活动和经济交往中书立、领受具有法律效力的凭证的行为所征收的一种税，因采用在应税凭证上粘贴印花税票作为完税的标志而得名。应纳税凭证包括：购销、加工承揽、建设工程勘察设计、建筑安装工程承包、财产租赁、货物运输、仓储保管、借款、财产保险、技术合同或者具有合同性质的凭证；产权转移书据；营业账簿；权利、许可证照；经财政部确定征税的其他凭证。印花税票应当粘贴在应纳税凭证上，并由纳税人在每枚税票的骑缝处盖戳注销或者划销。比如，产权所有证上会贴有像邮票一样的印花税票。

对于个人而言，常见的印花税纳税环节为房地产买卖和证券交易。《中华人民共和国印花税法》于2022年7月1日开始执行，房地产印花税采用的是比例税率，房地产产权转移书据和房产购销合同的税率为0.05%，房屋租赁合同的税率为0.1%，房产购销合同的税率为0.05%。

我国税法规定，对证券市场上买卖、继承、赠与所确立的股权转让依据，按确立时实际市场价格计算的金额征收印花税。证券交易印花税是从普通印花税发展而来的，属于行为税类，它是专门针对股票交易额征收的一种税。证券交易印花税的税率高低是政府向投资者传递的明确信号——降低印花税税率可刺激证券买卖的成交量，反之则会起到抑制作用。1990—2008年在我国证券市场发展近20年中（历年印花税调整见表7-2），仅两次提高证券交易印花税税率，一次是1997年，一次是2007年。2014年《财政部 国家税务总局关于以上市公司股权出资有关证券（股票）交易印花税政策问题的通知》（财税〔2010〕7号）规定："按照现行印花税政策规定，投资人以其持有的上市公司股权进行出资而发生的股权转让行为，不属于证券（股票）交易印花税的征税范围，不征收证券（股票）交易印花税。上述行为的认定，由投资人按照本通知附件的要求提供相关资料；由证券登记结算公司所在地主管税务机关办理，并通知证券登记结算公司。"2015年12月31日国务院决定，从2016年1月1日起，将证券交易印花税由按中央97%、地方3%比例分享全部调整为中央收入。

表7-2 中国历年证券交易印花税调整情况

时间	印花税调整
1990年6月28日	深市对卖方开征6‰的印花税
1990年11月23日	深市对买方开征6‰的印花税
1991年10月	深市调至3‰，沪市开始双边征收3‰
1992年6月12日	按3‰税率缴纳印花税
1997年5月12日	从3‰上调至5‰
1998年6月12日	从5‰下调至4‰
1999年6月1日	B股交易印花税降低为3‰
2001年11月16日	从4‰调整为2‰
2005年1月24日	从2‰调整为1‰
2007年5月30日	从1‰调整为3‰
2008年4月24日	从3‰调整为1‰
2008年9月19日	双边征收改为单边征收，即只对卖方征收，税率1‰

7.1.8 契税

契税是以在我国境内转移的土地、房屋权属为征税对象，向取得土地使用权、房屋所有权的承受人征收的一种税。转移土地、房屋权属包括：国有土地使用权出让；土地使用权转让，包括出售、赠与和交换；房屋买卖；房屋赠与；房屋交换。契税税率为3%～5%。契税的适用税率，由省、自治区、直辖市人民政府在3%～5%幅度内按照本地区的实际情况确定，并报财政部和国家税务总局备案。

契税的计税依据：国有土地使用权出让、土地使用权出售、房屋买卖，为成交价格；土地使用权赠与、房屋赠与，由征收机关参照土地使用权出售、房屋买卖的市场价格核定；土地使用权交换、房屋交换，为所交换的土地使用权、房屋的价格的差额。如果成交价格明显低于市场价格并且无正当理由的，或者所交换土地使用权、房屋的价格的差额明显不合理并且无正当理由的，由征收机关参照市场价格核定。

2016年2月，财政部、国家税务总局、住房城乡建设部共同发布《关于调整房地产交易环节契税、营业税优惠政策的通知》，对个人购买住房实行差别化税率：（1）对个人购买家庭唯一住房（家庭成员范围包括购房人、配偶以及未成年子女），面积为90平方米及以下的，减按1%的税率征收契税；面积为90平方米以上的，减按1.5%的税率征收契税。（2）对个人购买家庭第二套改善性住房，面积为90平方米及以下的，减按1%的税率征收契税；面积为90平方米以上的，减按2%的税率征收契税。家庭第二套改善性住房是指已拥有一套住房的家庭购买的家庭第二套住房。北京市、上海市、广州市、深圳市暂不实施第二项契税优惠政策。

7.1.9 房产税

房产税是以房屋为征税对象，按房屋的计税余值或租金收入为计税依据，向产权所有人征收的一种财产税。房产税属于财产税中的个别财产税，其征税对象只是房屋。《城市房地产税暂行条例》是1951年原政务院颁布实施的，1986年国务院颁布《房产税暂行条例》后，对内资企业和个人统一征收房产税，城市房地产税仅对外资企业和外籍个人征收。由此，在对房产征税上形成了内外两套税制的格局。随着我国改革开放的不断深入和社会主义市场经济体制的逐步完善，特别是在我国加入WTO（世界贸易组织）以后，这种内外有别的税制结构与市场经济要求的公平、一致的税收环境很不匹配。2008年12月31日，国务院公布了第546号令，宣布自2009年1月1日起废止《城市房地产税暂行条例》，外资企业和外籍个人依照《中华人民共和国房产税暂行条例》缴纳房产税。取消城市房地产税，对外资企业和外籍个人统一征收房产税，是我国税制改革的必然要求，标志着我国房产税制度实现了内外统一，彻底结束了我国对内外资分设税种的历史。

《中华人民共和国房产税暂行条例》从1986年10月1日开始实施。根据规定，房产税依照房产原值一次减除10%～30%后的余值计算缴纳。具体减除幅度由省、自治区、直辖市人民政府规定。没有房产原值作为依据的，由房产所在地税务机关参考同类房产核定。房产出租的，以房产租金收入为房产税的计税依据。房产税的税率，依照房产余值计算缴纳的，税率为1.2%；依照房产租金收入计算缴纳的，税率为12%。在这个暂行条例中，对于个人所有非营业用的房产免征房产税。

房产税一直是业内外热议的焦点，重庆和上海自2011年1月28日启动房产税试点改革。上海对于本市居民家庭新购且属于家庭第二套以上的住房和非本市居民家庭新购的住房征收房产税，计税价格为住房市场交易价格的70%，税率为0.6%，应税住房每平方米市场交易价格低于本市上年度新建商品住房平均销售价格2倍（含2倍）的，税率暂减为0.4%。减免房产税的情形包括：二套住房，免税额为人均60平方米；超过60平方米的，超出部分征收房产税；第二套购入后一年内第一套卖出，退税；子女成年后，因婚姻等需要首次新购住房，且该住房属于成年子女家庭唯一住房，暂免征房产税；高层次人才首次购置唯一住房，免征；持居住证满三年且在上海工作生活的购房人，新购唯一住房，免征，如果未满三年，可以暂征房产税，待满三年后已征收的税可以退还。

重庆市房产税征收对象为主城九区个人拥有的独栋商品住宅，个人新购的高档住房，在重庆市同时无户籍、无企业、无工作的个人新购的第二套（含）以上的普通住房。应税住房的计税价值为房产交易价，待条件成熟时按房产评估值征税。独栋商品住宅和高档住房建筑面积交易单价达到上两年主城九区新建商品住房成交建筑面积均价3倍以下的住房，税率为0.5%；3倍（含）至4倍的，税率为1%；4倍（含）以上的税率为1.2%。在重庆市同时无户籍、无企业、无工作的个人新购的第二套（含）以上的普通住房，税率为0.5%。纳税人在《重庆市个人住房房产税征收管理实施细则》施行前拥有的独栋商品住宅，免税面积为180平方米；新购的独栋商品住宅、高档住房，免税面积为100平方米。2017年1月，重庆市人民政府修订了《重庆市关于开展对部分个人住房征收房产税改革试点的暂行办法》和《重庆市个人住房房产税征收管理实施细则》，将关于“征收对象”和“税率”中的“在重庆市同时无户籍、无企业、无工作的个人新购的第二套（含）以上的普通住房”修改为“在重庆市同时无户籍、无企业、无工作的个人新购的首套及以上的普通住房”，也就是说，“三无”人员在重庆购买首套住房也需要缴纳房产税。

2021年10月23日，第十三届全国人民代表大会常务委员会第三十一次会议做出决定，授权国务院在部分地区开展房地产税改革试点工作。试点地区的房地产税征税对象为居住用和非居住用等各类房地产，不包括依法拥有的农村宅基地及其上住宅。土地使用权人、房屋所有权人为房地产税的纳税人。授权的试点期限为五年，自国务院试点办法印发之日起算。试点过程中，国务院应当及时总结试点经验，在授权期限届满的六个月以前，向全国人民代表大会常务委员会报告试点情况，需要继续授权的，可以提出相关意见，由全国人民代表大会常务委员会决定。条件成熟时，及时制定法律。

7.1.10 关税

关税是指进出口商品在经过一国关境时，由政府设置的海关向进出口商所征收的税。对于个人而言，购买的进口商品中就包含了关税。关税在进入国境时就会征收。进口关税设置最惠国税率、协定税率、特惠税率、普通税率、关税配额税率等税率。不同的进口商品有不同的税率。对于普通人来说，关税的高低会影响对进口品的消费。目前选择通过海淘方式购买进口产品的消费者越来越多，一来商品的选择范围更广，二来价格更加优惠。

原有的跨境平台和个人海淘是按行邮税计征，税负较低，相较而言，同样的进口商品通过海淘渠道购买更便宜。行邮税并不是一个税种，是将进境物品关税和进口环节增值税、消费税三税合并，统一征收的进口税。20世纪60年代，为照顾侨眷、简化进口手续，开始对个人携带进境的行李和邮递物品征收行邮税。传统意义上的邮递物品主要是文件票据、旅客分离行李、亲友馈赠物品等，其非贸易属性较为明显。政策调整前，行邮税共设有4档税率，分别为10%，20%，30%和50%。据测算，行邮税税率普遍低于同类进口货物综合税率。此外，行邮税还享有一定的免税额，即对价值在5 000元人民币以下的随身行李、税额在50元人民币以下的邮递物品予以免征。

2016年4月，财政部印发了《关于跨境电子商务零售进口税收政策的通知》(财关税〔2016〕18号)，进一步强调规范了跨境电商关税缴纳工作，对关税征收细节、商品类型、额度限制和优惠政策进行了明确规定。跨境电子商务零售进口商品按照货物征收关税和进口环节增值税、消费税，购买跨境电子商务零售进口商品的个人作为纳税义务人，实际交易价格（包括货物零售价格、运费和保险费）作为完税价格，电子商务企业、电子商务交易平台企业或物流企业可作为代收代缴义务人。跨境电子商务零售进口商品的单次交易限值为人民币2 000元，个人年度交易限值为人民币20 000元。在限值以内进口的跨境电子商务零售进口商品，关税税率暂设为0%；进口环节增值税、消费税取消免征税额，暂按法定应纳税额的70%征收。超过单次限值、累加后超过个人年度限值的单次交易，以及完税价格超过2 000元限值的单个不可分割商品，均按照一般贸易方式全额征税。本次调整后，行邮税税率分别为15%，30%和60%。其中，10%主要为最惠国税率为零的商品，60%主要为征收消费税的高档消费品，其他商品占30%。

政策调整后对跨境电子商务零售进口商品不再按行邮税计征，而是按照货物征收关税和进口环节增值税、消费税。与此同时，不属于跨境电子商务零售进口的个人物品，以及无法提供交易、支付、物流等电子信息的跨境电子商务零售进口商品，按现行规定执行。这意味着，跨境电子商务零售进口正式告别了免税时代，但狭义上的个人海淘行为暂时被网开一面。总体说来，实施新的“一揽子”税收政策后，居民海外购物消费以及跨境电子商务零售进口的总体税负会上升，不同商品的实际税负有升有降。

2018年11月，财政部、海关总署、税务总局发布《关于完善跨境电子商务零售进口税收政策的通知》，自2019年1月1日起，将跨境电子商务零售进口商品的单次交易限值由人民币2 000元提高至5 000元，年度交易限值由人民币20 000元提高至26 000元。完税价格超过5 000元单次交易限值但低于26 000元年度交易限值，且订单下仅一件商品时，可以自跨境电商零售渠道进口，按照货物税率全额征收关税和进口环节增值税、消费税，交易额计入年度交易总额，但年度交易总额超过年度交易限值的，应按一般贸易管理。已经购买的电商进口商品属于消费者个人使用的最终商品，不得进入国内市场再次销售；原则上不允许网购保税进口商品在海关特殊监管区域外开展“网购保税＋线下自提”模式。

7.2　个人所得税的相关知识

7.2.1　个人所得税法的历次修正

《中华人民共和国个人所得税法》是1980年9月10日第五届全国人民代表大会第

三次会议通过的，至今已经过七次修正（1993年，1999年，2005年，2007年两次，2011年，2018年）。

（1）1993年10月31日第一次修正。首先，扩大了应纳个人所得税的范围，增加了个体工商户生产、经营所得；企业事业单位的承包经营、承租经营所得，稿酬所得，财产转让所得，偶然所得均要缴纳个人所得税。其次，细化了每一项所得应纳税所得额的计算，以及每一项所得税汇算清缴的程序和方式。再次，对扣缴义务按照所扣缴的税款，由原来1%的手续费提高至2%。最后，税率间隔由6级增至9级，工资薪金免征额没变，为800元。

（2）1999年8月30日第二次修正，开征利息税，原本利息属于免税的条款，此次修正后增加一条，即对储蓄存款利息所得征收个人所得税的开征时间和征收办法由国务院规定。

（3）2005年10月27日第三次修正。首先，工资及薪金的免征额由800元提高至1 600元。其次，对于两处以上取得工资薪金所得和没有扣缴义务人的，原有规定是纳税义务人自行申报纳税，而新的修正为“以及具有国务院规定的其他情形的，纳税义务人应当按照国家规定办理纳税申报，扣缴义务人应当按照国家规定办理全员全额扣缴申报”（第八条）。

（4）2007年6月29日第四次修正。第十二条修改为“对储蓄存款利息所得开征、减征、停征个人所得税及其具体办法，由国务院规定”。

（5）2007年12月29日第五次修正。将工资及薪金的免征额由1 600元提高至2 000元。

（6）2011年6月30日第六次修正。将工资及薪金的免征额由2 000元提高至3 500元，工资薪金之间税级由9级减少为7级，税级间距也发生了变化（见表7-3），个体工商户生产、经营所得和对企事业单位承包经营、承租经营所得的个人所得税5%～35%的超额累进税率没变，但各个税级的限额发生了变化，原有最高税率35%是对超过50 000元部分征收，而修正后是对超过100 000元部分征收。第一级由5 000元变为15 000元。

表7-3 个人所得税法历次修正免征额及税率、税级变化

个人所得税法修正	免征额	税率	税级
1980年个税法	800元	超额累进税率	5%～45%（6级）
1993年第一次修正	800元	超额累进税率	5%～45%（9级）
1999年第二次修正	800元	超额累进税率	5%～45%（9级）
2005年第三次修正	1 600元	超额累进税率	5%～45%（9级）
2007年第四次修正	1 600元	超额累进税率	5%～45%（9级）
2007年第五次修正	2 000元	超额累进税率	5%～45%（9级）
2011年第六次修正	3 500元	超额累进税率	3%～45%（7级）
2018年第七次修正	5 000元	超额累进税率	3%～45%（7级）

注：2018年第七次修正，应纳税所得最低最高限额为全年综合所得累计计算，前六次为单月计算。

（7）2018年8月31日第七次修正，免征额由3 500元提高至5 000元，同时拉大了三档低税率（3%，10%，20%）的级距，中等以下收入群体获益较大，三档较高税率的级距（30%，35%，45%）保持不变。同时将原来的分类征收模式改为分类与综合相结合的模式，居民个人取得工资、薪金所得，劳务报酬所得，稿酬所得，特许权使用费所得（称为综合所得），按纳税年度合并计算个人所得税，非居民个人取得上述所得，按月或者按次分项计算个人所得税，纳税人取得经营所得、利息、股息、红利所得、财产租赁所得、财产转让所得、偶然所得则分别计算个人所得税。同时增加了规定子女教育、继续教育、大病医疗、住房贷款利息、住房租金、赡养老人等与百姓生活密切相关的专项附加扣除，充分考虑了个人负担的差异性。

7.2.2　个人所得税的税率

2018年8月，修订个人所得税法时，明确引入了居民个人和非居民个人的概念，以在中国境内的居住时间为标准判断居民和非居民，从是否满1年调整为是否满183天。在中国境内有住所，或者无住所而一个纳税年度内在中国境内居住累计满183天的个人，为居民个人。居民个人从中国境内和境外取得的所得，依照规定缴纳个人所得税。在中国境内无住所又不居住，或者无住所而在一个纳税年度内在中国境内居住累计不满183天的个人，为非居民个人。非居民个人从中国境内取得的所得，依照规定缴纳个人所得税。

需要缴纳个人所得税的个人所得包括：

（1）工资、薪金所得，指个人因任职或者受雇取得的工资、薪金、奖金、年终加薪、劳动分红、津贴、补贴以及与任职或者受雇有关的其他所得。

（2）劳务报酬所得，指个人从事劳务取得的所得，包括从事设计、装潢、安装、制图、化验、测试、医疗、法律、会计、咨询、讲学、翻译、审稿、书画、雕刻、影视、录音、录像、演出、表演、广告、展览、技术服务、介绍服务、经纪服务、代办服务以及其他劳务取得的所得。

（3）稿酬所得，指个人因其作品以图书、报刊等形式出版、发表而取得的所得。

（4）特许权使用费所得，指个人提供专利权、商标权、著作权、非专利技术以及其他特许权的使用权取得的所得。提供著作权的使用权取得的所得，不包括稿酬所得。

（5）经营所得，包括个体工商户从事生产、经营活动取得的所得，个人独资企业投资人、合伙企业的个人合伙人来源于境内注册的个人独资企业、合伙企业生产、经营的所得；个人依法从事办学、医疗、咨询以及其他有偿服务活动取得的所得；个人对企业、事业单位承包经营、承租经营以及转包、转租取得的所得；个人从事其他生产、经营活动取得的所得。

（6）利息、股息、红利所得，指个人拥有债权、股权等而取得的利息、股息、红利所得。

（7）财产租赁所得，指个人出租不动产、机器设备、车船以及其他财产而取得的所得。

（8）财产转让所得，指个人转让有价证券、股权、合伙企业中的财产份额、不动产、机器设备、车船以及其他财产取得的所得。对股票转让所得征收个人所得税的办法，由国务院另行规定，并报全国人民代表大会常务委员会备案。

（9）偶然所得，指个人得奖、中奖、中彩以及其他偶然性质的所得。

居民个人取得第1项至第4项所得（称综合所得），按纳税年度合并计算个人所得税；非居民个人取得第1项至第4项所得，按月或者按次分项计算个人所得税。无论是居民个人还是非居民个人取得第5项至第9项所得，依照规定分别计算个人所得税。

综合所得，适用3%～45%的超额累进税率（税率见表7-4）。

表7-4 个人所得税税率表一
（综合所得适用）

级数	全年应纳税所得额	税率（%）
1	不超过36 000元的	3
2	超过36 000元至144 000元的部分	10
3	超过144 000元至300 000元的部分	20
4	超过300 000元至420 000元的部分	25
5	超过420 000元至660 000元的部分	30
6	超过660 000元至960 000元的部分	35
7	超过960 000元的部分	45

注1：本表所称全年应纳税所得额是指依照税法的规定，居民个人取得综合所得以每一纳税年度收入额减除费用六万元以及专项扣除、专项附加扣除和依法确定的其他扣除后的余额。

注2：非居民个人取得工资、薪金所得，劳务报酬所得，稿酬所得和特许权使用费所得，依照本表按月换算后计算应纳税额。

经营所得，适用5%～35%的超额累进税率（税率见表7-5）。

利息、股息、红利所得，财产租赁所得，财产转让所得和偶然所得，适用比例税率，税率为20%。

表7-5 个人所得税税率表二
（经营所得适用）

级数	全年应纳税所得额	税率（%）
1	不超过30 000元的	5
2	超过30 000元至90 000元的部分	10
3	超过90 000元至300 000元的部分	20
4	超过300 000元至500 000元的部分	30
5	超过500 000元的部分	35

注：本表所称全年应纳税所得额是指以每一纳税年度的收入总额减除成本、费用以及损失后的余额。

7.2.3 个人所得税的应纳税所得额

居民个人的综合所得，以每一纳税年度的收入额减除费用6万元以及专项扣除、专项附加扣除和依法确定的其他扣除后的余额，为应纳税所得额（见表7-6）。专项扣除，包括居民个人按照国家规定的范围和标准缴纳的基本养老保险、基本医疗保险、失业保险等社会保险费和住房公积金等；专项附加扣除，包括子女教育、继续教育、大病医疗、住房贷款利息或者住房租金、赡养老人等支出；依法确定的其他扣除，包括个人缴付符合国家规定的企业年金、职业年金，个人购买符合国家规定的商业健康保险、税收递延型商业养老保险的支出，以及国务院规定可以扣除的其他项目。

非居民个人的工资、薪金所得，以每月收入额减除费用5 000元后的余额为应纳税所得额；劳务报酬所得、稿酬所得、特许权使用费所得，以每次收入额为应纳税所得额。劳务报酬所得、稿酬所得、特许权使用费所得以收入减除20%的费用后的余额为收入额。稿酬所得的收入额减按70%计算。劳务报酬所得、稿酬所得、特许权使用费所得，属于一次性收入的，以取得该项收入为一次；属于同一项目连续性收入的，以一个月内取得的收入为一次。

经营所得，以每一纳税年度的收入总额减除成本、费用以及损失后的余额，为应纳税所得额。成本、费用，是指生产、经营活动中发生的各项直接支出和分配计入成本的间接费用以及销售费用、管理费用、财务费用；损失，是指生产、经营活动中发生的固定资产和存货的盘亏、毁损、报废损失，转让财产损失，坏账损失，自然灾害等不可抗力因素造成的损失以及其他损失。取得经营所得的个人没有综合所得的，计算其每一纳税年度的应纳税所得额时，应当减除费用60 000元、专项扣除、专项附加扣除以及依法确定的其他扣除。专项附加扣除在办理汇算清缴时减除。从事生产、经营活动，未提供完整、准确的纳税资料，不能正确计算应纳税所得额的，由主管税务机关核定应纳税所得额或者应纳税额。

利息、股息、红利所得和偶然所得，以每次收入额为应纳税所得额。

财产租赁所得，每次收入不超过4 000元的，减除费用800元；4 000元以上的，减除20%的费用，其余额为应纳税所得额。以1个月内取得的收入为一次。

财产转让所得，以转让财产的收入额减除财产原值和合理费用后的余额，为应纳税所得额。财产原值按照下列方法确定：有价证券，为买入价以及买入时按照规定缴纳的有关费用；建筑物，为建造费或者购进价格以及其他有关费用；土地使用权，为取得土地使用权所支付的金额、开发土地的费用以及其他有关费用；机器设备、车船，为购进价格、运输费、安装费以及其他有关费用。其他财产，参照上述规定的方法确定财产原值。合理费用，是指卖出财产时按照规定支付的有关税费。纳税人未提供完整、准确的财产原值凭证，不能确定财产原值的，由主管税务机关核定财产原值。

个人将其所得对教育、扶贫、济困等公益慈善事业进行捐赠，捐赠额未超过纳税人申报的应纳税所得额30%的部分，可以从其应纳税所得额中扣除；国务院规定对公益慈善事业捐赠实行全额税前扣除的，按照规定执行。

表7-6　个税项目费用扣除标准及税率

税目	费用扣除标准	税率
居民个人的综合所得（工资、薪金、劳务报酬、稿酬、特许权使用费）	60 000元＋专项扣除＋专项附加扣除＋其他扣除（纳税年度）	累进税率（见表7-4）
非居民个人的工资、薪金所得	5 000元（每月扣除）	累进税率
非居民个人的劳务报酬所得	所得收入×20%	累进税率
非居民个人的特许权使用费所得	所得收入×20%	累进税率
非居民个人的稿酬所得	所得收入×20%（再减按70%计算应纳税所得额）	累进税率
经营所得	60 000元＋专项扣除＋专项附加扣除＋其他扣除（纳税年度）	累进税率（见表7-5）
利息、股息、红利所得和偶然所得	无	20%
财产租赁所得	收入≤4 000元，减800元； 收入＞4 000元，减除20%	20%
财产转让所得	减除财产原值和合理费用	20%

注1：非居民个人取得工资、薪金所得，劳务报酬所得，稿酬所得和特许权使用费所得，依照表7-4按月换算后计算应纳税额。

注2：非居民个人的稿酬所得以收入减除20%的费用后的余额为收入额，然后收入额减按70%计算，即稿酬收入×(1－20%)×(1－70%)＝应纳税所得额。

7.3 个人所得税的附加扣除与减免

7.3.1 个人所得税的附加扣除

个人所得税是目前我国仅次于增值税、企业所得税的第三大税种，在筹集财政收入、调节收入分配方面发挥着重要作用。2017年全国个税收入11 966亿元，占税收总收入约8.3%。39年来，个人所得税法历经七次修正，2018年的第七次修正首次增加子女教育、继续教育、大病医疗、住房贷款利息和住房租金等专项附加扣除。2018年12月，国家税务总局颁布了《个人所得税专项附加扣除暂行办法》（国发〔2018〕41号）、《个人所得税专项附加扣除操作办法（试行）》（国发〔2018〕60号），对相关内容做了规定（见表7-7），附加扣除的规定从2019年1月1日开始执行。

表7-7 个人所得税附加扣除定额及期限

项目	附加扣除标准定额	时间期限
子女教育	每月1 000元（每个子女）	3岁至博士（包括海外教育）
继续教育	学历：4 800元 职业资格：3 600元	学历：≤48个月 资格证书：当年
大病医疗	80 000元（超过15 000元的部分）	当年
住房贷款利息	每月1 000元	≤240个月
住房租金	800元、1 100元、1 500元	当年
赡养老人	每月2 000元（独生子女） 最高1 000元（非独生子女分摊）	当年

1. 子女教育

子女教育抵扣的标准定额是每个子女每年12 000元（每月1 000元），如果是两个子女则每年可以附加扣除24 000元（每月2 000元），这里的教育包括义务教育（小学、初中教育）、高中阶段教育（普通高中、中等职业、技工教育）、高等教育（大学专科、大学本科、硕士研究生、博士研究生教育），还包括年满3岁至小学入学前处于学前教育阶段的子女。如果子女在中国境外接受教育，纳税人应当留存境外学校录取通知书、留学签证等相关教育的证明资料备查。父母可以选择由其中一方按扣除标准的100%扣除，也可以选择由双方分别按扣除标准的50%扣除，具体扣除方式在一个纳税年度内不能变更。

子女的范围包括婚生子女、非婚生子女、养子女、继子女，也包括未成年但受到本人监护的非子女。

2. 继续教育

很多已经就业的工作者有继续教育的需求，如果存在继续教育，可以将这部分支出附加扣除。当然，这是有一定额度的，如果接受的是学历（学位）继续教育，可以每年扣除4 800元，同一学历（学位）继续教育的扣除期限不能超过48个月，纳税人接受技能人员职业资格继续教育、专业技术人员职业资格继续教育的支出，在取得相关证书的当年，按照3 600元定额扣除，同时应当留存相关证书等资料备查。

个人接受本科及以下学历（学位）继续教育，符合规定扣除条件的，可以选择由其父母扣除，也可以选择由本人扣除。

3. 大病医疗

在一个纳税年度内，纳税人发生的与基本医保相关的医药费用支出，扣除医保报销后个人负担（指医保目录范围内的自付部分）累计超过15 000元的部分，由纳税人在办理年度汇算清缴时，在80 000元限额内据实扣除，同时应当留存医药服务收费及医保报销相关票据原件（或者复印件）等资料备查。

关于医药费用支出的附加扣除，可以选择由本人或者其配偶扣除，如果是未成年子女发生的医药费用支出，可以选择由其父母一方扣除。

4. 住房贷款利息

贷款买房，无论是普通商业银行贷款还是住房公积金贷款，发放的首套住房贷款利息支出，每年可以附加扣除12 000元（每月1 000元），扣除期限最长不超过20年（240个月），纳税人只能享受一次首套住房贷款的利息扣除。用房贷来认定“首套房”，也就是说，房贷利率是首套住房贷款利率，即可享受。

夫妻双方婚前分别购买住房发生的首套住房贷款，其贷款利息支出，婚后可以选择其中一套购买的住房，由购买方按扣除标准的100%扣除，也可以由夫妻双方对各自购买的住房分别按扣除标准的50%扣除，具体扣除方式在一个纳税年度内不能变更。

5. 住房租金

住房租金定额扣除标准分三大类，每月1 500元、1 100元、800元。直辖市、省会（首府）城市、计划单列市以及国务院确定的其他城市，扣除标准为每月1 500元；除上述城市外，市辖区户籍人口超过100万的城市，扣除标准为每月1 100元；市辖区户籍人口不超过100万的城市，扣除标准为每月800元。

纳税人的配偶在纳税人的主要工作城市有自有住房的，视同纳税人在主要工作城市有自有住房。夫妻双方主要工作城市相同的，只能由一方扣除住房租金支出。

需要注意的是，住房贷款利息和住房租金专项附加扣除是互斥的，不能同时享受。

6. 赡养老人

纳税人赡养一位及以上被赡养人的赡养支出，统一按照以下标准定额扣除：

纳税人为独生子女的，按照每月2 000元的标准定额扣除。

纳税人为非独生子女的，由其与兄弟姐妹分摊每月2 000元的扣除额度，每人分摊的额度不能超过每月1 000元。可以由赡养人均摊或者约定分摊，也可以由被赡养人指定分摊。约定或者指定分摊的须签订书面分摊协议，指定分摊优先于约定分摊。具体分摊方式和额度在一个纳税年度内不能变更。如果老人子女已经去世，其孙子女、外孙子女实际承担对老人的赡养义务，也可获得赡养老人扣除。

要享受个人所得税附加扣除，应当填写并向汇缴地主管税务机关报送扣除信息表（见表7-8），不同的专项附加扣除需要填报不同的资料。

表 7-8　个人所得税扣缴申报表

税款所属期：　年　月　日至　年　月　日

扣缴义务人名称：

扣缴义务人纳税人识别号（统一社会信用代码）：□□□□□□□□□□□□□□□□□□

金额单位：人民币元（列至角分）

序号	姓名	身份证件类型	身份证件号码	纳税人识别号	是否为非居民个人	所得项目	本月（次）情况														累计情况（工资、薪金）									减按计税比例	准予扣除的捐赠额	税款计算							备注
							收入额计算			减除费用	专项扣除				其他扣除						累计收入额	累计减除费用	累计专项扣除	累计专项附加扣除					累计其他扣除			应纳税所得额	税率/预扣率	速算扣除数	应纳税额	减免税额	已缴税额	应补/退税额	
							收入	费用	免税收入		基本养老保险费	基本医疗保险费	失业保险费	住房公积金	年金	商业健康保险	税延养老保险	财产原值	允许扣除的税费	其他				子女教育	赡养老人	住房贷款利息	住房租金	继续教育											
1	2	3	4	5	6	7	8	9	10	11	12	13	14	15	16	17	18	19	20	21	22	23	24	25	26	27	28	29	30	31	32	33	34	35	36	37	38	39	40
合计																																							

谨声明：本扣缴申报表是根据国家税收法律法规及相关规定填报的，是真实的、可靠的、完整的。

扣缴义务人（签章）：　　年　月　日

代理机构签章： 代理机构统一社会信用代码： 经办人签字： 经办人身份证件号码：	受理人： 受理税务机关（章）： 受理日期：　年　月　日

（1）享受子女教育专项附加扣除，应当填报配偶及子女的姓名、身份证件类型及号码、子女当前受教育阶段及起止时间、子女就读学校以及本人与配偶之间扣除分配比例等信息。需要留存备查资料包括：子女在境外接受教育的，应当留存境外学校录取通知书、留学签证等境外教育佐证资料，境内接受教育不需要留存任何资料。

（2）享受继续教育专项附加扣除，接受学历（学位）继续教育的，应当填报教育起止时间、教育阶段等信息；接受技能人员或者专业技术人员职业资格继续教育的，应当填报证书名称、证书编号、发证机关、发证（批准）时间等信息。需要留存备查资料包括：纳税人接受职业资格继续教育的，应当留存职业资格相关证书等资料。

（3）享受住房贷款利息专项附加扣除，应当填报住房权属信息、住房坐落地址、贷款方式、贷款银行、贷款合同编号、贷款期限、首次还款日期等信息；纳税人有配偶的，填写配偶姓名、身份证件类型及号码。需要留存备查资料包括：住房贷款合同、贷款还款支出凭证等资料。

（4）享受住房租金专项附加扣除，应当填报主要工作城市、租赁住房坐落地址、出租人姓名及身份证件类型和号码或者出租方单位名称及纳税人识别号（统一社会信用代码）、租赁起止时间等信息；纳税人有配偶的，填写配偶姓名、身份证件类型及号码。需要留存备查资料包括：住房租赁合同或协议等资料。

（5）享受赡养老人专项附加扣除，应当填报纳税人是否为独生子女、月扣除金额、被赡养人姓名及身份证件类型和号码、与纳税人关系；有共同赡养人的，需填报分摊方式、共同赡养人姓名及身份证件类型和号码等信息。需要留存备查资料包括：约定或指定分摊的书面分摊协议等资料。

（6）纳税人享受大病医疗专项附加扣除，应当填报患者姓名、身份证件类型及号码、与纳税人关系、与基本医保相关的医药费用总金额、医保目录范围内个人负担的自付金额等信息。需要留存备查资料包括：大病患者医药服务收费及医保报销相关票据原件或复印件，或者医疗保障部门出具的纳税年度医药费用清单等资料。

个人所得税的专项附加扣除的申报实施诚信原则，也就是个人申报，但是税务机关将定期对纳税人提供的专项附加扣除信息开展抽查。税务机关核查时，纳税人无法提供留存备查资料，或者留存备查资料不能支持相关情况的，税务机关可以要求纳税人提供其他佐证；不能提供其他佐证材料，或者佐证材料仍不足以支持的，不得享受相关专项附加扣除。

如果在申报专项附加扣除时，纳税人有不诚信行为，比如报送虚假专项附加扣除信息；重复享受专项附加扣除；超范围或标准享受专项附加扣除；拒不提供留存备查资料等情况，情形严重的，将纳入有关信用信息系统，并按照国家有关规定实施联合惩戒，如果涉及违反税收征管法等法律法规，由税务机关依法进行处理。

7.3.2　减免个人所得税的个人所得

个人所得不仅仅局限于现金，还有实物、有价证券和其他形式的经济利益，那么除了现金，其他形式的经济利益如何确定应纳税所得额呢？所得为实物的，按照取得的凭证上所注明的价格计算应纳税所得额，无凭证的实物或者凭证上所注明的价格明显偏低的，参照市场价格核定应纳税所得额；所得为有价证券的，根据票面价格和市场价格核定应纳税所得额；所得为其他形式的经济利益的，参照市场价格核定应纳税所得额。

然而并不是所有的收入都需要缴纳个人所得税，有些个人所得是免征所得税的，包括：省级人民政府、国务院部委和中国人民解放军军以上单位，以及外国组织、国际组织颁发的科学、教育、技术、文化、卫生、体育、环境保护等方面的奖金；国债和国家发行的金融债券利息；按照国家统一规定发给的补贴、津贴；福利费、抚恤金、救济金；保险赔款；军人的转业费、复员费、退役金；按照国家统一规定发给干部、职工的安家费、退职费、基本养老金或者退休费、离休费、离休生活补助费；依照有关法律规定应予免税的各国驻华使馆、领事馆的外交代表、领事官员和其他人员的所得；中国政府参加的国际公约、签订的协议中规定免税的所得；国务院规定的其他免税所得。

还有一些情形可以减征个人所得税，包括：残疾、孤老人员和烈属的所得；因自然灾害遭受重大损失的。具体幅度和期限，由省、自治区、直辖市人民政府规定，并报同级人民代表大会常务委员会备案。

7.3.3 个人所得税的扣缴与申报

1. 个人所得税扣缴的相关内容

新个税法的实施标志着从“月度”扣税制转为“月度预扣”“年度汇缴”制，毕竟每个人的附加扣税的内容在年度内都可能发生变化，这要求熟悉几个关于个税的问题。

（1）纳税人识别号。在扣缴申报时，需要知道自己的纳税人识别号才能进行相关操作。纳税人识别号是办理各类涉税事项的唯一代码标识。有中国公民身份号码的，以中国公民身份号码为纳税人识别号；纳税人没有中国公民身份号码的，由税务机关赋予其纳税人识别号。

（2）纳税人与扣缴义务人。个人所得税以所得人为纳税人，以支付所得的单位或者个人为扣缴义务人。

（3）缴税的几个时点。

1）纳税年度。公历1月1日至12月31日。

2）次月15日内。一般而言，居民个人取得工资、薪金、劳务报酬、稿酬、特许权使用费等综合所得，由扣缴义务人按月或按次预扣预缴税款。如果没有扣缴义务人，应当在取得所得的次月15日内向税务机关报送纳税申报表，并缴纳税款。非居民个人在中国境内从两处以上取得工资、薪金所得的，同样也是次月15日内申报纳税。取得经营所得，按年计算个人所得税，由纳税人在月度或者季度终了后15日内向税务机关报送纳税申报表，并预缴税款。

3）次年3月1日至6月30日。居民个人取得综合所得，需要办理汇算清缴的，应当在次年3月1日至6月30日内办理汇算清缴。居民个人从中国境外取得所得的，应当在次年3月1日至6月30日内申报纳税。

4）次年3月31日前。纳税人在取得经营所得的次年3月31日前办理汇算清缴。

5）次年6月30日前。如果扣缴义务人未扣缴税款，纳税人应当在取得所得的次年6月30日前缴纳税款；税务机关通知限期缴纳的，应当按照期限缴纳税款。

（4）需要办理汇算清缴的情况。如果收入来源很单一，而且工作单位按规定扣缴个人所得税，那么次年不需要到税务机关办理汇算清缴。需要办理汇算清缴的情形包括：

1）从两处以上取得综合所得，且综合所得年收入额减除专项扣除的余额超过 6 万元；

2）取得劳务报酬所得、稿酬所得、特许权使用费所得中一项或者多项所得，且综合所得年收入额减除专项扣除的余额超过 6 万元；

3）纳税年度内预缴税额低于应纳税额；

4）纳税人申请退税。

纳税人申请退税，应当提供其在中国境内开设的银行账户，并在汇算清缴地就地办理税款退库。

2. 个人所得税的预扣预缴

新个人所得税法规定：扣缴义务人应当按月或者按次代扣代缴税款，并办理全员全额扣缴申报；居民纳税人取得综合所得有扣缴义务人的，由扣缴义务人按月或者按次预扣预缴税款。虽然个税最后汇缴是按年度来计算的，但是每个月存在预扣预缴税款，不同的所得形式有不同的扣缴方式。

（1）居民个人工资、薪金所得预扣预缴。单位向居民个人支付工资、薪金时，按照累计预扣法计算预扣税款，并按月办理扣缴申报。累计预扣法，是指扣缴义务人在一个纳税年度内预扣预缴税款时，以纳税人在本单位截至本月取得工资、薪金所得累计收入减除累计免税收入、累计减除费用、累计专项扣除、累计专项附加扣除和累计依法确定的其他扣除后的余额为累计预扣预缴应纳税所得额，适用个人所得税预扣率表一（见表 7-9），计算累计应预扣预缴税额，再减除累计减免税额和累计已预扣预缴税额，其余额为本期应预扣预缴税额。具体计算公式如下：

$$\text{本期应预扣预缴税额}=\left(\text{累计预扣预缴应纳税所得额}\times\text{预扣率}-\text{速算扣除数}\right)-\text{累计减免税额}-\text{累计已预扣预缴税额}$$

$$\text{累计预扣预缴应纳税所得额}=\text{累计收入}-\text{累计免税收入}-\text{累计减除费用}-\text{累计专项扣除}-\text{累计专项附加扣除}-\text{累计依法确定的其他扣除}$$

式中，累计减除费用，按照 5 000 元/月乘以纳税人当年截至本月在本单位的任职受雇月份数计算。

表 7-9　个人所得税预扣率表一

（居民个人工资、薪金所得预扣预缴适用）

级数	累计预扣预缴应纳税所得额	预扣率（%）	速算扣除数
1	不超过 36 000 元的	3	0
2	超过 36 000 元至 144 000 元的部分	10	2 520
3	超过 144 000 元至 300 000 元的部分	20	16 920
4	超过 300 000 元至 420 000 元的部分	25	31 920
5	超过 420 000 元至 660 000 元的部分	30	52 920
6	超过 660 000 元至 960 000 元的部分	35	85 920
7	超过 960 000 元的部分	45	181 920

如果出现累计应纳税余额小于累计已预缴税额的情形，暂不办理退税，在次年 3 月至 6 月的汇算清缴期办理退税。对大多数仅有一处工资薪金所得的纳税人来说，逐

月累计计算预扣预缴税款，年底基本不会涉及退补税，可以大大降低个人办理汇算清缴的概率，而且采用年税率表，年初月份少预缴个税，有效解决了当月工资额不足扣除的问题。

例1

假设2019年1月，吕小布的工资为15 000元，当月专项扣除为2 000元，专项附加扣除合计3 000元。

应纳税所得额＝15 000－5 000－2 000－3 000＝5 000(元)

查表7－9，预扣率为3%。

应纳税额＝5 000×3%＝150(元)

因此，吕小布1月预扣的个人所得税为150元。

例2

接上例1，吕小布2月工资为17 000元，当月专项扣除为2 200元，专项附加扣除合计3 000元。

累计应纳税所得额＝(15 000＋17 000)－(5 000×2)－(2 000＋2 200)－(3 000＋3 000)＝11 800(元)

查表7－9，预扣率为3%。

累计应纳税额＝11 800×3%＝354(元)

2月份应预扣的个人所得税＝354－150＝204(元)

因此，吕小布2月预扣的个人所得税为204元。

(2) 居民个人劳务报酬所得预扣预缴。劳务报酬所得是按次或者按月预扣缴个人所得税。劳务报酬所得以每次收入减除费用后的余额为收入额，预扣预缴税款时，劳务报酬所得每次收入不超过4 000元的，减除费用按800元计算；每次收入4 000元以上的，减除费用按收入的20%计算。

公式如下：

收入额＝劳务报酬所得－费用

劳务报酬所得≤4 000元，费用＝800元

劳务报酬所得>4 000元，费用＝劳务报酬所得×20%

劳务报酬所得以每次收入额为预扣预缴应纳税所得额，计算应预扣预缴税额。劳务报酬所得适用个人所得税预扣率表二（见表7－10）。

表7－10 个人所得税预扣率表二

（居民个人劳务报酬所得预扣预缴适用）

级数	预扣预缴应纳税所得额	预扣率（%）	速算扣除数
1	不超过20 000元的	20	0
2	超过20 000元至50 000元的部分	30	2 000
3	超过50 000元的部分	40	7 000

例3

吕小布3月获得达康公司的劳务报酬35 000元。

应纳税所得额＝35 000－35 000×20%＝28 000(元)

查表7-10，预扣率为30%。

预缴个人所得税＝28 000×30%－2 000＝6 400(元)

因此，吕小布3月预扣的劳务报酬个人所得税为6 400元，在次年清算汇缴期，吕小布将劳务报酬和工资、薪金，稿酬，特许权使用费所得汇总计算综合所得，计算实际应纳个人所得税，多退少补。

(3) 居民个人稿酬所得预扣预缴。稿酬所得是按次或按月预扣缴个人所得税。稿酬所得以每次收入减除费用后的余额为收入额。稿酬所得的收入额减按70%计算，预扣预缴税款时，稿酬所得每次收入不超过4 000元的，减除费用按800元计算；每次收入4 000元以上的，减除费用按收入的20%计算。

公式如下：

收入额＝(稿酬所得－费用)×70%

稿酬所得≤4 000元，费用＝800元

稿酬所得>4 000元，费用＝稿酬所得×20%

稿酬所得适用20%的比例预扣率。

例4

吕小布4月获得长江出版社发放的稿酬20 000元。

应纳税所得额＝(20 000－20 000×20%)×70%＝11 200(元)

预扣率为20%。

预缴个人所得税＝11 200×20%＝2 240(元)

因此，吕小布4月预扣的稿酬个人所得税为2 240元，在次年清算汇缴期，吕小布将稿酬和工资、薪金，劳务报酬、特许权使用费所得汇总计算综合所得，计算实际应纳个人所得税，多退少补。

(4) 居民个人特许权使用费所得预扣预缴。特许权使用费所得是按次或按月预扣缴个人所得税。特许权使用费所得以每次收入减除费用后的余额为收入额。预扣预缴税款时，特许权使用费所得每次收入不超过4 000元的，减除费用按800元计算；每次收入4 000元以上的，减除费用按收入的20%计算。

公式如下：

收入额＝特许权使用费所得－费用

特许权使用费所得≤4 000元，费用＝800元

特许权使用费所得>4 000元，费用＝特许权使用费所得×20%

特许权使用费所得适用20%的比例预扣率。

例5

吕小布5月获得一项特许权使用费13 000元。

应纳税所得额＝13 000－13 000×20%＝10 400(元)

预扣率为20%。

预缴个人所得税=10 400×20%=2 080(元)

因此，吕小布4月预扣的特许权使用费个人所得税为2 080元，在次年清算汇缴期，吕小布将特许权使用费和工资、薪金，劳务报酬，稿酬所得汇总计算综合所得，计算实际应纳个人所得税，多退少补。

(5) 非居民个人工资、薪金所得，劳务报酬所得，稿酬所得和特许权使用费所得代扣代缴。非居民个人工资、薪金所得，劳务报酬所得，稿酬所得和特许权使用费所得按月或者按次代扣代缴税款。

非居民个人的工资、薪金所得，以每月收入额减除费用5 000元后的余额为应纳税所得额；劳务报酬所得、稿酬所得、特许权使用费所得，以每次收入额为应纳税所得额，适用个人所得税税率表三（见表7-11）计算应纳税额。劳务报酬所得、稿酬所得、特许权使用费所得以收入减除20%的费用后的余额为收入额。其中，稿酬所得的收入额减按70%计算。

公式如下：

工资薪金应纳税所得额=工资薪金−5 000

劳务报酬所得应纳税所得额=劳务报酬所得×(1−20%)

稿酬所得应纳税所得额=稿酬所得×(1−20%)×70%

特许权使用费所得应纳税所得额=特许权使用费所得×(1−20%)

以上四项收入来源适用的税率是一致的（见表7-11）。

表7-11 个人所得税税率表三

（非居民个人工资、薪金所得，劳务报酬所得，稿酬所得，特许权使用费所得适用）

级数	应纳税所得额	税率（%）	速算扣除数
1	不超过3 000元的	3	0
2	超过3 000元至12 000元的部分	10	210
3	超过12 000元至25 000元的部分	20	1 410
4	超过25 000元至35 000元的部分	25	2 660
5	超过35 000元至55 000元的部分	30	4 410
6	超过55 000元至80 000元的部分	35	7 160
7	超过80 000元的部分	45	15 160

非居民个人不适用综合所得，无须按年计税。非居民个人的工资薪金所得、劳务报酬所得、稿酬所得和特许权使用费所得是分开计税的，不采用综合所得的概念，按月或者按次分项计算个人所得税。

非居民个人在计算工资薪金所得的个人所得税时，只能扣除每月5 000元基本减除费用，不涉及减除专项扣除、专项附加扣除和依法确定的其他扣除。非居民个人取得工资薪金所得、劳务报酬所得、稿酬所得、特许权使用费所得仍然需要源泉扣缴，有扣缴义务人的按月按次代扣代缴税款。这部分是代扣代缴，不同于居民个人由扣缴义务人预扣预缴。

非居民个人如果在我国境内两处或者两处以上取得工资薪金所得需要汇总计税，但只能扣除一个5 000元的基本减除费用。两处及两处以上的工资薪金所得需要依法办理纳税申报，但不需要办理汇算清缴。

7.3.4 个人所得税优惠政策衔接问题

个人所得税法修改后，原来的税收政策如何更好地与新税法衔接呢？2018 年 12 月 27 日，财政部和国家税务总局发布《关于个人所得税法修改后有关优惠政策衔接问题的通知》，对其中一些问题进行了说明。

1. 全年一次性奖金的纳税

居民个人取得全年一次性奖金，符合《国家税务总局关于调整个人取得全年一次性奖金等计算征收个人所得税方法问题的通知》（国税发〔2005〕9 号）规定的，在 2021 年 12 月 31 日前，不并入当年综合所得，以全年一次性奖金收入除以 12 个月得到的数额，按照按月换算后的综合所得税率表（见表 7－12）确定适用税率和速算扣除数，单独计算纳税。可以看出，过渡时期的奖金征税的税率及级距与表 7－11 的一样。

计算公式为：

应纳税额＝全年一次性奖金收入×适用税率－速算扣除数

一次性奖金单独计税，不算扣除，也不纳入综合所得，但这个过渡时期的政策是有时效的（2019—2021 年）。当然，也可以选择将一次性奖金并入当年综合所得计算纳税。

表 7－12　按月换算后的综合所得税率表

级数	全月应纳税所得额	税率（%）	速算扣除数
1	不超过 3 000 元的	3	0
2	超过 3 000 元至 12 000 元的部分	10	210
3	超过 12 000 元至 25 000 元的部分	20	1 410
4	超过 25 000 元至 35 000 元的部分	25	2 660
5	超过 35 000 元至 55 000 元的部分	30	4 410
6	超过 55 000 元至 80 000 元的部分	35	7 160
7	超过 80 000 元的部分	45	15 160

在 2019—2021 年过渡期内，每个纳税人在一个纳税年度内只允许采用一次这种计算方法。根据这种计算方法，如果年终奖在 3.6 万元、14.4 万元、30 万元、42 万元、66 万元和 96 万元这几个临界点上，会出现年终奖多发 1 元甚至 1 分钱，须多缴纳个人所得税成百上千甚至上万元的情况。根据上述方法计算出来各个临界点的个人所得税差额见表 7－13，如果年终奖为 36 001 元，则需要多缴税 2 310.1 元；发 144 001 元年终奖比 144 000 元多缴纳 13 200.2 元；发 300 001 元比 300 000 元多缴纳 13 750.25 元；发 420 001 元比 420 000 元多缴纳 19 250.3 元；发 660 001 元比 660 000 元多缴纳 30 250.35 元；发 960 001 元比 960 000 元多缴纳 88 000.45 元。年终奖多发导致实际收入减少的六个“盲区”分别为：36 001～38 567 元，144 001～160 500 元，300 001～318 333 元，420 001～447 500 元，660 001～706 538 元，960 001～1 120 000 元。在这几个盲区内，虽然年终奖增加了，但是个人所得税增加得更多。

表7-13 一次性奖金临界点个人所得税差异

单位：元

应发年终奖	应缴纳个人所得税	实发年终奖	个人所得税差异
36 000	1 080	34 920	2 310.1
36 001	3 390.1	32 610.9	
144 000	14 190	129 810	13 200.2
144 001	27 390.2	116 610.8	
300 000	58 590	241 410	13 750.25
300 001	72 340.25	227 660.75	
420 000	102 340	317 660	19 250.3
420 001	121 590.3	298 410.7	
660 000	193 590	466 410	30 250.35
660 001	223 840.35	436 160.65	
960 000	328 840	631 160	88 000.45
960 001	416 840.45	543 160.55	

因此，过渡期内发放年终奖应综合考虑，尽量避免因多发1元而导致实收年终奖减少的情况，另外，企业可以通过分摊方式，降低员工收入的税级，达到降低税率的目的。如果年终奖分两次发放，除了避免陷入盲区，还要考虑因为年终奖计税方法只能使用一次，另一次分摊的年终奖将纳入全年的综合所得，按综合所得个人所得税税率表（表7-4）计算纳税，还可能出现税级升档的情况，因为全年综合所得更难预先估计。

2. 企业年金和职业年金的纳税

个人达到国家规定的退休年龄，领取的企业年金、职业年金符合《关于企业年金职业年金个人所得税有关问题的通知》（财税〔2013〕103号）规定的，不并入综合所得，全额单独计算应纳税款。其中按月领取的，按月度税率表（表7-12）计算纳税；按季领取的，平均分摊计入各月，按每月领取额适用月度税率表（表7-12）计算纳税；按年领取的，按综合所得个人所得税税率表（表7-4）计算纳税。

个人因出境定居而一次性领取的年金个人账户资金，或个人死亡后，其指定的受益人或法定继承人一次性领取的年金个人账户余额，按综合所得个人所得税税率表（表7-4）计算纳税。对个人除上述特殊原因外一次性领取年金个人账户资金或余额的，按月度税率表（表7-12）计算纳税。

3. 上市公司股权激励的纳税

居民个人取得股票期权、股票增值权、限制性股票、股权奖励等股权激励，符合《关于个人股票期权所得征收个人所得税问题的通知》（财税〔2005〕35号）、《关于股票增值权所得和限制性股票所得征收个人所得税有关问题的通知》（财税〔2009〕5号）、《关于将国家自主创新示范区有关税收试点政策推广到全国范围实施的通知》（财税〔2015〕116号）第四条、《关于完善股权激励和技术入股有关所得税政策的通知》（财税〔2016〕101号）第四条第（一）项规定的相关条件的，在2021年12月31日前，不并入当年综合所得，全额单独适用综合所得个人所得税税率表（表7-4）计算纳税，如果一个纳税年度获得两次或以上的股权激励，应合并纳税。

计算公式为：

应纳税额＝股权激励收入×适用税率－速算扣除数

4. 解除劳动关系和提前退休的一次性收入的纳税

个人与用人单位解除劳动关系取得一次性补偿收入（包括用人单位发放的经济补偿金、生活补助费和其他补助费），在当地上年职工平均工资3倍数额以内的部分，免征个人所得税；超过3倍数额的部分，不并入当年综合所得，单独适用综合所得个人所得税税率表（表7-4）计算纳税。

个人办理提前退休手续而取得的一次性补贴收入，应按照办理提前退休手续至法定离退休年龄之间的实际年数平均分摊，确定适用税率和速算扣除数，单独适用综合所得个人所得税税率表（表7-4）计算纳税。计算公式为：

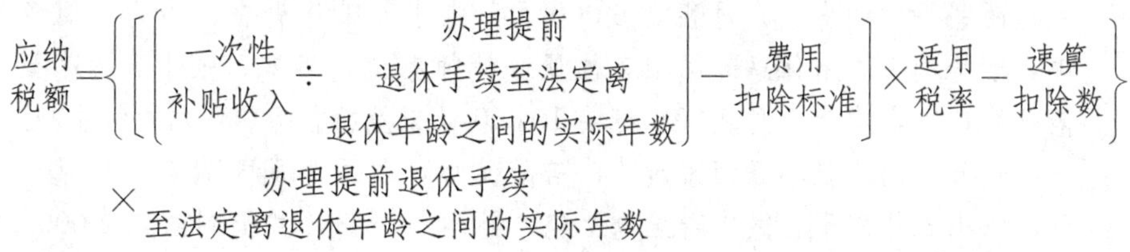

$$\text{应纳税额}=\left\{\left[\left(\text{一次性补贴收入}\div\text{办理提前退休手续至法定离退休年龄之间的实际年数}\right)-\text{费用扣除标准}\right]\times\text{适用税率}-\text{速算扣除数}\right\}\times\text{办理提前退休手续至法定离退休年龄之间的实际年数}$$

问题与讨论

1. 在生活中个人需要缴纳哪些税？哪些是直接税，哪些是间接税？
2. 需要缴纳的个人所得税的个人所得有哪些形式？有哪些免征或减征的个人所得？请具体说明。
3. 在计算个人所得税综合所得时，包括哪几种收入形式？
4. 请说明工资、薪金所得的个人所得税预扣预缴的税率及计算方法。
5. 请说明劳务报酬所得的个人所得税预扣预缴的税率及计算方法。
6. 个人所得税的专项扣除包括哪些内容？专项附加扣除包括哪些内容？
7. 请说明子女教育和赡养老人的专项附加扣除的条件和标准。
8. 住房贷款利息和住房租金的专项附加扣除是否可以同时享有？
9. 请说明继续教育和大病医疗的专项附加扣除的条件和标准。
10. 一般情况下，纳税人识别号是什么？
11. 请说明每年进行汇算清缴的时间，以及哪些情形需要办理汇算清缴。

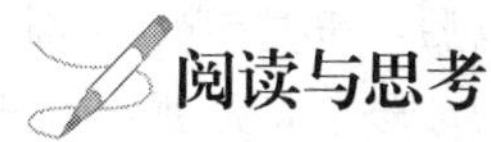

阅读与思考

张小五的个税人生

张小五，20岁，在北京某重点大学读汽车专业三年级，每年学费8 000元，60岁的父母在老家务农，还有一个9岁的弟弟。张小五活泼开朗，待人友善，学习勤奋，暑假在某汽车制造公司实习一个月。实习过程中，张小五本着认真负责的态度，尽心尽力履行职责，不懂的问题虚心请教，把所学的知识运用到工作中。一个月的实习很快结束了，张小五拿到劳务报酬4 000元，却被扣了640元的税，这让她很纳闷。“个人所得税的免征额不是上调到5 000元了吗，为什么还会扣税?”

通过实习，张小五的业务水平明显提高，大四这一年，张小五更加努力学习，毕业时获得了学校“优秀毕业生”的称号，大四时她设计的专利被一家企业看中，8月收到专利使用费10 000元。当年9月，张小五顺利到北京一大型国有企业开发部任职。9—12月的工资薪金收入分别为8 000元，9 000元，9 500元，9 800元。张小五9—12月每个月寄给父母500元，新个人所得税法实施后，张小五了解到赡养老人可以作为个税的专项附加扣除。由于弟弟还未成年，也没有能力赡养父母，所以张小五想每个月扣除2 000元定额，但由于刚入职，她没有将家庭信息汇报给单位财务处以做抵扣。

张小五的好友李娜也来北京找工作，于是张小五从亲戚家搬出来，与李娜合租了一套两室一厅的房子，月租金6 000元。张小五工作勤奋，因为对财务知识比较感兴趣，于是利用周末休息时间准备注册会计师考试。年末，张小五的辛勤工作得到部门老总的认可，次年1月获得年终奖10 000元以及价值5 000元的智能扫地机器人一台。

春节期间，张小五回家过节，陪陪父母，和同学朋友聚会，非常开心。春节假期里，张小五热衷于在微信群里抢红包，她运气不错，共抢到红包2 000元，其中1 000元是她所在企业发的红包，500元是同学和朋友发的红包，还有500元是其他企业促销发的红包。

放完假回到企业，张小五依然朝气蓬勃，充满干劲。张小五很快吸引了同一座大厦在另一家公司工作的李小六，两人交往后，觉得彼此性格相投，同样爱好打羽毛球和旅游，对事物的看法也较一致，于是决定结婚。婚后的生活颇为甜蜜，但是两人的工资渐渐不能支撑婚后的生活，为了更好地生活，张小五开始在外兼职，凭着自己良好的写作能力，5月、8月、12月张小五各获得稿酬1 000元、5 000元、2 300元。李小六也在外兼职上课，为两个人的家庭建设添砖加瓦。一次，李小六受某企业邀请，到外地去给企业管理人员讲课。关于培训的报酬，企业给出两种方案供李小六选择：第一种是企业支付给李小六讲课费50 000元，但往返交通费、住宿费、餐饮费等开支均由李小六自己负担；另一种是企业支付讲课费40 000元，李小六的往返交通费、住宿费、餐饮费等全部由企业负责，这让李小六犯了难，到底选择哪一种方案才能使自己的利益最大化呢?

有了奋斗的激情和生活的磨炼，两人的事业越来越成功，张小五觉得把家庭资产全部放在银行里增值太慢，准备趁着股市大热投资股市。她的运气很好，投入的金额翻番。这时，张小五怀孕了，原来的出租房过于局促，于是买房被提到日程上。小两口用自己的积蓄，在双方父母的支持下，贷款在北京买了一套房子，每月需要还房贷15 000元。张小五怀的是双胞胎，考虑到未来高额的教育费用，她决定碰碰运气，在家门口的便利店买了一注双色球彩票，没想到运气爆棚，居然中了头等奖500万元。

生活越来越好，张小五和李小六像童话故事里的主人公一样，过上了幸福的生活。

思考题：

1. 张小五在大三时的实习收入是否应该交个人所得税？请说明理由。
2. 张小五9月开始工作，9—12月公司预扣预缴的个人所得税分别是多少？
3. 张小五的专利使用费是否应该缴纳个人所得税？如果缴纳，应该缴纳多少？如果不缴纳，请说明理由。

4. 张小五赡养父母的支出是否可以在缴纳个人所得税时抵扣？抵扣额度应为多少？

5. 工作后的第二年3—6月，张小五到税务局去汇算清缴，你认为税务局会退还多缴的个人所得税吗？如果退，你认为应该退多少？如果不能退，请说明理由。

6. 张小五与李娜合租房屋的租金可以进行个税抵扣吗？如果可以抵扣，可抵扣的金额是多少？需要留存什么资料？

7. 张小五准备注册会计师考试可以进行个税抵扣吗？抵扣的标准和条件是什么？

8. 张小五通过年终奖获得的智能扫地机器人需要征收个人所得税吗？

9. 张小五抢到的2 000元微信红包是否应该缴纳个税？请说明理由。

10. 张小五的稿酬应该预扣多少个税？

11. 李小六外出培训，你觉得他应该选择哪一种薪酬支付方式？请说明理由。

12. 张小五和李小六的房贷利息是否可以进行个税抵扣？抵扣的标准和条件是什么？

13. 张小五彩票中奖是否应该缴纳个税？如果缴纳，应缴纳多少个税？

范冰冰的致歉信

2018年10月3日，范冰冰发了一封致歉信：

最近一段时间，我经历了从未有过的痛苦、煎熬，进行了深刻的反思、反省，我对自己的所作所为深感羞愧、内疚，在这里我向大家诚恳道歉！

长期以来，由于自己没有摆正国家利益、社会利益和个人利益的关系，在影片《大轰炸》和其他一些合同中出现了利用“拆分合同”等逃税问题，对此我深感羞愧。这些天在配合税务机关对我及我公司的税务检查中，我一直深刻反省：作为一个公众人物，应该遵纪守法，起到社会和行业的模范带头作用，不应在经济利益面前丧失自我约束，放松管理，以致违法失守。在此，我诚恳地向社会、向爱护关心我的朋友以及大众、向国家税务机关道歉。

对税务机关调查后依法做出的一系列处罚决定，我完全接受，我将按照税务部门的最终处罚决定，尽全力克服一切困难，筹措资金、补缴税款、缴纳罚款。

我从小喜欢艺术，又赶上了影视业蓬勃发展的好时机，在诸多前辈的提携和观众朋友的爱护下，加之自己的不断努力，这才在演艺方面取得了一点成绩。作为一个演员，我常为自己能在世界舞台上展示我国文化而自豪，并不遗余力为此冲锋。可以说，我每一点成绩的取得都离不开国家和人民群众的支持。没有党和国家的好政策，没有人民群众的爱护，就没有范冰冰。

今天，我对自己的过错深感惶恐不安！我辜负了国家对我的培养，辜负了社会对我的信任，也辜负了影迷对我的喜爱！在此，我再次向大家诚恳道歉！请大家原谅！

经过这次整顿，我会讲规矩、遵秩序、重责任，在把好的作品献给大家的同时，也要监督公司管理，守法经营，诚实守信，争做富有文化内涵的好公司，为全社会传播正能量！

再次向社会、向一直支持我的影迷、向关爱我的朋友家人，真诚地说一句，对不起!

2018年6月，在群众举报范冰冰“阴阳合同”涉税问题后，国家税务总局对此高度重视，立即责成江苏等地税务机关依法开展调查予以核实。从调查核实情况看，范冰冰在电影《大轰炸》剧组拍摄过程中实际取得片酬3 000万元，其中1 000万元已经申报纳税，其余2 000万元以拆分合同方式偷逃个人所得税618万元，少缴营业税及附加112万元，合计730万元。此外，还查出范冰冰及其担任法定代表人的企业少缴税款2.48亿元，其中偷逃税款1.34亿元。

对于上述违法行为，根据国家税务总局指定管辖，江苏省税务局依据《中华人民共和国税收征收管理法》第三十二、五十二条的规定，对范冰冰及其担任法定代表人的企业追缴税款2.55亿元，加收滞纳金0.33亿元；依据《中华人民共和国税收征收管理法》第六十三条的规定，对范冰冰采取拆分合同手段隐瞒真实收入偷逃税款处4倍罚款计2.4亿元，对其利用工作室账户隐匿个人报酬的真实性质偷逃税款处3倍罚款计2.39亿元，对其担任法定代表人的企业少计收入偷逃税款处1倍罚款计94.6万元。依据《中华人民共和国税收征收管理法》第六十九条和《中华人民共和国税收征收管理法实施细则》第九十三条的规定，对其担任法定代表人的两家企业未代扣代缴个人所得税和非法提供便利协助少缴税款各处0.5倍罚款，分别计0.51亿元、0.65亿元。

依据《中华人民共和国行政处罚法》第四十二条以及《江苏省行政处罚听证程序规则》相关规定，9月26日，江苏省税务局依法向范冰冰下达《税务行政处罚事项告知书》，对此范冰冰未提出听证申请。9月30日，江苏省税务局依法向范冰冰正式下达《税务处理决定书》和《税务行政处罚决定书》，要求其在收到上述处理处罚决定后在规定期限内将追缴的税款、滞纳金、罚款缴清。

依据《中华人民共和国刑法》第二百零一条的规定，由于范冰冰属于首次被税务机关按偷税予以行政处罚且此前未因逃避缴纳税款受过刑事处罚，上述定性为偷税的税款、滞纳金、罚款在税务机关下达追缴通知后在规定期限内缴纳的，依法不予追究刑事责任。超过规定期限不缴纳税款和滞纳金、不接受行政处罚的，税务机关将依法移送公安机关处理。

资料来源：国家税务总局网站.

思考题：

1. 如何理解偷税和逃税?
2. 你平时会接触到哪些需要缴纳的税？请分别说明。
3. 哪些个人所得需要缴纳个人所得税？不同类型的个人所得其税率不同，如何做好个人所得税规划?

第8章

婚姻家庭的理财规划

学 习 要 点

- 了解婚姻关系与同居关系的区别
- 了解离婚时对共同财产的分割原则
- 熟悉并掌握个人财产和共同财产
- 熟悉并掌握个人债务和共同债务
- 熟悉并掌握婚前和婚后各类财产的归属与确认

课程导入

一个人正在吃力地挪钢琴，钢琴一半在门外一半在门内，他用尽了全身力气也无法挪动它。这时有个路过的邻居来帮忙，这可把钢琴的主人给高兴坏了。但两个人一块儿使了半个钟头的劲，钢琴仍然纹丝不动。最后，钢琴的主人无奈地说："看来我们是在白费力气，怎么也不可能把它搬出去了。"听到这话，邻居一脸困惑地问道："原来你是要搬出去?"其实，夫妻间所有的理财问题都可以在这个小故事里找到答案，答案就是，夫妻一定要有共同的财务目标。

有一半以上的离婚案都是由经济原因导致的。不得不承认，如果你有自己的理财方式，并且尊重你配偶的理财方式，那么你们一起恩爱地度过金婚的概率会高很多。在爱情中，钱一直是个特别敏感的话题。如果你们能够不回避这个问题，一起开诚布公地讨论，那你们将来很可能过得非常幸福。

在与你的爱人谈论你的金钱观之前，你必须弄清楚自己对赚钱、存钱、花钱、投资的态度。只有这样，你才可以把两个人的性格特点融合起来，打造一个天衣无缝的理财组合。也只有这样，双方才不会因为性格的差异而遭受任何情感危机或财富上的损失，打造这样一个组合是一种非常有趣的体验。

资料来源：朱莉·斯塔夫. 五型人格理财术. 海口：南海出版公司，2013.

比尔·盖茨在接受采访时曾被问到他一生中最聪明的决定是创建微软还是大举慈

善。他回答："都不是，找到合适的人结婚才是！"沃伦·巴菲特也说过，人生中最重要的决定是跟什么人结婚，而不是任何一笔投资。选择伴侣不仅是选择一个人，更是选择一种生活方式。夫妻能和和美美、白头到老当然最好，但万一婚姻不小心触礁搁浅，感情被琐碎家事消耗殆尽，两人之间只剩下赤裸裸的财产关系时，如何更好地保护好自己的尊严和保障自己的利益呢？本章并不是谈论夫妻间的性格磨合、星座匹配以及如何经营感情，而是从法律的视角来谈论结婚前、婚姻家庭中、婚姻结束后的财产确认、归属、分配及规划问题。弄清楚与婚姻相关的财产问题并不一定是为离婚做准备，而是为了获得一种安全感，有了这种安全感，婚姻会更加牢固。

8.1 结婚前的财产确认

8.1.1 婚姻关系的确定

我国实行婚姻自由、一夫一妻、男女平等的婚姻制度。结婚是男女双方自愿的结合，2020 年 5 月 28 日，第十三届全国人民代表大会第三次会议表决通过了《中华人民共和国民法典》（以下简称《民法典》），自 2021 年 1 月 1 日起施行。《民法典》中禁止结婚的情形仅一种：直系血亲和三代以内的旁系血亲。有三种类型的婚姻可以认为是无效婚姻：重婚；有禁止结婚的亲属关系；未到法定婚龄，我国规定的结婚年龄，男性不得早于 22 周岁，女性不得早于 20 周岁。《民法典》不再将患有医学上认为不应当结婚的疾病作为禁止结婚的情形，增加了以下内容：一方患有重大疾病，应当在结婚登记前如实告知另一方；不如实告知的，另一方可以向人民法院请求撤销婚姻。请求撤销婚姻的，应当自知道或者应当知道撤销事由之日起一年内提出。

无效或被撤销的婚姻，自始无效，当事人不具有夫妻的权利和义务。同居期间所得的财产，由当事人协议处理；协议不成，由人民法院根据照顾无过错方的原则判决。因胁迫结婚的，受胁迫的一方可以向人民法院请求撤销婚姻。请求撤销婚姻的，应当自胁迫行为终止之日起一年内提出。被非法限制人身自由的当事人请求撤销婚姻的，应当自恢复人身自由之日起一年内提出。

婚姻中各种财产的确认有一个前提，即建立婚姻关系。那么，何为建立婚姻关系？是发请帖大摆宴席广而告之，还是领取结婚证书？我国对婚姻关系的确认基于结婚证书的领取。2020 年 12 月 25 日最高人民法院审判委员会第 1825 次会议通过的《最高人民法院关于适用〈中华人民共和国民法典〉婚姻家庭编的解释（一）》（以下简称《〈民法典〉婚姻家庭编解释（一）》）第七条规定：1994 年 2 月 1 日民政部《婚姻登记管理条例》公布实施以前，男女双方已经符合结婚实质要件的，按事实婚姻处理。1994 年 2 月 1 日民政部《婚姻登记管理条例》公布实施以后，男女双方符合结婚实质要件的，人民法院应当告知其补办结婚登记。未补办结婚登记的，依据本解释第三条规定处理。第三条规定：当事人提起诉讼请求解除同居关系的，人民法院不予受理；已经受理的，裁定驳回起诉。当事人因同居期间财产分割或者子女抚养纠纷提起诉讼的，人民法院应当受理。这说明，以 1994 年 2 月 1 日为标志，这个时间点以后没有进行结婚登记的婚姻不存在事实婚姻一说，仅是同居关系。

《现代汉语词典》中将"同居"解释为：同在一处居住；夫妻共同生活。一些法学专家这样定义现代的同居：为了一定时期快乐的行为；试婚；不履行法律形式的事实婚姻。同居关系的法律性质可分为两种：

(1) 非婚同居。这是一种《民法典》等法律法规不鼓励但也不禁止的行为，此类同居关系存在乃至解除与否，是当事人自己对生活状态的选择，法律对此既不支持也不干涉。该同居关系并不在当事人之间产生身份上的权利、义务关系。因此，要求解除此类同居关系时，人民法院不予受理。

(2) 婚外同居。此类行为违反了我国《民法典》所规定的“一夫一妻”的基本原则，也违反了夫妻双方之间的忠诚义务，这是《民法典》明令禁止的行为。“有配偶与他人同居”的情形，是指有配偶者与婚外异性不以夫妻名义持续、稳定地共同居住。《〈民法典〉婚姻家庭编解释（一）》第三条规定：当事人提起诉讼仅请求解除同居关系的，人民法院不予受理；已经受理的，裁定驳回起诉。当事人因同居期间财产分割或子女抚养纠纷提起诉讼的，人民法院应当受理。

8.1.2　婚姻的权利和义务

夫妻双方地位平等、独立，属于自由的独立个体。进行结婚登记是婚姻合法有效的形式要件，登记后取得结婚证，即确立夫妻关系，具有夫妻的权利和义务。夫妻双方对子女有平等的抚育权利；夫妻双方有互相继承遗产的权利；夫妻双方对夫妻共同财产有平等的处理权。这种平等的处理权，一方面是指夫或妻在处理夫妻共同财产上的权利是平等的。因日常生活需要而处理夫妻共同财产的，任何一方均有权决定。另一方面是夫或妻非因日常生活需要对夫妻共同财产做重要处理的决定，夫妻双方应平等协商，取得一致意见。他人有理由相信其为夫妻双方共同意思表示的，另一方不得以不同意或不知道为由对抗善意第三人。《民法典》规定登记结婚后，按照男女双方约定，女方可以成为男方家庭的成员，男方可以成为女方家庭的成员。无论采取何种组成家庭的方式，都应当由男女双方平等协商，双方享有共同约定的权利，任何一方不得将自己的意志强加给对方，第三人也不得对此加以干涉。

婚姻生活与同居生活对共同收入和财产的处理是完全不同的，如果没有特别协议，夫妻双方婚后的财产属于共有财产，而且这种共有并不以对家庭收入贡献的多少来决定；也就是说，女方在家当家庭主妇，男方工作，并不会因为女方没有收入而减少其对共有财产的处分权。夫妻双方也有互相扶养的义务，一方不履行扶养义务时，需要扶养的一方有要求对方付给扶养费的权利。

非婚同居生活期间，双方当事人共同所得收入和购置的财产，按照一般共有财产处理，但当事人另有约定或能够证明为一方当事人所有的除外。同居生活期间，双方各自继承或受赠取得的财产，一般按照归属个人所有的原则对待处理。如果一方当事人死亡，另一方要求继承死者遗产的，如果认定双方为事实婚姻关系，则可以以配偶身份按照《民法典》的相关规定处理遗产继承事宜。如果认定双方为同居关系的，则双方并无相互继承权利，这是因为未婚同居不具备“夫妻的名分”。但是如果去世的一方在生前以遗嘱的形式将遗产的全部或部分留给另一方，则生存的一方完全有权利继承这份遗产。

8.1.3　婚前财产的认定

最高人民法院在 1993 年的司法解释中规定：“一方婚前个人所有的财产，婚后由双方共同使用、经营、管理的，房屋和其他价值较大的生产资料经过8年，贵重的生活资料经过4年，可视为夫妻共同财产。”修正后的《婚姻法》对此未予采纳，《婚姻法解释（一）》第十九条指出：“婚姻法第十八条规定为夫妻一方所有的财产，不因婚姻关系的延续而转化为夫妻共同财产。但当事人另有约定的除外。”《〈民法典〉婚姻家庭编解释（一）》第三十一条延续了此规定。也就是说，婚前财产你的是你的，我的是我的，婚前财产并不因为婚姻关系变为共有财产。婚前财产的界定时间为双方结婚登记之日，结婚登记前双方分别拥有的财产归一方所有，结婚登记日后一方单独获得或双方共同所有的财产（除法律另有规定或当事人特别约定外），作为婚后夫妻共同财产。这样规定的目的在于简化财产关系，便于离婚时分割夫妻共同财产。婚前财产包括婚前个人所有的财产，如工资、奖金，从事生产、经营取得的收益，知识产权的收益，因继承或赠与所得的财产、资本收益以及其他合法收入等，还包括一方婚前已经取得的财产权利，即财产权的取得是在婚前，但婚后才实际占有该项财产，这也属于婚前个人财产。比如婚前夫妻一方接受继承，遗产在婚后才分割，该遗产虽然是婚后才得到的，但其所有权在婚前就已经取得，所以应认定为一方婚前财产。如果婚前个人财产在婚后共同生活中自然毁损、消耗、灭失，离婚时一方要求以夫妻共同财产抵偿的，不予支持。

除了一方婚前的财产属于个人财产，还有些财产即使是在婚后获得也属于个人财产：一方因身体受到伤害获得的医疗费、残疾人生活补助费等费用；遗嘱或赠与合同中确定只归夫或妻一方的财产；一方专用的生活用品；其他应当归一方的财产。其他一般包括：一方从事自身职业所必需的财产，但价值较大的除外；夫妻某一方所获得的奖品；具有人身性质的医疗保健费、保险赔偿金等；复员、转业军人所得的复员费、转业费，复员军人带回的医药补助费和回乡生产补助费；国家资助优秀科学工作者的科研津贴；一方创作的文稿、手稿、艺术品的设计图、草图等；劳动关系的补偿金、用人单位发放的再就业补贴、提前退休补贴费、吸收劳动力安置费等。

我国自古以来就有男方在婚姻约定初步达成时向女方赠送聘金、聘礼的习俗，这种聘金、聘礼俗称“彩礼”，在现代一般指婚恋中男方给女方的聘礼或礼金。“彩礼”并非一个专业的法律术语，人民法院在受理有关彩礼纠纷的案件时一般都将其认定为婚约财产纠纷，婚前给付彩礼在我国已经成为一种约定俗成的惯例。给付彩礼是以婚约为前提的，这种基于婚约所发生的财产流转关系，其法律效力应当依附于婚约的效力。彩礼给付后，婚约有效，或依约结婚、共同生活，不存在彩礼的返还问题；婚约失效，或婚后短时间内离婚，彩礼的取得就失去合理性和合法性。那么彩礼是否可以要求归还，《〈民法典〉婚姻家庭编解释（一）》第五条对此做出了规定，属于以下三种情形的，当事人可以请求返还按照习俗给付的彩礼：一是双方未办理结婚登记手续；二是双方办理结婚登记手续但确未共同生活；三是婚前给付并导致给付人生活困难。按第二三项的规定进行偿还，应当以双方离婚为条件。

很多人认为，婚前财产协议需要公证，如果不公证，协议就不能成立或生效，其实这个观点是错误的。我国的任何一部法律都没有规定婚前财产协议以“公证”作为生效的前提条件。也就是说，只要当事人的意思表示一致，协议的内容并未违反法律规定，那么，只要双方就婚前财产的归属基于自愿的原则达成书面协议，该书面协议无论是否做了公证，均具有法律效力，只是经过公证的婚前财产协议证明力更强一些。实际生活中，两人结婚并不是所有财产都需要婚前财产公证，一般来说，比较容易举证的财产就不需要婚前财产公证，比较难举证的财产需要婚前财产公证。像不动产，如房子、汽车等，因为实行登记制度，产权明确，就不需要婚前财产公证。而产权随时处于变动的动产，像存款、股票、字画、玉器、金银首饰等贵重物品，为避免离婚时举证困难，需要婚前财产公证。比如，某人的一处住房是婚前财产，但是结婚后又将其卖掉，当作为不动产的住房变成现金时，最好去做公证，否则一旦产生纠纷，很难认定财产归属。

订立婚前财产协议，首先，双方必须出于自愿，不能隐瞒、欺诈、胁迫，也不能乘人之危。基于不真实的意思表示所订立的协议是无效的。其次，协议的对象必须是夫妻财产（包括婚前财产和婚后财产），不属于夫妻所有的财产不能成为协议的客体。最后，协议的内容必须合法，不能规避法律。为了使财产协议有效且不遗漏关键条款，最好请律师或其他专业人士来起草或者审核财产协议，以避免因起草时的不慎给将来造成巨大损失，达不到签订婚前财产协议的目的。

8.2　婚姻家庭中的财产归属与规划

8.2.1　婚姻家庭财产所有制的形式

《民法典》第 1065 条规定："男女双方可以约定婚姻关系存续期间所得的财产以及婚前财产归各自所有、共同所有或部分各自所有、部分共同所有。"

共同所有制，即你中有我，我中有你，两人共同拥有财产。

部分共有制，即一部分财产共有，共有范围之外的财产均归夫妻各自所有。

各自所有制，即 AA 制，你的就是你的，我的就是我的。

也就是说，如果没有任何约定，那么夫妻婚姻关系存续期间的财产属于共同所有，如果有约定的话，必须以书面的约定为准。夫妻对婚姻关系存续期间所得的财产以及婚前财产的约定，对双方具有法律约束力。

8.2.2　共有财产

夫妻在婚姻关系存续期间所得的下列财产，为夫妻的共同财产，归夫妻共同所有：

（1）工资、奖金、劳务报酬；

（2）生产、经营、投资的收益；

（3）知识产权的收益；

（4）继承或者受赠的财产，但遗嘱或者赠与合同中确定只归夫或妻一方的财产除外；

（5）其他应当归共同所有的财产。

工资、奖金、劳务报酬均为劳动所得，是指夫或妻一方或双方从事一切劳动包括脑力劳动、体力劳动所获得的工资报酬和奖金报酬。

生产、经营、投资的收益，凡属于夫妻关系存续期间一方或双方从事生产、经营、投资等所获收益，均为夫妻共同财产。

知识产权的收益，指婚姻关系存续期间，实际取得或者已经明确可以取得的财产性收益。包括作品出版发行或允许他人使用而获得的报酬；专利权许可他人使用其专利或者转让专利权所取得的收入；商标所有人许可他人使用其注册商标或转让商标权所取得的收入等。

继承或者受赠的财产，为夫妻共有财产。

其他应当归共同所有的财产，包括：

(1) 一方以个人财产投资取得的收益；

(2) 男女双方实际取得或者应当取得的住房补贴、住房公积金；

(3) 男女双方实际取得或者应当取得的基本养老金、破产安置费。

下列财产为夫妻一方的个人财产：

(1) 一方的婚前财产；

(2) 一方因受到人身损害获得的赔偿或者补偿；

(3) 遗嘱或者赠与合同中确定只归一方的财产；

(4) 一方专用的生活用品；

(5) 其他应当归一方的财产。

军人的伤亡保险金、伤残补助金、医药生活补助费属于个人财产。规定为夫妻一方的个人财产，不因婚姻关系的延续而转化为夫妻共同财产，除非当事人另有约定。

婚前财产属于个人财产，那么婚前个人财产婚后的收益属于个人还是共有？《〈民法典〉婚姻家庭编解释（一）》第二十六条规定："夫妻一方个人财产在婚后产生的收益，除孳息和自然增值外，应认定为夫妻共同财产。"以此界定了财产收益的三种形式：投资经营收益、孳息及自然增值。投资经营收益属于夫妻共同财产，孳息及自然增值仍属于个人财产。那么，孳息和自然增值是什么呢？孳息指从原物中产生的收益，简单来说，在婚姻中，一般指的是存款利息、有价证券收益、股权分红等收入。随着物价的上涨，房屋的市场价值也在上涨，这部分增值就是自然增值。比如，婚前一方买的房子属于个人财产，但是假设婚后拿来出租，获得的租金属于收益的部分是夫妻共同财产。如果婚前购买的房子因为房价上涨而增值了，这个增值部分是个人财产，归购房者所有。如果变卖房子，拿卖得的钱去投资，投资的收益是共同财产。

另外，夫妻之间订立借款协议，以夫妻共同财产出借给一方从事个人经营活动或用于其他事务的，应视为双方约定处分夫妻共同财产的行为，离婚时可按照借款协议的约定处理。

8.2.3 共同债务

在婚姻存续期间，夫妻双方或一方为共同生活所产生的负债为共同债务。共同生活，指夫妻双方以衣食住行医等方面为内容的生活。为此所负的债务包括：夫妻一方或双方为购买日常生活用品所负的债务；夫妻一方或双方因医疗所负的债务；夫妻建造或购买房屋及装修所负的债务；符合道义和礼仪上的惯例赠与所负的债务；夫妻一方或双方为履行法定扶养、赡养、抚养义务所负的债务；夫妻一方或双方因继承遗产所负的债务；夫妻共同从事生产、经营活动所负的债务，或者一方从事生产经营活动，经营收入用于家庭生活或配偶分享所负的债务；为支付正当必要的社会交往费用所负的债务等。总之，夫妻共同债务的认定应当以“是否发生在夫妻关系存续期间”和“是否用于家庭共同生活”为依据，如果以夫妻双方名义共同借款，不管该借款是一方个人使用，还是双方共同使用，均应认定为夫妻共同债务；以夫妻一方个人名义借款，但所借款项确系用于共同生活或共同经营，只要对方承认或债权人能够证明即应认定为夫妻共同债务。《民法典》第 1089 条规定：“离婚时，夫妻共同债务应当共同偿还。共同财产不足清偿或者财产归各自所有的，由双方协议清偿；协议不成的，由人民法院判决。”夫妻“共同偿还”的责任是无限的、连带的清偿责任，债权人有权要求夫妻任何一方清偿全部债务，夫妻一方不得以债务对半分担等理由加以拒绝。

离婚时，原为夫妻共同生活所负的债务，应当共同偿还。共同财产不足清偿的，或财产归各自所有的，由双方协议清偿；协议不成时，由人民法院判决。夫或妻一方死亡的，生存一方应当对婚姻关系存续期间的共同债务承担连带清偿责任。

除了共同债务，还有属于夫妻某一方的个人债务，夫妻个人债务是指夫妻双方约定由个人负担的债务；一方未经对方同意，擅自资助与其没有抚养义务的亲朋所负的债务；一方未经对方同意，独自筹资从事经营活动，其收入又未用于共同生活所负的债务。债务偿还遵循以下原则：共同债务共同偿还，个人债务个人偿还。

8.2.4 房屋财产

1. 房产归属

在婚姻关系中，房屋财产是家庭财产的重要组成部分，其权属界定比较麻烦，一是因为房屋的价值高，二是因为房屋的出资者复杂。有可能是婚前购买，婚后一起还贷；或父母出首付，婚后共同还贷；或婚后全额购买；或婚后贷款买房。

确定房屋财产的权属问题，其本质就是确定房屋到底是个人财产还是两个人的共同财产，这里有两个关键的法律证书：一个是房产证；一个是结婚证。房产证证明房屋所有权权属，结婚证证明两人的夫妻关系。确定房产究竟归谁所有，关键看购买房子的时间（A 点）是在结婚前还是结婚后，其中结婚时间（M 点）以结婚证上的时间为准，我国法律规定只有经过结婚登记才被视为合法婚姻，其他诸如订婚或举行婚礼的时间都不具备法律意义。

对于购房时间（A 点）争议较多。在购房的一系列过程中到底哪个才是购房时间？一般情况下，考虑到购房的目的性以及购房整个过程的关联性，应当以签订购房合同的时间为购房时间。如果 A 点在 M 点之前，那么房产属于个人的婚前私人财产。若夫妻一方婚前支付了部分房款，签订了购房合同并取得了房产证，即使是婚后双方共同还贷，房产仍属于一方的婚前财产。

婚前购房则存在多种情况：

(1) 婚前一方出资，并且是以自己的名字购房，而另一方未出资。

在这种情况下，此房应属于出资一方婚前个人财产。

(2) 婚前双方出资，但以一方名义购买房屋。

如果出资的一方无法举证证明出资是因双方达成婚后共同居住的目的，法院一般会认定为一方婚前个人财产。

(3) 婚前一方全额出资，但以另一方名义购买。

全额出资的一方如果没有证据能证明是以婚后共同生活为目的而出资的，该房屋在很大程度上会被认定为登记方的婚前财产。

(4) 婚前以双方名义购房，但只是一方出资。

如果双方没有另行约定，而将产权登记在一方名下，则另一方的出资会被认为是对未出资方的赠与；如果产权登记在双方名下，又无按份共有的规定，该房会被认定为共同共有。

个人婚前买房，婚后两个人一起还贷是很普遍的情况，夫妻一方婚前签订不动产买卖合同，以个人财产支付首付款并在银行贷款，婚后用夫妻共同财产还贷，不动产登记于首付款支付方名下的，离婚时该不动产由双方协议处理。依前款规定不能达成协议的，人民法院可以判决该不动产归产权登记一方，尚未归还的贷款为产权登记一方的个人债务。双方婚后共同还贷支付的款项及其相对应财产增值部分，离婚时应根据《民法典》第1087条规定的原则。由产权登记一方对另一方进行补偿。

如果A点在M点之后，即婚后买房，要根据出资情况进行区分：

(1) 以夫妻一方婚前个人财产购房，产权登记有两种情况：1) 房屋登记在出资方名下，那么房屋是出资方个人婚前财产在婚后的转化，应认定为个人财产；若出资方只支付了首付款，房款尚未偿还部分及房屋增值部分应认定为夫妻共同财产。2) 房屋登记在夫妻双方名下或非出资方名下，应认定为夫妻共同财产。

(2) 以夫妻共同财产购房，房屋产权登记无论是写夫妻双方名字，还是一方名字，均被认定为夫妻共同财产。若房屋登记在未成年子女名下，夫妻离婚时不能简单地完全按照登记情况将房屋认定为未成年子女的财产。法院重点审查夫妻双方在购买房屋时的意思表示，如果真实意思确实是将购买的房屋赠与未成年子女，离婚时应将该房屋认定为未成年子女的财产，由直接抚养未成年子女的一方暂时管理；如果真实意思并非将房屋赠与未成年子女，离婚时将该房屋作为夫妻共同财产处理。

另外，如果由一方婚前承租、婚后用共同财产购买的房屋，登记在一方名下的，也属于夫妻共同财产。

2. 父母为子女买房

在中国父母为子女买房的情况很普遍，那么这房该归谁所有呢？父母出资为子女购买结婚用房，可能不会考虑到子女婚姻解体的情形，一般也不会与子女签署书面协议，如果子女离婚时一概将房屋认定为夫妻共同财产，既违背了父母为子女购房的初衷和意愿，也侵害了出资父母的利益。

这个归属权在法律认定上有很大变化，2004年的《婚姻法解释（二）》第二十二条规定："当事人结婚前，父母为双方购置房屋出资的，该出资应当认定为对自己子女的个人赠与，但父母明确表示赠与双方的除外。当事人结婚后，父母为双方购置房屋出资的，该出资应当认定为对夫妻双方的赠与，但父母明确表示赠与一方的除外。"但是2011年《婚姻法解释（三）》也有一条专门针对父母出资购房的规定："婚后由一方父母出资为子女购买的不动产，产权登记在出资人子女名下的，可按照婚姻法第十八条第（三）项的规定，视为只对自己子女一方的赠与，该不动产应认定为夫妻一方的个人财产。由双方父母出资购买的不动产，产权登记在一方子女名下的，该不动产可认定为双方按照各自父母的出资份额按份共有，但当事人另有约定的除外。"

《〈民法典〉婚姻家庭编解释（一）》中关于父母给子女买房的房屋产权归属有了很大变化："当事人结婚前，父母为双方购置房屋出资的，该出资应当认定为对自己子女个人的赠与，但父母明确表示赠与双方的除外。当事人结婚后，父母为双方购置房屋出资的，依照约定处理；没有约定或者约定不明确的，按照民法典第一千零六十二条第一款第四项规定的原则处理。”而《民法典》第一千零六十二条规定在没有特别约定的情况下，当事人继承或者受赠的财产，为夫妻共同财产。

《民法典》实施后，对父母出资买房做了非常明确的规定，即有以下两种情形：

（1）婚前，父母出资购买的房屋，即使产权登记在男女双方名下的，也是父母对自己子女一方的赠与，这种情况下，房屋为夫妻一方的个人财产。

（2）婚后买房，父母出资的，没有约定或约定不明确的，无论是全额出资还是部分出资，无论是登记在一方名下还是双方名下，都优先推定为夫妻共同财产，归夫妻共有。

3. 子女为父母购买房改房

婚姻关系存续期间，双方用夫妻共同财产出资购买以一方父母名义参加房改的房屋，因房屋原来属于一方父母承租的公房，购买房改房的价格一般会参考工龄、职务、级别等因素，具有比较显著的福利色彩，其购买价格往往与市场价格相差甚远，如果认定为夫妻共同财产，显然会损害一方父母的财产权益。

婚姻关系存续期间，双方用夫妻共同财产出资购买以一方父母名义参加房改的房屋，产权登记在一方父母名下，离婚时另一方主张按照夫妻共同财产对该房屋进行分割的，人民法院不予支持。购买该房屋时的出资，可以作为债权处理。也就是说如果具备两个条件：一是以一方父母名义参加房改；二是产权登记在一方父母名下，那么即使是有子女参与的房改房的购买，产权仍属于父母，出资额作为债权处理。如果夫妻双方出资时对于利息与一方父母有约定的，从约定；如果没有约定，应根据具体情况做出处理。如果夫妻双方一直居住在房改房中，从公平的角度出发，对请求支付利息的主张不予支持。

4. 房产的出售与赠与

夫妻共同共有的房屋只登记在一方名下，当夫或妻一方与第三人发生不动产物权交易时，如果第三人尽到了必要的审查与注意义务，支付合理的房屋价款且已经办理变更登记手续，为了保护交易安全，根据善意取得制度，第三人可以取得不动产物权。夫妻一方擅自处分共同共有房屋造成另一方损失，离婚时另一方请求赔偿损失的，人民法院应予以支持。

婚前或者婚姻关系存续期间，当事人约定将一方所有的房产赠与另一方或者共有，赠与方在赠与房产变更登记之前撤销赠与，另一方请求判令继续履行的，人民法院可以按照《民法典》第658条的规定处理。《民法典》第658条规定，赠与人在赠与财产的权利转移之前可以撤销赠与。经过公证的赠与合同或者依法不得撤销的具有救灾、扶贫、助残等公益、道德义务性质的赠与合同，不适用前款规定。也就是说，夫妻双方之间的房屋赠与，如果还没有办理所有权转移登记手续，赠与人是可以反悔并撤销赠与的。

赠与行为不仅仅局限于房屋的赠与，赠与有两种情况，一种是婚姻外的人对夫妻双方的赠与，另一种是夫妻间的赠与。外人对夫妻的赠与，如果明确说明是归夫或妻一方所有，那么这就属于个人财产；如果没有明确说明，则认为是赠与整个家庭的，属于共有财产。

除了救灾扶贫等公益性质或道德义务性质的赠与，赠与行为是可以随时撤销的。赠与的财产需要办理所有权转移登记手续的，赠与物的所有权自登记手续办理完毕之后转移；如果赠与财产不需要办理所有权转移登记手续，直接交付赠与物就转移了所有权。因此，对于房屋、汽车的赠与，以完成产权登记为限；对于其他诸如包、首饰、电子产品等的赠与，只要交付对方，赠与行为就完成了，不能再撤销。

8.3 婚姻结束时的财产分配与规划

8.3.1 婚姻关系的结束

婚姻关系开始于结婚登记，结束于离婚或者一方死亡。男女双方自愿离婚的，必须到婚姻登记机关申请离婚。婚姻登记机关查明双方确实是自愿并对子女和财产问题已经有适当处理时，发给离婚证。离婚证证明这段婚姻关系的解除。《民法典》第1077条规定，自婚姻登记机关收到离婚登记申请之日起30日内，任何一方不愿意离婚的，可以向婚姻登记机关撤回离婚登记申请，前款规定期限届满后30日内，双方应当亲自到婚姻登记机关申请发给离婚证；未申请的，视为撤回离婚登记申请。

男女一方要求离婚的，可由有关部门进行调解或直接向人民法院提出离婚诉讼。有下列情形之一，调解无效的，人民法院应准予离婚：重婚或有配偶者与他人同居的；实施家庭暴力或虐待、遗弃家庭成员的；有赌博、吸毒等恶习屡教不改的；因感情不和分居满两年的；其他导致夫妻感情破裂的情形。一方被宣告失踪，另一方提出离婚诉讼的，应准予离婚。现役军人的配偶要求离婚，须得军人同意，但军人一方有重大过错的除外。女方在怀孕期间、分娩后一年内或终止妊娠后六个月内，男方不得提出离婚。女方提出离婚的，或人民法院认为确有必要受理男方离婚请求的，不在此限。

如果有下列情形导致离婚的，无过错方有权请求损害赔偿：重婚的；有配偶者与他人同居的；实施家庭暴力的；虐待、遗弃家庭成员的。

8.3.2 离婚的财产分配

离婚时需要分配的是夫妻双方的共同财产，而个人财产不属于共同财产，不纳入分配的范围，一般有协议的按协议处理；如果没有协议，则按个人财产属于个人，共同财产一分为二，人民法院根据财产的具体情况，照顾子女和女方的权益的原则判决。即使夫妻双方约定AA制，但一方因抚育子女、照料老人、协助另一方工作等履行较多义务的，离婚时有权向另一方请求补偿，另一方应当予以补偿。

夫妻双方分割共同财产中的股票、债券、投资基金份额等有价证券以及未上市股份有限公司股份时，协商不成或者按市价分配有困难的，可以根据数量按比例分配。军人的伤亡保险金、伤残补助金、医药生活补助费属于个人财产。人民法院审理离婚案件，涉及分割发放到军人名下的复员费、自主择业费等一次性费用的，以夫妻婚姻关系存续年限乘以年平均值，所得数额为夫妻共同财产。年平均值是指将发放到军人名下的上述费用总额按具体年限均分得出的数额。具体年限为人均寿命70岁与军人入伍时实际年龄的差额。

双方对夫妻共同财产中的房屋价值及归属无法达成协议时，人民法院按以下情形分别处理：

（1）双方均主张房屋所有权并且同意竞价取得的，应当准许；

（2）一方主张房屋所有权的，由评估机构按市场价格对房屋作出评估，取得房屋所有权的一方应当给予另一方相应的补偿；

（3）双方均不主张房屋所有权的，根据当事人的申请拍卖、变卖房屋，就所得价款进行分割。

需要说明的是，共同财产为夫妻双方共同所有，一般在婚姻存续期间不予分割，在婚姻关系结束时才能分割，但是法律规定了两种例外情形：一方有隐藏、转移、变卖、毁损、挥霍夫妻共同财产或者伪造夫妻共同债务等严重损害夫妻共同财产利益行为的；一方负有法定扶养义务的人患重大疾病需要医治，另一方不同意支付相关医疗费用的。出现这两种例外情形时，可以在婚姻存续期间要求分割共同财产。

然而有些财产并不像现金那样容易一分为二，有时还会涉及其他人，比如夫妻双方的财产中有设立企业的，就要根据企业的形式，分情况进行处理。

1. 有限责任公司

夫妻共同财产中以一方名义在有限责任公司的出资额，另一方不是该公司股东的，按以下情形分别处理：

（1）夫妻双方协商一致将出资额部分或者全部转让给该股东的配偶，过半数股东同意、其他股东明确表示放弃优先购买权的，该股东的配偶可以成为该公司股东；

（2）夫妻双方就出资额转让份额和转让价格等事项协商一致后，过半数股东不同意转让，但愿意以同等价格购买该出资额的，人民法院可以对转让出资所得财产进行分割；

（3）过半数股东不同意转让，也不愿意以同等价格购买该出资额的，视为其同意转让，该股东的配偶可以成为该公司股东。

用于证明上述规定的过半数股东同意的证据，可以是股东会决议，也可以是当事人通过其他合法途径取得的股东的书面声明材料。

2. 合伙企业

夫妻共同财产中以一方名义在合伙企业中的出资，另一方不是该企业合伙人的，当夫妻双方协商一致，将其合伙企业中的财产份额全部或者部分转让给对方时，按以下情形分别处理：

（1）其他合伙人一致同意的，该配偶依法取得合伙人地位；

（2）其他合伙人不同意转让，在同等条件下行使优先受让权的，可以对转让所得的财产进行分割；

（3）其他合伙人不同意转让，也不行使优先受让权，但同意该合伙人退伙或者退还部分财产份额的，可以对退还的财产进行分割；

（4）其他合伙人既不同意转让，也不行使优先受让权，又不同意该合伙人退伙或者退还部分财产份额的，视为全体合伙人同意转让，该配偶依法取得合伙人地位。

3. 独资企业

夫妻以一方名义投资设立独资企业的，人民法院分割夫妻在该独资企业中的共同财产时，应当按照以下情形分别处理：

（1）一方主张经营该企业的，对企业资产进行评估后，由取得企业一方给予另一方相应的补偿；

（2）双方均主张经营该企业的，在双方竞价基础上，由取得企业的一方给予另一方相应的补偿；

（3）双方均不愿意经营该企业的，按照《中华人民共和国个人独资企业法》等有关规定办理。

离婚时尚未取得的养老保险金，属于婚姻的预期利益。从婚姻关系存续期间积累养老利益的财产来源看，一般源于工资收入的一部分，而工资收入显然属于夫妻共同财产。关于养老保险金的分割，我国《〈民法典〉婚姻家庭编解释（一）》第八十条规定，离婚时夫妻一方尚未退休、不符合领取基本养老金条件，另一方请求按照夫妻共同财产分割基本养老金的，人民法院不予支持；婚后以夫妻共同财产缴纳基本养老保险费，离婚时一方主张将养老金账户中婚姻关系存续期间个人实际缴纳部分及利息作为夫妻共同财产分割的，人民法院应予支持。

离婚时，一方隐藏、转移、变卖、毁损夫妻共同财产，或伪造债务企图侵占另一方财产的，分割夫妻共同财产时，对隐藏、转移、变卖、毁损夫妻共同财产或伪造债务的一方，可以少分或不分。离婚后，另一方发现有上述行为的，可以向人民法院提起诉讼，请求再次分割夫妻共同财产。但请求再次分割共同财产的诉讼时效为两年，从当事人发现之次日起计算。

如果男女双方协议离婚后一年内就财产分配问题反悔，请求变更或撤销财产分割协议的，人民法院应当受理，人民法院审理后，未发现订立财产分割协议存在欺诈、胁迫等情形的，应当依法驳回当事人的诉讼请求。

有下列情形之一，导致离婚的，无过错方有权请求损害赔偿：

（1）重婚；

（2）与他人同居；

（3）实施家庭暴力；

（4）虐待、遗弃家庭成员；

（5）有其他重大过错。

参考阅读

最“不情愿”的诺奖得主

罗伯特·卢卡斯（Robert E. Lucas, Jr.），美国著名经济学家、芝加哥经济学派代表人物之一、芝加哥大学教授、理性预期学派的创始人，其经济理论的基本前提是人们可以做出理性的、正确的预期。然而有趣的是，在现实生活中，理性预期大师卢卡斯并不是总能做出正确的预期，反而败在前妻的手下。

卢卡斯的婚姻生活并不美满，他与丽塔·科恩因感情不和决定离婚，科恩是一个非常聪明的女人，她非常清楚卢卡斯在经济学领域的地位和所取得的巨大成就。1989年在正式办理离婚手续时，科恩提出了一个有意思的离婚条件，如果卢卡斯在1995年

10 月 31 日前获得诺贝尔经济学奖，她就要分走其一半的奖金；如果在此后获奖，她一分钱都不要。

卢卡斯对自己获奖的可能性进行了全面的分析，他很清楚自己的成就，但是拥有相同成就的同行不在少数，此外，诺贝尔奖委员会更倾向于让年龄稍大的做出同样巨大贡献的人得奖。综合分析之后，他觉得自己在 1995 年 10 月 31 日前获得诺贝尔经济学奖的可能性不大，于是他同意妻子的要求，签署了离婚协议。就这样相安无事地过了五年多，“不幸”的事情发生了，1995 年 10 月 10 日，卢卡斯获得诺贝尔经济学奖，距离婚协议上的期限只差了 20 天。卢卡斯不得不按离婚协议将 100 万美元的奖金分给前妻一半。为此，卢卡斯后悔不迭，认为前妻才是理性预期的大师，自己甘拜下风。

资料来源：网络资源.

8.3.3　离婚时的债务

前面已经讨论过婚姻法的规定：共同债务共同偿还，个人债务个人偿还。实际生活中，对夫妻一方以自己名义所负的债务，债权人往往无从知道举债人是否将所举之债用于夫妻共同生活，就算债权人明知举债方将该债务用于夫妻共同生活，也难以证明。2003 年 12 月 4 日，最高人民法院审判委员会第 1299 次会议讨论通过了《最高人民法院关于适用〈中华人民共和国婚姻法〉若干问题的解释（二）》，该解释的第二十四条（以下简称第二十四条）明确了夫妻共同债务认定的裁量标准：“债权人就婚姻关系存续期间夫妻一方以个人名义所负债务主张权利的，应当按夫妻共同债务处理。但夫妻一方能够证明债权人与债务人明确约定为个人债务，或者能够证明属于婚姻法第十九条第三款规定情形的除外。”这实际上就是确立了一个原则：在婚姻关系存续期间夫妻一方以个人名义所负债务的，不论是否为夫妻共同生活所负债务，均应认定为夫妻共同债务。也就是说，为一方生活所负的债务也是夫妻共同债务，除非该债务存在规定的两种例外情形，即：夫妻一方能够证明债权人与债务人明确约定为个人债务；《婚姻法》第十九条第三款：“夫妻对婚姻关系存续期间所得的财产约定归各自所有的，夫或妻一方对外所负的债务，第三人知道该约定的，以夫或妻一方所有的财产清偿。”

制定第二十四条的初衷是为了防止“假离婚、真逃债”的情况，然而实际操作中却存在一个很大的漏洞，就是如果负债一方出现失踪、死亡等情况，不论是何种原因拖欠的个人债务，都需要另一方予以偿还，这样虽然保证了债权人的利益，但是却忽视了婚姻关系中另一方的利益，可能导致因结婚“被负债”的情况，也有可能出现夫妻一方与债权人恶意串通损害夫妻另一方权益的情况。因第二十四条规定，未举债一方配偶需要共同承担跟自己无关的虚假债务、非法债务。

2017 年 2 月，最高人民法院审判委员会第 1710 次会议通过了《最高人民法院关于适用〈中华人民共和国婚姻法〉若干问题的解释（二）的补充规定》，自 2017 年 3 月 1 日起施行。在 2003 年版本的第二十四条的基础上增加了两款，分别作为该条第二款和第三款：夫妻一方与第三人串通，虚构债务，第三人主张权利的，人民法院不予支持。夫妻一方在从事赌博、吸毒等违法犯罪活动中所负债务，第三人主张权利的，人民法院不予支持。

最高人民法院同时下发了《最高人民法院关于依法妥善审理涉及夫妻债务案件有

关问题的通知》，明确提出，未经审判程序，不得要求未举债的夫妻一方承担民事责任。在审理以夫妻一方名义举债的案件中，按照民诉法司法解释的相关规定，原则上应当传唤夫妻双方本人和案件其他当事人本人到庭，庭审中应当要求有关当事人和证人签署保证书。未具名举债一方不能提供证据，但能够提供证据线索的，人民法院应当根据当事人的申请进行调查取证。对伪造、隐藏、毁灭证据的要依法予以惩处。

2018年1月8日，最高人民法院审判委员会第1731次会议通过了《最高人民法院关于审理涉及夫妻债务纠纷案件适用法律有关问题的解释》，自2018年1月18日起施行。要求：(1) 夫妻双方共同签字或者夫妻一方事后追认等共同意思表示所负的债务，应当认定为夫妻共同债务。(2) 夫妻一方在婚姻关系存续期间以个人名义为家庭日常生活需要所负的债务，债权人以属于夫妻共同债务为由主张权利的，人民法院应予支持。(3) 夫妻一方在婚姻关系存续期间以个人名义超出家庭日常生活需要所负的债务，债权人以属于夫妻共同债务为由主张权利的，人民法院不予支持，但债权人能够证明该债务用于夫妻共同生活、共同生产经营或者基于夫妻双方共同意思表示的除外。

《民法典》进一步明确了认定夫妻共同债务的标准：

首先，夫妻双方共同签名或者夫妻一方事后追认等共同意思表示所负的债务，以及夫妻一方在婚姻关系存续期间以个人名义为家庭日常生活需要所负的债务，属于夫妻共同债务。

夫妻一方在婚姻关系存续期间以个人名义超出家庭日常生活需要所负的债务，不属于夫妻共同债务；但是，债权人能够证明该债务用于夫妻共同生活、共同生产经营或者基于夫妻双方共同意思表示的除外。司法实践中以这种情况最为常见，尤其是"超出家庭日常生活需要"的标准应当如何认定，《民法典》中并没有进一步明确。

《〈民法典〉婚姻家庭编解释（一）》第三十四条明确两类债务不被认定为共同债务：

(1) 夫妻一方与第三人串通，虚构债务，第三人主张该债务为夫妻共同债务的，人民法院不予支持。

(2) 夫妻一方在从事赌博、吸毒等违法犯罪活动中所负债务，第三人主张该债务为夫妻共同债务的，人民法院不予支持。

关于婚前个人债务，债权人就一方婚前所负个人债务向债务人的配偶主张权利的，人民法院不予支持。但债权人能够证明所负债务用于婚后家庭共同生活的除外。

婚姻关系已经结束并不能说明共同债务消亡，仍存在共同债务的偿还问题：

(1) 当事人的离婚协议或者人民法院生效判决、裁定、调解书已经对夫妻财产分割问题作出处理的，债权人仍有权就夫妻共同债务向男女双方主张权利。一方就夫妻共同债务承担清偿责任后，主张由另一方按照离婚协议或者人民法院的法律文书承担相应债务的，人民法院应予支持。

(2) 夫或妻一方死亡的，生存一方仍然应当对婚姻关系存续期间的夫妻共同债务承担清偿责任。

8.3.4 父母与子女

婚姻解体，金钱财产关系比较好处理，而最难割舍的是父母子女之间的亲情。父母与子女之间的关系不因父母离婚而消除。离婚后，子女无论由父或母直接抚养，仍是父母双方的子女，血缘关系是断不了的。离婚后，父母对子女仍有抚养和教育的义务。

离婚后，一方抚养子女，另一方应负担必要的生活费和教育费的一部分或全部，负担费用的多少和期限的长短，由双方协议；协议不成时，由人民法院判决。抚养费的数额，可以根据子女的实际需要、父母双方的负担能力和当地的实际生活水平确定。有固定收入的，抚养费一般可以按其月总收入的 20%～30%给付。负担两个以上子女抚养，比例可以适当提高，但一般不得超过月总收入的 50%。无固定收入的，抚养费数额可以依据当年总收入或者同行业平均收入，参照上述比例确定。有特殊情况的，可以适当提高或者降低上述比例。抚养费应当定期给付，有条件的可以一次性给付。抚养费的给付期限，一般至子女 18 周岁为止。16 周岁以上不满 18 周岁，以其劳动收入为主要生活来源，并能维持当地一般生活水平的，父母可以停止给付抚养费。具有下列情形之一，子女要求有负担能力的父或母增加抚养费的，人民法院应予支持：原定抚养费数额不足以维持当地实际生活水平；因子女患病、上学，实际需要已超过原定数额；有其他正当理由应当增加。父母不得因子女变更姓氏而拒付子女抚养费。

除了离婚，婚姻关系结束的另一种形式是夫妻一方先于另一方死亡。这里涉及遗产继承问题，我国法律规定遗产的第一顺序继承人是父母、配偶、子女，其中的“配偶”指的是结婚证上登记的妻子/丈夫，我国法律规定的“子女”，包括婚生子女、非婚生子女、养子女和有抚养关系的继子女。婚姻存续期间，夫妻双方一致同意进行人工授精，所生子女应视为婚生子女。“非婚生子女”指不具有合法婚姻关系的男女所生育的子女，包括未婚男女所生的子女、已婚男女与第三人所生的子女、无效婚姻和被撤销婚姻当事人所生的子女。我国婚生子女与非婚生子女法律地位完全相同。不直接抚养非婚生子女的生父或生母，应当负担子女的生活费和教育费，直至子女能独立生活为止。

问题与讨论

1. 婚姻家庭中有哪些财产所有制形式？请分别说明。
2. 婚姻家庭中的共同财产有哪些？
3. 婚姻家庭中的个人财产有哪些？
4. 在法律上对婚姻关系和同居关系下财产的处理有什么不同？
5. 婚姻家庭中的债务如何处理？如何区分共同债务和个人债务？
6. 父母在子女婚前或婚后为子女买房，房产归属有区别吗？
7. 个人婚前买房，婚后两人一起还贷，该房屋是个人婚前财产还是共同财产？界定房屋财产的归属时应注意哪些问题？
8. 夫妻双方用共同财产出资购买以一方父母名义参加房改的房屋，该房屋属于夫妻共同财产吗？请说明原因。
9. 夫妻离婚时，对其在有限责任公司、合伙企业、独资企业的份额应如何分割？
10. 男女双方协议离婚后一年内可以对财产分配问题反悔吗？可以请求法院重新变更或撤销财产分割协议吗？

阅读与思考

富豪都害怕到伦敦离婚

如果说拉斯维加斯是结婚的最佳场所，那么伦敦已成为世界的离婚之都。马来西亚亿万富翁邱继炳和前马来西亚小姐蔡秀萍正在闹离婚，这对在全球拥有多处房产的夫妇在结束长达43年的婚姻时，为一件事吵翻了天：该在哪里离婚。在过去的两年里，仅仅为了决定是在马来西亚还是在英国离婚，邱继炳和蔡秀萍就已经花了数百万美元。邱继炳坚称，马来西亚才是他的主场；而蔡秀萍为证明自己曾在英国生活，出示了她在英国豪宅中存放的一千来双精美鞋子的照片，令当地媒体惊呼"亮瞎眼"。对伦敦来说，这个案子再寻常不过了。那么，伦敦对离婚充满吸引力的原因是什么？

"简单来说就是为了钱。"伦敦一家律师事务所的合伙人伊丽莎白·希克斯说。

不论家中谁赚钱谁养家，伦敦法庭都会将财产五五均分，由挣钱者提供终身赡养费，并对隐瞒财产行为零容忍。在英国法庭，即使是婚前协议也只具备有限的法律效力。

这种均分家产的先例是从2000年开始的。当时涉及一桩奶农的离婚案，法院为了体现无论是养家糊口的人还是家庭主妇都应该得到平等对待，开了均分家产的先河。2013年7月，英国最高法院推翻了"偷吃者通行证"法案，富豪不能再利用他们的商业投资在离婚案中对配偶隐瞒财产了。伦敦作为离婚发财旅游胜地的名声更大了。

如果邱继炳和蔡秀萍选择在自己的祖国马来西亚离婚，蔡秀萍只能得到10亿美元家庭财产中的很小一部分。如果在伦敦离婚，她将获得财产的一半。因而自2013年开始，两人仅就离婚诉讼案该在哪里进行，打起了旷日持久的官司。这对夫妇在马来西亚、加拿大、英国和澳大利亚都生活过，蔡秀萍的法律团队为了说服英国法院受理离婚官司，特意强调：蔡秀萍女士育有五名子女，自2012年10月以来，他们一直生活在该夫妇占地1 000英亩、价值3 000万英镑的英国赫特福德郡家中。时间足够长，符合法律要求。直到2014年10月17日，在获悉可以在伦敦办理离婚后，蔡秀萍激动地说："我很高兴，法官承认了我与这个国家之间的联系。我很高兴，我和我的孩子们，还有我的鞋子们，在这里找到了家。"

英国国家统计局2012年曾做过关于离婚的统计，英国的离婚率高于世界平均水平，当年离婚人数大约占英国总已婚人口的1.08%。高离婚率并不足以证明伦敦成为"离婚之都"，更有说服力的是伦敦离婚案例的国际化。据英国《泰晤士报》的报道，涉外离婚案"占英国法庭离婚案件的1/6"，这意味着"国际离婚案显著增加，目前在英格兰和威尔士每年15万件离婚案当中，有2.4万件涉及外国人"。

"世界离婚之都"的金字招牌给伦敦带来不少麻烦。2014年9月，英国法庭撤销了对179对意大利夫妇的离婚判决。调查显示，这些人为避免在意大利打旷日持久的离婚官司，请中介帮忙伪造英国房产地址，以便能在伦敦办理离婚。

链接：这些富豪被配偶"剥个精光"

经过8年的婚姻生活，麦当娜与导演盖·里奇于2008年离婚。据说里奇获得了7 600万～9 200万美元的财产——几乎是麦当娜身家5亿美元的1/5。

2006年8月，英国保险业千万富翁约翰·查曼的前妻贝弗利·查曼获得价值900

万美元的离婚赔偿。

2006年，披头士成员保罗·麦卡特尼与他的第二任妻子希瑟·米尔斯分居，米尔斯要求获得2.5亿美元的财产，不过最终只获得了4 860万美元，不到她要求数额的1/5。

2010年，伦敦法院承认德国女富豪卡特琳·拉德马赫和尼古拉·格拉纳蒂诺的婚前协议有效，这让卡特琳省了一大笔分手费。尼古拉原先要求的960万美元分手费被直接降到160万美元。这是婚前协议首次在英国离婚诉讼中得到承认。

英国摇滚歌手菲尔·柯林斯和他的第三任妻子奥莉安·赛菲于2007年1月分手。据说赛菲获得了将近4 700万美元的分手费。

2011年，俄罗斯富豪鲍里斯·别列佐夫斯基与加林娜·别沙罗娃离婚时，分给后者约合3.54亿美元的家产。

资料来源：叶雨岑. 富豪都怕去伦敦离婚. 东南西北，2015（6）.

思考题：

1. 关于离婚的财产分配，各个国家是否有所不同？请查阅相关资料，说明离婚时财产分割的国际差别。

2. 我国夫妻约定婚姻关系存续期间所得的财产以及婚前财产的归属有哪几种方式？

3. 在我国，夫妻离婚时如何区分共有财产和个人财产？

赵欢欢与钱多多的离婚困惑

赵欢欢，某知名出版社编辑，比较内向，因与妻子感情不和，于2017年年底离婚。他拥有一套价值90万元的小两居的房子，现金30万元，还有冰箱、彩电等家用电器若干。赵欢欢的父亲2018年3月因病去世，留有遗产：128平方米的商品房一套，存款50万元。2020年1月，赵欢欢在公司的联谊会上遇到了钱多多，两人一见钟情，迅速坠入爱河，在次月的情人节闪婚。婚后，赵欢欢旅居美国的小姨寄来1万美元作为赵欢欢的结婚贺礼。2020年3月，经过对父亲的遗产分割，赵欢欢获得了128平方米的住房的产权。2020年6月，钱多多母亲得到单位房改房的购买名额，赵欢欢与钱多多决定以共同财产10万元出资购买钱多多母亲单位的房改房，该房屋产权登记在钱多多母亲名下。

赵欢欢工作之余喜欢在网络上发表文章，他花几年时间创作的一部小说在网络上发表后反响不错。2019年2月，他与一家出版社签订了该小说的出版合同，根据该合同，出版社要支付给赵欢欢稿费10万元，但是直到2020年7月出版社才将这笔钱汇到赵欢欢的账户上。

2021年2月，在两个人的结婚纪念日，赵欢欢将一枚价值2万元的钻戒和自己开的宝马Q5送给妻子，但是由于工作繁忙，宝马Q5一直没有办理过户手续。新婚后的激情逐渐消退，两个人在生活中出现太多不协调，而且不愿意忍让或宽容对方。2021年7月，赵欢欢与钱多多感情破裂，决定协议离婚。两人面临财产究竟该如何分割的困惑。

思考题：

赵欢欢和钱多多在拟订离婚协议时为了避免利益受损，聘请了一位理财规划师对夫妻二人的财产进行分析，并协助拟订离婚协议。你认为赵欢欢和钱多多的财产应如何进行分割？

第9章

教育规划

学习要点

- 了解教育规划的原则
- 熟悉并掌握教育规划的方法
- 熟悉教育理财规划的工具

课程导入

人力资本是家庭经济决策的推动力之一，这一概念是由芝加哥大学的加里·贝克尔（Gary Becker）教授提出的，他获得了1992年的诺贝尔经济学奖。1994年，贝克尔教授出版了《人力资本》（*Human Capital*）一书，讨论了教育在促进经济发展中的重要性。他用美国人口普查数据证明了教育投资的回报率是巨大的。他的分析表明，投入时间和金钱提升个人的受教育程度是值得的，这也是决定国家经济发展水平的关键因素。

贝克尔教授首次将人力资本看作一项资产。当时，很多人视高等教育为奢侈品，只有富人才负担得起。贝克尔教授认为，花钱接受教育是一种与消费和回报相对应的投资。

例如，如果你想成为一名脑科医生，你需要投入15年左右的时间，同时放弃那段时间的工资，来储备进入医疗行业所需的人力资本。作为一名刚入行的医生，你几乎没有金融资产，而且很可能为了完成学业欠下一大笔债务，但是你的人力资本价值将会达到数百万美元。再例如，如果你选择参加只有六个月的汽车维修培训课程，那么你在人力资本方面的投资相对而言是较少的。尽管这项投资能很快为你带来现金流，但是它不会产生大量、稳定、持续的收入。“便宜”的人力资本意味着你在发展人力资本这项资产上没有投入太多的时间和精力，回报率相应地也就比较低了。

即使你只有非常少的金融资产，你也比你认为的富有，因为你很可能拥有一项价值百万美元的资产，那就是人力资本。人力资本这棵小树苗最终会长成参天大树。随着年龄的增长，人力资本会转变为金融资产。你的总资产，也就是两种资产之和，会随着时间的流逝而增加。

资料来源：摩西·A. 米列夫斯基. 投资与养老：最有价值的理财规划实践指南. 北京：人民邮电出版社，2015.

9.1 概 述

9.1.1 教育规划的必要性

从理财的角度来说，个人教育规划是指对教育费用的安排和筹划。教育规划的必要性在于教育本身是一种投资，可以提高人力资本的价值。第1章详细讲述了家庭资产负债表的编制，家庭资产负债表中的资产以实际资产为主。其实对于个人而言，还有一项资本容易被忽视，那就是人力资本。新资产负债表见表9-1。

表9-1 新资产负债表

<table>
<tr><td rowspan="2">**资产**
现金及等价物
金融资产
实物资产
+人力资本</td><td>**负债**
长期负债
短期负债</td></tr>
<tr><td>**权益**
净资产</td></tr>
</table>

个人资产负债表上最珍贵的资产不是存款账户，不是投资组合，也不是房子、黄金珠宝，而是个人在职业生涯中将会赚到的全部薪水和收入的贴现价值——人力资本。你的财务状况取决于你将有限的人力资本转化为资产的能力，人力资本的贴现价值的高低很大程度上取决于你在教育上投资了多少。

在绝大多数工业化国家，一个人的文化水平往往影响或在某种程度上决定其收入的高低，文化水平较高的人往往收入较高，文化水平较低的人收入较低。正因为如此，人们才愿意支付高昂的学费以获得较高的文凭，并期望在获取较高的文凭之后能找到收入较高的工作，获得较高的教育收益率。

教育收益率是对一个人或一个社会因增加受教育数量而得到的未来净经济报酬的一种测量。教育收益率指标（L），是教育的收益净现值除以教育投资的成本现值再乘以100%所得的数值。L越大，高等职业教育的经济收益就越高。根据获得教育收益的对象的不同，教育收益率又分为个人教育收益率和社会教育收益率。个人教育收益率是指个人因接受高等职业教育而增加的个人收入扣除所得税后（指增加的个人纯收入）除以贴现后的教育成本再乘以100%所得的值。社会教育收益率是指社会教育总收益净现值除以贴现后的社会教育总成本再乘以100%所得的值。

尽管不同国家的教育收益率各不相同，但毫无争议的是，提高文化水平对于增加个人收入作用明显，这是市场经济和工业化社会的普遍规律，布鲁金斯学会（Brookings Institution）选取了1950—2010年的数据，计算出不同投资标的的真实年收益率。结果表明，金融资产和非金融资产的年收益率仅为0.4%～6.8%，而人力资本的年收益率超过了15%，是资产负债表上最具投资价值的资产。该项研究还表明，获得本科学历的人一生的收入比只有高中学历的人平均高出570 000美元。这表明尽早构筑人力资本非常重要，这样就能在更长的时间内获得更高的年收益（见表9-2）。

表9-2 不同投资标的的年收益率

投资标的	真实年收益率（%）
本科学历	15.2
股票市场	6.8
AAA公司债券	2.9
黄金	2.3
长期国库券	2.2
房产	0.4

资料来源：摩西·A. 米列夫斯基. 投资与养老：最有价值的理财规划实践指南. 北京：人民邮电出版社，2015.

2000年诺贝尔经济学奖得主詹姆斯·赫克曼认为，在中国，如果考虑对社会产出的贡献而不仅仅是个人收入，那么教育投资潜在的回报率高达30%～40%，高于物质资本投资的回报率（20%），也高于美国等发达国家的教育投资回报率（15%～20%）。

1992年诺贝尔经济学奖得主加里·贝克尔通过对家庭经济状况的研究认为，孩子是家庭最重要的产品，他们既是一种"耐用消费品"，又是一种"耐用生产品"。父母都希望自己的孩子是最有价值的"耐用生产品"，而不仅仅是"耐用消费品"。用于子女教育规划的支出并非一种简单的消费性支出，而是一种生产性投资，即教育投资，它将增加子女的知识和技能，并让子女获得更多教育投资收益，比如较高的职业适应性、较多的就业机会、较高的收入等。

教育规划的必要性，一方面在于受教育者的受惠和回报程度，即个体教育收益率或教育投资回报率的吸引；另一方面由于教育费用的高涨，需要对未来的教育投入做出安排。中国的父母受"不能让孩子输在起跑线上"这句话的影响，不吝金钱培养孩子。2018年，法国公布了一项在世界15个发达国家或地区所做的调查的报告。这份报告显示，15个国家或地区中，从小学到大学本科，家长平均在子女教育上的总投资为4.4万美元。其中，中国香港位列第一，平均费用为13.2万美元，是全球平均值的3倍。其次是沙特阿拉伯、新加坡和美国。中国台湾（5.6万美元）和中国大陆（4.3万美元）分别排在第五和第六位。报告还显示中国大陆55%的家长通过储蓄、投资或保险为孩子教育做准备，43%的家长会制定特殊的教育储蓄计划。这些指数都远高于其他国家或地区。《2020家庭教育投入分析报告》显示，教育投入占家庭年收入的比重集中在30%～40%以及50%以上，随着国民经济水平不断提升，家长愿意在孩子教育上投资更多。

对于绝大多数家庭来说，孩子的教育费用是一笔刚性支出，子女教育每年支出的金额虽然不是最多，但持续时间长，从出生到成年，将近20年，总金额较高。随着教育经费的逐年上涨，家庭的负担也逐年加重，如何储备、筹集教育资金成为很多家庭迫在眉睫的大事，所以应未雨绸缪，提前对教育金进行全面整体的规划。

9.1.2 教育规划的对象

教育规划是指针对实现预期教育目标所需要的费用进行的一系列资金管理活动。根据教育对象的不同，教育规划可分为对个人教育的规划和对子女教育的规划两种。

个人教育是个人自我完善和终身学习的重要形式，是提高个人素质、提高个人生活质量的重要途径。个人的教育规划通常发生在成年以后或大学毕业后，在这个阶段，随着对人生目标的认知不断提高，个人会追求更高层次的学历教育或更专业的技术教育。这部分的个人教育不会持续很长时间，具有阶段性。另外，由于已成年，教育金主要来源于自己的工作收入或贷款。

子女教育又可分为基础教育和大学教育，如今，无论是基础教育还是大学教育，费用普遍较高，因此进行教育规划很有必要。近年来，随着人们对教育重视程度的提高和教育成本的逐年上涨，教育金已经成为很多家庭的主要支出之一。个人教育规划在时间、金额等方面具有较大不确定性，子女教育规划通常是个人家庭理财规划的核心。本章主要讨论的就是子女教育规划。

教育金是用来支持孩子从幼儿园到大学教育所需要的全部资金，具有费用高、持续时间长、阶段性支出很高且支出周期短的特点，因此，应尽量提前规划。父母在规划时需要考虑到子女的兴趣爱好转换很快，以后的发展未定型等情况，使准备的教育金可以支持子女未来不同的选择。

子女教育规划和其他理财规划不同，有自身的特点，可以从以下三个方面来认识。

1. 时间弹性

从时间弹性来看，一般子女到 18 岁就要步入大学，届时父母应该准备好至少一年的高等教育金。对于购房规划、退休养老规划，如果财务状况不允许，可以推迟，如推迟购房时间、延后退休等，而教育规划则没有这样的时间弹性。

2. 费用弹性

做退休规划时，若财力不足，可以降低退休后生活水平；做购房规划时，若财力不足，可以选择偏远一点的房子或者租房。但是子女学费相对固定，虽然学校有奖学金和助学贷款，但名额有限，并不是每个学生都可以争取到，因此，教育规划缺乏充足的费用弹性，家长需要准备充足的资金。

3. 规划弹性

从子女出生到其独立，总共要花费多少教育金，是无法估算清楚的，花费多少资金与子女的资质和学习能力有关。

9.1.3　教育规划的原则

教育费用与届时的收入之间的比例叫做子女教育金负担比。因为学费的增长率可能高于收入增长率，所以届时的负担比可能会比现在的负担比还要大。如果不提前做准备的话，庞大的教育支出足以拖垮一个双薪家庭。若还有让子女出国留学的计划，则花费更多。在规划子女教育金时一般应遵循以下原则。

1. 教育目标灵活化

父母的期望与子女的实际情况可能会有差距，子女在人生的不同阶段，其兴趣爱好也会发生变化。因此，应该充分考虑孩子自身的特点，并结合家庭经济情况、风险承受能力设定理财目标。家庭在教育目标的选择上应创造较大的空间，给子女更多的选择余地，而不用刻意去塑造子女的兴趣爱好。当子女表现出明显的兴趣爱好时，家长可以多引导、培养孩子在这方面的发展。子女教育金不像其他资产有时间和费用弹性，加之每个孩子的资质不同，其兴趣爱好可能发生转变，因此，在制定子女教育规划方案时应采用相对灵活的教育金积累方式，以适应子女在未来的不同选择。

2. 规划时间提早化

子女教育金并非仅包括学费，还包括子女的饮食、交通、服装、娱乐和医疗费用等，若考虑通货膨胀因素，子女教育费用对一个家庭来说是仅次于购房的一项重要支出，所以应该认识到子女教育规划的重要性，尽早规划子女的教育金。在教育经费筹措方面，应留有充分余地，避免因经费短缺妨碍子女教育目标的实现。

3. 投资渠道多样化

不同的子女需要不同的教育和培养方法，不同的教育和培养方法所花费用相差很多。应充分利用各种教育经费筹措渠道，比如，奖助学金、国家和商业银行的教育贷款、教育保险、基金等。

4. 投资过程稳健化

由于缺乏时间弹性和费用弹性，教育规划要保证在确定时间有确定的资金来源，投资失败、额外支出、挪作他用、意外或疾病等都可能让储备教育金的目标无法达成。所以保证教育金安全性，同时坚持稳健性原则，就显得尤为重要。

9.2 教育规划的方法

教育规划方案的确定建立在对家庭财务状况、收入能力、承受风险能力的评估以及子女教育目标明确的基础上。具体教育规划的流程见图9-1。

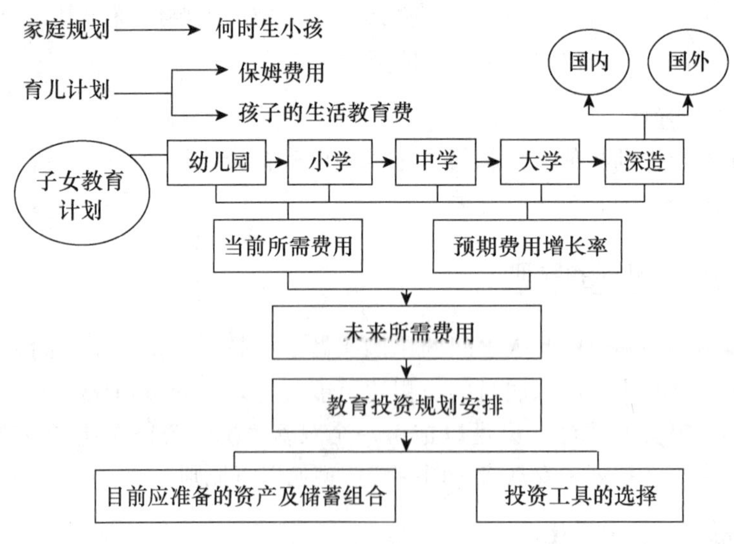

图9-1 教育规划流程

第一步，分析家庭成员收入结构、财务状况以及未来可能发生的变化。

首先应对整个家庭的成员有所了解，包括其收入水平和财务状况。可以根据家庭的收入状况，自己编制或让理财规划师代为编制家庭资产负债表、现金流量表，并且判断自己的风险承受能力和风险偏好。一方面充分了解现阶段的家庭状况；另一方面预测家庭未来可能的变化，比如是否准备生二胎、父母的养老和医疗支出等。

第二步，确定子女的教育目标。

可以通过预估子女将来会上什么类型的大学，并结合子女现在的年龄来综合考虑。我国不同类型的大学收费不同，不同国家大学的收费更是存在巨大差异，即使是同一所大学，不同专业的收费也存在较大的差异。除了考虑学费外，还必须考虑学校所处的地理位置、消费水平以及子女的兴趣爱好与学习能力等。首先对子女的教育目标进行分析，然后利用理财工具试算，得出子女未来的教育经费预估金额，针对目标金额挑选适合的理财工具。

第三步，估算教育费用。

应当根据家庭情况确定子女接受教育的时间和大学类型。如果家庭经济实力比较强，还应当考虑将来送子女出国接受教育所需的费用。教育费用是全阶段的，时间跨度大，应包括从幼儿园至大学的所有费用，应静态和动态综合考虑，除了根据现实状况确定所需费用，还应当根据预期费用的增长率和通货膨胀率确定未来所需的教育费用。

第四步，根据风险承受能力及投资期限选择适当的教育规划工具并制定合理的投资规划方案。

前面已计算出整体的教育费用，还应将现有资产与达成教育目标所需要的资金进行比较，计算出教育资金的缺口，然后根据风险承受能力及投资期限选择合适的教育规划工具。随着年龄的增长，人们的风险承受能力呈现降低的趋势，在投资时，应根据年龄调低激进型理财工具的投资比例，调高稳健型理财工具的投资比例。比如年龄在 30 岁左右，孩子上小学，财务规划首先应考虑买房或准备子女教育经费，如果负担较轻，可选择“成长组合”（即风险较大的投资资产占比较大）；如果负担较重，风险承受能力就要低一些，建议首先留出安全保障金，再做长期投资，应大比例投资于固定收益类投资产品，千万不可孤注一掷投资高风险产品。其次，应考虑投资期限，设定投资期间，也就是积累资金的时间，这取决于两个因素，一是开始进行教育投资的时间，二是未来支出教育费用的时间，这两个时点之间即投资时间。根据计算出来所需的资金缺口，以及可以利用的投资期间，计算出应达到的期望报酬率。如果不能达到期望报酬率，届时就不能积累足够的教育资金，教育目标就难以实现。

第五步，定期和及时调整规划方案。

虽然教育规划实施的时间较长，通常为 10 年以上，但在社会发展日新月异的今天，动态的跟踪和阶段性的优化十分必要。收入状况、利率、汇率、家庭结构以及宏观经济等因素的变化都将导致理财计划目标的改变，进而要求调整整个理财计划。总之，教育规划的制定和实施不可能一蹴而就，应与时俱进，进行动态调整。

9.3　教育理财规划工具的选择

教育规划，实质上就是筹备教育金，这是一个积累投资的过程。子女从出生到接受高等教育，教育投入的时间跨度大、数额高，父母需要在名目繁多的可选项目中，结合自身情况，挑选最适合自己的方案。教育金的来源有两个：首先是被动性资金来源，包括助学贷款、奖学金和助学金或勤工俭学等，这部分资金往往是在教育经费不足的情况下，由受教育者本人付出努力而获得的；其次是主动性资金来源，即父母通过投资或储蓄获得教育金的积累，比如储蓄、股票、基金、债券等。

9.3.1 被动性教育金来源

奖学金与学习成绩挂钩，助学金是给贫困学生的，这两种教育金往往有名额限制。勤工俭学是学生一边求学一边工作，往往会受工作机会以及学生个人工作能力的影响。助学贷款则是常见的一种教育金补充。之所以称这几种获得教育经费的方式为被动性教育金来源，是因为在父母给子女制定的教育理财规划中，这些资金来源具有不确定性，其获得有一定的限制，因此在制定教育规划时，大多数家庭不应将其作为教育金的主要来源，而是作为当期教育金不充分情况下的一种补充。

助学贷款一般有四种形式：国家助学贷款；生源地信用助学贷款；高校利用国家财政资金对学生办理的无息借款；一般性商业助学贷款。其中，国家助学贷款资助力度和规模最大，是助学贷款的主力。2014年7月18日，财政部、教育部、中国人民银行、银监会联合发布《关于调整完善国家助学贷款相关政策措施的通知》（财教〔2014〕180号），决定调整国家助学贷款（包括校园地国家助学贷款和生源地信用助学贷款，下同）资助标准，进一步细化资助比例。全日制普通本专科学生每人每年申请贷款额度不超过8 000元；年度学费和住宿费标准总和低于8 000元的，贷款额度可按照学费和住宿费标准总和确定。全日制研究生每人每年申请贷款额度不超过12 000元；年度学费和住宿费标准总和低于12 000元的，贷款额度可按照学费和住宿费标准总和确定。

全日制普通本专科学生国家助学贷款全国平均资助比例应与当年国家助学金资助比例相当，各地区、各高校资助比例应与本地区、本高校当年国家助学金资助比例相当。全日制研究生国家助学贷款资助比例根据国家奖学金、学业奖学金等奖助政策覆盖范围和家庭经济困难学生情况确定。全日制普通本专科学生在同一学年内不得重复申请获得校园地国家助学贷款和生源地信用助学贷款，只能选择申请办理其中一种贷款。全日制研究生原则上只能申请办理校园地国家助学贷款。

2015年7月20日，教育部等部门联合发布了《关于完善国家助学贷款政策的若干意见》。该规定为切实减轻借款学生的经济负担，将贷款最长期限从14年延长至20年，原校园地国家助学贷款期限为学制加6年、最长不超过10年，生源地信用助学贷款期限为学制加10年、最长不超过14年，现统一调整为学制加13年、最长不超过20年。

2020年7月，教育部、财政部、中国人民银行、银保监会等四部门联合印发《关于调整完善国家助学贷款有关政策的通知》，从三个方面对助学贷款有关政策作出调整：

（1）助学贷款还本宽限期从3年延长至5年。

（2）助学贷款期限从学制加13年、最长不超过20年调整为学制加15年、最长不超过22年。

（3）2020年1月1日起，新签订合同的助学贷款利率按照同期同档次贷款市场报价利率（LPR）减 30 个基点执行。

借款学生在读期间的贷款利息由财政全额补贴。借款学生毕业后，在还款期内继续攻读学位的，可申请继续贴息，但应及时向经办机构提供书面证明，经审核后，报经办银行确认，继续攻读学位期间发生的贷款利息，由原贴息财政部门继续全额贴息。学生在读期间贷款利息由财政全额补贴。

借款学生毕业后，由于毕业收入不高，不必马上归还贷款，可以与银行商定还款计划，同时选择还本宽限期，还本宽限期最长为 5 年。还本宽限期内借款学生只需偿还利息，无须偿还贷款本金。由于对政策的理解不到位，很多学生误认为宽限期就是不用还款也不需要支付利息，因而出现了逾期还款的现象。

国家助学贷款的借款学生如未按照与银行签订的还款协议中约定的期限、数额偿还贷款，银行将对其违约还款金额计收罚息。经办银行会将违约情况录入中国人民银行的个人信用信息基础数据库，供全国各地金融机构依法查询。因此，欠贷不还将影响个人的征信记录，并直接影响住房贷款、汽车贷款等金融服务。按还款协议进入还款期后，对于连续拖欠还款行为严重的借款人，有关行政管理部门和银行可能会通过新闻媒体和网络等信息渠道公布其姓名、公民身份证号码、毕业学校及具体违约行为等信息。情况严重的违约人还将承担相应法律责任。

9.3.2　主动性教育金来源

1. 储蓄存款

储蓄存款是教育金的最原始积累，风险低，收益相应也低，依靠储蓄存款来积累教育金将享受不到投资增值的复利效应。储蓄存款中有一个特殊的类别——教育储蓄，指按国家有关规定在指定银行开户、存入规定数额资金、用于教育目的的专项储蓄。教育储蓄存期分为一年、三年、六年。教育储蓄 50 元起存，每户本金最高限额为 2 万元。一年期、三年期教育储蓄按开户日同期同档次整存整取定期储蓄存款利率计息；六年期按开户日五年期整存整取定期储蓄存款利率计息。教育储蓄免利息税，因现阶段其他的储蓄方式也免利息税，所以教育储蓄的优势并不明显。由于储蓄金额有限，收益没有吸引力，手续复杂，教育储蓄逐渐淡出人们的视野。

2. 教育保险

教育保险相当于将短时间急需的大笔资金分散逐年储蓄，投资年限通常最长为 18 年，所以越早投保，家庭的缴费压力越小，领取的教育金越多。目前，市面上的少儿教育保险主要有三种：一是纯粹的教育保险，可以提供高中和大学期间的教育费用，有的还可提供初中教育经费；二是专门针对某个阶段教育金的保险，通常是针对初中、高中或者大学的某个阶段，主要以附加险的形式出现；三是不仅能提供一定的教育费用，还可以提供以后创业、婚嫁、养老等生存金的保险。因此，家长在选择教育保险时要从实际的教育费用需求出发。通过购买教育保险，按期缴纳相应的保费，就可以在孩子成长的不同阶段领取教育金，解决孩子未来上学的学费问题。

但是购买教育保险有两点需要注意：第一，给孩子买保险时，首先应考虑孩子的基本保障，即意外、住院医疗、重大疾病保障，然后才是给孩子储蓄教育金。建议做好大人的保障后，再去考虑孩子的教育金问题。第二，保费可豁免的问题。以购买保险的形式来为子女筹措教育费用，每月按时缴费，可以达到强制储备的目的。如果购买了保费可豁免的保险产品，一旦父母发生意外，孩子不仅免交保费，而且保险合同继续有效，让父母对孩子的爱得以延续，一直守护孩子的成长。

3. 证券投资

证券投资工具有很多，常见的有股票、债券和基金。其中国债的安全性最高，二级市场相对发达，流通和转让方便，收益高于储蓄。国债因其收益的安全性和稳定性成为教育规划可供选择的主要投资工具。股票和公司债券收益高，风险也随之增大。由于子女教育时间弹性很小，基于稳健性原则，对股票和债券不熟悉的家庭应尽量避免使用此种方式。如果教育规划时间长（一般在7年以上），客户承受风险能力强，且对这两种投资工具有很好的驾驭能力，则可以适当选用。但是，在整个投资组合中，这种类型的投资所占比重不应过大。可以让专业机构为自己制定投资规划，选择证券投资基金或银行理财产品。

作为长期规划，基金可以采用定投的方式，以降低风险，这样无论市场价格如何变化总能获得比较低的平均成本，但对基金的选择要慎重，最好能获得一个相对平均的收益。此外，教育金规划应该配置不同类型的基金产品，以分散风险。比如，选择股票型基金、债券型基金和货币型基金进行搭配组合，并按照个人的风险承受能力确定不同的资金比例。随着子女入学时间的临近，应该及时调整资金的配比，逐渐将资金从高风险的股票型基金转入低风险的货币型基金，以确保收益。还有一种基金是生命周期基金，它一般有一个目标期限，随着所设定目标时间的临近，基金会不断调整其投资组合，以降低风险，在投资者的风险承受范围内实现资本的最大增值。比如，汇丰晋信2026生命周期证券投资基金，随着投资人生命周期的延续和投资目标期限的临近，基金的投资风格相应地从“进取”转变为“稳健”，再转变为“保守”，股票类资产比例逐步下降，非股票类资产比例逐步上升。这种自动转化的风格很适合教育规划。

4. 子女教育信托

收入较高的家庭可以将其财产所有权委托给受托人（如信托机构），让受托人按照信托协议的约定为受益人（如孩子）的利益或特定目的，管理或处分信托财产。子女教育信托就是由父母委托一家专业信托机构管理自己的一笔钱，并通过合同约定这笔钱的用途，即用于将来孩子教育和生活。有整笔资金，想送子女出国念书的父母可以设立子女教育信托，找一个境外受托人管理此笔资产，指定投资的标的范围与收益率，以子女为受益人。夫妻离婚时，为确保未成年子女的教育费用，可以找一个独立专业的受托人，利用离婚前的共同财产或子女抚养金成立一个子女教育信托，以子女为受益人。高资产或高收入人群为了同时实现多个理财目标，可以找合适的专业受托人，针对每个理财目标设立一个信托，并根据不同的目标达成期限与目标弹性，确认不同的信托账户可承受的风险与预期收益率。

9.4 教育规划的案例分析

教育规划要提早进行，如果子女教育金的负担比（教育金支出/届时收入）高于30%，则应提早规划储蓄投资。另外，如果子女高等教育金支付期与退休金准备期高度重叠，可能会因为供子女上大学而牺牲退休生活质量。教育规划的最终目标是提供对子女教育的支持，从幼儿园至小学、初中、高中、大学和研究生阶段或出国深造，教育费用的支出会持续很长时间。教育规划的主要目的在于缩小准备的教育金与届时教育费用的差距，如果教育金资金大于教育金负债，则子女教育目标可实现。

教育规划实际上是根据实际投资年限，对未来教育费用按一定增长率进行预估后，确定现在需要投入的金额。教育规划在实施过程中，需要根据投资工具报酬率的变化或是教育目标的改变适时进行调整。

例 1

假设张先生的儿子 2019 年刚出生，他的子女教育规划目标是在儿子 18 岁上大学时能攒够大学本科教育费用，张先生投资的平均收益率约为 4%。

经调查，现阶段平均每位大学生四年花费 8 万元，而硕士研究生需要花费 5 万元。综合考虑通货膨胀率和大学收费增长等诸多因素，预计教育费用的平均增长率为 5%。

首先计算投资年限：$Y=18$

届时应准备的大学费用为：

$$80\,000\times(F/P,5\%,18)=192\,530(\text{元})$$

假设每年投入 A 元：

$$A\times(F/A,4\%,18)=192\,530(\text{元})$$
$$A=192\,530\div25.645\,4=7\,507(\text{元})$$

也就是说，仅准备大学费用这一项，假设现阶段没有教育积累，从出生开始，每年需要投入 7 507 元而且投资收益率为 4%，才能满足要求。

例 2

例 1 中张先生为子女做教育规划，假设其他条件不变，总的教育费用也没有变化。如果张先生在孩子出生、上小学和上中学不同时点做教育规划，每年投入额会有什么差别？

在这三个时点所做的教育规划，只是投资年限不同。出生时做教育规划，投资年限为 18 年；上小学时做教育规划，投资年限为 12 年；中学时的投资年限为 6 年。计算结果如表 9－3 所示。

表 9－3 教育规划的起始时间对教育规划的影响

	孩子刚出生时进行教育规划	上小学时进行教育规划	上中学时进行教育规划
投资年限	18 年	12 年	6 年
教育费用估算	192 530 元	192 530 元	192 530 元
投资收益率	4%	4%	4%
每年投资额	7 507 元	12 813 元	29 026 元

从表 9－3 中可以看出，越早制定教育规划，每年的投资额越少，越能享受复利效应。

例3

接例1，假设张先生已有5万元的教育准备金，那么从孩子小学时开始准备教育金，每月需要投入多少钱？

已准备的教育金至大学时的投资终值为：

$$50\,000\times(F/P,4\%,18)=50\,000\times2.025\,8=101\,290(\text{元})$$

实际教育金缺口：

$$192\,530-101\,290=91\,240(\text{元})$$

假设每年投入 A 元：

$$A\times(F/A,4\%,18)=91\,240(\text{元})$$
$$A=91\,240\div25.645\,4=3\,558(\text{元})$$

因此，如果已有一次性教育准备金5万元，那么每年投入3 558元就可以满足要求。

例4

不同的投资工具收益率也不一样，预期收益与风险成正比，假设不同的投资工具收益率分别为4%，6%，10%，那么每年的教育金投入额有什么不同？

查年金终值系数表，（F/A，4%，18）的值为25.645 4，投资收益率为6%，年金终值系数为30.905 7，当投资收益率为10%，年金终值系数为45.599 2。从表9-4的计算结果可以看出，投资收益率越高的投资工具，积累速度越快，每年投入额越少。

表9-4　收益率不同对教育规划的影响

	A	B	C
投资年限	18年	18年	18年
教育费用估算	192 530元	192 530元	192 530元
投资收益率	4%	6%	10%
每年投资额	7 507元	6 230元	4 222元

总之，教育金的筹备实质上是一个投资积累的过程。父母需要结合自身情况，在名目繁多的可选项目中选出最适合自己的方案，教育规划最重要的一点是综合考虑风险收益以及时间跨度。投资的风险和收益成正比，高收益而无风险的工具是不存在的，一般情况下，投资工具的回报率越高，初期投资的金额就越少，与之相对应的风险就越高。假如没有足够的本金进行投资，可能就要降低教育目标或选择高风险高收益的投资产品，在风险管理上投入更多的时间和精力。投资的时间跨度长意味着更能容忍预期收益的偏离，并且随着时间的推移不断修正。如果到孩子上中学时才意识到教育金准备得不充分，那么后期的规划将很紧张且局限。因此，教育规划应提早进行，让资本有时间增值，克服短期的波动。假如初期没有足够的单笔投资资金，利用定期定额计划来实现子女教育金的积累也是一种比较科学的方式。对父母而言，选择定期定额业务的好处是，分散风险、减轻压力、强制储蓄。即在不加重经济负担的情况下，做小额、长期、有目的的投资，以应付未来对大额资金的需求，从而达到轻松储备子

女教育金的目标。

另外，要根据实际情况，及时做调整。在教育周期的起步阶段，父母的风险承受能力较强，可充分利用时间优势，做出积极灵活的理财规划，较高风险及较高收益的进取型投资产品可占较高比重，保守型产品所占比重应较低。到了教育周期的中后期，则应调整进取型产品与保守型产品的比重，使其与所处的阶段相适应，以获取稳定的收益。市场上的各种投资工具各具特色，优劣势并存，需要逐一审视，形成组合，实现互补，以达成理财目标。

问题与讨论

1. 什么是教育收益率？
2. 讨论家庭进行教育规划的必要性。
3. 简述教育规划的原则。
4. 简述教育规划的对象。
5. 教育理财规划有哪些投资工具可以选择？
6. 简述教育理财规划应遵循的步骤和方法。
7. 什么是被动性教育金来源？
8. 什么是主动性教育金来源？
9. 请选择目前市场上出售的任意三种针对教育金储备的保险，比较各自的优缺点，说明你会选择哪一种及选择它的原因。
10. 请为你自己、邻居或朋友做一份适合各自家庭的教育规划。

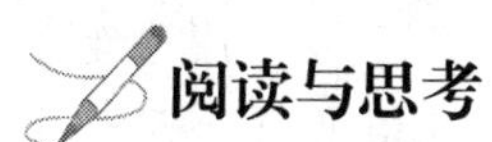

阅读与思考

二孩时代的教育规划

2015年10月底，我国全面放开二孩政策。至此，实施了30多年的独生子女政策正式宣布终结。政策指出，只要是合法的夫妻就享有生育二孩的权利，不再受“单独二孩”政策或“双独二孩”政策的限制。二孩时代的全面来临，让不少期待儿女双全的家庭既欢喜又忧虑。养育两个孩子，经济压力必定会增加，因此想要二孩的家庭一定要提前调整理财规划。

陈先生、李女士均38岁，三年前他们生了一个男孩，今年又生了一个男孩。目前，陈先生家里有现金约20万元，另有15万元借给了亲戚。有一套120平方米的房子，月还贷款2 300元。还有一套别墅，无贷款。陈先生与李女士双方均投保重疾险，年缴保费各8 000元左右。陈先生月收入1.8万元，李女士月收入1万元，家庭月开支约1万元，另外保姆费约3 500元。请问，如果陈先生想买一套学区房，并给自己的两个宝宝储备一些教育金，应如何规划？

鉴于陈先生、李女士正在事业发展期，身体健康，有一定的保障，家庭生活相对富足，暂定他们属于风险中等偏进取型。夫妇俩储蓄较多，月收入扣除月供还有1.22

万元的结余，短期内没有大额负债和刚性支出，理财规划弹性大。夫妻俩资产组合方面的投资策略为在加大保险杠杆的同时尽量满足收益率标准。考虑到学区房房价的增长率，建议每年的投资收益率为12%（或至少大于贷款利率5个百分点），以满足未来的购房需求及实现资产的长期保值增值。

在保险方面，建议客户为本人和配偶购买一定的人身意外伤害保险，保额各300万元，年支出约3 000元；为两个孩子购买教育保险各20万元，年支出约2万元。

在基金方面，可选择每月基金定投4 500元，以储备孩子后期的教育金。

在购房方面，如果客户想再买一套房子，首付金额35万元，贷款金额约75万元，月供5 000元左右，20年贷款，则房价须控制在110万元左右（不考虑公积金贷款），现在学区房的价格约2.5万元/平方米，客户只能买一套44平方米的房子；如果客户将现有的房子出租，假设月租金收入3 000元，则月供金额可提高到8 000元，在首付金额和贷款期限不变的情况下，客户可买到约68平方米的房子；如果客户将别墅也出租，月租金收入假设8 000元，则月供金额可提高到16 000元，若首付金额和贷款期限均不变，客户可买一套120平方米左右的学区房。如果客户有换房打算，卖出现有的一套房产，首付款金额也可提高，须根据客户现有房产所在地段估价重新做规划。

资料来源：夫妇迎二胎教育金理财规划案例．沃保网，2016-04-20.

思考题：

1. 陈先生的教育金规划是否符合其家庭情况？你觉得有哪些需要补充？
2. 二孩时代父母面临哪些财务压力？如何通过稳健的理财规划来化解这些压力？
3. 制定教育理财规划时应注意哪些问题？

三个家庭的教育理财规划

家庭A：张刚29岁，李娜25岁，刚刚生了一个孩子。夫妻双方父母健在，夫妻有一套三室两厅的住房，价值135万元，房子由双方共同出资购买，无贷款，也无其他负债。张刚在一家电信企业做管理工作，每月收入10 000元，年终奖10万元。李娜在一家私营企业做出纳，每月收入5 000元，年底双薪，年终奖10 000元。张刚和李娜结婚至今三年多，家中有现金3万元，定期存款10万元，国债10万元，理财20万元，儿子出生时双方长辈亲友送的礼金3万元，预计未来每月生活费用增加到6 000元。

家庭B：樊小美做保险营销工作，今年35岁，她的丈夫是某工厂的技术工人，38岁，其家庭月收入为10 000元，月结余5 000元，有两室一厅的住房，市值90万元，贷款已还清，有存款20万元，儿子上初中一年级。

家庭C：王大于今年48岁，在某生产型企业担任高管，年收入40万元。其太太43岁，工作较稳定，年收入8万元。夫妇现有一套104平方米的住房，房屋贷款已经偿还，还有一套80平方米的住房出租，每年可收取4万元房租。两套房屋市值分别约为220万元和180万元。在老家投资一间商铺，市值140万元，每年收取租金10万元。另有银行存款30万元，用30万元购买1年期银行理财产品，收益率为5.7%。孩子今年读大学，就读国内某名校，王大于夫妇准备在孩子读完大学后将其送到国外攻读硕士和博士。

思考题：

1. 制定教育理财规划的原则是什么？

2. 分析上述三个家庭的财务状况及其教育规划需求。

3. 教育理财规划可以选择哪些投资工具？各种投资工具有什么优缺点，适合什么样的家庭？你对上述三个家庭的教育理财规划工具的选择有什么建议？

第10章

养老规划

学习要点

- 了解制定养老规划的原则
- 熟悉养老规划的方法
- 了解社会基本养老保险制度
- 了解企业年金制度
- 了解商业养老保险
- 熟悉养老规划的路径选择

课程导入

在“第十五届21世纪亚洲金融年会”举行期间，以“建设多层次养老保障体系、护航未来银色梦”为主题的2020中国居民退休准备指数调研报告发布，揭晓了2020年中国居民退休准备指数——6.23。该数值相对于2017年的6.31与2018年的6.65偏低，与2019年的6.15相比略有回升。中国居民退休准备指数包含退休准备意识和退休准备行动两个方面，这是对中国居民个人为满足其退休需要所进行的财务准备的充足性和理财意识的认知程度进行综合评估的数值。该指数构成包含6个因素，分别是退休责任意识、财务规划认知水平、财务问题理解能力、退休计划完善度、退休储蓄充分度以及取得期望收入的信心，给每个问题赋予相应权重，最终构建了中国居民退休准备指数。退休准备指数的取值在0～10之间，数值越大表明退休准备越充分，其中8～10为高准备指数，6～7.9为中等准备指数，6以下为低准备指数。2020年指数回升至6.23，主要是退休计划完善度方面较上年有大幅提升，而在财务规划认知水平方面有下滑趋势。

报告显示，中国居民对退休生活的愿景总体乐观，信心保持高位。具体而言，居民对退休生活的联想整体乐观，其中未退休居民对未来的愿景较为保守，已退休居民在享受良好退休生活的同时，自身健康。居民更加注重退休后的自我满足，继续工作意愿不高；相较而言，年长者更倾向于自我享受，年轻人的选择更加多样，中高收入群体退休后继续工作意愿更强。

退休居民财务自主能力强，对财务方面担忧较少，对自身健康和心理感受担忧较多；居民预期的退休年龄受国家法律规定影响，预期的退休准备时间延长，年轻一代退休准备方式更加灵活多样。此外，居民对后代未来退休生活的预期保持乐观，也更加自信。调研报告首次重点关注出生于 20 世纪 70 年代以后的青壮年群体，他们目前年龄均未超过 50 岁，正处在工作精力充沛、事业不断上升的黄金时期。然而，未来退休压力逐渐呈现在他们面前。

报告显示，青年人对未来退休生活的愿景相对保守，信心有所不足，其中 80 后相较于 70 后与 90 后更为乐观。究其原因，首先，当代青年人对美好生活的标准提高，满足物质生活需求的压力增大。其次，人口老龄化的严峻形势导致青年人对社会保障体系信心不足。此外，由于青年人距离退休还有很长一段时间，未来的诸多不确定因素导致他们更加保守地预期自己的退休生活。现实中，国内大多数年轻人存在职业规划不清晰、自身定位不准确的问题，而职业规划将直接影响养老和退休规划。

中国居民对发展第一支柱有更高的认同度，而对发展第三支柱的认同度不足，养老保障三支柱的平衡发展离不开居民观念的进一步转变。

在退休规划上，企业可以为员工提供多种形式的福利、技能培训及退休帮助，有必要在为员工提供更全面的医疗服务、退休准备财务建议、更灵活的退休方案等方面进一步努力。个人退休准备计划可以采取多种形式，如保险、应急现金储蓄等，但无论采取何种形式，都应在退休前后为维持财务状况稳定发挥关键作用。

资料来源：2020 年中国居民退休准备指数调研报告.

10.1 概　述

10.1.1 养老规划的必要性

养老规划是个人理财规划的重要组成部分，是为自己在将来有一个自立、有尊严、高品质的退休生活提前做的财务规划和安排。从财务的角度审视，我们的一生中有两大财务缺口：一是 18 岁之前的财务缺口；二是 60 岁退休之后的财务缺口。毫无疑问，18 岁之前的财务缺口由我们的父母来弥补，而 60 岁之后的缺口则需要我们用自己积累的财富来填补。在漫长的一生中，人的消费呈持续的线形，而收入为点状。在人生的各个阶段收入与支出并不匹配：中青年阶段，一般收入大于支出；老年阶段，一般支出大于收入。如果不在青年时期做好退休养老安排，在老年阶段可能就会过得比较拮据。

中国人有养儿防老的观念，但是养儿防老基于三个要素：子女经济状况，与子女、孙子女的感情状况以及子女配偶的配合程度。有些人的子女收入有限，只能养儿而无法养老，有的甚至还需要父母分担孙子女的养育负担，或让父母为其买房，不能养老反而啃老，这将严重影响老年人退休生活的品质。

养老规划就是协调即期与远期的收支关系，20～60 岁是收入积累期，60 岁以后收入下降，支出远远大于收入，需要用前期收入弥补，这也是养老规划的意义所在。因此，我们可以从收入和支出两个角度来分析养老规划的必要性。

从收入角度来看，个体的劳动收入来源减少，主要靠养老金，而养老金替代率不充分。个人养老金替代率是衡量劳动者退休前后生活保障水平差异的一项基本指标，它通过计算劳动者退休时养老金领取水平与退休前工资收入水平之比得出。根据世界银行的建议，要维持退休前的生活水平，养老金替代率不得低于70%，国际劳工组织建议养老金替代率最低标准为55%。我国养老金替代率不高，要维持退休前的生活水平，需要其他收入来源做补充。

从支出的角度来看：

第一，人的预期寿命延长，对养老费用的需求增加。随着社会的进步、经济的发展、人民生活水平的提高以及医疗卫生保障体系的完善，国民整体健康水平有了较大幅度的提升。2020年5月，世界卫生组织发布最新报告《世界卫生统计年鉴2020》，报告显示，2000—2016年，全球预期寿命增加了5.5年，从66.5岁增长到72.0岁。预期寿命仍然受到收入的明显影响：2016年，低收入国家居民的预期寿命（62.7岁）比高收入国家（80.8岁）低18.1年。不同地区的整体健康状况仍然受到经济因素的显著影响。欧美地区的健康预期寿命总体更长。在中国，2016年整体预期寿命为76.4岁（男性75岁，女性77.9岁），健康预期寿命为68.7岁（男性68岁，女性69.3岁），2000年，这两个数字分别为72岁和65岁。寿命的延长说明生活水平的提高、社会的进步，但是也意味着人们需要在退休之前有更多的储蓄和更好的规划。而且随着寿命的延长，不确定性也在增加，这使养老规划更具复杂性：你如何知道你的储蓄能够存续足够长时间以维持你的退休生活？你每年应该拿出多少钱以供消费？如何规避寿命的不确定性等问题？

第二，养老规划要避免货币幻觉。货币幻觉这个概念最早由美国经济学家欧文·费雪提出，它是人们只对货币名义价值做出反应，却忽视其实际购买力变化的一种心理错觉。养老规划涉及的时间较长，确定养老金数量时，很多人可能会忽略通货膨胀率的影响，产生货币幻觉。在消费物价指数为3%的情况下，现在的100万元，10年后只相当于74.41万元，20年后约等于现值的一半55.37万元，30年后为41.20万元，40年后为30.66万元。由于通货膨胀的侵蚀，已有的资本会逐渐缩水，应采取各种工具和方法尽量使其保值增值。

第三，其他不确定的因素也会影响支出。比如，市场利率的变动、个人和家庭成员的健康状况、医疗保险制度、教育规划与退休规划时间重叠产生的冲突等。

总之，养老规划是通过一套科学、系统的程序来保障退休资金的充分积累，方案制定合理并且得到顺利执行，未来的退休生活才有可能得到保障乃至获得丰厚的回报。

10.1.2 养老规划的对象

养老规划能够保证你在职业生涯结束后，仍然可以过上高质量的生活。退休后能够享受自立、有尊严、高品质的退休生活是一个人一生中最重要的财务目标之一，合理的养老规划不但可以满足退休后漫长生活的支出需要，而且能够保证生活品质，减少通货膨胀的影响，保障金融安全。养老规划需要考虑长期的收支平衡，每个人大致有40年的积累期，即从20岁开始工作到60岁退休为止。假设退休人员的平均寿命为20年，则退休规划需要统筹考虑以40年的收入支持20年的支出。

养老规划的内容分为退休前和退休后。退休前是资金投入的有序安排，包括时间安排、投入金额安排以及投资工具和方式的安排；退休后是支出的安排，指如何安排消费才不会使前期投入的养老金出现短缺。

根据客户对象划分，养老规划可以分为个人退休规划、家庭退休规划。家庭退休规划是针对所有家庭成员的退休规划，一般而言，退休规划都是以家庭为整体来进行的。家庭成员如果年龄差距较大，退休时间间隔就会相差较大，做规划时需要考虑年龄差距的影响。特别是在作为家庭收入主要贡献者的家庭成员先退休的情况下，更应做好退休资金投入与使用安排。总之，人们应该依据自身经济状况，综合考虑家庭收入和支出，对自己退休后的生活方式和生活质量进行恰当的评估和合理的安排。一方面要尽量维持较高的生活水平；另一方面还要考虑到自己的实际情况，不能盲目追求超标准生活。

参考阅读

预期寿命

平均预期寿命不是解释问题的最好方法。一个关于统计学家的笑话是，他将一只手浸在滚烫的热水中，另一只手浸在刺骨的冰水中，然后声称“平均”温度正好。

我认为考虑长寿风险和不确定性较好的方法是参考保险统计学中的概率表，如表 10-1 所示。

表 10-1 65 岁的生存可能性（%）

活到以下年龄（岁）	女性	男性	夫妻中至少一人
70	93.9	92.2	99.5
75	85.0	81.3	97.2
80	72.3	65.9	90.6
85	55.8	45.5	75.9
90	34.8	23.7	50.3
95	15.6	7.7	22.1
100	5.0	1.4	6.3

资料来源：PR2000 死亡率表格. IFID 中心计算.

如表 10-1 所示，如果你是 65 岁的男性，根据死亡率假设，活到 85 岁的概率高于 45%。如果你决定在 65 岁退休，那么就需要 20 年的退休收入。而一个 65 岁的男性有 23.7%的概率活到 90 岁，那他就需要 25 年的收入。对女性而言，长寿的概率更高。一位 65 岁的女性大概有 35%的机会活到 90 岁。换句话说，如果有一群 65 岁的男性，那么他们中间不到 1/4 的人会活到 90 岁。当然，我们不能预知谁是这幸运的 1/4，所以他们都应该为以后 25 年的退休收入做规划。而夫妻中至少一人活到 90 岁的概率则高达 50.3%。

资料来源：摩西·A. 米列夫斯基. 投资与养老：最有价值的理财规划实践指南. 北京：人民邮电出版社，2015.

10.1.3 养老规划的原则

汇丰银行发布的一项全球调查《未来的退休生活：健康新起点》显示，如果条件允许，中国3/4的准退休人士（45岁及以上的在职人士）希望在未来五年内退休。这一现象虽与全球范围的准退休人士的意愿吻合，但比例明显高于全球平均水平（65%），仅次于阿根廷（78%）和法国（77%），与英国（75%）相当。调查进一步发现，即便有意五年内退休，约三成（31%）的中国受访者表示难以如愿，该比例略低于38%的全球平均水平。调查显示造成“理想和现实间差距”的原因中，财务压力是主要原因之一，认同这一选项的受访者达34%，而全球的平均水平则超过81%。如何缓解退休的财务压力，尽早实现理想的退休生活？这就需要做好养老规划，养老规划的原则如下。

1. 及早规划原则

养老规划越早开始越好。养老规划开始得早，可以在一个较长的时期内进行定投和其他方式的资金运作，具有比较高的成功率，每期投入的资金也会相对少一些。

提早确定退休年龄、财务目标等内容，可以帮助个人养老规划执行得更顺利。确定自己的退休年龄很重要，因为退休后收入一般都会大幅削减，这会影响个人的生活水平和质量。无论养老金以何种形式进行储备，都应未雨绸缪，提前做好规划和安排，越早开始积累越轻松，持之以恒才能有美好的明天。

2. 弹性化原则

养老规划的制定要留有充足的余地，应当视个人的需求及实践能力而定，若发现拟定的目标偏高，可以适当调整。对退休后的生活，不同的人有不同的期望，所需要的费用也不尽相同，既取决于制定的退休计划，又受到人们职业特点和生活方式的限制。人们的生活方式和生活质量应当建立在对收入和支出进行合理规划的基础上，不切实际的高标准只能让退休生活更加困难。为此，我们需要树立正确的消费观，一方面要尽力维持较高的生活水平，不降低生活质量；另一方面还要考虑到自己的实际情况，不盲目追求高端生活。

总之，养老规划应具有弹性或缓冲性，确保能根据环境的改变做出相应调整，以增强其适应性。

3. 谨慎性原则

总会有一些人对自己退休后的经济状况过于乐观，他们往往会高估退休之后的收入，而低估退休之后的开支。应充分考虑各种情况，再确定自己的养老目标，避免对退休后的经济状况的估计过于乐观或过于保守。应本着谨慎性原则，多估计支出，少估计收入，使退休后的生活有更多的财务资源。谨慎性原则并不是说要放弃高风险的投资，而是应根据预计投资年限和退休金使用情况，对高低风险收益的投资工具进行合理搭配。年龄越大的投资者投资高风险的理财产品的比例越低，因为需要较长的时间才能够获得较高的收益。年龄较大的投资者对于资金需求更大，所以不建议即将退休的投资者再去投资风险较高的理财产品。

4. 动态化原则

养老规划制定好以后并不是一成不变的，而是要不断修订与更新。养老规划的时间跨度比较大，计划赶不上变化，最初制定养老规划时的条件可能发生改变，比如，随着通货膨胀率的提高，个人所需养老金的数额也要相应提高，此外，个人生活水平、不同投资工具回报率和社会保障体系完善程度等多种因素的改变，都将直接影响到养老规划的合理安排。由于养老金的积累时间很长，因此不断对投资组合方案进行修正，对养老规划进行动态的管理是必不可少的重要环节。

10. 2　养老规划的方法

10. 2. 1　确定目标

随着医疗水平及人们生活水平的不断提高，人均寿命的不断延长，我们需要面对漫长的退休生活：收入下降，身体素质下降导致医疗投入增加，有大量的时间可以支配，这一切都需要退休前制定完善的养老规划来支撑。对退休后的生活，不同的人会有不同的期待。根据对退休生活不同方面（衣食住用行等）的不同要求，将退休生活分为四个需求层次：第一层次是退休后过基本生活，第二层次是退休后维持与退休前同水准的生活，第三层次是退休后过高于退休前水准的生活，第四层次是给子女留下较丰厚的遗产。要满足不同的需求，需要的投资工具有所不同。例如，第一层次可以通过基本社保或年金保险来满足，而最高层次则需要投资风险高收益高的工具来满足。

退休生活的基本目标可以以收入或消费为标准：退休收入替代率目标（从收入角度），即退休前收入的一定比例，一般认为应在 60%～70%；退休生活消费目标（从消费角度），即退休前消费的一定比例，一般认为应在 80%左右。以上收入和消费目标与职业、生活方式相关，可进行期望调整，最高不超过根据未来收入确定的持久消费水平。此外还有特殊退休目标，例如旅游、补充医疗、社会活动、迁居、抚育第三代、长期护理、购房、购车等。

总之，对退休后的生活，不同的人会有不同的期望，所需要的费用也不尽相同。目标的确定决定了你的投资年限和投资工具的选择。

10. 2. 2　估算收支

确定目标之后，就要估算退休生活的收支情况，毕竟消费支出以收入为最大来源。对于多数退休养老的人来说，收入分为以下几类：第一类是稳定的经常性收入，如养老金、企业年金以及人寿保险等；第二类是劳务收入，某些具有特殊专业技能和知识的人可能退休后并没有停止工作，还有劳务收入，比如返聘、自营收入，这部分收入是主动性收入，并非永久性的，随着年纪的增大，这部分收入会逐步减少或没有；第三类是投资性收入，包括储蓄、债券、基金、股票、房租等，投资性收入的多少和稳定与否取决于投资工具的风险和个人投资操作水平，除了房租和储蓄有相对的稳定性，其余类型的投资工具的收益受市场行情以及经济大环境的影响较大；此外还有其他类收入，比如子女、亲属的赡养费。总之，退休后收入不是一成不变的，应不断地根据实际情况进行调整。

退休后的支出，首先是基本的衣食住行的生活费用，然后是参与各种社会活动的费用、旅游费用，以及随着年纪的增长逐步增加的医疗费用等。每个人应依据自身的经济状况，在综合考虑家庭收入和支出的情况下，对自己退休后的生活方式和生活质量进行恰当的评估和合理的安排。一方面要尽量维持较高的生活水平，不降低生活质量；另一方面还要考虑到自己的实际情况，不能盲目追求超标准的生活。然后制定一个切合实际的个人退休计划，在制定个人退休计划时，对退休生活的期望应尽可能详细，根据各个条目列出大概所需的费用，同时应考虑通货膨胀的因素，据此来估算个人退休后的生活成本。在对退休生活有了清晰的认识之后，再考虑自己已经准备了多少养老金，这些养老金能否让自己过上设想的退休生活。

10.2.3 制定计划

养老规划就是计算出退休生活的开支和收入之间的差额，具体步骤如下：

（1）计算当前每月日常支出（年度支出分摊到每个月）A：

$$A=\frac{\text{年度预计总支出}}{12}$$

（2）考虑通货膨胀率以及生活费增长率等因素，计算退休时当年每月需要的费用 B：

$$B=A\times(1+\text{通货膨胀率}+\text{生活费增长率})^n$$

式中，n 为现在距离退休的年数。

（3）退休后，考虑到通货膨胀因素，实际上每年的生活费用都是递增的，但为了计算简便，我们假设退休后的投资回报率能够基本抵消每年通货膨胀的影响，则退休后生活总费用为 C：

$$C=B\times 12\times\text{退休年限}$$

再加上一笔大病医疗费用 M，就大约是退休后所需的费用总和了，命名为 E：

$$E=C+M$$

（4）如果已经有保险、存款等养老投资，则可以从 E 中减去这部分，得到养老金缺口 F：

$$F=E-\text{已准备养老金}$$

$$\text{退休生活总需求}-\text{已累积之净额}-\text{退休时可领退休金}=\text{需自筹的退休金}$$

从上面的公式可以看出，养老规划的设计主要是明确养老金缺口，也就是需自筹的退休金。根据退休生活设计确定退休生活总需求，工作生涯设计决定已累积之净额和退休时可领退休金，剩余部分即需自筹的退休金，这部分应考虑投资报酬率、通货膨胀率、薪资增长率以及剩余工作年限等。

（5）根据个人的投资回报率、投资时间以及养老金缺口 F，确定每月投资额 G。只要能按计划每个月投资 G，并达到预定投资回报率，就一定能过上安心的退休生活。

10.2.4 筛选工具

根据养老金缺口选择不同的投资工具，来达到预定的投资目的。积累养老金的渠道主要有四个：一是社保养老金保险，每月由企业和个人缴纳一定比例的社保养老金，退休后就可以领取一定的退休金；二是企业年金保险，个人与企业定期支付一笔钱用来投资累积养老金，退休后按规定方式支付；三是商业保险，商业养老保险在设计上比较个性化，领取时间完全因人而异，可以在有实力的保险公司购买；四是自筹退休金，自筹退休金主要是积蓄投资，使有限资金发挥更大效用，可以选择市场上合适的投资工具。

由于基本社会养老保险和企业养老年金属于被动的养老规划，当事人无法自主进行调节，因此制定养老规划的重点应放在商业保险、证券投资基金和股票投资等方面。同时也可以利用以下途径来实现对养老规划的调整：提高储蓄比例；延长工作年限并推迟退休；减少退休后的花销；进行收益率高的投资等。在养老规划的工具选择上，每个人根据资金使用情况和风险承受能力的不同会有多种资产配置组合，可以按照一定的比例进行合理搭配，并获得一定的收益。对性格保守、安全需求高的投资者来说，可以选择低风险的投资工具；有一定风险承受能力的投资者可以在理财师的指导下进行高风险的投资工具的配置，以满足高品质退休生活的要求。

10.2.5 动态调整

养老规划确定以后，应密切监督、定期评价规划实施的效果，根据实际情况对规划做出相应调整。在对原来规划做调整时，既不能因金融市场波动而频繁调整金融工具的配置，增加相应的成本，也不能为节约成本而错失调整的最佳时机。养老规划的时间跨度比较大，最好每隔三五年对收支进行重新估算，并且审视资产配置，看是否能达到当初的理想目标。这是一个动态执行并调整的过程，制定养老方案不可能一劳永逸。

10.3 养老规划的工具选择

10.3.1 社会基本养老保险制度

社会养老保险制度是国家根据人民的体质和劳动力资源情况，规定一个年龄界限，当劳动者达到这个年龄界限时因为年老丧失劳动能力，可解除劳动义务，由国家和社会提供物质帮助，以保障其晚年基本生活的一种社会保障制度。

我国原有的社会基本养老保险依照人群的不同分为四大模块，即城镇职工基本养老保险（职保）、新型农村社会养老保险（新农保）、城镇居民养老保险（城居保）和机关事业单位退休制度。原来公务员或事业单位的人员实行退休养老制度，即费用由国家或者单位负担，个人不缴费，养老金以本人工资为基数，按照工龄长短计发。后实行退休养老制度的并轨改革，现有三类基本养老保险制度：机关事业单位养老保险、城乡居民基本养老保险（将新农保与城居保合并），以及城镇职工基本养老保险。

1. 机关事业单位养老保险

2015年1月，国务院印发《关于机关事业单位工作人员养老保险制度改革的决定》，确定从2014年10月1日起对机关事业单位工作人员养老保险制度进行改革，公务员和事业单位人员不再是脱离基本养老保险之外的特殊群体。事业单位工作人员实行社会统筹与个人账户相结合的基本养老保险制度。基本养老保险费由单位和个人共同负担。单位缴纳基本养老保险费的比例为本单位工资总额的20%，个人缴纳基本养老保险费的比例为本人缴费工资的8%，由单位代扣。按本人缴费工资8%的数额建立基本养老保险个人账户，全部由个人缴费形成。个人工资超过当地上年度在岗职工平均工资300%以上的部分，不计入个人缴费工资基数；低于当地上年度在岗职工平均工资60%的，按当地在岗职工平均工资的60%计算个人缴费工资基数。

个人账户储存额只用于工作人员养老，不得提前支取，每年按照国家统一公布的记账利率计算利息，免征利息税。参保人员死亡的，个人账户余额可以依法继承。上述决定实施后参加工作、个人缴费年限累计满15年的人员，退休后按月发给基本养老金。基本养老金由基础养老金和个人账户养老金组成。退休时的基础养老金月标准以当地上年度在岗职工月平均工资和本人指数化月平均缴费工资的平均值为基数，缴费每满1年发给1%。个人账户养老金月标准为个人账户储存额除以计发月数，计发月数根据本人退休时城镇人口平均预期寿命、本人退休年龄、利息等因素确定。

上述决定实施前参加工作、实施后退休且缴费年限（含视同缴费年限，下同）累计满15年的人员，按照合理衔接、平稳过渡的原则，在发给基础养老金和个人账户养老金的基础上，再依据视同缴费年限长短发给过渡性养老金。具体办法由人力资源和社会保障部会同有关部门制定并指导实施。

上述决定实施后达到退休年龄但个人缴费年限累计不满15年的人员，其基本养老保险关系处理和基本养老金计发比照《实施〈中华人民共和国社会保险法〉若干规定》（人力资源和社会保障部令第13号）执行。

2. 城乡居民基本养老保险

2014年4月，国务院颁布了《关于建立统一的城乡居民基本养老保险制度的意见》，将原来的新农保和城居保两项制度合并实施，在全国范围内建立统一的城乡居民基本养老保险制度。

城乡居民养老保险基金由个人缴费、集体补助、政府补贴构成。个人缴费标准目前设为每年100元、200元、300元、400元、500元、600元、700元、800元、900元、1 000元、1 500元、2 000元12个档次，省（区、市）人民政府可以根据实际情况增设缴费档次，最高缴费档次标准原则上不超过当地灵活就业人员参加职工基本养老保险的年缴费额，并报人力资源和社会保障部备案。人力资源和社会保障部会同财政部依据城乡居民收入增长等情况适时调整缴费档次标准。参保人自主选择档次缴费，多缴多得。

有条件的村集体经济组织应当对参保人缴费给予补助，补助标准由村民委员会召开村民会议民主确定。政府对符合领取城乡居民养老保险待遇条件的参保人全额支付基础养老金，其中，中央财政对中西部地区按中央确定的基础养老金标准给予全额补助，对东部地区给予50%的补助。

地方人民政府应当对参保人缴费给予补贴，对选择最低档次标准缴费的，补贴标准不低于每人每年30元；对选择较高档次标准缴费的，适当增加补贴金额；对选择500元及以上档次标准缴费的，补贴标准不低于每人每年60元，具体标准和办法由省（区、市）人民政府确定。

城乡居民养老保险待遇由基础养老金和个人账户养老金构成，支付终身。中央确定基础养老金最低标准，建立基础养老金最低标准正常调整机制，根据经济发展和物价变动等情况，适时调整全国基础养老金最低标准。地方人民政府可以根据实际情况适当提高基础养老金标准。个人账户养老金的月计发标准，目前为个人账户全部储存额除以 139（与现行职工基本养老保险个人账户养老金计发系数相同）。参保人死亡，个人账户资金余额可以依法继承。参加城乡居民养老保险的个人，年满 60 周岁、累计缴费满 15 年，且未领取国家规定的基本养老保障待遇的，可以按月领取城乡居民养老保险待遇。

3. 城镇职工基本养老保险

根据《中华人民共和国社会保险法》的规定，企业职工应当参加基本养老保险，由用人单位和职工共同缴纳基本养老保险费。基本养老保险实行社会统筹与个人账户相结合。基本养老保险基金由用人单位和个人缴费以及政府补贴等组成。用人单位的缴费基数有的地方以企业工资总额为准，如辽宁、吉林、河南、浙江等多数省市；有的地方以全部职工缴费工资之和为基数，如北京、天津、深圳等部分省市。用人单位缴纳基本养老保险费的比例一般不超过企业工资总额的 20%，具体比例由省、自治区、直辖市人民政府确定。职工个人按照本人缴费工资的 8%缴费，计入个人账户，缴费工资为本人上一年度月平均工资。月平均工资超过当地职工平均工资 300%以上的部分，不计入个人缴费工资基数；低于当地职工平均工资 60%的，按 60%计算缴费工资基数。职工个人缴纳的养老保险费全部计入个人账户，形成个人账户基金，用于退休后个人账户养老金的发放。

基本养老金根据个人累计缴费年限、缴费工资、当地职工平均工资、个人账户金额、城镇人口平均预期寿命等因素确定。参加基本养老保险的个人，达到法定退休年龄时累计缴费满 15 年的，按月领取基本养老金。参加基本养老保险的个人，达到法定退休年龄时累计缴费不足 15 年的，可以缴费至满 15 年，按月领取基本养老金；也可以转入新型农村社会养老保险或者城镇居民社会养老保险，按照国务院规定享受相应的养老保险待遇。

2016 年 4 月，人力资源和社会保障部、财政部印发了《关于阶段性降低社会保险费率的通知》，明确从 2016 年 5 月 1 日起，企业职工基本养老保险单位缴费比例超过 20%的省（区、市），将单位缴费比例降至 20%。通知指出，单位缴费比例为 20%且 2015 年底企业职工基本养老保险基金累计结余可支付月数高于 9 个月的省（区、市），可以阶段性将单位缴费比例降低至 19%，降低费率的期限暂按两年执行。具体方案由各省（区、市）确定。

10.3.2　企业年金

作为我国正在建立的劳动者养老保障的三大支柱——社会基本保险、企业补充保险和个人商业养老保险中的重要一环，企业年金是指企业及其职工在依法参加基本养老保险的基础上，自愿建立的补充养老保险。企业年金不能代替职工的基本养老保险，更不是企业年底给职工发的奖金。它是国家为建立多层次的养老保险制度、更好地保障职工退休后的生活而建立的补充养老保险。作为企业为职工购买的一项福利保障，它弥补了高覆盖、低保障的社会基本养老保险的不足。

1. 企业年金与职业年金

为建立多层次养老保险体系，保障机关事业单位工作人员退休后的生活水平，促进人力资源的合理流动，根据《国务院关于机关事业单位工作人员养老保险制度改革的决定》（国发〔2015〕2号）等相关规定，国务院于2015年3月颁布了《机关事业单位职业年金办法》。人力资源和社会保障部、财政部于2016年9月制定了《职业年金基金管理暂行办法》。2017年12月，人力资源和社会保障部及财政部联合颁布了《企业年金办法》，于2018年2月开始执行。

企业年金与职业年金都是养老保险的补充，均须在参加基本养老保险的基础上建立，但是这两种年金针对的对象、缴费比例、领取方式、参保条件都有所不同。

（1）对象不同。企业年金是指企业及其职工在依法参加基本养老保险的基础上自愿建立的补充养老保险。职业年金是指机关事业单位及其工作人员在参加机关事业单位基本养老保险的基础上建立的补充养老保险。

（2）缴费比例不同。职业年金所需费用由单位和工作人员个人共同承担。单位缴纳职业年金费用的比例为本单位工资总额的8%，个人缴费比例为本人缴费工资的4%，由单位代扣。单位和个人缴费基数与机关事业单位工作人员基本养老保险缴费基数一致。单位缴费按照个人缴费基数的8%计入本人职业年金个人账户；个人缴费直接计入本人职业年金个人账户。职业年金基金投资运营收益，按规定计入职业年金个人账户。我国企业年金所需费用由企业和职工共同缴纳。企业缴费每年不超过本企业职工工资总额的8%。企业和职工个人缴费合计不超过本企业职工工资总额的12%。具体所需费用由企业和职工一方协商确定。企业应当合理确定本单位当期缴费计入职工企业年金个人账户的最高额与平均额的差距。企业当期缴费计入职工企业年金个人账户的最高额与平均额不得超过5倍。

（3）领取方式不同。职业年金：工作人员退休后，按月领取职业年金待遇。企业年金：工作人员退休后，可一次性领取也可分期领取企业年金待遇。

（4）参保条件不同。职业年金：具有强制性。机关事业单位在参加基本养老保险的基础上，应当为其工作人员建立职业年金。企业年金：自愿参保。企业依法参加基本养老保险并履行缴费义务，同时具有相应的经济负担能力，并已建立集体协商机制。

企业年金可划分为强制性和自愿性两类。自愿性指国家通过立法，制定基本规则和基本政策，企业自愿参加。企业一旦决定实行企业年金，必须按照既定的规则运作；具体实施方案、待遇水平、基金模式由企业制定或选择。2007—2020年企业年金数据见表10-2。

表10-2 我国企业年金历年基本情况

年份	企业数（百家）	职工数（万人）	积累基金（亿元）
2007	320	929	1 519
2008	331	1 038	1 911
2009	335	1 179	2 533
2010	371	1 335	2 809

续前表

年份	企业数（百家）	职工数（万人）	积累基金（亿元）
2011	449	1 577	3 570
2012	547	1 847	4 821
2013	661	2 056	6 035
2014	733	2 293	7 689
2015	755	2 316	9 526
2016	763	2 325	11 075
2017	804	2 331	12 880
2018	874	2 388	14 770
2019	960	2 548	17 985
2020	1 052	2 718	22 497

资料来源：人力资源和社会保障部社会保险基金监督局．2020 年全国企业年金业务数据．

2. 企业年金的运行方式

企业年金基金实行完全积累，采用个人账户方式进行管理。企业年金基金可以按照国家规定投资运营，企业年金基金投资运营收益并入企业年金基金。因此企业年金基金包括企业缴费、职工个人缴费、企业年金基金投资运营收益。企业缴费应当按照企业年金方案规定比例计算的数额计入职工企业年金个人账户，职工个人缴费额计入本人企业年金个人账户。企业年金基金投资运营收益，按净收益率计入企业年金个人账户。职工在达到国家规定的退休年龄时，可以从本人企业年金个人账户中一次或定期领取企业年金。职工未达到国家规定的退休年龄的，不得从个人账户中提前提取资金。出境定居人员的企业年金个人账户资金，可根据本人要求一次性支付给本人。职工变动工作单位时，企业年金个人账户资金可以随同转移。职工升学、参军、失业期间或新就业单位没有实行企业年金制度的，其企业年金个人账户可由原管理机构继续管理。职工或退休人员死亡后，其企业年金个人账户余额由其指定的受益人或法定继承人一次性领取。

由此可知，我国的企业年金为确定缴费型，即企业年金计划不向职工承诺未来年金数额或替代率，职工退休后年金的多少完全取决于职工个人的缴费金额以及投资收益。另外，执行年金计划的企业不能自行确定企业年金的领取年龄，而是参照国家统一规定的法定退休年龄。

建立企业年金的企业，应当确定企业年金受托人，受托管理企业年金。受托人可以是企业成立的企业年金理事会，也可以是符合国家规定的法人受托机构。

确定受托人应当签订书面合同，合同一方为企业，另一方为受托人。受托人可以委托具有资格的企业年金账户管理机构作为账户管理人，负责管理企业年金账户。可以委托具有资格的投资运营机构作为投资管理人，负责企业年金基金的投资运营。受托人应当选择具有资格的商业银行或专业托管机构作为托管人，负责托管企业年金基金。受托人与账户管理人、投资管理人和托管人确定委托关系，应当签订书面合同。企业年金基金必须与受托人、账户管理人、投资管理人和托管人的自有资产或其他资产分开管理，不得挪作他用。企业年金中各个主体之间的关系如图 10－1 所示。受托人与企业年金基金账户管理机构、企业年金基金托管机构和企业年金基金投资管理机构分别签订委托管理合同。一个企业年金计划应当仅有一个受托人、一个账户管理人和一个托管人，可以根据资产规模大小选择适量的投资管理人。

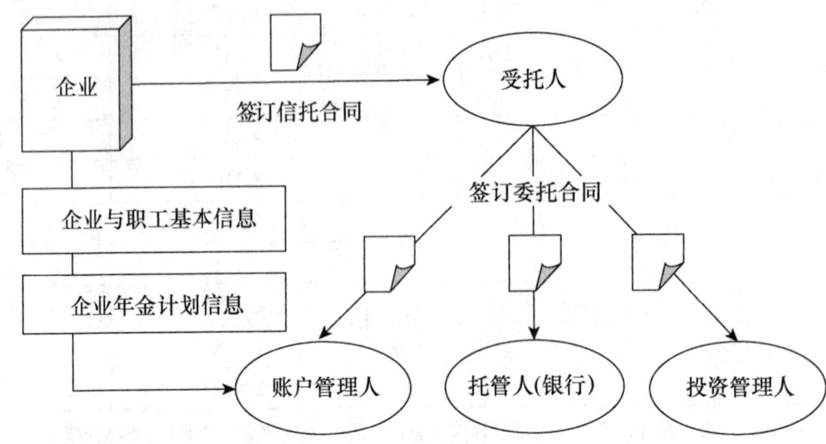

图 10－1　企业年金关系图

同一企业年金计划中，受托人与托管人、托管人与投资管理人不得为同一人；建立企业年金计划的企业成立企业年金理事会作为受托人的，该企业与托管人不得为同一人；受托人与托管人、托管人与投资管理人、投资管理人与其他投资管理人的总经理和企业年金从业人员，不得相互兼任。同一企业年金计划中，法人受托机构具备账户管理或者投资管理业务资格的，可以兼任账户管理人或者投资管理人。

3. 企业年金的参与主体

受托人是指受托管理企业年金基金的符合国家规定的养老金管理公司等法人受托机构或者企业年金理事会（2020年企业年金基金法人受托管理情况如表10－3所示）。建立企业年金计划的企业，应当通过职工大会或者职工代表大会讨论确定，选择法人受托机构作为受托人，或者成立企业年金理事会作为受托人。企业年金理事会由企业和职工代表组成，也可以聘请企业以外的专业人员参加，其中职工代表应不少于1/3。企业年金理事会除管理本企业的企业年金事务之外，不得从事其他任何形式的营业性活动。法人受托机构应当具备下列条件：经国家金融监管部门批准，在中国境内注册的独立法人；具有完善的法人治理结构；取得企业年金基金从业资格的专职人员达到规定人数；具有符合要求的营业场所、安全防范设施和与企业年金基金受托管理业务有关的其他设施；具有完善的内部稽核监控制度和风险控制制度；近3年没有重大违法违规行为；国家规定的其他条件。

受托人应当履行下列职责：

（1）选择、监督、更换账户管理人、托管人、投资管理人。

（2）制定企业年金基金战略资产配置策略。

（3）根据合同对企业年金基金管理进行监督。

（4）根据合同收取企业和职工缴费，向受益人支付企业年金待遇，并在合同中约定具体的履行方式。

（5）接受委托人查询，定期向委托人提交企业年金基金管理和财务会计报告；发生重大事件时，及时向委托人和有关监管部门报告；定期向有关监管部门提交开展企业年金基金受托管理业务情况的报告。

(6) 按照国家规定保存与企业年金基金管理有关的记录自合同终止之日起至少 15 年。

(7) 国家规定和合同约定的其他职责。

表 10-3　2020 年企业年金基金法人受托管理情况

企业年金基金管理机构	企业数（家）	职工数（人）	受托管理资产金额（万元）
华宝信托有限责任公司	328	181 969	1 270 902.02
中信信托有限责任公司	15	3 274	35 701.08
平安养老保险股份有限公司	27 523	4 931 902	34 574 101.09
太平养老保险股份有限公司	10 006	1 639 029	11 863 270.92
中国工商银行股份有限公司	2 309	2 005 597	17 816 041.12
招商银行股份有限公司	680	207 922	1 046 295.51
长江养老保险股份有限公司	8 651	1 485 967	10 894 261.09
中国人寿养老保险股份有限公司	22 851	6 325 639	46 723 583.62
泰康养老保险股份有限公司	7 025	1 480 969	11 023 317.34
建信养老金管理有限责任公司	3 173	1 421 550	11 492 146.48
中国银行股份有限公司	451	390 826	4 129 449.49
中国农业银行股份有限公司	293	657 946	5 913 616.14
中国人民养老保险有限责任公司	130	14 150	74 237.61
合计	83 435	20 746 740	156 856 924.41

资料来源：人力资源和社会保障部社会保险基金监督局. 2020 年全国企业年金业务数据.

账户管理人是指接受受托人委托管理企业年金基金账户的专业机构。账户管理人应当具备下列条件：经国家有关部门批准，在中国境内注册的独立法人；具有完善的法人治理结构；取得企业年金基金从业资格的专职人员达到规定人数；具有相应的企业年金基金账户信息管理系统；具有符合要求的营业场所、安全防范设施和与企业年金基金账户管理业务有关的其他设施；具有完善的内部稽核监控制度和风险控制制度；近 3 年没有重大违法违规行为；国家规定的其他条件。

账户管理人应当履行下列职责：

(1) 建立企业年金基金企业账户和个人账户；

(2) 记录企业、职工缴费以及企业年金基金投资收益；

(3) 定期与托管人核对缴费数据以及企业年金基金账户财产变化状况，及时将核对结果提交受托人；

(4) 计算企业年金待遇；

(5) 向企业和受益人提供企业年金基金企业账户和个人账户信息查询服务，向受益人提供年度权益报告；

(6) 定期向受托人提交账户管理数据等信息以及企业年金基金账户管理报告，定期向有关监管部门提交开展企业年金基金账户管理业务情况的报告；

(7) 按照国家规定保存企业年金基金账户管理档案自合同终止之日起至少 15 年；

(8) 国家规定和合同约定的其他职责。

托管人是指接受受托人委托保管企业年金基金财产的商业银行。成为托管人应当具备下列条件：经国家金融监管部门批准，在中国境内注册的独立法人；具有完善的法人治理结构；设有专门的资产托管部门；取得企业年金基金从业资格的专职人员达到规定人数；具有保管企业年金基金财产的条件；具有安全高效的清算、交割系统；具有符合要求的营业场所、安全防范设施和与企业年金基金托管业务有关的其他设施；具有完善的内部稽核监控制度和风险控制制度；近3年没有重大违法违规行为；国家规定的其他条件。

托管人应当履行下列职责：

（1）安全保管企业年金基金财产；

（2）以企业年金基金名义开设基金财产的资金账户和证券账户等；

（3）对所托管的不同企业年金基金财产分别设置账户，确保基金财产的完整和独立；

（4）根据受托人指令，向投资管理人分配企业年金基金财产；

（5）及时办理清算、交割事宜；

（6）负责企业年金基金会计核算和估值，复核、审查和确认投资管理人计算的基金财产净值；

（7）根据受托人指令，向受益人发放企业年金待遇；

（8）定期与账户管理人、投资管理人核对有关数据；

（9）按照规定监督投资管理人的投资运作，并定期向受托人报告投资监督情况；

（10）定期向受托人提交企业年金基金托管和财务会计报告，定期向有关监管部门提交开展企业年金基金托管业务情况的报告；

（11）按照国家规定保存企业年金基金托管业务活动记录、账册、报表和其他相关资料自合同终止之日起至少15年；

（12）国家规定和合同约定的其他职责。

托管人在管理资产时，不能将托管的企业年金基金财产与其固有财产混合管理；不能将托管的企业年金基金财产与托管的其他财产混合管理；不能将托管的不同企业年金计划、不同企业年金投资组合的企业年金基金财产混合管理；禁止侵占、挪用托管的企业年金基金财产等。

基金投资管理人是指接受受托人委托投资管理企业年金基金财产的专业机构。投资管理人应当具备下列条件：经国家金融监管部门批准，在中国境内注册，具有受托投资管理、基金管理或者资产管理资格的独立法人；具有完善的法人治理结构；取得企业年金基金从业资格的专职人员达到规定人数；具有符合要求的营业场所、安全防范设施和与企业年金基金投资管理业务有关的其他设施；具有完善的内部稽核监控制度和风险控制制度；近3年没有重大违法违规行为；国家规定的其他条件。

投资管理人不能将其固有财产或者他人财产混同于企业年金基金财产；禁止不公平对待企业年金基金财产与其管理的其他财产；禁止不公平对待其管理的不同企业年金基金财产；禁止侵占、挪用企业年金基金财产；禁止承诺、变相承诺保本或者保证收益；禁止利用所管理的其他资产为企业年金计划委托人、受益人或者相关管理人谋取不正当利益等行为。2007—2020年我国企业年金基金投资管理情况见表10-4。

表 10-4 2007—2020 年我国企业年金基金投资管理情况

年份	投资组合数（个）	资产金额（亿元）	当年加权平均收益率（%）
2007	212	154.63	41.00
2008	588	974.90	−1.83
2009	1 049	1 591.02	7.78
2010	1 504	2 452.98	3.41
2011	1 882	3 325.48	−0.78
2012	2 210	4 451.62	5.68
2013	2 519	5 783.60	3.67
2014	2 740	7 402.86	9.30
2015	2 993	9 260.3	9.88
2016	3 207	10 756.22	3.03
2017	3 568	12 537.57	5
2018	3 929	14 502.21	3.01
2019	4 327	17 689.96	8.30
2020	4 633	22 149.57	10.31
年平均			7.30

资料来源：人力资源和社会保障部社会保险基金监督局. 2020 年全国企业年金业务数据.

投资管理人应当履行下列职责：

(1) 对企业年金基金财产进行投资；

(2) 及时与托管人核对企业年金基金会计核算和估值结果；

(3) 建立企业年金基金投资管理风险准备金；

(4) 定期向受托人提交企业年金基金投资管理报告，定期向有关监管部门提交开展企业年金基金投资管理业务情况的报告；

(5) 根据国家规定保存企业年金基金财产会计凭证、会计账簿、年度财务会计报告和投资记录自合同终止之日起至少 15 年；

(6) 国家规定和合同约定的其他职责。

法人受托机构、账户管理人、托管人、投资管理人开展企业年金基金管理相关业务，应当向人力资源和社会保障部提出申请。法人受托机构、账户管理人、投资管理人向人力资源和社会保障部提出申请前应当先经其业务监管部门同意，托管人向人力资源和社会保障部提出申请前应当先向其业务监管部门备案。人力资源和社会保障部收到法人受托机构、账户管理人、托管人、投资管理人的申请后，应当组织专家评审委员会，按照规定进行审慎评审。经评审符合条件的，由人力资源和社会保障部会同有关部门确认公告；经评审不符合条件的，应当书面通知申请人。法人受托机构、账户管理人、托管人、投资管理人开展企业年金基金管理相关业务，应当接受人力资源和社会保障行政部门的监管。法人受托机构、账户管理人、托管人和投资管理人的业务监管部门按照各自职责对其经营活动进行监督。

10.3.3 商业养老保险

社会养老保障体系有三大支柱，分别是社会保险、企业补充保险与个人商业养老保险。在美国的养老保险体系中，40%由社会保险负担，40%依靠企业年金，20%依靠个人购买商业保险。实际上，目前国内大多数人仍以社会养老保险为主，购买商业养老保险的人极其有限。2014年8月，国务院发布《关于加快发展现代保险服务业的若干意见》，提出要构筑保险民生保障网，完善多层次社会保障体系，致力于推动中国从保险大国走向保险强国，要把商业保险建成社会保障体系的重要支柱，商业保险要逐步成为个人和家庭商业保障计划的主要承担者、企业发起的养老健康保障计划的重要提供者、社会保险市场化运作的积极参与者。意见明确提出，保险要成为政府、企业、居民风险管理和财富管理的基本手段，成为提高保障水平和保障质量的重要渠道，成为政府改进公共服务、加强社会管理的有效工具。到2020年，保险深度（保费收入/国内生产总值）要达到5%，保险密度（保费收入/总人口）达到3 500元/人。

2020年1月，银保监会、发改委、人力资源和社会保障部等共计13个部门共同发布《关于促进社会服务领域商业保险发展的意见》，提出要大力发展商业养老年金保险，推动商业保险机构加快开发投保简便、交费灵活、收益稳健的个人账户式商业养老保险产品。鼓励商业保险机构发展有助于实现养老金融产品年金化领取的保险产品，满足消费者终身领取、长期领取需求。支持商业保险机构发展与养老服务相衔接的保险产品。充分发挥商业养老保险作用，支持养老保险第三支柱发展。积极探索运用多种激励措施，鼓励公众参与养老保险第三支柱。结合建立养老保险第三支柱制度，完善个人税收递延型商业养老保险试点政策。在安全审慎基础上，拓宽商业养老保险资金投资范围和运用方式，实现长期保值增值。力争到2025年，商业保险为参保人积累不低于6万亿元养老保险责任准备金。

商业养老保险是以获得养老金为主要目的的长期人身险，它是年金保险的一种特殊形式，又称退休金保险，是社会养老保险的补充。

商业养老保险的被保险人在缴纳一定的保险费以后，就可以从一定的年龄开始领取养老金。商业养老保险通常有定额、定时或一次性趸领三种方式。趸领是在约定领取时间，把所有的养老金一次性全部提走。定额领取的方式和社保养老金相同，即在单位时间确定领取额度，直至将保险金全部领完。社保养老金是以月为单位时间，而商业养老保险多以年为单位。定时，就是约定一个领取时间，根据养老保险金的总量确定领取的额度，例如确定要15年领完养老金，那么保险公司将根据养老金总额，确定每年可以领取的具体额度。有些养老年金保险合同中有约定的时间，有些可以自由选择领取的方式，中间可以更改。

商业养老保险丰富了社会养老保险的种类。社保养老金只能按月领取固定数额，缺乏弹性，而商业养老保险提供了更多的选择，可以按月领、按年领，还可以一次性领取，或者在按月领取的同时到一定年龄再领取一部分养老金，如年金保险中给付的祝寿金、满期生存金等。

关于保险公司的选择和相应的条款，在保险一章已经讲述过，这里就不再重复了。

10.3.4 其他类

除了以上所说的社会基本养老保险、企业年金以及商业养老保险，个人还可以通过基金定投、股票、债券等工具来构筑自己的养老金蓄水池。养老对于每个人来说都是一项重要的人生规划。从目前的情况来看，个人拟订养老规划在很大程度上依赖于人生各阶段所做的储蓄、投资及保险计划。

进入老龄化时代，“有房无钱”的现状使一种新兴的养老模式在中国受到人们的关注——以房养老，这是在国外普遍采用的一种金融产品，是指房屋产权的拥有者把房子抵押给银行、保险公司等金融机构，这些金融机构在综合评估房主年龄、健康状况、预期寿命以及房产价值等诸多因素后，在特定的年限范围内，每月付给房主一笔固定的资金，而房主在生存期间仍拥有居住权。其房产出售所得将用于偿还贷款本利和评估费用，升值及超出部分归抵押权人及其继承人。以房养老也称为住房反向抵押贷款或者倒按揭，指老年人将自己的产权房抵押或者出租出去，以定期取得一定数额养老金或者接受老年公寓服务的一种养老方式。

采取住房反向抵押贷款养老的老人应当具备一定条件：(1) 自有住房并拥有完全产权。养老家庭必须对其居住的房屋拥有完全的产权，才有权也有可能对该房屋做出售、出租或转让的处置。(2) 独立住房。在以房养老模式中，只有老年父母与子女分开居住，该模式才有可能运作，否则老人亡故后，子女便无处可居。(3) 经济状况适中。若老年人的经济物质基础甚为雄厚，自然不必考虑用房产养老；若老人的经济物质条件较差，或者没有自己独立的房屋，或者房屋的价值过低，就很难指望将其作为自己养老的资本。(4) 地处城市或城郊。老人身居城市或城郊，尤其是经济快速增长的城市或城郊，住房的价值很高，且在不断增值之中，住房的变现转让也较为容易，适合住房反向抵押贷款养老。如果住房地处农村或经济发展缓慢、增值幅度不大的地区，受价值低、不易变现等因素影响，将很难适用这一模式。需要强调的是，住房反向抵押贷款养老方式尤其适合有独立产权房的、没有直接继承人的、中低收入水平的城市老人。

为完善我国养老保障体系、丰富养老保障方式，2014 年 6 月，保监会发布《关于开展老年人住房反向抵押养老保险试点的指导意见》，试点城市为北京、上海、广州以及武汉。试点期间，投保人群为 60 岁以上拥有房屋完全独立产权的老年人，单个保险公司业务规模不得超过总资产的一定比例。反向抵押养老保险是一种将住房抵押与终身养老年金保险相结合的创新型商业养老保险业务，即拥有房屋完全产权的老年人将其房产抵押给保险公司，继续拥有房屋占有、使用、收益和经抵押权人同意的处置权，并按照约定条件领取养老金直至身故。老年人身故后，保险公司获得抵押房产处置权，处置所得将优先用于偿付养老保险相关费用。2018 年 8 月 8 日，银保监会发布《关于扩大老年人住房反向抵押养老保险开展范围的通知》，决定自文件发布之日起，将老年人住房反向抵押养老保险的范围扩大到全国。要求保险机构做好对金融市场、房地产市场等的综合研判，加强老年人住房反向抵押养老保险业务的风险防范与管控；积极创新产品，丰富保障内容，拓展保障形式，有效满足社会养老需求，增加老年人养老选择。

参考阅读

反向按揭不同模式

美国模式

美国住房反向抵押贷款产品主要有三种：联邦住房管理局的房产转换抵押贷款，联邦国民抵押贷款协会提供的住房保留计划和财务自由基金公司提供的财务独立计划，这三种产品几乎占据了当今美国住房反向抵押贷款市场的所有份额。

1. 房产转换抵押贷款。房产转换抵押贷款由美国住房和社区发展委员会的下属机构美国联邦住房管理局开发，于1989年进入市场。房产转换抵押贷款有终身年金支付、固定期限年金支付、信用额度、终身年金支付和信用额度组合、固定期限年金支付和信用额度组合五种支付方式。在终身年金或固定期限年金支付方式下，每月年金支付额根据支付方式、借款人年龄、贷款利率和住房价值确定。信用额度是房产转换抵押贷款的一大特色，贷款额度可以随着时间提高，因此非常受借款人的欢迎。

2. 住房保留计划。住房保留计划于1995年由联邦国民抵押贷款协会推出。这种产品与房产转换抵押贷款非常相似，不同之处是贷款可选的支付方式较少，借款人只能选择按月领取年金、一定限额内自由支取贷款额度或者两者组合的支付方式。

住房保留计划的贷款利率比房产转换抵押贷款高，但借款人往往可以获得更高的贷款最高额度。没有对贷款最高额度设限也是住房保留计划的特点之一。

3. 财务独立计划。财务独立计划由财务自由基金公司提供，没有政府担保。借款人可以取得的贷款最高额度和所需承担的贷款成本都比房产转换抵押贷款和住房保留计划高得多。所以，通常房产价值高并希望取得较高贷款额度的借款人会来申请这一计划。财务独立计划的最大特色是贷款额和还款额为房产价值的同一比例。1999年财务独立计划实现了证券化，由标准普尔对其资产组合进行评级。财务自由基金公司在2001年和2003年又分别设计了标准现金账户和零点现金账户两种住房反向抵押贷款产品，其中零点现金账户是第一个借款人无须支付贷款费用的住房反向抵押贷款产品。

英国模式

英国的养老金体系主要由三部分构成：一是按比例缴纳的国家基本养老金，所有人退休后所获养老金数额一致；二是雇主为雇员提供的职业养老金，这部分目前不是强制性缴纳；三是个人购买的养老储蓄或保险等，但英国35%的在职者没有建立私人养老金。这就意味着他们退休后依靠国家养老金，而这部分钱在2010年是每人每周97.65英镑，只相当于以最低工资水平工作两天的收入，显然不够维持一种相对舒适的晚年生活，因此多数英国人通过以房养老的方式来解决这个问题。

英国的住房反向抵押贷款项目称为资产释放计划，产生于20世纪60年代中期。在早期的资产释放计划中，借款人获得的是一些债券和股票。早期资产释放计划的设计原理是，将债券收益与资产释放计划产品利息之间的差额作为老年人的养老费用。但英国在20世纪80年代末期陷入经济衰退，全球又遭遇股灾，利率上升，股票、债券价格普遍下降，早期的资产释放计划以失败告终。2001年4月，新的资产释放计划推出，老年房主可以把部分或者全部住房价值转换成现金，并居住在抵押住房内直至生命终结。

不同公司提供的资产释放计划贷款条件不同，对贷款人的年龄、住房类型、住房价值等的规定也有所不同。

英国的资产释放计划有两大品种，即生命周期贷款和住房转换计划。

生命周期贷款建立在住房价值基础上，可以分为滚动利息贷款、单纯利息贷款、住房收入计划和住房改进计划四种。

住房转换计划则建立在出售的全部或者部分住房价值基础上，老年人可以通过出售全部或者部分自己的住房产权获得一次性总额支付或者每月年金。在这一计划下，借款人虽然已经不完全拥有住房产权，但却可以作为租房者以免费或者象征性地缴纳租金的方式继续居住。借款人去世后，开办机构可拥有抵押产权比例的住房处置权，同比例住房价值的增值收益也归开办机构所有。

由于生命周期贷款比住房转换计划更易操作，所以近年来发展迅猛，业务量已经超过住房转换计划，在资产释放计划中占主导地位。在英国，金融服务管理局负责监管资产释放贷款，认证贷款机构和提供咨询。通常提供资产释放计划的机构都签订了安全承诺条款，认证的会员机构会保证提供公平、安全和完全有保障的资产释放计划。

日本模式

日本从1981年开始引进以房养老的概念，2002年正式设立这一制度，主要包括各地方政府参与的直接融资方式和银行等金融机构参与的间接融资方式。目前，一些金融机构还将这种制度作为金融产品来推销，最近房地产公司也利用“倒按揭”的形式来推销商品房。

日本以房养老制度主要针对一些退休后想继续住在自己的老房子里的低收入老人。他们可以用自己的住房作为抵押来预支贷款。不过，这个制度对申请人的条件要求比较苛刻。以东京为例，申请人的年龄必须在65岁以上，要居住在自己持有产权的住宅中，且不能有子女同住。申请人家庭的人均收入要在当地的低收入标准之下，已经申请低保等福利政策的家庭不能享受这个制度。此外，申请人持有产权的房屋必须是土地价值在1 500万日元以上的独门独户建筑，集体住宅不可以申请。

审核通过后，申请人每月可以领到30万日元以下的生活费，但总额度不能超过抵押房屋土地价值的70%，贷款额度以达到总额度上限为止。生活费每三个月发放一次，贷款的利率比较低，每年3%左右。贷款的偿还期限是申请人去世后三个月内，由担保人一次性偿还。

资料来源：金辉．国外“以房养老”是怎么运作的．经济参考报，2013-09-26.

10.4 养老规划的路径选择

养老规划的实质是，通过设定退休养老目标，根据已有退休资金的储备情况以及社保、年金等固定退休金的获得情况，来确定退休养老的资金缺口，继而选择投资工具弥补缺口。

10.4.1 收益顺序路径

退休资金实际收益率受投资工具以及市场环境的影响。那么市场上涨或下跌的收益路径是否会对养老规划的资金总额产生影响？

假设你现在有100 000元人民币，准备投资某一基金，第一年，你赚了9%，即你的投资在第一年年底的价值为109 000元。现在假设你继续持有这个基金，既不减持也不增持。第二年，这只基金价值增长了32%，即第二年年底你的投资价值为143 880元。第三年，基金业绩不好，你损失了17%，即你的投资价值是前一年的83%，也就是119 420元。出于对投资的失望和担心，你决定退出这只基金，当初的100 000元人民币现在增值为119 420元，你至少获得了19.42%的总收益率。

如果将你的投资收益的顺序调换一下，也就是第一年损失17%，第二年赚9%，第三年赚 32%，会发生什么呢？你最终得到的收益比 119 420 元多还是少？相对于你的退休资金，+9%（第一年）、+32%（第二年）、−17%（第三年）这种先牛后熊的市场是否比先熊后牛的市场（−17%，+9%，+32%）要好些？

从图 10－2 中可以看出，如果你一直坚守买入并持有的策略，收益顺序对你的最终投资价值并没有影响。

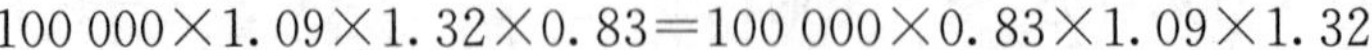

$$100\,000\times1.09\times1.32\times0.83=100\,000\times0.83\times1.09\times1.32$$

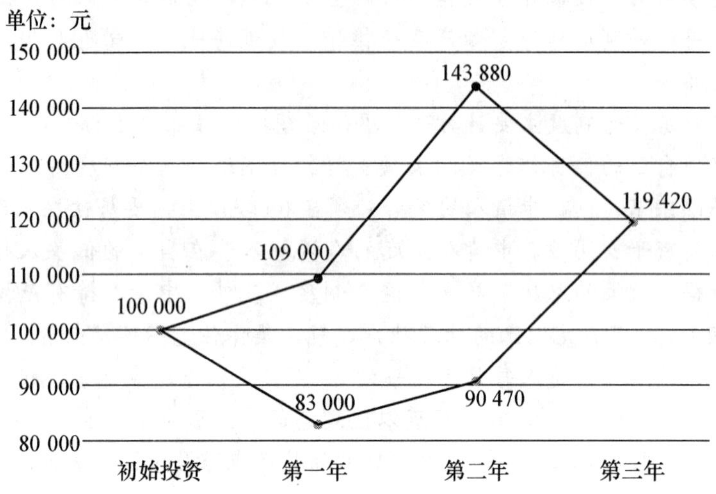

图 10－2　投资收益顺序对投资终值的影响

但如果每年从你的投资里取出一些钱，那顺序就会变得重要。假设在第一年、第二年年底各取出 10 000 元，那么最后结果有差异吗？

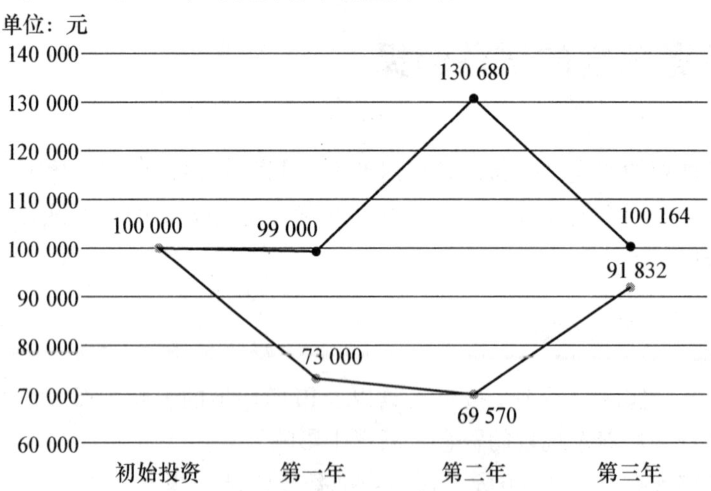

图 10－3　投资收益顺序对投资终值的影响（中途有取出的情况）

如图 10－3 所示，在第一种情况下，如果第一年取出 10 000 元，那么第一年年底的投资资金为 109 000－10 000＝99 000 元；第二年赚 32%，那么第二年年底的投资资金为 130 680 元，又取出 10 000 元，余下 120 680 元；第三年亏损 17%，那么第三年年底的投资资金为 100 164 元。

在第二种情况下，如果第一年取出 10 000 元，那么第一年年底的投资资金为 83 000－10 000＝73 000 元，第二年赚 9%，那么第二年年底的投资资金为 79 570 元，又取出 10 000 元，余下 69 570 元，第三年赚 32%，那么第三年年底的投资资金为 91 832 元。

因此，如果准备一直持有，那么市场的涨跌顺序对最终的资金价值没有影响，但如果中途需要取出资金，取出资金时是处于熊市还是牛市，对你的最终退休资金的价值将产生很大的影响。

10.4.2 时间选择路径

养老规划是长期的规划，是从刚开始工作就对退休进行筹划，还是临近退休才考虑，年投入额是不一样的。同样的资金缺口 100 万元，假设 60 岁退休，那么在 20 岁、30 岁、40 岁、50 岁不同年龄制定养老规划，其投入额是不一样的（假设投资回报率为 5%）（见表 10－5）。

表 10－5　不同养老规划起始时间对年投入额的影响

养老规划起始时间（岁）	投资年限（年）	年投入额（元）	目标缺口（元）
20	40	8 278	1 000 000
30	30	15 051	1 000 000
40	20	30 243	1 000 000
50	10	79 505	1 000 000

养老规划开始得越早，每年的投入额就越少，并可以充分享受复利效应，时间可以熨平资本市场的波动，更有可能取得较高的收益。若临近退休才进行规划，则要投入较高的金额才能达到理想目标。要减少投入额就必须提高投资回报率，承担更大的风险。

10.4.3 工具选择路径

社会养老保险和年金对于个人而言没有主动选择性，退休养老金缺口以不同的投资工具的收益来填补，而投资工具的选择决定了不同的收益率，比如货币市场基金与高科技股票的收益率和风险均不同。养老规划在于每年提现率与投资工具收益率之间的均衡。

投资工具的收益不同，意味着可供你支配的钱的数额也不同。假设你在银行有 30 万元的本金，并且年利率保持在 4%，那么一年下来你可以拿到 12 000 元的利息（30 万元×4%），即每月可得到 1 000 元的利息收入。如果你每个月都从银行取出 1 000 元，那你的 30 万元本金会始终在那，不会变多也不会变少。如果你每个月不是只取 1 000 元，而是 1 250 元（一年下来就是 15 000 元），会出现什么情况呢？你账户上每年能获得的利息还是 12 000 元，但是你一年取出了 15 000 元，不够的 3 000 元就是由 30 万元的本金补出来的。这是不是意味着辛苦赚来的钱会越来越少？让我们再仔细分析一下，15 000 元相当于 30 万元的 5%。你可以从表 10－6 左侧竖栏中找到 5%，在上方的横栏中找到 4%（也就是年利率），横竖栏交叉处的数字就是以目前的取钱速度，你账户所能够支撑的年数。显而易见，每年取本金 5%，你可以取 41 年，也就是说，如果你从 60 岁退休起每月取 1 250 元，那你可以一直取到 101 岁。从表中可以看出，在年利率一定的情况下，年提现率越高，你的钱可供支取的时间越短；年提现率一定，年利率越高，你的钱可供支取的时间越长。如果30万元有8%的年利率，那么你每年取27 000元（年提现率9%）可以持续取28年。如果你的存款拥有这么高的回报率，你就可以相应地提高每月的消费金额，或可以延长使用这笔钱的时间。用不同的投资工具养老意味着不同的收益率，也意味着退休后不同的生活水平。

表10-6　你的钱能花多少年

年提现率	年利率							
	4%	5%	6%	7%	8%	9%	10%	11%
5%	41							
6%	28	36						
7%	21	25	33					
8%	17	20	23	30				
9%	15	16	18	22	28			
10%	13	14	15	17	20	26		
11%	11	12	13	15	16	19	24	
12%	10	11	12	13	14	16	18	23

资料来源：朱莉·斯塔夫. 理财连连看. 海口：南海出版公司，2011.

投资工具的选择受投资年限、投资者风险偏好以及年龄、个人财务状况的影响，应适时地进行调整。退休养老工具分流动性投资工具、安全性投资工具、风险性投资工具三种。流动性投资工具具有随时可以变现、不会损失本金、投资效益低的特点。主要包括活期储蓄、短期定期储蓄、通知存款、短期国债等。安全性投资工具具有不会亏本、投资收益适中、投资收益有保障、流动性稍差的特点。主要包括中期储蓄、中长期国债、债券型基金、储蓄型商业养老保险、社会养老保险等。风险性投资工具的特点是可能亏本，但也可能带来很高的投资收益。主要包括股票，房地产，黄金，外汇，银行、券商、信托理财产品及收藏品等。流动性、安全性、风险性的配比，应根据时间阶段的不同进行调整。随着剩余投资年限的减少和个人年龄的增长，应增加流动性和安全性投资工具的比例，降低风险性投资工具的比例。

问题与讨论

1. 你认为有必要制定养老规划吗？
2. 简述制定养老规划的原则。
3. 我国基本社会养老保险包括哪些内容？
4. 简述企业年金与职业年金的区别。
5. 简述企业年金的基本运行模式。
6. 选择商业养老保险时应注意哪些问题？
7. 收益顺序对退休养老金是否有影响？
8. 简述养老规划的开始时间对退休养老金的影响。

9. 选择养老规划的投资工具时应注意哪些问题？

10. 根据确定目标、估算收支以及制定计划、筛选工具的步骤，为你或你的朋友、家人制定一个养老规划。

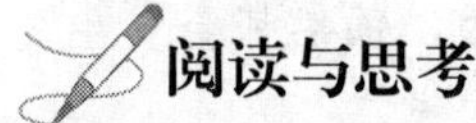

阅读与思考

商业养老保险怎么买？

一、什么是合格的养老金

商业保险里的养老保险，并不是像重疾险、意外险这样的保险种类。它指的是为了达到养老的目的，通过对保险产品进行一定的设计做出来的产品。一款合格的养老保险有以下三个特点：

(1) 强制储蓄，专款专用。

有助于把钱存起来，进行复利增值，退休的时候再领取，退休前不能轻易动用，专款专用，防止还没退休就把钱花光了。

(2) 按年/按月领取，领取金额确定，持续稳定。

这笔钱最好按月或者按年领取，防止年老后对财富的掌控力不强，一次性花光或者被骗走、被挪用。此外，每次拿到的钱要稳定在一个数值范围内，方便做出相应的计划。

(3) 领取时间与生命等长，活多久，领多久。

从退休开始一直到离世都可以领取养老金，活多久领多久，不存在领光了的情况。

如果一款保险能够同时满足以上三个条件，我们就认为它是一款合格的商业养老保险。

比如，30 岁的小王给自己买了一款年金险，每月交 3 500 元，65 岁开始领钱，每月领 10 000 元，一直领到老。

- 年轻的时候存钱，退休才能领（强制储蓄）
- 每月都能领钱（持续稳定的现金流）
- 活多久，领多久（对抗长寿风险）

这就是很典型的养老保险。

二、养老金挑选要点

应该如何挑选养老金？需要关注以下三点：

(1) 领取金额。

买商业养老保险是担心退休之后钱不够花，从这个角度看，应该关心领取金额——退休之后每年或每月能拿到多少钱。领取金额应该设置为多少？由于不同地区物价水平不一致，每个人对养老的预期也很不一致，所以很难定一个具体的数字，这里教给大家一个取巧的方法：

1) 想象一下自己退休时的收入水平（保守计算，每 20 年收入会翻一倍）。

2) 把领取金额设置为退休时收入水平的 50%左右。领取金额和退休时的收入挂钩，可以避免通货膨胀对预期的干扰。等同于退休时收入 50%的商业养老金，加上社保退休金，可以让我们的现金流水平不会发生太大的变化，稳定生活的品质。领取金额是我们的核心需求，理性的养老规划要优先考虑领取金额，再考虑其他因素。

(2) 现金价值。

养老金终究是未来的钱，计划赶不上变化，总会有需要提前用钱的时候，这时候就要关注一下保单的现金价值。保单的现金价值相当于我们退保时能够取出来的钱，一份保险的现金价值是变动的，每年都会发生变化。换句话说就是：领取金额决定未来的钱，现金价值决定现在的钱。

商业养老保险的现金价值分为两种——高现价型和低现价型。

高现价产品交费后，现金价值便超过所交保费，随后每年以一定的速度复利增长。这种产品就是交完即回本型产品，好处很明显，那就是虽然买了养老金，但是需要的时候能通过退保（合同解除，保险公司返还现金价值）或者保单贷款（向保险公司贷款，可以贷出现金价值的70%～80%）把钱拿出来用，以解燃眉之急。当然，缺点也很明显，一款产品的现金价值高了，领取金额就会变低，两者呈负相关的关系。

低现价产品恰好相反，这种产品领取金额高，但是现金价值在绝大多数时间都很低，如果中途想要退保，大概率是亏的。

现金价值对于不同的人重要程度是不一样的：对于按时领取工资、持续有现金流入的工薪层，通过购买低现价的养老金，用更少的钱换来更多的养老金是划算的。对于小企业主、个体商贩这种现金流不稳定的个人，高现价的养老金更适合，钱不够的时候能够随时贷出一大笔钱。

(3) 身故责任。

商业养老保险第三个关注的要点是身故责任。就像一枚硬币有两面，我们既担心寿命太长，也担心问题的反面——还没来得及领取养老金早早离世怎么办，交了那么多钱，一分钱没领，那不是亏了？这就涉及保险的身故责任——如果不幸死亡，保险能赔多少钱。当然，这种问题保险公司也考虑到了，被保险人身故的话最少也会赔付保费，如果现金价值比保费高，那就赔现金价值，有的保险公司会一次性补齐20年应该领取的保险金。所以理性层面上，不需要过于关注身故责任。

但人类是以家庭为基本生活单位，总为家人考虑，所以很多人想在自己离世后给家人留下一笔钱，这时候就会看重身故责任，这种情况下可以选择身故赔付较多的产品。

总之，领取金额、现金价值、身故责任是我们挑选养老保险时的重要指标。领取金额决定了收益的高低，现金价值决定了灵活性的高低，身故责任则决定了保障性的高低。需要说明的是，三者是互相冲突的，想要领取金额高，现金价值和身故责任就要降低，想要现金价值和身故责任高，能够领到的钱就会变少。需要在三者间进行取舍。

三、商业养老保险配置实操演练

我们可以把产品分为高领取金额型、高现金价值型和高身故责任型这三种。很多人担心老了之后钱不够花，想用商业保险作为补充，所以首要关心的是领取金额。这时候的操作是：

(1) 确定自己每个月或者每年需要领多少钱。

(2) 测算一下高领取金额型产品每个月或每年要交多少钱，自己的预算够不够。

如果预算不够，那就不要考虑现金价值和身故责任，先根据自己的预算买高领取金额型产品，然后努力挣钱。

这两步决定了我们要买多少商业养老保险。预算够的话，再进行下一步。

(3) 预算充足的话，再分别测算高现金价值型产品价格和高身故责任型产品价格，看一下自己的预算能否承担，然后根据自己的偏好决定是选择高现金价值型产品还是高身故责任型产品。这一步决定了我们买哪一款养老产品。

这几步走完，一款适合自己的商业养老保险就出现了。选择一款适合自己的产品很简单：学会判断——了解养老保险三要点，分辨不同特点的产品；记住初心——养老是核心需求；结合预算——根据预算对三要点进行取舍。这样你就能挑选适合自己的商业养老保险。

资料来源：薄荷保，2020-05-14.

思考题：

1. 如果想购买商业养老保险作为退休养老的补充，应关注哪些问题？
2. 商业养老保险适合哪些人群？
3. 查阅相关商业养老保险，为你或者你的家人选择一款合适的产品，并说明选择的理由。

唐提式养老金法

五位 95 岁身体健康的女性恰好在同一天庆祝她们的生日。为了给聚会增添气氛，她们决定玩一个游戏。每个人拿出 100 美元放到基金里，并将这个基金冻结一年。游戏规则是，活过年底的人可以平分这 500 美元，反之将失去这笔钱。这就是唐提式养老金法，是以意大利银行家洛伦佐·唐提（Lorenzo Tonti）的名字命名的。1650 年，他首次将这个概念提给法国的国王路易十四。

这五个人决定将这笔钱放在当地银行，每年可获得 5%的利息。存款一年后到期，也就是她们 96 岁生日时，价值为 525 美元。

下一年到底发生了什么？谁还活着？她们将得到多少钱？根据美国社会保障机构的精算师编制的统计年鉴，任何 95 岁的女性在下一年去世的可能性大概为 20%。这表明，她们中任何一个人都有 80%的概率活下来。因此，我们预测五个人中有四个人会活下来，在她们 96 岁生日时平分 525 美元。

每一位幸存者都将得到 131.25 美元，这是其 100 美元初始投资的总回报。31.25%的收益包括 5%的银行存款收益以及 26.25%的“死亡率信用”，这一信用代表死者“损失”的资本和利息由活着的人“获得”了。

虽然非幸存者的受益人对这个结果很沮丧，但幸存者获得了超高的投资回报。我认为没有其他的金融产品可以保证如此高的回报率，条件是人还活着。

更重要的是，她们都开始提前管理自己的终身收入风险，不必担心未来会发生什么。实际上，这个故事可以进一步展开。如果这些人决定下一年将 500 美元投资股市或者纳斯达克的高科技基金，又会发生什么呢？如果这个股票或基金的价值在下一年暴跌 20%，价值只有 400 美元，又会怎么样？活着的成员损失了多少？如果你认为没有损失，这完全是正确答案。活着的四个人平分 400 美元，拿回自己最初的 100 美元。

这就是死亡率信用的魔力。它补贴下行的损失，提高上行的收益，实际上，若你用真正的长寿保险武装多元化投资组合，年金受益者可以承担和容忍更多的金融风险。当然，现实中的年金合同并不是按照前述方式运作的。这个群体的“唐提式养老金”合同每年更新，幸存下来的96岁成员可以选择拿着她们的死亡率信用回家。现实中，年金合同是终身的，这些信用被分散在很多年的退休生涯中，需要分期偿还。

资料来源：摩西·A. 米列夫斯基. 投资与养老：最有价值的理财规划实践指南. 北京：人民邮电出版社，2015.

思考题：

1. 唐提式养老金法的实质是什么？
2. 我国现阶段个人养老金的来源渠道有哪些？
3. 养老规划要面临哪些风险？如何化解这些风险？
4. 如何做好养老规划？

附录 A

中华人民共和国个人所得税法

（根据 2018 年 8 月 31 日第十三届全国人民代表大会常务委员会第五次会议《关于修改〈中华人民共和国个人所得税法〉的决定》第七次修正）

第一条　在中国境内有住所，或者无住所而一个纳税年度内在中国境内居住累计满一百八十三天的个人，为居民个人。居民个人从中国境内和境外取得的所得，依照本法规定缴纳个人所得税。

在中国境内无住所又不居住，或者无住所而一个纳税年度内在中国境内居住累计不满一百八十三天的个人，为非居民个人。非居民个人从中国境内取得的所得，依照本法规定缴纳个人所得税。

纳税年度，自公历一月一日起至十二月三十一日止。

第二条　下列各项个人所得，应当缴纳个人所得税：

（一）工资、薪金所得；

（二）劳务报酬所得；

（三）稿酬所得；

（四）特许权使用费所得；

（五）经营所得；

（六）利息、股息、红利所得；

（七）财产租赁所得；

（八）财产转让所得；

（九）偶然所得。

居民个人取得前款第一项至第四项所得（以下称综合所得），按纳税年度合并计算个人所得税；非居民个人取得前款第一项至第四项所得，按月或者按次分项计算个人所得税。纳税人取得前款第五项至第九项所得，依照本法规定分别计算个人所得税。

第三条　个人所得税的税率：

（一）综合所得，适用百分之三至百分之四十五的超额累进税率（税率表附后）；

（二）经营所得，适用百分之五至百分之三十五的超额累进税率（税率表附后）；

（三）利息、股息、红利所得，财产租赁所得，财产转让所得和偶然所得，适用比例税率，税率为百分之二十。

第四条　下列各项个人所得，免征个人所得税：

（一）省级人民政府、国务院部委和中国人民解放军军以上单位，以及外国组织、国际组织颁发的科学、教育、技术、文化、卫生、体育、环境保护等方面的奖金；

（二）国债和国家发行的金融债券利息；

（三）按照国家统一规定发给的补贴、津贴；

（四）福利费、抚恤金、救济金；

（五）保险赔款；

（六）军人的转业费、复员费、退役金；

（七）按照国家统一规定发给干部、职工的安家费、退职费、基本养老金或者退休费、离休费、离休生活补助费；

（八）依照有关法律规定应予免税的各国驻华使馆、领事馆的外交代表、领事官员和其他人员的所得；

（九）中国政府参加的国际公约、签订的协议中规定免税的所得；

（十）国务院规定的其他免税所得。

前款第十项免税规定，由国务院报全国人民代表大会常务委员会备案。

第五条　有下列情形之一的，可以减征个人所得税，具体幅度和期限，由省、自治区、直辖市人民政府规定，并报同级人民代表大会常务委员会备案：

（一）残疾、孤老人员和烈属的所得；

（二）因自然灾害遭受重大损失的。

国务院可以规定其他减税情形，报全国人民代表大会常务委员会备案。

第六条　应纳税所得额的计算：

（一）居民个人的综合所得，以每一纳税年度的收入额减除费用六万元以及专项扣除、专项附加扣除和依法确定的其他扣除后的余额，为应纳税所得额。

（二）非居民个人的工资、薪金所得，以每月收入额减除费用五千元后的余额为应纳税所得额；劳务报酬所得、稿酬所得、特许权使用费所得，以每次收入额为应纳税所得额。

（三）经营所得，以每一纳税年度的收入总额减除成本、费用以及损失后的余额，为应纳税所得额。

（四）财产租赁所得，每次收入不超过四千元的，减除费用八百元；四千元以上的，减除百分之二十的费用，其余额为应纳税所得额。

（五）财产转让所得，以转让财产的收入额减除财产原值和合理费用后的余额，为应纳税所得额。

（六）利息、股息、红利所得和偶然所得，以每次收入额为应纳税所得额。

劳务报酬所得、稿酬所得、特许权使用费所得以收入减除百分之二十的费用后的余额为收入额。稿酬所得的收入额减按百分之七十计算。

个人将其所得对教育、扶贫、济困等公益慈善事业进行捐赠，捐赠额未超过纳税人申报的应纳税所得额百分之三十的部分，可以从其应纳税所得额中扣除；国务院规定对公益慈善事业捐赠实行全额税前扣除的，从其规定。

本条第一款第一项规定的专项扣除，包括居民个人按照国家规定的范围和标准缴纳的基本养老保险、基本医疗保险、失业保险等社会保险费和住房公积金等；专项附加扣除，包括子女教育、继续教育、大病医疗、住房贷款利息或者住房租金、赡养老人等支出，具体范围、标准和实施步骤由国务院确定，并报全国人民代表大会常务委员会备案。

第七条　居民个人从中国境外取得的所得，可以从其应纳税额中抵免已在境外缴纳的个人所得税税额，但抵免额不得超过该纳税人境外所得依照本法规定计算的应纳税额。

第八条　有下列情形之一的，税务机关有权按照合理方法进行纳税调整：

（一）个人与其关联方之间的业务往来不符合独立交易原则而减少本人或者其关联方应纳税额，且无正当理由；

（二）居民个人控制的，或者居民个人和居民企业共同控制的设立在实际税负明显偏低的国家（地区）的企业，无合理经营需要，对应当归属于居民个人的利润不作分配或者减少分配；

（三）个人实施其他不具有合理商业目的的安排而获取不当税收利益。

税务机关依照前款规定作出纳税调整，需要补征税款的，应当补征税款，并依法加收利息。

第九条　个人所得税以所得人为纳税人，以支付所得的单位或者个人为扣缴义务人。

纳税人有中国公民身份号码的，以中国公民身份号码为纳税人识别号；纳税人没有中国公民身份号码的，由税务机关赋予其纳税人识别号。扣缴义务人扣缴税款时，纳税人应当向扣缴义务人提供纳税人识别号。

第十条　有下列情形之一的，纳税人应当依法办理纳税申报：

（一）取得综合所得需要办理汇算清缴；

（二）取得应税所得没有扣缴义务人；

（三）取得应税所得，扣缴义务人未扣缴税款；

（四）取得境外所得；

（五）因移居境外注销中国户籍；

（六）非居民个人在中国境内从两处以上取得工资、薪金所得；

（七）国务院规定的其他情形。

扣缴义务人应当按照国家规定办理全员全额扣缴申报，并向纳税人提供其个人所得和已扣缴税款等信息。

第十一条　居民个人取得综合所得，按年计算个人所得税；有扣缴义务人的，由扣缴义务人按月或者按次预扣预缴税款；需要办理汇算清缴的，应当在取得所得的次年三月一日至六月三十日内办理汇算清缴。预扣预缴办法由国务院税务主管部门制定。

居民个人向扣缴义务人提供专项附加扣除信息的，扣缴义务人按月预扣预缴税款时应当按照规定予以扣除，不得拒绝。

非居民个人取得工资、薪金所得，劳务报酬所得，稿酬所得和特许权使用费所得，有扣缴义务人的，由扣缴义务人按月或者按次代扣代缴税款，不办理汇算清缴。

第十二条　纳税人取得经营所得，按年计算个人所得税，由纳税人在月度或者季度终了后十五日内向税务机关报送纳税申报表，并预缴税款；在取得所得的次年三月三十一日前办理汇算清缴。

纳税人取得利息、股息、红利所得，财产租赁所得，财产转让所得和偶然所得，按月或者按次计算个人所得税，有扣缴义务人的，由扣缴义务人按月或者按次代扣代缴税款。

第十三条　纳税人取得应税所得没有扣缴义务人的，应当在取得所得的次月十五日内向税务机关报送纳税申报表，并缴纳税款。

纳税人取得应税所得，扣缴义务人未扣缴税款的，纳税人应当在取得所得的次年六月三十日前，缴纳税款；税务机关通知限期缴纳的，纳税人应当按照期限缴纳税款。

居民个人从中国境外取得所得的，应当在取得所得的次年三月一日至六月三十日内申报纳税。

非居民个人在中国境内从两处以上取得工资、薪金所得的，应当在取得所得的次月十五日内申报纳税。

纳税人因移居境外注销中国户籍的，应当在注销中国户籍前办理税款清算。

第十四条　扣缴义务人每月或者每次预扣、代扣的税款，应当在次月十五日内缴入国库，并向税务机关报送扣缴个人所得税申报表。

纳税人办理汇算清缴退税或者扣缴义务人为纳税人办理汇算清缴退税的，税务机关审核后，按照国库管理的有关规定办理退税。

第十五条　公安、人民银行、金融监督管理等相关部门应当协助税务机关确认纳税人的身份、金融账户信息。教育、卫生、医疗保障、民政、人力资源社会保障、住房城乡建设、公安、人民银行、金融监督管理等相关部门应当向税务机关提供纳税人子女教育、继续教育、大病医疗、住房贷款利息、住房租金、赡养老人等专项附加扣除信息。

个人转让不动产的，税务机关应当根据不动产登记等相关信息核验应缴的个人所得税，登记机构办理转移登记时，应当查验与该不动产转让相关的个人所得税的完税凭证。个人转让股权办理变更登记的，市场主体登记机关应当查验与该股权交易相关的个人所得税的完税凭证。

有关部门依法将纳税人、扣缴义务人遵守本法的情况纳入信用信息系统，并实施联合激励或者惩戒。

第十六条　各项所得的计算，以人民币为单位。所得为人民币以外的货币的，按照人民币汇率中间价折合成人民币缴纳税款。

第十七条　对扣缴义务人按照所扣缴的税款，付给百分之二的手续费。

第十八条　对储蓄存款利息所得开征、减征、停征个人所得税及其具体办法，由国务院规定，并报全国人民代表大会常务委员会备案。

第十九条　纳税人、扣缴义务人和税务机关及其工作人员违反本法规定的，依照《中华人民共和国税收征收管理法》和有关法律法规的规定追究法律责任。

第二十条　个人所得税的征收管理，依照本法和《中华人民共和国税收征收管理法》的规定执行。

第二十一条　国务院根据本法制定实施条例。

第二十二条　本法自公布之日起施行。

个人所得税税率表一

（综合所得适用）

级数	应纳税所得额	税率（%）
1	不超过 36 000 元	3
2	超过 36 000 元至 144 000 元的部分	10
3	超过 144 000 元至 300 000 元的部分	20
4	超过 300 000 元至 420 000 元的部分	25
5	超过 420 000 元至 660 000 元的部分	30

续表

级数	应纳税所得额	税率（%）
6	超过 660 000 元至 960 000 元的部分	35
7	超过 960 000 元的部分	45

注 1：本表所称全年应纳税所得额是指依照本法第六条的规定，居民个人取得综合所得以每一纳税年度收入额减除费用六万元以及专项扣除、专项附加扣除和依法确定的其他扣除后的余额。

注 2：非居民个人取得工资、薪金所得，劳务报酬所得，稿酬所得和特许权使用费所得，依照本表按月换算后计算应纳税额。

个人所得税率表二

（经营所得适用）

级数	全年应纳税所得额	税率（%）
1	不超过 30 000 元的	5
2	超过 30 000 元至 90 000 元的部分	10
3	超过 90 000 元至 300 000 元的部分	20
4	超过 300 000 元至 500 000 元的部分	30
5	超过 500 000 元的部分	35

注：本表所称全年应纳税所得额是指依照本法第六条的规定，以每一纳税年度的收入总额减除成本、费用以及损失后的余额。

附录 B

中华人民共和国民法典

(2020 年 5 月 28 日第十三届全国人民代表大会第三次会议通过)

第五编　婚姻家庭

第一章　一般规定

第一千零四十条　本编调整因婚姻家庭产生的民事关系。

第一千零四十一条　婚姻家庭受国家保护。

实行婚姻自由、一夫一妻、男女平等的婚姻制度。

保护妇女、未成年人、老年人、残疾人的合法权益。

第一千零四十二条　禁止包办、买卖婚姻和其他干涉婚姻自由的行为。禁止借婚姻索取财物。

禁止重婚。禁止有配偶者与他人同居。

禁止家庭暴力。禁止家庭成员间的虐待和遗弃。

第一千零四十三条　家庭应当树立优良家风，弘扬家庭美德，重视家庭文明建设。

夫妻应当互相忠实，互相尊重，互相关爱；家庭成员应当敬老爱幼，互相帮助，维护平等、和睦、文明的婚姻家庭关系。

第一千零四十四条　收养应当遵循最有利于被收养人的原则，保障被收养人和收养人的合法权益。

禁止借收养名义买卖未成年人。

第一千零四十五条　亲属包括配偶、血亲和姻亲。

配偶、父母、子女、兄弟姐妹、祖父母、外祖父母、孙子女、外孙子女为近亲属。

配偶、父母、子女和其他共同生活的近亲属为家庭成员。

第二章　结　婚

第一千零四十六条　结婚应当男女双方完全自愿，禁止任何一方对另一方加以强迫，禁止任何组织或者个人加以干涉。

第一千零四十七条　结婚年龄，男不得早于二十二周岁，女不得早于二十周岁。

第一千零四十八条　直系血亲或者三代以内的旁系血亲禁止结婚。

第一千零四十九条　要求结婚的男女双方应当亲自到婚姻登记机关申请结婚登记。符合本法规定的，予以登记，发给结婚证。完成结婚登记，即确立婚姻关系。未办理结婚登记的，应当补办登记。

第一千零五十条　登记结婚后，按照男女双方约定，女方可以成为男方家庭的成员，男方可以成为女方家庭的成员。

第一千零五十一条　有下列情形之一的，婚姻无效：

（一）重婚；

（二）有禁止结婚的亲属关系；

（三）未到法定婚龄。

第一千零五十二条　因胁迫结婚的，受胁迫的一方可以向人民法院请求撤销婚姻。

请求撤销婚姻的，应当自胁迫行为终止之日起一年内提出。

被非法限制人身自由的当事人请求撤销婚姻的，应当自恢复人身自由之日起一年内提出。

第一千零五十三条　一方患有重大疾病的，应当在结婚登记前如实告知另一方；不如实告知的，另一方可以向人民法院请求撤销婚姻。

请求撤销婚姻的，应当自知道或者应当知道撤销事由之日起一年内提出。

第一千零五十四条　无效的或者被撤销的婚姻自始没有法律约束力，当事人不具有夫妻的权利和义务。同居期间所得的财产，由当事人协议处理；协议不成的，由人民法院根据照顾无过错方的原则判决。对重婚导致的无效婚姻的财产处理，不得侵害合法婚姻当事人的财产权益。当事人所生的子女，适用本法关于父母子女的规定。

婚姻无效或者被撤销的，无过错方有权请求损害赔偿。

第三章　家庭关系

第一节　夫妻关系

第一千零五十五条　夫妻在婚姻家庭中地位平等。

第一千零五十六条　夫妻双方都有各自使用自己姓名的权利。

第一千零五十七条　夫妻双方都有参加生产、工作、学习和社会活动的自由，一方不得对另一方加以限制或者干涉。

第一千零五十八条　夫妻双方平等享有对未成年子女抚养、教育和保护的权利，共同承担对未成年子女抚养、教育和保护的义务。

第一千零五十九条　夫妻有相互扶养的义务。

需要扶养的一方，在另一方不履行扶养义务时，有要求其给付扶养费的权利。

第一千零六十条　夫妻一方因家庭日常生活需要而实施的民事法律行为，对夫妻双方发生效力，但是夫妻一方与相对人另有约定的除外。

夫妻之间对一方可以实施的民事法律行为范围的限制，不得对抗善意相对人。

第一千零六十一条　夫妻有相互继承遗产的权利。

第一千零六十二条　夫妻在婚姻关系存续期间所得的下列财产，为夫妻的共同财产，归夫妻共同所有：

（一）工资、奖金、劳务报酬；

（二）生产、经营、投资的收益；

（三）知识产权的收益；

（四）继承或者受赠的财产，但是本法第一千零六十三条第三项规定的除外；

（五）其他应当归共同所有的财产。

夫妻对共同财产，有平等的处理权。

第一千零六十三条　下列财产为夫妻一方的个人财产：

（一）一方的婚前财产；

（二）一方因受到人身损害获得的赔偿或者补偿；

（三）遗嘱或者赠与合同中确定只归一方的财产；

（四）一方专用的生活用品；

（五）其他应当归一方的财产。

第一千零六十四条　夫妻双方共同签名或者夫妻一方事后追认等共同意思表示所负的债务，以及夫妻一方在婚姻关系存续期间以个人名义为家庭日常生活需要所负的债务，属于夫妻共同债务。

夫妻一方在婚姻关系存续期间以个人名义超出家庭日常生活需要所负的债务，不属于夫妻共同债务；但是，债权人能够证明该债务用于夫妻共同生活、共同生产经营或者基于夫妻双方共同意思表示的除外。

第一千零六十五条　男女双方可以约定婚姻关系存续期间所得的财产以及婚前财产归各自所有、共同所有或者部分各自所有、部分共同所有。约定应当采用书面形式。没有约定或者约定不明确的，适用本法第一千零六十二条、第一千零六十三条的规定。

夫妻对婚姻关系存续期间所得的财产以及婚前财产的约定，对双方具有法律约束力。

夫妻对婚姻关系存续期间所得的财产约定归各自所有，夫或者妻一方对外所负的债务，相对人知道该约定的，以夫或者妻一方的个人财产清偿。

第一千零六十六条　婚姻关系存续期间，有下列情形之一的，夫妻一方可以向人民法院请求分割共同财产：

（一）一方有隐藏、转移、变卖、毁损、挥霍夫妻共同财产或者伪造夫妻共同债务等严重损害夫妻共同财产利益的行为；

（二）一方负有法定扶养义务的人患重大疾病需要医治，另一方不同意支付相关医疗费用。

第二节　父母子女关系和其他近亲属关系

第一千零六十七条　父母不履行抚养义务的，未成年子女或者不能独立生活的成年子女，有要求父母给付抚养费的权利。

成年子女不履行赡养义务的，缺乏劳动能力或者生活困难的父母，有要求成年子女给付赡养费的权利。

第一千零六十八条　父母有教育、保护未成年子女的权利和义务。未成年子女造成他人损害的，父母应当依法承担民事责任。

第一千零六十九条　子女应当尊重父母的婚姻权利，不得干涉父母离婚、再婚以及婚后的生活。子女对父母的赡养义务，不因父母的婚姻关系变化而终止。

第一千零七十条　父母和子女有相互继承遗产的权利。

第一千零七十一条　非婚生子女享有与婚生子女同等的权利，任何组织或者个人不得加以危害和歧视。

不直接抚养非婚生子女的生父或者生母，应当负担未成年子女或者不能独立生活的成年子女的抚养费。

第一千零七十二条　继父母与继子女间，不得虐待或者歧视。

继父或者继母和受其抚养教育的继子女间的权利义务关系，适用本法关于父母子女关系的规定。

第一千零七十三条　对亲子关系有异议且有正当理由的，父或者母可以向人民法院提起诉讼，请求确认或者否认亲子关系。

对亲子关系有异议且有正当理由的，成年子女可以向人民法院提起诉讼，请求确认亲子关系。

第一千零七十四条　有负担能力的祖父母、外祖父母，对于父母已经死亡或者父母无力抚养的未成年孙子女、外孙子女，有抚养的义务。

有负担能力的孙子女、外孙子女，对于子女已经死亡或者子女无力赡养的祖父母、外祖父母，有赡养的义务。

第一千零七十五条　有负担能力的兄、姐，对于父母已经死亡或者父母无力抚养的未成年弟、妹，有扶养的义务。

由兄、姐扶养长大的有负担能力的弟、妹，对于缺乏劳动能力又缺乏生活来源的兄、姐，有扶养的义务。

第四章　离　婚

第一千零七十六条　夫妻双方自愿离婚的，应当签订书面离婚协议，并亲自到婚姻登记机关申请离婚登记。

离婚协议应当载明双方自愿离婚的意思表示和对子女抚养、财产以及债务处理等事项协商一致的意见。

第一千零七十七条　自婚姻登记机关收到离婚登记申请之日起三十日内，任何一方不愿意离婚的，可以向婚姻登记机关撤回离婚登记申请。

前款规定期限届满后三十日内，双方应当亲自到婚姻登记机关申请发给离婚证；未申请的，视为撤回离婚登记申请。

第一千零七十八条　婚姻登记机关查明双方确实是自愿离婚，并已经对子女抚养、财产以及债务处理等事项协商一致的，予以登记，发给离婚证。

第一千零七十九条　夫妻一方要求离婚的，可以由有关组织进行调解或者直接向人民法院提起离婚诉讼。

人民法院审理离婚案件，应当进行调解；如果感情确已破裂，调解无效的，应当准予离婚。

有下列情形之一，调解无效的，应当准予离婚：

（一）重婚或者与他人同居；

（二）实施家庭暴力或者虐待、遗弃家庭成员；

（三）有赌博、吸毒等恶习屡教不改；

（四）因感情不和分居满二年；

（五）其他导致夫妻感情破裂的情形。

一方被宣告失踪，另一方提起离婚诉讼的，应当准予离婚。

经人民法院判决不准离婚后，双方又分居满一年，一方再次提起离婚诉讼的，应当准予离婚。

第一千零八十条　完成离婚登记，或者离婚判决书、调解书生效，即解除婚姻关系。

第一千零八十一条　现役军人的配偶要求离婚，应当征得军人同意，但是军人一方有重大过错的除外。

第一千零八十二条　女方在怀孕期间、分娩后一年内或者终止妊娠后六个月内，男方不得提出离婚；但是，女方提出离婚或者人民法院认为确有必要受理男方离婚请求的除外。

第一千零八十三条　离婚后，男女双方自愿恢复婚姻关系的，应当到婚姻登记机关重新进行结婚登记。

第一千零八十四条　父母与子女间的关系，不因父母离婚而消除。离婚后，子女无论由父或者母直接抚养，仍是父母双方的子女。

离婚后，父母对于子女仍有抚养、教育、保护的权利和义务。

离婚后，不满两周岁的子女，以由母亲直接抚养为原则。已满两周岁的子女，父母双方对抚养问题协议不成的，由人民法院根据双方的具体情况，按照最有利于未成年子女的原则判决。子女已满八周岁的，应当尊重其真实意愿。

第一千零八十五条　离婚后，子女由一方直接抚养的，另一方应当负担部分或者全部抚养费。负担费用的多少和期限的长短，由双方协议；协议不成的，由人民法院判决。

前款规定的协议或者判决，不妨碍子女在必要时向父母任何一方提出超过协议或者判决原定数额的合理要求。

第一千零八十六条　离婚后，不直接抚养子女的父或者母，有探望子女的权利，另一方有协助的义务。

行使探望权利的方式、时间由当事人协议；协议不成的，由人民法院判决。

父或者母探望子女，不利于子女身心健康的，由人民法院依法中止探望；中止的事由消失后，应当恢复探望。

第一千零八十七条　离婚时，夫妻的共同财产由双方协议处理；协议不成的，由人民法院根据财产的具体情况，按照照顾子女、女方和无过错方权益的原则判决。

对夫或者妻在家庭土地承包经营中享有的权益等，应当依法予以保护。

第一千零八十八条　夫妻一方因抚育子女、照料老年人、协助另一方工作等负担较多义务的，离婚时有权向另一方请求补偿，另一方应当给予补偿。具体办法由双方协议；协议不成的，由人民法院判决。

第一千零八十九条　离婚时，夫妻共同债务应当共同偿还。共同财产不足清偿或者财产归各自所有的，由双方协议清偿；协议不成的，由人民法院判决。

第一千零九十条　离婚时，如果一方生活困难，有负担能力的另一方应当给予适当帮助。具体办法由双方协议；协议不成的，由人民法院判决。

第一千零九十一条　有下列情形之一，导致离婚的，无过错方有权请求损害赔偿：

（一）重婚；

（二）与他人同居；

（三）实施家庭暴力；

（四）虐待、遗弃家庭成员；

（五）有其他重大过错。

第一千零九十二条　夫妻一方隐藏、转移、变卖、毁损、挥霍夫妻共同财产，或者伪造夫妻共同债务企图侵占另一方财产的，在离婚分割夫妻共同财产时，对该方可以少分或者不分。离婚后，另一方发现有上述行为的，可以向人民法院提起诉讼，请求再次分割夫妻共同财产。

第五章　收　养

第一节　收养关系的成立

第一千零九十三条　下列未成年人，可以被收养：

（一）丧失父母的孤儿；

（二）查找不到生父母的未成年人；

（三）生父母有特殊困难无力抚养的子女。

第一千零九十四条　下列个人、组织可以作送养人：

（一）孤儿的监护人；

（二）儿童福利机构；

（三）有特殊困难无力抚养子女的生父母。

第一千零九十五条　未成年人的父母均不具备完全民事行为能力且可能严重危害该未成年人的，该未成年人的监护人可以将其送养。

第一千零九十六条　监护人送养孤儿的，应当征得有抚养义务的人同意。有抚养义务的人不同意送养、监护人不愿意继续履行监护职责的，应当依照本法第一编的规定另行确定监护人。

第一千零九十七条　生父母送养子女，应当双方共同送养。生父母一方不明或者查找不到的，可以单方送养。

第一千零九十八条　收养人应当同时具备下列条件：

（一）无子女或者只有一名子女；

（二）有抚养、教育和保护被收养人的能力；

（三）未患有在医学上认为不应当收养子女的疾病；

（四）无不利于被收养人健康成长的违法犯罪记录；

（五）年满三十周岁。

第一千零九十九条　收养三代以内旁系同辈血亲的子女，可以不受本法第一千零九十三条第三项、第一千零九十四条第三项和第一千一百零二条规定的限制。

华侨收养三代以内旁系同辈血亲的子女，还可以不受本法第一千零九十八条第一项规定的限制。

第一千一百条　无子女的收养人可以收养两名子女；有子女的收养人只能收养一名子女。

收养孤儿、残疾未成年人或者儿童福利机构抚养的查找不到生父母的未成年人，可以不受前款和本法第一千零九十八条第一项规定的限制。

第一千一百零一条　有配偶者收养子女，应当夫妻共同收养。

第一千一百零二条　无配偶者收养异性子女的，收养人与被收养人的年龄应当相差四十周岁以上。

第一千一百零三条　继父或者继母经继子女的生父母同意，可以收养继子女，并可以不受本法第一千零九十三条第三项、第一千零九十四条第三项、第一千零九十八条和第一千一百条第一款规定的限制。

第一千一百零四条　收养人收养与送养人送养，应当双方自愿。收养八周岁以上未成年人的，应当征得被收养人的同意。

第一千一百零五条　收养应当向县级以上人民政府民政部门登记。收养关系自登记之日起成立。

收养查找不到生父母的未成年人的，办理登记的民政部门应当在登记前予以公告。

收养关系当事人愿意签订收养协议的，可以签订收养协议。

收养关系当事人各方或者一方要求办理收养公证的，应当办理收养公证。

县级以上人民政府民政部门应当依法进行收养评估。

第一千一百零六条　收养关系成立后，公安机关应当按照国家有关规定为被收养人办理户口登记。

第一千一百零七条　孤儿或者生父母无力抚养的子女，可以由生父母的亲属、朋友抚养；抚养人与被抚养人的关系不适用本章规定。

第一千一百零八条　配偶一方死亡，另一方送养未成年子女的，死亡一方的父母有优先抚养的权利。

第一千一百零九条　外国人依法可以在中华人民共和国收养子女。

外国人在中华人民共和国收养子女，应当经其所在国主管机关依照该国法律审查同意。收养人应当提供由其所在国有权机构出具的有关其年龄、婚姻、职业、财产、健康、有无受过刑事处罚等状况的证明材料，并与送养人签订书面协议，亲自向省、自治区、直辖市人民政府民政部门登记。

前款规定的证明材料应当经收养人所在国外交机关或者外交机关授权的机构认证，并经中华人民共和国驻该国使领馆认证，但是国家另有规定的除外。

第一千一百一十条　收养人、送养人要求保守收养秘密的，其他人应当尊重其意愿，不得泄露。

第二节　收养的效力

第一千一百一十一条　自收养关系成立之日起，养父母与养子女间的权利义务关系，适用本法关于父母子女关系的规定；养子女与养父母的近亲属间的权利义务关系，适用本法关于子女与父母的近亲属关系的规定。

养子女与生父母以及其他近亲属间的权利义务关系，因收养关系的成立而消除。

第一千一百一十二条　养子女可以随养父或者养母的姓氏，经当事人协商一致，也可以保留原姓氏。

第一千一百一十三条　有本法第一编关于民事法律行为无效规定情形或者违反本编规定的收养行为无效。

无效的收养行为自始没有法律约束力。

第三节　收养关系的解除

第一千一百一十四条　收养人在被收养人成年以前，不得解除收养关系，但是收养人、送养人双方协议解除的除外。养子女八周岁以上的，应当征得本人同意。

收养人不履行抚养义务，有虐待、遗弃等侵害未成年养子女合法权益行为的，送养人有权要求解除养父母与养子女间的收养关系。送养人、收养人不能达成解除收养关系协议的，可以向人民法院提起诉讼。

第一千一百一十五条　养父母与成年养子女关系恶化、无法共同生活的，可以协议解除收养关系。不能达成协议的，可以向人民法院提起诉讼。

第一千一百一十六条　当事人协议解除收养关系的，应当到民政部门办理解除收养关系登记。

第一千一百一十七条　收养关系解除后，养子女与养父母以及其他近亲属间的权利义务关系即行消除，与生父母以及其他近亲属间的权利义务关系自行恢复。但是，成年养子女与生父母以及其他近亲属间的权利义务关系是否恢复，可以协商确定。

第一千一百一十八条　收养关系解除后，经养父母抚养的成年养子女，对缺乏劳动能力又缺乏生活来源的养父母，应当给付生活费。因养子女成年后虐待、遗弃养父母而解除收养关系的，养父母可以要求养子女补偿收养期间支出的抚养费。

生父母要求解除收养关系的，养父母可以要求生父母适当补偿收养期间支出的抚养费；但是，因养父母虐待、遗弃养子女而解除收养关系的除外。

附录 C

最高人民法院关于适用《中华人民共和国民法典》婚姻家庭编的解释（一）

（2020 年 12 月 25 日最高人民法院审判委员会第 1825 次会议通过，自 2021 年 1 月 1 日起施行）

一、一般规定

第一条　持续性、经常性的家庭暴力，可以认定为民法典第一千零四十二条、第一千零七十九条、第一千零九十一条所称的“虐待”。

第二条　民法典第一千零四十二条、第一千零七十九条、第一千零九十一条规定的“与他人同居”的情形，是指有配偶者与婚外异性，不以夫妻名义，持续、稳定地共同居住。

第三条　当事人提起诉讼仅请求解除同居关系的，人民法院不予受理；已经受理的，裁定驳回起诉。

当事人因同居期间财产分割或者子女抚养纠纷提起诉讼的，人民法院应当受理。

第四条　当事人仅以民法典第一千零四十三条为依据提起诉讼的，人民法院不予受理；已经受理的，裁定驳回起诉。

第五条　当事人请求返还按照习俗给付的彩礼的，如果查明属于以下情形，人民法院应当予以支持：

（一）双方未办理结婚登记手续；

（二）双方办理结婚登记手续但确未共同生活；

（三）婚前给付并导致给付人生活困难。

适用前款第二项、第三项的规定，应当以双方离婚为条件。

二、结婚

第六条　男女双方依据民法典第一千零四十九条规定补办结婚登记的，婚姻关系的效力从双方均符合民法典所规定的结婚的实质要件时起算。

第七条　未依据民法典第一千零四十九条规定办理结婚登记而以夫妻名义共同生活的男女，提起诉讼要求离婚的，应当区别对待：

（一）1994 年 2 月 1 日民政部《婚姻登记管理条例》公布实施以前，男女双方已经符合结婚实质要件的，按事实婚姻处理。

（二）1994年2月1日民政部《婚姻登记管理条例》公布实施以后，男女双方符合结婚实质要件的，人民法院应当告知其补办结婚登记。未补办结婚登记的，依据本解释第三条规定处理。

第八条　未依据民法典第一千零四十九条规定办理结婚登记而以夫妻名义共同生活的男女，一方死亡，另一方以配偶身份主张享有继承权的，依据本解释第七条的原则处理。

第九条　有权依据民法典第一千零五十一条规定向人民法院就已办理结婚登记的婚姻请求确认婚姻无效的主体，包括婚姻当事人及利害关系人。其中，利害关系人包括：

（一）以重婚为由的，为当事人的近亲属及基层组织；

（二）以未到法定婚龄为由的，为未到法定婚龄者的近亲属；

（三）以有禁止结婚的亲属关系为由的，为当事人的近亲属。

第十条　当事人依据民法典第一千零五十一条规定向人民法院请求确认婚姻无效，法定的无效婚姻情形在提起诉讼时已经消失的，人民法院不予支持。

第十一条　人民法院受理请求确认婚姻无效案件后，原告申请撤诉的，不予准许。

对婚姻效力的审理不适用调解，应当依法作出判决。

涉及财产分割和子女抚养的，可以调解。调解达成协议的，另行制作调解书；未达成调解协议的，应当一并作出判决。

第十二条　人民法院受理离婚案件后，经审理确属无效婚姻的，应当将婚姻无效的情形告知当事人，并依法作出确认婚姻无效的判决。

第十三条　人民法院就同一婚姻关系分别受理了离婚和请求确认婚姻无效案件的，对于离婚案件的审理，应当待请求确认婚姻无效案件作出判决后进行。

第十四条　夫妻一方或者双方死亡后，生存一方或者利害关系人依据民法典第一千零五十一条的规定请求确认婚姻无效的，人民法院应当受理。

第十五条　利害关系人依据民法典第一千零五十一条的规定，请求人民法院确认婚姻无效的，利害关系人为原告，婚姻关系当事人双方为被告。

夫妻一方死亡的，生存一方为被告。

第十六条　人民法院审理重婚导致的无效婚姻案件时，涉及财产处理的，应当准许合法婚姻当事人作为有独立请求权的第三人参加诉讼。

第十七条　当事人以民法典第一千零五十一条规定的三种无效婚姻以外的情形请求确认婚姻无效的，人民法院应当判决驳回当事人的诉讼请求。

当事人以结婚登记程序存在瑕疵为由提起民事诉讼，主张撤销结婚登记的，告知其可以依法申请行政复议或者提起行政诉讼。

第十八条　行为人以给另一方当事人或者其近亲属的生命、身体、健康、名誉、财产等方面造成损害为要挟，迫使另一方当事人违背真实意愿结婚的，可以认定为民法典第一千零五十二条所称的“胁迫”。

因受胁迫而请求撤销婚姻的，只能是受胁迫一方的婚姻关系当事人本人。

第十九条　民法典第一千零五十二条规定的“一年”，不适用诉讼时效中止、中断或者延长的规定。

受胁迫或者被非法限制人身自由的当事人请求撤销婚姻的，不适用民法典第一百五十二条第二款的规定。

第二十条　民法典第一千零五十四条所规定的“自始没有法律约束力”，是指无效婚姻或者可撤销婚姻在依法被确认无效或者被撤销时，才确定该婚姻自始不受法律保护。

第二十一条　人民法院根据当事人的请求，依法确认婚姻无效或者撤销婚姻的，应当收缴双方的结婚证书并将生效的判决书寄送当地婚姻登记管理机关。

第二十二条　被确认无效或者被撤销的婚姻，当事人同居期间所得的财产，除有证据证明为当事人一方所有的以外，按共同共有处理。

三、夫妻关系

第二十三条　夫以妻擅自中止妊娠侵犯其生育权为由请求损害赔偿的，人民法院不予支持；夫妻双方因是否生育发生纠纷，致使感情确已破裂，一方请求离婚的，人民法院经调解无效，应依照民法典第一千零七十九条第三款第五项的规定处理。

第二十四条　民法典第一千零六十二条第一款第三项规定的“知识产权的收益”，是指婚姻关系存续期间，实际取得或者已经明确可以取得的财产性收益。

第二十五条　婚姻关系存续期间，下列财产属于民法典第一千零六十二条规定的“其他应当归共同所有的财产”：

（一）一方以个人财产投资取得的收益；

（二）男女双方实际取得或者应当取得的住房补贴、住房公积金；

（三）男女双方实际取得或者应当取得的基本养老金、破产安置补偿费。

第二十六条　夫妻一方个人财产在婚后产生的收益，除孳息和自然增值外，应认定为夫妻共同财产。

第二十七条　由一方婚前承租、婚后用共同财产购买的房屋，登记在一方名下的，应当认定为夫妻共同财产。

第二十八条　一方未经另一方同意出售夫妻共同所有的房屋，第三人善意购买、支付合理对价并已办理不动产登记，另一方主张追回该房屋的，人民法院不予支持。

夫妻一方擅自处分共同所有的房屋造成另一方损失，离婚时另一方请求赔偿损失的，人民法院应予支持。

第二十九条　当事人结婚前，父母为双方购置房屋出资的，该出资应当认定为对自己子女个人的赠与，但父母明确表示赠与双方的除外。

当事人结婚后，父母为双方购置房屋出资的，依照约定处理；没有约定或者约定不明确的，按照民法典第一千零六十二条第一款第四项规定的原则处理。

第三十条　军人的伤亡保险金、伤残补助金、医药生活补助费属于个人财产。

第三十一条　民法典第一千零六十三条规定为夫妻一方的个人财产，不因婚姻关系的延续而转化为夫妻共同财产。但当事人另有约定的除外。

第三十二条　婚前或者婚姻关系存续期间，当事人约定将一方所有的房产赠与另一方或者共有，赠与方在赠与房产变更登记之前撤销赠与，另一方请求判令继续履行的，人民法院可以按照民法典第六百五十八条的规定处理。

第三十三条　债权人就一方婚前所负个人债务向债务人的配偶主张权利的，人民法院不予支持。但债权人能够证明所负债务用于婚后家庭共同生活的除外。

第三十四条　夫妻一方与第三人串通，虚构债务，第三人主张该债务为夫妻共同债务的，人民法院不予支持。

夫妻一方在从事赌博、吸毒等违法犯罪活动中所负债务，第三人主张该债务为夫妻共同债务的，人民法院不予支持。

第三十五条 当事人的离婚协议或者人民法院生效判决、裁定、调解书已经对夫妻财产分割问题作出处理的，债权人仍有权就夫妻共同债务向男女双方主张权利。

一方就夫妻共同债务承担清偿责任后，主张由另一方按照离婚协议或者人民法院的法律文书承担相应债务的，人民法院应予支持。

第三十六条 夫或者妻一方死亡的，生存一方应当对婚姻关系存续期间的夫妻共同债务承担清偿责任。

第三十七条 民法典第一千零六十五条第三款所称“相对人知道该约定的”，夫妻一方对此负有举证责任。

第三十八条 婚姻关系存续期间，除民法典第一千零六十六条规定情形以外，夫妻一方请求分割共同财产的，人民法院不予支持。

四、父母子女关系

第三十九条 父或者母向人民法院起诉请求否认亲子关系，并已提供必要证据予以证明，另一方没有相反证据又拒绝做亲子鉴定的，人民法院可以认定否认亲子关系一方的主张成立。

父或者母以及成年子女起诉请求确认亲子关系，并提供必要证据予以证明，另一方没有相反证据又拒绝做亲子鉴定的，人民法院可以认定确认亲子关系一方的主张成立。

第四十条 婚姻关系存续期间，夫妻双方一致同意进行人工授精，所生子女应视为婚生子女，父母子女间的权利义务关系适用民法典的有关规定。

第四十一条 尚在校接受高中及其以下学历教育，或者丧失、部分丧失劳动能力等非因主观原因而无法维持正常生活的成年子女，可以认定为民法典第一千零六十七条规定的“不能独立生活的成年子女”。

第四十二条 民法典第一千零六十七条所称“抚养费”，包括子女生活费、教育费、医疗费等费用。

第四十三条 婚姻关系存续期间，父母双方或者一方拒不履行抚养子女义务，未成年子女或者不能独立生活的成年子女请求支付抚养费的，人民法院应予支持。

第四十四条 离婚案件涉及未成年子女抚养的，对不满两周岁的子女，按照民法典第一千零八十四条第三款规定的原则处理。母亲有下列情形之一，父亲请求直接抚养的，人民法院应予支持：

（一）患有久治不愈的传染性疾病或者其他严重疾病，子女不宜与其共同生活；

（二）有抚养条件不尽抚养义务，而父亲要求子女随其生活；

（三）因其他原因，子女确不宜随母亲生活。

第四十五条 父母双方协议不满两周岁子女由父亲直接抚养，并对子女健康成长无不利影响的，人民法院应予支持。

第四十六条 对已满两周岁的未成年子女，父母均要求直接抚养，一方有下列情形之一的，可予优先考虑：

（一）已做绝育手术或者因其他原因丧失生育能力；

（二）子女随其生活时间较长，改变生活环境对子女健康成长明显不利；

（三）无其他子女，而另一方有其他子女；

（四）子女随其生活，对子女成长有利，而另一方患有久治不愈的传染性疾病或者其他严重疾病，或者有其他不利于子女身心健康的情形，不宜与子女共同生活。

第四十七条　父母抚养子女的条件基本相同，双方均要求直接抚养子女，但子女单独随祖父母或者外祖父母共同生活多年，且祖父母或者外祖父母要求并且有能力帮助子女照顾孙子女或者外孙子女的，可以作为父或者母直接抚养子女的优先条件予以考虑。

第四十八条　在有利于保护子女利益的前提下，父母双方协议轮流直接抚养子女的，人民法院应予支持。

第四十九条　抚养费的数额，可以根据子女的实际需要、父母双方的负担能力和当地的实际生活水平确定。

有固定收入的，抚养费一般可以按其月总收入的百分之二十至三十的比例给付。负担两个以上子女抚养费的，比例可以适当提高，但一般不得超过月总收入的百分之五十。

无固定收入的，抚养费的数额可以依据当年总收入或者同行业平均收入，参照上述比例确定。

有特殊情况的，可以适当提高或者降低上述比例。

第五十条　抚养费应当定期给付，有条件的可以一次性给付。

第五十一条　父母一方无经济收入或者下落不明的，可以用其财物折抵抚养费。

第五十二条　父母双方可以协议由一方直接抚养子女并由直接抚养方负担子女全部抚养费。但是，直接抚养方的抚养能力明显不能保障子女所需费用，影响子女健康成长的，人民法院不予支持。

第五十三条　抚养费的给付期限，一般至子女十八周岁为止。

十六周岁以上不满十八周岁，以其劳动收入为主要生活来源，并能维持当地一般生活水平的，父母可以停止给付抚养费。

第五十四条　生父与继母离婚或者生母与继父离婚时，对曾受其抚养教育的继子女，继父或者继母不同意继续抚养的，仍应由生父或者生母抚养。

第五十五条　离婚后，父母一方要求变更子女抚养关系的，或者子女要求增加抚养费的，应当另行提起诉讼。

第五十六条　具有下列情形之一，父母一方要求变更子女抚养关系的，人民法院应予支持：

（一）与子女共同生活的一方因患严重疾病或者因伤残无力继续抚养子女；

（二）与子女共同生活的一方不尽抚养义务或有虐待子女行为，或者其与子女共同生活对子女身心健康确有不利影响；

（三）已满八周岁的子女，愿随另一方生活，该方又有抚养能力；

（四）有其他正当理由需要变更。

第五十七条　父母双方协议变更子女抚养关系的，人民法院应予支持。

第五十八条　具有下列情形之一，子女要求有负担能力的父或者母增加抚养费的，人民法院应予支持：

（一）原定抚养费数额不足以维持当地实际生活水平；

（二）因子女患病、上学，实际需要已超过原定数额；

（三）有其他正当理由应当增加。

第五十九条　父母不得因子女变更姓氏而拒付子女抚养费。父或者母擅自将子女姓氏改为继母或继父姓氏而引起纠纷的，应当责令恢复原姓氏。

第六十条　在离婚诉讼期间，双方均拒绝抚养子女的，可以先行裁定暂由一方抚养。

第六十一条　对拒不履行或者妨害他人履行生效判决、裁定、调解书中有关子女抚养义务的当事人或者其他人，人民法院可依照民事诉讼法第一百一十一条的规定采取强制措施。

五、离　婚

第六十二条　无民事行为能力人的配偶有民法典第三十六条第一款规定行为，其他有监护资格的人可以要求撤销其监护资格，并依法指定新的监护人；变更后的监护人代理无民事行为能力一方提起离婚诉讼的，人民法院应予受理。

第六十三条　人民法院审理离婚案件，符合民法典第一千零七十九条第三款规定"应当准予离婚"情形的，不应当因当事人有过错而判决不准离婚。

第六十四条　民法典第一千零八十一条所称的"军人一方有重大过错"，可以依据民法典第一千零七十九条第三款前三项规定及军人有其他重大过错导致夫妻感情破裂的情形予以判断。

第六十五条　人民法院作出的生效的离婚判决中未涉及探望权，当事人就探望权问题单独提起诉讼的，人民法院应予受理。

第六十六条　当事人在履行生效判决、裁定或者调解书的过程中，一方请求中止探望的，人民法院在征询双方当事人意见后，认为需要中止探望的，依法作出裁定；中止探望的情形消失后，人民法院应当根据当事人的请求书面通知其恢复探望。

第六十七条　未成年子女、直接抚养子女的父或者母以及其他对未成年子女负担抚养、教育、保护义务的法定监护人，有权向人民法院提出中止探望的请求。

第六十八条　对于拒不协助另一方行使探望权的有关个人或者组织，可以由人民法院依法采取拘留、罚款等强制措施，但是不能对子女的人身、探望行为进行强制执行。

第六十九条　当事人达成的以协议离婚或者到人民法院调解离婚为条件的财产以及债务处理协议，如果双方离婚未成，一方在离婚诉讼中反悔的，人民法院应当认定该财产以及债务处理协议没有生效，并根据实际情况依照民法典第一千零八十七条和第一千零八十九条的规定判决。

当事人依照民法典第一千零七十六条签订的离婚协议中关于财产以及债务处理的条款，对男女双方具有法律约束力。登记离婚后当事人因履行上述协议发生纠纷提起诉讼的，人民法院应当受理。

第七十条　夫妻双方协议离婚后就财产分割问题反悔，请求撤销财产分割协议的，人民法院应当受理。

人民法院审理后，未发现订立财产分割协议时存在欺诈、胁迫等情形的，应当依法驳回当事人的诉讼请求。

第七十一条　人民法院审理离婚案件，涉及分割发放到军人名下的复员费、自主择业费等一次性费用的，以夫妻婚姻关系存续年限乘以年平均值，所得数额为夫妻共同财产。

前款所称年平均值，是指将发放到军人名下的上述费用总额按具体年限均分得出的数额。其具体年限为人均寿命七十岁与军人入伍时实际年龄的差额。

第七十二条　夫妻双方分割共同财产中的股票、债券、投资基金份额等有价证券以及未上市股份有限公司股份时，协商不成或者按市价分配有困难的，人民法院可以根据数量按比例分配。

第七十三条　人民法院审理离婚案件，涉及分割夫妻共同财产中以一方名义在有限责任公司的出资额，另一方不是该公司股东的，按以下情形分别处理：

（一）夫妻双方协商一致将出资额部分或者全部转让给该股东的配偶，其他股东过半数同意，并且其他股东均明确表示放弃优先购买权的，该股东的配偶可以成为该公司股东；

（二）夫妻双方就出资额转让份额和转让价格等事项协商一致后，其他股东半数以上不同意转让，但愿意以同等条件购买该出资额的，人民法院可以对转让出资所得财产进行分割。其他股东半数以上不同意转让，也不愿意以同等条件购买该出资额的，视为其同意转让，该股东的配偶可以成为该公司股东。

用于证明前款规定的股东同意的证据，可以是股东会议材料，也可以是当事人通过其他合法途径取得的股东的书面声明材料。

第七十四条　人民法院审理离婚案件，涉及分割夫妻共同财产中以一方名义在合伙企业中的出资，另一方不是该企业合伙人的，当夫妻双方协商一致，将其合伙企业中的财产份额全部或者部分转让给对方时，按以下情形分别处理：

（一）其他合伙人一致同意的，该配偶依法取得合伙人地位；

（二）其他合伙人不同意转让，在同等条件下行使优先购买权的，可以对转让所得的财产进行分割；

（三）其他合伙人不同意转让，也不行使优先购买权，但同意该合伙人退伙或者削减部分财产份额的，可以对结算后的财产进行分割；

（四）其他合伙人既不同意转让，也不行使优先购买权，又不同意该合伙人退伙或者削减部分财产份额的，视为全体合伙人同意转让，该配偶依法取得合伙人地位。

第七十五条　夫妻以一方名义投资设立个人独资企业的，人民法院分割夫妻在该个人独资企业中的共同财产时，应当按照以下情形分别处理：

（一）一方主张经营该企业的，对企业资产进行评估后，由取得企业资产所有权一方给予另一方相应的补偿；

（二）双方均主张经营该企业的，在双方竞价基础上，由取得企业资产所有权的一方给予另一方相应的补偿；

（三）双方均不愿意经营该企业的，按照《中华人民共和国个人独资企业法》等有关规定办理。

第七十六条　双方对夫妻共同财产中的房屋价值及归属无法达成协议时，人民法院按以下情形分别处理：

（一）双方均主张房屋所有权并且同意竞价取得的，应当准许；

（二）一方主张房屋所有权的，由评估机构按市场价格对房屋作出评估，取得房屋所有权的一方应当给予另一方相应的补偿；

（三）双方均不主张房屋所有权的，根据当事人的申请拍卖、变卖房屋，就所得价款进行分割。

第七十七条　离婚时双方对尚未取得所有权或者尚未取得完全所有权的房屋有争议且协商不成的，人民法院不宜判决房屋所有权的归属，应当根据实际情况判决由当事人使用。

当事人就前款规定的房屋取得完全所有权后，有争议的，可以另行向人民法院提起诉讼。

第七十八条　夫妻一方婚前签订不动产买卖合同，以个人财产支付首付款并在银行贷款，婚后用夫妻共同财产还贷，不动产登记于首付款支付方名下的，离婚时该不动产由双方协议处理。

依前款规定不能达成协议的，人民法院可以判决该不动产归登记一方，尚未归还的贷款为不动产登记一方的个人债务。双方婚后共同还贷支付的款项及其相对应财产增值部分，离婚时应根据民法典第一千零八十七条第一款规定的原则，由不动产登记一方对另一方进行补偿。

第七十九条　婚姻关系存续期间，双方用夫妻共同财产出资购买以一方父母名义参加房改的房屋，登记在一方父母名下，离婚时另一方主张按照夫妻共同财产对该房屋进行分割的，人民法院不予支持。购买该房屋时的出资，可以作为债权处理。

第八十条　离婚时夫妻一方尚未退休、不符合领取基本养老金条件，另一方请求按照夫妻共同财产分割基本养老金的，人民法院不予支持；婚后以夫妻共同财产缴纳基本养老保险费，离婚时一方主张将养老金账户中婚姻关系存续期间个人实际缴纳部分及利息作为夫妻共同财产分割的，人民法院应予支持。

第八十一条　婚姻关系存续期间，夫妻一方作为继承人依法可以继承的遗产，在继承人之间尚未实际分割，起诉离婚时另一方请求分割的，人民法院应当告知当事人在继承人之间实际分割遗产后另行起诉。

第八十二条　夫妻之间订立借款协议，以夫妻共同财产出借给一方从事个人经营活动或者用于其他个人事务的，应视为双方约定处分夫妻共同财产的行为，离婚时可以按照借款协议的约定处理。

第八十三条　离婚后，一方以尚有夫妻共同财产未处理为由向人民法院起诉请求分割的，经审查该财产确属离婚时未涉及的夫妻共同财产，人民法院应当依法予以分割。

第八十四条　当事人依据民法典第一千零九十二条的规定向人民法院提起诉讼，请求再次分割夫妻共同财产的诉讼时效期间为三年，从当事人发现之日起计算。

第八十五条　夫妻一方申请对配偶的个人财产或者夫妻共同财产采取保全措施的，人民法院可以在采取保全措施可能造成损失的范围内，根据实际情况，确定合理的财产担保数额。

第八十六条　民法典第一千零九十一条规定的“损害赔偿”，包括物质损害赔偿和精神损害赔偿。涉及精神损害赔偿的，适用《最高人民法院关于确定民事侵权精神损害赔偿责任若干问题的解释》的有关规定。

第八十七条　承担民法典第一千零九十一条规定的损害赔偿责任的主体，为离婚诉讼当事人中无过错方的配偶。

人民法院判决不准离婚的案件，对于当事人基于民法典第一千零九十一条提出的损害赔偿请求，不予支持。

在婚姻关系存续期间，当事人不起诉离婚而单独依据民法典第一千零九十一条提起损害赔偿请求的，人民法院不予受理。

第八十八条　人民法院受理离婚案件时，应当将民法典第一千零九十一条等规定中当事人的有关权利义务，书面告知当事人。在适用民法典第一千零九十一条时，应当区分以下不同情况：

（一）符合民法典第一千零九十一条规定的无过错方作为原告基于该条规定向人民法院提起损害赔偿请求的，必须在离婚诉讼的同时提出。

（二）符合民法典第一千零九十一条规定的无过错方作为被告的离婚诉讼案件，如果被告不同意离婚也不基于该条规定提起损害赔偿请求的，可以就此单独提起诉讼。

（三）无过错方作为被告的离婚诉讼案件，一审时被告未基于民法典第一千零九十一条规定提出损害赔偿请求，二审期间提出的，人民法院应当进行调解；调解不成的，告知当事人另行起诉。双方当事人同意由第二审人民法院一并审理的，第二审人民法院可以一并裁判。

第八十九条　当事人在婚姻登记机关办理离婚登记手续后，以民法典第一千零九十一条规定为由向人民法院提出损害赔偿请求的，人民法院应当受理。但当事人在协议离婚时已经明确表示放弃该项请求的，人民法院不予支持。

第九十条　夫妻双方均有民法典第一千零九十一条规定的过错情形，一方或者双方向对方提出离婚损害赔偿请求的，人民法院不予支持。

六、附则

第九十一条　本解释自2021年1月1日起施行。

参考文献

[1] 阿瑟·J. 基文. 个人理财：怎样把钱变成财富. 北京：经济科学出版社，2005.

[2] 保监会，银监会. 关于进一步规范商业银行代理保险业务销售行为的通知. 2014.

[3] 保监会. 关于加快发展现代商业养老保险的若干意见（征求意见稿）. 2015.

[4] 保监会. 关于开展老年人住房反向抵押养老保险试点的指导意见. 2014.

[5] 保监会. 机动车交通事故责任强制保险费率浮动暂行办法. 2007.

[6] 彼得·L. 伯恩斯坦. 与天为敌：风险探索传奇. 北京：机械工业出版社，2010.

[7] 彼得·考夫曼. 穷查理宝典：查理·芒格的智慧箴言录. 上海：上海人民出版社，2010.

[8] 伯顿·G. 马尔基尔. 漫步华尔街. 北京：机械工业出版社，2015.

[9] 财政部，国家税务总局，保监会. 关于实施商业健康保险个人所得税政策试点的通知. 2015.

[10] 财政部，国家税务总局，证监会. 关于上市公司股息红利差别化个人所得税政策有关问题的通知. 2015.

[11] 财政部，国家税务总局，住房和城乡建设部. 关于调整房地产交易环节契税、营业税优惠政策的通知. 2016.

[12] 财政部，国家税务总局. 关于个人所得税法修改后有关优惠政策衔接问题的通知. 2018.

[13] 财政部，国家税务总局. 关于基本养老保险费、基本医疗保险费、失业保险费、住房公积金有关个人所得税政策的通知. 2006.

[14] 财政部，国家税务总局. 关于将国家自主创新示范区有关税收试点政策推广到全国范围实施的通知. 2015.

[15] 财政部，国家税务总局. 关于全面推开营业税改征增值税试点的通知. 2016.

[16] 财政部，国家税务总局. 营业税改征增值税试点过渡政策的规定. 2016.

[17] 财政部，国家税务总局. 营业税改征增值税试点实施办法. 2016.

[18] 财政部，国家税务总局. 营业税改征增值税试点有关事项的规定. 2016.

[19] 财政部，海关总署，国家税务总局. 关于跨境电子商务零售进口税收政策的通知. 2016.

[20] 财政部，海关总署，国家税务总局. 关于完善跨境电子商务零售进口税收政策的通知. 2018.

［21］财政部，人力资源社会保障部，国家税务总局．关于企业年金 职业年金个人所得税有关问题的通知．2013.

［22］财政部会计资格评价中心．高级会计实务．北京：经济科学出版社，2016.

［23］查尔斯·麦基．大癫狂：非同寻常的大众幻想与群众性癫狂．北京：电子工业出版社，2013.

［24］陈昱．暖财安生：四步迈向家庭财务自由．北京：北京大学出版社，2008.

［25］大卫·韦尔奇．为什么选错的总是我．北京：中国人民大学出版社，2009.

［26］范·K.撒普．通向财务自由之路．北京：机械工业出版社，2016.

［27］国家税务总局．个人所得税扣缴申报管理办法（试行）．2018.

［28］国家税务总局．个人所得税专项附加扣除操作办法（试行）．2018.

［29］国家税务总局．个人所得税专项附加扣除暂行办法．2018.

［30］国家税务总局．关于股权奖励和转增股本个人所得税征管问题的公告．2015.

［31］国家税务总局．关于全面实施新个人所得税法若干征管衔接问题的公告．2018.

［32］国务院．关于机关事业单位工作人员养老保险制度改革的决定．2015.

［33］国务院．关于加快发展现代保险服务业的若干意见．2014.

［34］国务院．关于建立统一的城乡居民基本养老保险制度的意见．2014.

［35］国务院．机动车交通事故责任强制保险条例．2012.

［36］国务院．机关事业单位职业年金办法．2015.

［37］国务院．企业债券管理条例．2011.

［38］国务院．中华人民共和国城市维护建设税暂行条例．2015.

［39］国务院．中华人民共和国房产税暂行条例．1986.

［40］国务院．中华人民共和国个人所得税法实施条例．2018.

［41］国务院．中华人民共和国契税暂行条例．2005.

［42］国务院．中华人民共和国外汇管理条例．2008.

［43］国务院．中华人民共和国消费税暂行条例．2009.

［44］国务院．中华人民共和国印花税暂行条例．2011.

［45］国务院．中华人民共和国营业税暂行条例．2009.

［46］国务院．中华人民共和国增值税暂行条例．2016.

［47］国务院法制办公室．典当行管理条例（征求意见稿）．2011.

［48］教育部，财政部，中国人民银行，银监会．关于完善国家助学贷款政策的若干意见．2015.

［49］李爱梅，凌文辁，刘丽虹．不同的优惠策略对价格感知的影响研究．心理科学，2008（2）.

［50］李炜光．权力的边界：税、革命与改革．北京：九州出版社，2015.

［51］李晓鹏．后悔规避的相关研究综述．经营与管理，2015（1）.

［52］摩西·A.米列夫斯基．投资与养老：最有价值的理财规划实践指南．北京：人民邮电出版社，2015.

［53］纳特·西尔弗．信号与噪声．北京：中信出版社，2013.

［54］纳西姆·尼古拉斯·塔勒布．黑天鹅：如何应对不可预知的未来．北京：中信出版社，2011.

[55] 清华大学经济管理学院，同方全球人寿. 2020 年中国居民退休准备指数调研报告.

[56] 全国人大常委会. 中华人民共和国保险法. 2015.

[57] 全国人大常委会. 中华人民共和国车船税法. 2011.

[58] 全国人大常委会. 中华人民共和国车辆购置税法. 2018.

[59] 全国人大常委会. 中华人民共和国个人所得税法. 2018.

[60] 全国人大常委会. 中华人民共和国婚姻法. 2001.

[61] 全国人大常委会. 中华人民共和国社会保险法. 2010.

[62] 全国人大常委会. 中华人民共和国证券投资基金法. 2015.

[63] 人力资源和社会保障部社会保险基金监督局. 2017 年度全国企业年金基金业务数据. 2018.

[64] 人社部，财政部. 关于阶段性降低社会保险费率的通知. 2016.

[65] 人社部，财政部. 企业年金办法. 2017

[66] 塞德希尔・穆来纳森，埃尔德・沙菲尔. 稀缺：我们是如何陷入贫穷与忙碌的. 杭州：浙江人民出版社，2014.

[67] 商务部，公安部. 典当管理办法. 2005.

[68] 商务部. 典当行业监管规定. 2012.

[69] 上海市人民政府. 上海市开展对部分个人住房征收房产税试点的暂行办法. 2011.

[70] 上海证券交易所. 关于新股上市初期交易监管有关事项的通知. 2014.

[71] 上海证券交易所. 上海证券交易所股票上市规则. 2014.

[72] 深圳证券交易所. 关于完善首次公开发行股票上市首日交易机制有关事项的通知. 2014.

[73] 深圳证券交易所. 深圳证券交易所创业板股票上市规则. 2014.

[74] 深圳证券交易所. 深圳证券交易所股票上市规划. 2014.

[75] 深圳证券交易所. 深圳证券交易所中小企业板上市公司规范运作指引. 2015.

[76] 斯坦利・克罗. 克罗谈投资策略：神奇的墨菲法则. 北京：中国经济出版社，2004.

[77] 宋蔚蔚. 个人理财规划. 北京：清华大学出版社，2013.

[78] 孙惟微. 赌客信条：你不可不知的行为经济学. 北京：电子工业出版社，2010.

[79] 孙惟微. 怪诞行为心理学：学会驾驭你的非理性. 北京：中国华侨出版社，2013.

[80] 孙自通. 把民间借贷知识浓缩为 60 个问题. 法律博客. 2016.

[81] 网贷之家. 2015—2017 中国网络借贷行业年报. 2017.

[82] 网贷之家. P2P 网贷行业 2018 年年报. 2018.

[83] 奚恺元. 别做正常的傻瓜. 北京：机械工业出版社，2006.

[84] 新浪教育. 2017 年中国家庭教育消费白皮书. 2017.

[85] 言谭. 一本书读懂中国税. 杭州：浙江大学出版社，2013.

[86] 银保监会. 关于扩大老年人住房反向抵押养老保险开展范围的通知. 2018.

[87] 银保监会. 互联网保险业务监管办法（草稿）. 2018.

[88] 银保监会. 商业银行理财业务监督管理办法. 2018

[89] 银监会，工业和信息化部，公安部，国家互联网信息办公室. 网络借贷信息中介机构业务活动管理暂行办法（征求意见稿）. 2015.

[90] 银监会，国家发改委. 商业银行服务价格管理办法. 2014.

[91] 银监会，国家发改委. 商业银行服务政府指导价政府定价目录. 2014.

[92] 银监会. 个人贷款管理暂时办法. 2010.

[93] 银监会. 个人定期存单质押贷款办法. 2007.

[94] 银监会. 商业银行理财产品销售管理办法. 2011.

[95] 银监会. 商业银行理财业务监督管理办法（征求意见稿）. 2016.

[96] 银监会. 商业银行委托贷款管理办法（征求意见稿）. 2015.

[97] 尹娟. 年终奖合理避税实战兵法：尽量避开5个临界点. 理财周刊，2011（48）.

[98] 游植龙. 论夫妻共同债务的认定与处理. 广州律师，2008（2）.

[99] 渔阳. 乱世华尔街. 北京：中国人民大学出版社，2015.

[100] 约翰·诺夫辛格. 投资中的心理学. 北京：中国人民大学出版社，2008.

[101] 中国互联网络信息中心（CNNIC）. 第47次中国互联网络发展状况统计报告. 2021.

[102] 中国人民银行，工业和信息化部，银监会，证监会，保监会. 关于防范比特币风险的通知. 2013.

[103] 中国人民银行，银保监会，证监会，国家外汇管理局. 关于规范金融机构资产管理业务的指导意见. 2018.

[104] 中国人民银行，中央网信办，工业和信息化部，工商总局，银监会，证监会，保监会. 关于防范代币发行融资风险的公告. 2017.

[105] 中国人民银行. 关于信用卡业务有关事项的通知. 2016.

[106] 中国银行业协会银行卡专业委员会. 中国银行卡行业自律公约. 2013.

[107] 中国证券业协会. 私募股权众筹融资管理办法（试行）. 2014.

[108] 重庆市人民政府. 重庆市个人住房房产税征收管理实施细则. 2011.

[109] 朱莉·斯塔夫. 五型人格理财术. 海口：南海出版公司，2013.

[110] 最高人民法院. 最高人民法院关于依法妥善审理涉及夫妻债务案件有关问题的通知. 2017.

[111] 最高人民法院. 关于依法妥善审理民间借贷案件的通知. 2018.

[112] 最高人民法院. 最高人民法院关于审理民间借贷案件适用法律若干问题的规定. 2015.

[113] 最高人民法院. 最高人民法院关于审理涉及夫妻债务纠纷案件适用法律有关问题的解释. 2018.

[114] 中国支付清算协会. 2020年移动支付用户问卷调查报告，2021.

[115] 中国银联. 2020移动支付安全大调查报告，2021.

[116] 车辉. 数字货币来了. 工人日报，2021-01-05

[117] 查尔斯·惠伦. 赤裸裸的统计学. 北京：中信出版社，2013.

[118] 最高人民法院. 关于修改《关于审理民间借贷案件适用法律若干问题的规定》的决定，2020.

[119] 网贷之家. 2019年中国网贷行业年报，2019.

[120] 银保监会. 关于加强典当行监督管理的通知，2020.

[121] 中华人民共和国民法典. 北京：中国法制出版社，2020.

图书在版编目（CIP）数据

个人理财/宋蔚蔚编著. --3版. --北京：中国人民大学出版社，2021.12

高等学校经济管理类主干课程教材．会计与财务系列

ISBN 978-7-300-30063-4

Ⅰ.①个… Ⅱ.①宋… Ⅲ.①私人投资-高等学校-教材 Ⅳ.①F830.59

中国版本图书馆CIP数据核字（2021）第250118号

高等学校经济管理类主干课程教材·会计与财务系列
个人理财（第3版）
宋蔚蔚　编著
Geren Licai

出版发行	中国人民大学出版社			
社　　址	北京中关村大街31号	**邮政编码**	100080	
电　　话	010－62511242（总编室）		010－62511770（质管部）	
	010－82501766（邮购部）		010－62514148（门市部）	
	010－62515195（发行公司）		010－62515275（盗版举报）	
网　　址	http://www.crup.com.cn			
经　　销	新华书店			
印　　刷	北京昌联印刷有限公司			
规　　格	185 mm×260 mm　16开本	**版　　次**	2017年1月第1版	
			2021年12月第3版	
印　　张	18.25 插页1	**印　　次**	2021年12月第1次印刷	
字　　数	419 000	**定　　价**	42.00元	

教师教学服务说明

中国人民大学出版社财会出版分社以出版经典、高品质的会计、财务管理、审计等领域各层次教材为宗旨。

为了更好地为一线教师服务，近年来财会出版分社着力建设了一批数字化、立体化的网络教学资源。教师可以通过以下方式获得免费下载教学资源的权限：

在中国人民大学出版社网站 www. crup. com. cn 进行注册，注册后进入“会员中心”，在左侧点击“我的教师认证”，填写相关信息，提交后等待审核。我们将在一个工作日内为您开通相关资源的下载权限。

如您急需教学资源或需要其他帮助，请在工作时间与我们联络：

中国人民大学出版社　财会出版分社

联系电话：010-62515987，62511076

电子邮箱：ckcbfs@crup. com. cn

通讯地址：北京市海淀区中关村大街甲 59 号文化大厦 1501 室（100872）